J.B.METZLER

KLEIST-JAHRBUCH 2010

Im Auftrag des Vorstandes
der Heinrich-von-Kleist-Gesellschaft
herausgegeben von
Günter Blamberger, Ingo Breuer
und Klaus Müller-Salget

VERLAG J. B. METZLER
STUTTGART · WEIMAR

Anschrift der Redaktion:
DR. MARTIN ROUSSEL, SEBASTIAN GOTH,
Universität zu Köln, Institut für deutsche Sprache und Literatur I,
Albertus-Magnus-Platz, 50931 Köln, eMail: martin.roussel@uni-koeln.de
Mitarbeit: Björn Moll, Vanessa Pütz

Gedruckt mit Unterstützung der Friedrich Stiftung (Hannover)

Bibliografische Information der Deutschen Nationalbibliothek
Die Deutsche Nationalibliothek verzeichnet diese Publikation in der Deutschen
Nationalbibliografie; detaillierte bibliografische Daten sind im Internet über
<http://dnb.d-nb.de> abrufbar.

ISBN 978-3-476-02361-2

© 2010 Verlag J. B. Metzler'sche Verlagsbuchhandlung
und Carl Ernst Poeschel Verlag GmbH in Stuttgart
www.metzlerverlag.de
info@metzlerverlag.de

Einbandgestaltung: Willy Löffelhardt
Druck und Bindung: Kösel, Krugzell · www.koeselbuch.de
Printed in Germany
Oktober 2010

INHALT

Rezensionen

VERLEIHUNG
DES KLEIST-PREISES 2009

Günter Blamberger

»DENN ES GEHT DEM MENSCHEN WIE DEM VIEH...«
Rede zur Verleihung des Kleist-Preises an Arnold Stadler am 22. November 2009 in Berlin

Meine sehr verehrten Damen und Herren,
liebe Mitglieder und Freunde der Heinrich-von-Kleist-Gesellschaft,
sehr verehrte Frau Ministerin Schavan, sehr verehrte Frau Schoeller,
lieber Herr Beil, lieber Herr Esterházy,
lieber und heute zu ehrender Herr Stadler,

wie Kleists Hände ausgesehen haben mögen, fragt Robert Walser. Seine Hände, mit denen er geschrieben und Freunde begrüßt hat. Kein Porträt zeigt sie. Walser möchte das Unberührbare berühren und rührt uns damit. Ein weiteres Berührstück haben sie eben gehört, den Briefwechsel zweier Liebender: Mein Heinrich, mein Tasso, meine Seele, meine Nerven – Mein Jettchen, meine Eingeweide, mein Schutzengel ... Kleist und Henriette Vogel treiben es ziemlich bunt mit ihrer Liste von Kosenamen, die im Prinzip unendlich verlängerbar ist. Um den Übertritt ins Unbegrenzte geht es ihnen allerdings in diesem Augenblick, kurz vor ihrem gemeinsamen Tod am Wannsee am 21. November 1811. Von letzten Worten erwartet man jedoch Wahrheit, keine Dichtung, kein galantes Masken- und Zitatenspiel wie hier. Gut, die Ausgangsfrage scheint ernsthaft wie in jedem Liebesbrief: Wie erkenne ich Dich, wie nenne ich Dich, was ist der rechte Name, der Eigenname, der das besondere, unvergleichliche Wesen des Anderen bezeichnet, aber dann führen Kleist und Henriette diese Frage durch die Erfindung immer neuer Namen ad absurdum. Der andere ist unverfügbar, heißt das, und gerade in der Respektierung dieser Grenze ereignet sich Wahrheit, schlägt die Galanterie in authentische Herzenssprache um, wird aus Ferne Nähe.

Statt des Besitzes erlernst du den Bezug, hat Rilke einmal gesagt. Das ist im Grunde eine religiöse Gedankenfigur, die Kleist an einem Bild Simon Vouets aus dem 17. Jahrhundert beschreibt, das Maria Magdalena zeigt: »Sie liegt«, so Kleist, mit der

> Bläße des Todes übergoßen, auf den Knien, der Leib sterbend in die Arme der Engel zurückgesunken. Wie zart sie das zarte berühren. Mit den äußersten Spitzen ihrer ro-

3

senrothen Finger nur das liebliche Wesen, das der Hand des Schiksals jetzt entflohen ist. Und einen Blik aus sterbenden Augen wirft sie auf sie [die Engel], als ob sie in Gefilde unendlicher Seligkeit hinaussähe: Ich habe nie etwas Rührenderes und Erhebenderes gesehen.

Kleist erinnert hier an eine der traditionellen Aufgaben eines Kunstwerks: Vorstellungen zu evozieren, die die Grenzen des empirisch und begrifflich Fasslichen übersteigen und in den Bereich des eigentlich Unnennbaren vordringen, in die Zwischenräume, die Aussichten eröffnen auf Nicht-Messbares und Unermessliches. Diese Aufgabe war einfacher, solange die Kunst noch in religiösen Diensten stand. Sie scheint heute wichtiger denn je, weil die Theologie ihre Wirkungsmacht verloren hat, nicht mehr als Leitdiskurs für die Beantwortung zentraler existentieller Probleme gilt und stattdessen jeder auf die Artefakte der Medien und Künste achtet, um deren Darstellung und Deutung traditionell religiöser Fragen von Krankheit und Tod, Gut und Böse, Gerechtigkeit und Ungerechtigkeit, Liebe und Trauer, Gemeinschaft und Einsamkeit zu studieren. Künste und Medien sehen sich heute eigentlich einer Verantwortung gegenüber, der sie kaum gewachsen sind und der sie zumeist auch ausweichen. Nicht Arnold Stadler. Auch deshalb bekommt er heute den Kleist-Preis.

Von seiner ›Sehnsucht nach Mitteilung‹ schreibt Kleist kurz vor der Interpretation des Vouet-Bildes und dass sie gebunden sei an den Tod als »ewige[m] Refrain« des Lebens. In Stadlers Roman ›Einmal auf der Welt. Und dann so‹ ist das eine frühe Erfahrung und folglich ist schon das Kind »ein gezeichnetes«. Auch wenn es nicht Menschen sind, die ihm sterben, sondern Tiere, ein Hund, eine Katze, ein Schwein:

> Der Tod dieser drei Lebensgefährten auf Zeit machte mich zu einer Art Schriftsteller, in jenem Augenblick, der mir die Sprache verschlagen hat. Und dieser gehäufte Tod war wohl auch der Grund für mein späteres Theologiestudium, das mich in die Ewige Stadt führte.

Allenthalben wird in Stadlers Romanen gestorben, wird der Leser konfrontiert mit der Einsicht, die dem Prediger Salomo, dessen großartigen Gedanken über Zeit und Vergänglichkeit, entnommen sein könnte: »Denn es geht dem Menschen wie dem Vieh: wie dies stirbt, so stirbt auch er, und sie haben alle einen Odem, und der Mensch hat nichts voraus vor dem Vieh; denn alles ist eitel« (Prediger 3,19).

Eines hat der Mensch dem Vieh doch voraus, das Bewusstsein der eigenen Sterblichkeit, von dem die Sinngebung des irdischen Daseins ebenso abhängt wie der Entwurf von irdischen wie jenseitigen Heilsvorstellungen. Alles Philosophieren heißt Sterben lernen, hat Montaigne einmal gesagt, und Martin Heideggers ›Sein und Zeit‹ zeugt davon. Alles Schreiben heißt Sterben lernen, könnte es bei Stadler heißen. Beide, Heidegger wie Stadler, stammen bekanntlich aus Meßkirch, aus dem Viehzüchter-, aus dem Fleckviehgau, was Stadler zu hintergründigem Witz und die Interpreten seiner Romane zu waghalsigen Vermutungen von Wahl- und tatsächlicher Verwandtschaft hingerissen hat. Ich unterscheide sie lieber.

Heidegger war im ersten Weltkrieg Militärwetterwart. Er hatte die Winde zu berechnen und dafür zu sorgen, dass die Kugeln, die von der hinteren Frontlinie aus losgeschossen wurden, über die eigene Avantgarde hinwegflogen, die dem Feind entgegenlief. Von daher seine berühmte Formel, dass man in den Tod vorlaufen müsse, um ein Dasein in Eigentlichkeit zu gewinnen. In der Grenzsituation des Todes, im Eingedenken der eigenen Sterblichkeit, wird gewissermaßen Gerichtstag gehalten, das Eigentliche vom Uneigentlichem, der Schein vom Sein getrennt. Sub specie mortis, unter dem Blickwinkel des Todes, wird bei Heidegger das Urteil über das je eigene Leben gefällt. Diese Säkularisierung macht Stadler, so denke ich, nicht mit, er betrachtet Tod und Vergänglichkeit weiterhin im christlichen Sinne *sub specie aeternitatis*, unter dem Blickwinkel der Ewigkeit. Das heißt nicht, dass seine Texte angesichts des Todes immer noch um Himmel oder Hölle spielen wie ein barockes Drama. Er gibt sich nur mit der Verkürzung des Todesproblems um die metaphysische Dimension nicht zufrieden, er übersteigt die mit dem Tod eines Einzelnen gesetzte physische Grenze.

Das fällt auf den ersten Blick nicht auf, weil Stadlers Romane so sehr auf seine eigene, private Geschichte konzentriert scheinen und häufig in seiner oberschwäbischen Heimat anzusiedeln sind. Autobiographisch sind sie dennoch nicht. Der Autor, der sein Ich in den Erzähler transponiert, sieht sich gewissermaßen exemplarisch, nicht als Individuum. Er erlebt nicht, er verarbeitet Geschichten, fremde und eigene. Nicht seine Eigenschaften und Erlebnisse sind Objekt der Erzählung, sondern jene Erfahrung, die potentiell auch die des Lesers ist. Nicht das nur Private, das allen Gemeinsame teilt er mit.

Das bezeugt schon die Erzähltechnik. Stadler schreibt keine Bildungs-, Zeit- oder Dorfromane und vor allem keine Heimatromane, er schreibt eigentlich überhaupt keine Romane, sondern Epen. Wie ein Epiker zerstreut er einzelne Geschichten und deren Chronologie, fängt immer wieder von vorn an, wiederholt und variiert seine Motive. Wie ein Epiker erklärt er seine Geschichten nicht, sondern überlässt deren Auslegung dem Leser. Gerade dadurch senken sie sich als Erfahrung in dessen Gedächtnis ein.

Es ist vor allem eine Erfahrung, die Stadler mit seinen Lesern teilt, die er mitteilen will: die Erfahrung der Ungebundenheit und die Sehnsucht nach Gebundenheit, gleichgültig ob die Protagonisten seiner Romane sich in schwäbisch Mesopotamien zwischen Donau und Rhein, in Italien, Kuba oder Patagonien befinden. »In der Nacht vom 20. zum 21. Juni warf sich der Sohn des Fellhändlers Antonio aus Pico Grande, Patagonien, vor den Zug. Es war sein erstes Lebenszeichen.« So beginnt Stadlers Buch ›Feuerland‹. Stadler nennt diesen Todesfall ein Fanal, eine »Sehnsucht, aber eine ganz schwarze, ebenerdige, finale, ganz ohne blaue Fernen mit einem Himmel über allen, der *sky* und *heaven* ist.« Roland dagegen, Hauptfigur von Stadlers Buch ›Komm, gehen wir‹, bekennt sich trotz aller Erniedrigungen und Enttäuschungen zu einem großen Ja:

> *Ja* war und blieb eine Verheißung, seine Farbe war blau. *Ja* war zum Weltraum hin offen. Roland war nun ein einziges *Ja*. – *Dem Atheisten in ihm verschlug es die Sprache, dem Ungläubigen in der Liebe.* War es Liebe? Es war ein großes Ja und Einverstandensein. Lichtjahre weg vom kleinen Nein. *Ja* war das Echo der Welt vom ersten Tag an, ausgelöst durch ein göttliches *Ja* oder *ich liebe dich. Ja* war das erste Wort Gottes, und sein Echo ging bis zum Jüngsten Tag.

Das ist nicht einfach ein Gebet und schlichter Glauben. Roland nennt das *Ja* wenig später eine »Illusion des Glücks«. Es handelt sich, wie Stadler es formulieren würde, um »Hoffnungsschmerz«, um einen Schmerz, der nicht ohne Hoffnung ist, obgleich es vielleicht keine Aussicht gibt auf ein endgültiges Heil. Im Sinne der mittelalterlichen Scholastik: nicht heroische Melancholie, *tristitia saeculi* oder *acedia*, hochmütiges Sich-Einrichten in ausgangsloser Verzweiflung, sondern *tristitia secundum deum*, eine Trauer, die zugleich provokatorisch ist, in Freude umschlagen kann und insofern gottgemäß ist, als der Trauernde die Unzulänglichkeit der menschlichen Ordnungen erkennt und sich mit der Gegensatzfülle des Wirklichen abfindet, welche Glück und Leiden zugleich bedeutet. Stadlers Poesie nimmt dergestalt die Haltung der Demut an, ins Lateinische übersetzt heißt das *humilitas*. Erich Auerbach hat die *humilitas* einmal als Grundbegriff des Neuen Testaments bestimmt, in dem Gott Mensch wird und seine Lehre der Nächstenliebe allen Menschen in verständlichen Worten mitteilt. In diesem Sinne ist Stadlers Poesie dem *sermo humilis* verpflichtet, einer Kongruenz von Ethik, Erkenntnistheorie und Ästhetik im Zeichen der Demut, des Mitleids und des Mitleidens. Es ist ein Schreiben zwischen Verzweiflung und Verantwortung.

Lassen Sie mich kurz noch von einem anderen Autor reden, der Unsagbares sagen, Unhörbares hören, Unsichtbares sehen wollte. Zu erinnern ist an Gert Jonke, der im Januar dieses Jahres verstorben ist und vor vier Jahren bei der Kleist-Preisverleihung den Saal mit improvisierten Kleist-Anekdoten – kaum beschriebene Blätter ergänzend und von sich werfend –, ich kann es nicht besser sagen, ›gerockt‹ hat. Niemand, der damals dabei war, wird die Intensität seiner Sprachlust und seine Liebenswürdigkeit, Menschlichkeit und Bescheidenheit vergessen. Jürgen Flimm war Jonkes Laudator, er ist heute unter uns. Péter Esterházy war als Ehrengast 2005 dabei, als ein Jonke in der Musikalität und Freiheit experimentellen Erzählens wahlverwandter Autor, dieses Jahr hat er uns die Ehre gegeben, den Kleist-Preisträger in alleiniger Verantwortung auszuwählen. Der Kleist-Preis war dank seiner besonderen Konstruktion immer frei von innerdeutscher Kritikerklüngelei. Es schien der Jury aber nicht ganz unpassend, im Jahr 2009 – 2000 Jahre nach der Cheruskerschlacht, 200 Jahre nach der Niederschrift von Kleists ›Herrmannsschlacht‹, 20 Jahre nach dem Mauerfall – einen Vertrauensmann zu berufen, der die deutsche Literatur von außerhalb Germaniens kritisch zu prüfen und zu vermessen imstande ist. Selten ist die Kandidatenkür durch einen Schriftsteller solchen Ranges wie Péter Esterházy erfolgt; Jury und Preisträger haben hier einfach Glück gehabt und schulden Péter Esterházy großen Dank. Auch dafür, dass er sich als zweiter nach Ulrich Matthes getraut hat, die alte Weimarer Rangordnung wieder herzustellen. Zuerst bekommt man als Autor den Büchner-Preis und danach den Kleist-Preis. Bekanntlich war der Kleist-Preis in der Weimarer Republik der renommierteste aller deutschen Literaturpreise, der Büchner-Preis dagegen ein hessischer Regionalpreis. Er wäre es vielleicht geblieben, wenn die vor allem von deutschen Juden getragene Kleist-Stiftung sich nicht 1932 aufgelöst hätte, in der begründeten Furcht, dass der Kleist-Preis unter nationalsozialistischer Herrschaft zukünftig an Unwürdige fallen könnte. 1911, zum 100. Todestag

Kleists wurde der Preis durch die Kleist-Stiftung begründet. Ihr gehörten fast alle bedeutenden deutschen Dichter, Künstler, Politiker und Wirtschaftsführer an, von Hugo von Hofmannsthal über Walter Rathenau und Max Reinhardt bis zu Arthur Schnitzler und Samuel Fischer. Eine Stiftung von ähnlicher Wirkungsmacht wünschte ich mir auch heute in Berlin und Brandenburg, um die Erinnerung an Kleist auch nach dem nächsten Gedenkjahr 2011 lebendig halten zu können. 1985 wurde der Kleist-Preis von der Heinrich-von-Kleist-Gesellschaft wiederbegründet, die sich glücklich zählen kann, dass die damaligen Fördergeber bis heute dem Kleist-Preis treu geblieben sind. Dafür danke ich der Verlagsgruppe Georg von Holtzbrinck, vor allem Frau Schoeller, die heute unter uns ist, ich danke weiter dem Beauftragten der Bundesregierung für Kultur und Medien und den Behörden für Wissenschaft, Forschung und Kultur der Länder Berlin und Brandenburg, vertreten durch Frau Dr. Wagner und Herrn Nowak. Was die Kunst der angemessenen Würdigung von Literatur angeht, steht der Kleist-Preis dem Büchner-Preis in nichts nach, jedenfalls seitdem Hermann Beil ihn in der ihm eigenen Ernsthaftigkeit liebevoll gestaltet. Ihm gilt die Verehrung der Heinrich-von-Kleist-Gesellschaft wie auch den wunderbaren Schauspielern des Berliner Ensemble. Mein herzlicher Dank geht hier an Klaus Maria Brandauer, Boris Jacoby, Michael Rothmann, Stephan Schäfer, Jörg Thieme und Laura Tratnik. Der letzte Dank gilt dem Fischer-Verlag, der kräftig mitgeholfen hat, dass der Empfang der Kleist-Gesellschaft nach der Preisverleihung in der Kantine des Berliner Ensemble nicht allzu ärmlich ausfällt. Dazu darf ich Sie herzlich einladen. Aber jetzt dürfen wir uns erst einmal auf die Laudatio von Péter Esterházy freuen.

Péter Esterházy

REDE AUF ARNOLD STADLER ZUR VERLEIHUNG DES KLEIST-PREISES 2009

*Nummerierte und nicht nummerierte Sätze aus
dem Leben – aus wessen Leben*
Motto: Aus ›Eine Frau‹

Es gibt eine Frau. Sie liebt mich. Allerdings kann sie gar nicht hassen. Sie ist nicht in der Lage dazu. Was natürlich nichts mit Liebe zu tun hat. Sie ist das Ebenbild von Goethe. Wie zwei Eier. Die Stirn, die Haare, der Blick, die Augäpfel. Ich sage es ihr vergebens, sie glaubt es nicht. Sie ist nicht bereit, ein Bild von Goethe anzuschauen. Wovor fürchtest du dich? Sie antwortet nicht, presst die Lippen zusammen, schaut ins Leere. Möchtest du lieber Kleist gleichen? Sie zuckt die Schultern. Ich fürchte, dass sie Kleist kaum kennt. Sie hat mal irgendwas von ihm gehört. Gebildet ist sie nicht unbedingt, obwohl sie viel weiß. Sie ist ein feines Wesen mit Geist und hat in ihrem Leben oft allein gelebt, genauer gesagt, hat sie sich zurückgezogen, um allein sein zu können. Sie verbringt viel Zeit mit Nachsinnen, dadurch ist sie so fein geworden. Sie hat kaum Wörter dafür, aber das schmälert ihre Feinheit nicht, die ganz augenfällig ist. Und möglicherweise gehört von Natur aus zu ihr, dass sie nicht aufdringlich ist. Ich müsste mich vor dem Wort ›weise‹ nicht hüten, sie ist weise, auf eine feine Art weise. Sie kann gut arbeiten, seit Jahrhunderten arbeitet sie. Wie eine Maschine arbeitet sie. Eher noch wie ein Tier. Ich betrachte sie aus der Ferne, glühend im Gesicht eilt sie, an ihrer breiten Superstirn werden Schweißtropfen sichtbar. Wenn ich sie anspreche, hört sie aufmerksam zu, neigt den Kopf zur Seite, und man kann schwer sagen, ob sie lächelt oder nicht. Johann Wolfgang, keuche ich, wenn sie die Hand verschämt in meine Haare gräbt.

1. Satz: Das Schöne am Ich, das die Grammatik für jeden von uns bereithält, ist seine Leere. (Lothar Müller)

2. Satz: Wenn ein Kollege stirbt und/oder einen Preis erhält, beginne ich ihn sogleich zu lesen, ich nehme seine Bücher hervor, trage sie zu einem weiter hinten stehenden kleinen Tisch, ich verschanze mich sozusagen hinter ihnen und schlage die Bücher auf, um ihn nicht zu vergessen, der eben gestorben ist und/oder einen Preis erhalten hat.

Anlesen gegen die Vergänglichkeit! Lesen ist eine fröhliche Wissenschaft, Zitat Ende. Die Laudatio beginnt mit diesem ›fröhlich‹ und wird auf ein ›heiter‹ hinauslaufen.

3. Satz: Ich muss etwas missverstanden haben, seinerzeit, vor gut 17 Jahren (die 17 ist übrigens eine Primzahl, doch nutzt uns dieses Wissen momentan eher wenig), als ich den heute hier Gefeierten durch Jochen Jungs Residenz-Verlag kennen gelernt habe. Die deutsche Sprache spielte mit mir und mein ungarisches Ohr (dafür soll jetzt ein Beispiel stehen – diese Geschichte erzähle ich nicht zum ersten und auch nicht zum letzten Mal –, mein ungarisches Ohr verstand das Wort ›Nervensäge‹ jahrelang als ›Nervensegler‹, was ich als logisch, begreiflich und schön empfand, ich sah den sonnengebräunten Kerl vor mir, wie er bravourös gleitend über die Nerven dahinsegelt, was einen trotz aller Bravour tatsächlich nerven mag; dieser mein Wortgebrauch wurde später zum unangreifbaren Beweis dessen, dass ich die deutsche Sprache schöpferisch und souverän beherrsche), ich entnahm dem Gesagten also, der junge Kollege sei ein Priester. Ein konkreter Priester. Ein katholischer Priester, ein konkreter katholischer Priester. Das meine ich ihm sogleich anzusehen, und auch, dass er ein guter Priester ist. Endlich ein guter Priester. Vielleicht ist er sogar gläubig … Das interessierte mich. Möglicherweise habe ich ihn sogar mit *Laudetur* gegrüßt, worauf er mit dem obligaten *in aeternum* antwortete, in seiner Eitelkeit konnte er gedacht haben, ich hätte alle seine Zeilen gelesen. Und schau, schau, wie spielerisch, wie schöpferisch und souverän ich die deutsche Sprache beherrsche.

Eines habe ich ihm nicht gesagt, wiewohl es mir sogleich eingefallen war, wenn du ein Priester bist, ein wahrhaftiger Priester, kannst du kein guter Romanautor sein. Je besser du als Priester bist, umso weniger bist du ein Schriftsteller. Das sind unvereinbare Richtungen. Damit verhält es sich wie mit der Vaterschaft. Entweder bist du Vater oder Schriftsteller. Theoretisch passt das auch nicht zusammen. Das sagt ein Vater von vier Kindern. Sprechen wir von etwas anderem.

Wir frühstückten gemeinsam. Das gemeinsame Hotelfrühstück, das Frühstücken im Hotel als solches, das ist keine einfache Gattung, das Autorenfrühstück anderentags. Lars Gustaffson, der morgens noch sonorer spricht als sonst – die Arie König Philipps auf Schwedisch, El Escorial! – hält für einen Augenblick bei deinem Tische inne, ohne seine Geschwindigkeit zu verringern (diese listige Art der Bewegung ist angeblich nur bestimmten Rentierarten zueigen, nördlich von Malmö), und so brummt er: Bis elf Uhr morgens bin ich ein Solipsist!, damit setzt er sich zu einem anderen Tisch, mit dem Rücken zu dir. Dein ihm gegenüber empfundener Dank ist tief und ehrlich, mit den winzigen gelben, freundlichen Lichtern des Neides.

Vielleicht waren es die 17 Jahre, die damals noch nicht vergangen waren, vielleicht war es etwas anderes, was dort sofort entstanden war, ich erinnere mich jedenfalls nicht, dass wir einander gestört hätten. Ich erinnere mich hingegen an einen Vorfall, den ich mir damals schnell in mein Heft aufzeichnete, welches ich aber gerade jetzt nicht wieder fand, also erzähle ich ihn frei von neuem, als befänden wir uns in einem Roman. Ansonsten scheint das auch bei Stadler so zu funktionieren: Alles bis auf die kleinsten Details aufzeichnen, sodann einmal mit Leichtigkeit, ja, mit Leichtsinn, dann mit konsequenter, schwerer Arbeit das Heft zu verlieren. Auch bei Stadler lohnt es sich nicht, zwischen Dichtung und Wahrheit zu unterscheiden, das hat keinen Sinn (autobiographische Anmerkung).

Was ist eigentlich passiert?, war es vielleicht die Semmel, hier das Brötchen, der Kellner hat die Semmel vergessen. Es gibt kaum etwas Schlimmeres, als dass der Kellner in aller Morgenfrühe um zehn Uhr die Semmel vergisst. Keine Semmel, die Zeit aber vergeht. Zu guter Letzt dämmert es dem Kellner, er knallt beleidigt eine Semmel auf den Tisch. Jeder Kellner ein Ungar, das schießt mir dabei immer durch den Kopf; ein österreichischer Kellner jedoch besitzt noch Reserven, eine gewisse Tradition, Kellnertradition, Herr-Ober-Tradition, natürlich in Ruinen, doch unter den Ruinen taucht doch noch unser Kellner auf und fleht in einem schönen, persönlichen Ton um sein Leben. Entschuldigung, Entschuldigung, Entschuldigung.

Gereizt konnte ich nur denken, es reicht nicht, dass er ein schlechter Kellner ist, er lügt auch noch. Am Vormittag. Die Vormittagslüge – also die ist die mieseste!

Stadler hingegen nickte, ein zwar kühles, ein gemessenes Nicken, mit dem er die Entschuldigung annahm, er blickte den Jungen ernst an und sagte genauso: Alles in Ordnung. Damit habe ich nicht gerechnet, teils konnte ich nicht denken, alles sei in Ordnung, wo doch eben gar nichts in Ordnung war, nicht einmal diese vermaledeite und knusprige Semmel wurde rechtzeitig gebracht, teils war ich von seiner Ernsthaftigkeit überrascht.

Überhaupt, wie kann man an einem Frühstückstisch richtig ernst sein? Wie entsteht dazu der Raum? Der Raum und die Zeit. Wie kann man fortwährend ernst sein und trotzdem erträglich bleiben? Alles in Ordnung, hörte ich, und ich musste an das ›alles‹ denken und an die ›Ordnung‹. Ich blickte meinen Frühstücksgenossen andächtig an, ist es denn möglich, dass alles in Ordnung ist, wenn doch nichts in Ordnung ist? Ich merkte gar nicht, dass ich inzwischen die Hand zu seinem Teller ausstreckte, ein Stück von der Semmel, von seiner Semmel abbrach, ich mag die westeuropäischen Bäckereiprodukte und in dieser Hinsicht ist Österreich der Westen schlechthin, die ungarische Semmel ist selten knusprig, sie kann nicht vergnügt und leichtfertig gebrochen werden, das Leben ist hart, lehrt die ungarische Semmel.

Wenn ich dazu noch den Blick meines Frühstücksgenossen beschriebe (nicht wahrscheinlich, dass ich dazu fähig wäre, in Beschreibungen bin ich nicht wirklich gut, in Naturschilderungen zum Beispiel geradezu unbegabt oder metaphorisch, was womöglich noch schlimmer ist, und die Beschreibung eines Gesichts ist eine Naturschilderung, wie, laut Stadler, »jede Personenbeschreibung ein Reisebericht wäre«), also wenn ich das Lachen und das Entsetzen in seinem Blick beschriebe, deren veränderliches Verhältnis zueinander, dann wäre diese Beschreibung und die Szene selbst, die Ernsthaftigkeit der Szene, ihre Absurdität und Plötzlichkeit, ihre Komik und kosmische Dimension, und sogleich das Konkrete an ihr, angedeutet durch die von mir zur Hälfte erbeutete Semmel – das wäre so miteinander die Laudatio. Mehr als das werde ich kaum sagen können, obwohl ich noch sprechen werde.

Wenn jemand stirbt und/oder einen Preis erhält, beginne ich ihn sogleich zu lesen. Sehen wir einmal, zu welchen Sätzen wir dabei kommen:

Die Muttersprache als Fremdsprache. – Die Idee stammte von Adam Zagajewski, so durch Polen zu gehen, als sei er kein Pole, sondern ein Tourist, oder wenn auch kein Tourist, so doch ein Reisender (was für ein Unterschied!), aber auf jeden Fall als Fremder. Diese fremde Vertrautheit gehört zu Stadler.

Die Ewigsackgasse zieht uns hinan – das ist die Stadler-Melodie.

Werther-Geschichten, Tonio-Kröger-Geschichten, das klassische ›Leben versus Literatur‹ ist bei ihm ›lieben versus Liebesroman schreiben‹. Übrigens: Stadlers Liebesgeschichten stehen voll und ganz im Zeichen des bekannten Satzes von Flaubert, den Frederic am Ende von ›L'Éducation sentimentale‹ sagt, vielleicht ist noch immer jenes Abenteuer am kostbarsten, welches sich gar nicht ereignet hat, oder zumindest abgebrochen wurde.

Dazu fällt mir der Satz von Imre Kertész ein: »Pessimismus ist Mut.« Das ist Stadlers Mut. Er zieht aber die Welt nicht zu seiner schlechten Laune hinunter. Oder zu seinem Mutwillen?

Wäre ich ein talentierter, ehrgeiziger und hauptsächlich junger Schriftsteller, und dem entsprechend schön wie Gina Lollobrigida, dann riefe ich jetzt (nicht ohne jegliche Hilfe von Gombrowicz) unschuldig aus: Wie viele Schriftsteller, und wie anders sie alle sind, als ich, ich, ich. Ich. Freitag. Zitat Ende.

> … und nicht radikale Kunst ist immer mittelmäßige Kunst. Der wirkliche Künstler hat keine andere Chance, als die Wahrheit zu sagen und die Wahrheit radikal zu sagen. Deswegen kann er trotzdem am Leben bleiben, denn die Lüge ist nicht einzige und ausschließliche Bedingung des Lebens, selbst wenn viele keine sonstigen Möglichkeiten sehen,

schreibt Kertész. Stadler ist der große Dichter dieser oder einer ähnlichen Radikalität.

Und wieder Kertész, bei ihm verspürte ich etwas Ähnliches: Da ist ein Schmerz in der Welt, den wir ohne ihn nicht sehen würden, ein Ausgeliefertsein, eine Schande, eine Niederlage, in der Welt, in uns, die er uns aufzeigt.

So auch hier. Peinlichkeiten, Niederlagen, unverhoffte Heiterkeit, die Gebote und das Verlangen, sie zu brechen, die Lust, die Pein, das Gewicht und die Leere des Körpers und des schlechten Gewissens – ohne ihn hätten wir keine Kenntnis über sie. Wer weint, hat Recht.

Gegen die Schwärze, die Einsamkeit (»kaufen wir zwei Schnitzel«), gegen die Schwermut, die Sprachlosigkeit, die Heimatlosigkeit, gegen die allgemeine Losigkeit steht nicht irgendein Licht, nicht Humor oder Ironie, die all dies relativierte, erträglich machte, sondern: die Schönheit. Die Schönheit der Welt, des Daseins. Ein ungemein rätselhaftes Verfahren.

Dasselbe anders: Stadler kämpft nicht mit der Verzweiflung, er will sie nicht erdolchen, will sie nicht ausgleichen, er will sie nicht (natürlich mit Ironie) ausgleichen, nein, er umarmt sie feurig, er drückt die Verzweiflung an sich, so stark, mit einer Kraft und Leidenschaft, um nicht zu sagen, mit Verzweiflung, dass sie schier eins werden, niemand könnte sagen, bis wohin Stadler reicht und wo die Verzweiflung beginnt. – Dieser Umarmung entstammt der Satz: »Ich war schon ganz verzweifelt, weil ich immer noch so viel Hoffnungen hatte.«

Wie ein literarischer Text nicht in Inhalt und Form zerlegt werden kann, entsteht auch das Tragikomische nicht wie eine raffinierte Gewürzmischung, man nehme zwei Esslöffel Komik, und verfeinere nach Geschmack mit Tragik und ein wenig Estragon. So nicht. Alles ist Eins. Um die Situation mit einem der schlechtesten Romantitel zu beschreiben: ›Einmal auf der Welt. Und dann so.‹ Um dieses »so« geht es.

Die Komik ist ein Teil der Tragik, was auch umgekehrt gilt. Darum sind sie authentisch. Jonke war auf diese Weise komisch; mit seinen Worten: irrsinnig komisch. (Hausaufgabe: Gert Jonke, diesen großen Dichter nicht vergessen.)

Ja, sagt Stadler, ein großes Ja – wir können Joyces Ja vom Ende des ›Ulysses‹ nicht überhören. Und aus wie vielen Neins diese Jas zusammengesetzt sind. Daher kommt es, dass der Text dramatisch, aber nicht düster ist. So etwas ist sehr selten. Ein Licht, aber ein dunkles, ein dunkles Licht – vielleicht so.

Stadler hat vor nichts Angst – nur vor allem. Nichts ist selbstverständlich. Gültig ist nur das ›Warum‹. Die Würde des ›Warum‹.

Fachleute unter sich; wie zwei Maurer: Barocke Fülle und kurze Sätze – wer hätte das gedacht, mein Lieber, dass das geht?

Oder: Geschwätz, Anekdoten, Ausgelassenheit, und dann, unvermutet, wie ein Aufschrei einer Bartókschen Violine: »Alle tot.« – »Alle tot«, das ist ein ausreichend kurzer Satz.

Oder: »Franz war etwa so groß wie eine Schwertlilie, als er das erste Mal sterben wollte.« Aufgabe für Fortgeschrittene: Sagen wir einen noch schöneren Satz. Eine unfaire Lösung der Aufgabe: »Deine Mama schleppt Blumenkübel hin und her, als wären es Argumente.« Diesen Satz hätte ich auch gern geschrieben. Ich werde ihn vielleicht noch irgendwann schreiben, vielleicht wird er mir einmal noch einfallen …

Meine liebste Stadlersche Satzstruktur: »So standen sie auf dem Petersplatz, als warteten sie auf den weißen Rauch, und warteten noch auf den weißen Rauch.«

Bei ihm ist ›leben‹ ein Synonym für das Onanieren und den Geschlechtsverkehr. Im Ungarischen ist Leben als Substantiv ein Synonym für Weizen. Was bedeutet das nun bezogen auf die beiden Sprachen? Und auf die Schriftsteller? Oh, die weiten Weizenfelder, wie sie eben lustvoll … Dazu wäre wohl noch viel zu sagen – um uns mit einem Heißenbüttel-Satz zu behelfen.

Gibt es einen Unterschied zwischen dem Schmerz und dem Phantomschmerz? – So sieht eine Stadler-Frage aus. Er gehört zu den wenigen Autoren, die bisweilen auch Antworten auf Fragen geben. Gelegentlich auch auf nicht gestellte Fragen, diese Antworten sind die besten und die klarsten.

Ein Fragment wird nicht durch das ihm Fehlende zum Fragment, sondern durch seinen Inhalt. Diese Behauptung bewahrheitet sich vielleicht nirgendwo so klar wie hier.

Angeblich wälzten sich Hasek und seine Freunde vor Lachen, als Kafka ihnen aus seinen bekanntermaßen lustigen Texten vorlas. Riesig, mein Alter, er wird zu einem Käfer, Wahnsinn! So lachen auch wir über Stadlers Bücher.

Die Einsamkeit und die Parodie der Einsamkeit: Meines Erachtens vertauscht das der Leser manchmal. So pflegt Erfolg zu entstehen.
Wie jeder ernst zu nehmende Text steigt auch der von Stadler einen steilen Pfad hinan und arbeitet mit hohem Risiko. Ein unachtsamer Schritt: Das Elegische wird zum Sentimentalen, das Lakonische wird ärmlich, das Pathos wird von nichts gebremst, mästet hingegen das Selbstmitleid.
Sehnsucht, Verzweiflung, Einsamkeit, vertuschtes Unglück – ein Stadler-Wörterbuch lässt sich leicht zusammenstellen, leicht und irreführend. Nur auf Grund des Wörterbuchs ist es nicht sicher, dass ich ihn lesen würde.
In unsren schwächeren Momenten entsprechen wir den Vorstellungen über uns (autobiographische Anmerkung).

Möglich, dass der Vergleich schon gezogen wurde, doch wäre ein Vergleich der Katholizität Josef Winklers und Stadlers nicht uninteressant, oder ihr Verhältnis dazu, ich meine, dieses ganze katholische Zeug.
Stadler, wie er zwischen einer Sau und Heidegger hervorlugt, und Winkler, wie er um einen Ackermann kreist. Im Hintergrund, mit dem Rücken zu den Gläubigen, steht wortlos (lateinisch wortlos) und streng Martin Mosebach. Und wo bin ich? Die Sau, mein Leben, Heidegger, ein Vater, die Wortlosigkeit, das Wort: wo?

Große Literatur weist auch in kleinen Dingen den Weg. Nützliches und Wissenswertes von Stadler, eine Shortlist:
Wussten Sie schon, dass seinerzeit Michelangelo die Unterhosen der Bischöfe (und aller Höherstehenden) entworfen hat? Dass selbst die Sahara in mehrere

Diözesen aufgeteilt ist, ohne einen weißen Fleck? Dass man dem Heiligen Stuhl bis zum heutigen Tag die Länge der Schwänzchen neugeborener Thronerben zu melden hat, in Millimetern? Der Hl. Stuhl besteht darauf. Bis zum heutigen Tag. Oder dass ein zu weihender Priester mindestens 163 cm groß sein muss? Keine 162 und auch nicht 164. *Roma locuta, causa finita.* Doch das mag sich auf etwas anderes beziehen.

Oder dass es allein einem Kardinal zusteht, auf hoher See zwei, also nicht nur eine Messe zu lesen. Zwei! Auf hoher See! Möglicherweise begreift die Zuhörerschaft diese schönen Feinheiten nicht ... na ja, wir haben auch nichts anderes von unseren protestantischen Brüdern erwartet ...

So jung und schon Kardinal, flüsterte man in Rom, wenn auch nicht nach Stadler, so doch nach dem Ich-Erzähler. Werfen wir einen selbstkritischen Blick in den Spiegel: Wer von uns hat solche Höhen erreicht?

Langsam mache ich Schluss. Ich habe nur über das gesprochen, worüber ich gesprochen habe. So kam zum Beispiel das Geheimnisvolle an den Texten nicht zur Sprache, die zuweilen überhitzt mysteriös ist wie der große Gombrowicz in der ›Pornographie‹. Das bis zum Himmel reichende unendliche Keuchen ist klar zu vernehmen. »Du siehst, wie unnütz mein Leben in Rom war.«

In den Stadler-Büchern erzählt jemand, er erzählt – mir. Und das ist für ihn lebenswichtig. Das macht mich zu einem großen Leser. Sándor Márai kannte die Bücher Stadlers sicherlich (Ulk!), als er seine Hymne ›Der Profos‹ im Kerker über das Lesen schrieb. »Man muss mit aller Kraft lesen, manchmal mit einer noch größeren Kraft, als das zu Lesende geschrieben wurde. Man muss unerbittlich, erstaunt, leidenschaftlich und aufmerksam lesen. Mag der Schriftsteller geschwätzig sein, lesen muss man einsilbig. Jedes einzelne Wort muss nacheinander vorwärts und rückwärts gelesen werden, während man in das Buch hineinhorcht und die Spuren sieht, die in das Dickicht führen, dabei hat man auf die geheimen Zeichen zu achten, die der Aufmerksamkeit des Autors vielleicht entgangen sind, als er in der Wildnis seines Werkes vorangeschritten war. Nie darf man naserümpfend lesen und nur so nebenbei, als wäre man zu einem herrlichen Mahl geladen, wo man mit der Gabelspitze in den Speisen stochert. Elegant muss man lesen, großherzig. So, als würde man in der Todeszelle sein letztes Buch lesen, das der Profos einem zugesteckt hat. Um Leben und Tod muss man lesen, weil es um das größte menschliche Geschenk geht. Lesen, das kann nur der Mensch.

Das war ein guter Schluss. Leider habe ich noch einen. Daniel Kehlmann, Kleist-Preisträger 2006, sagt in seiner Dankesrede über Kleist:

> Die Aufklärung ist nicht seicht, die Vernunft nicht ohne Geheimnisse, und es gibt sehr wohl eine Mystik der Klarheit. Die Wahrheit ist, daß ihm auf Erden nicht zu helfen war. Die Wahrheit ist aber auch: ihm nicht und keinem von uns. Von dieser Hoffnungslosigkeit wußte er zu sprechen in Sätzen so perfekt, in Bildern so vollkommen, daß sie uns heiter stimmen. »Das Leben nennt der Derwisch eine Reise, / Und eine kurze. Freilich!«

Dieses »Freilich!« hören wir auch bei Stadler, dieses selbstverständliche und heitere »Freilich!«

Das war ein guter Schluss. Leider habe ich noch einen.

Ich las die folgende Stadler-Definition: südbadischer Bauernsohn, Melancholiker, Großmelancholiker, Megamelancholiker (das habe ich nicht gelesen), Experte der Erinnerungsverwaltung, der Erinnerungsausbeutung, der Erinnerungsüberhöhung, Sommermacher, In-die-Hosen-Macher, Sprachkünstler (na ja, wer nicht), notorischer Glücksucher, Unglücksakrobat, Heimatbeschwörer und Selbstbezichtigungskünstler, Dichter der kurzen Sätze der langen Augenblicke, ein scharfer Beobachter, oder: gewiss ein scharfer Beobachter, aber ..., dann: Selbstaufschreiber, Selbstaufschneider, Deutscher, Lebenserfinder. Also dann *da capo*: Das Schöne am Ich, das die Grammatik für jeden von uns bereithält, ist seine Leere. Ist seine Leere.

Das war ein guter Schluss.

(Aus dem Ungarischen von György Buda)

Arnold Stadler

DER MENSCH WILL BLEIBEN.
ABER ER MUSS GEHEN. ODER
VOM VERSCHWINDEN

Rede zur Verleihung des Kleist-Preises 2009

Wenn dann nach der Scheidung auch noch der
gemeinsame Hund überfahren wird, und man das
Glück einer blitzgescheiten Nachbarin hat, wird
diese vielleicht sagen:
»Es war Selbstmord!«
So sensibel sind unsere Haustiere.

Meine sehr verehrten Damen und Herren!

Zum ersten Mal mit Kleist in Berührung kam ich in der Schule.

Und gleich mit Michael Kohlhaas, der eine Klasse unter mir war.

Er hieß eigentlich Ekkehard und sprach, anders als wir, hochdeutsch auch den Tag über. Er sammelte damals Briefmarken, wie ich. Meine Sammelgebiete waren Madonnen, also vor allem Weihnachtsmarken, als Länder sammelte ich Vatikan und Liechtenstein, und wegen meines Onkels, der seit den Zwanziger Jahren am Fuße der Anden lebte, und ungewollt im ersten Buch von Bruce Chatwin gelandet war, kam Argentinien hinzu, aus Sehnsucht. An Reisen war ja nicht zu denken.

Jung waren wir, das ist wahr, und andere, nicht wir, dachten sich damals vielleicht noch ihre Herbstgedichte aus. Bei uns war es Übermut.

1967 heiratete Erbprinz Hans Adam von Liechtenstein die Marie Aglae Gräfin Kinsky aus Prag.

Und dann gab es zur Hochzeit diese zwei Briefmarken, den sogenannten Hochzeitsblock, welcher die beiden Jungvermählten zeigte. Ich wollte diese Briefmarken auf der Stelle haben. Was damals aber so schwierig war wie der interkontinentale Verkehr jeder Art. Aber Ekkehard, der mit mir jeden Tag denselben Schulweg ging, mit dem ich dann auch Briefmarken tauschte, hatte diesen Hochzeitsblock schon, woher und wie weiß ich nicht. – Er nahm mir dafür den Adenauerblock ab: damals schon der 10-fache Wert des Liechtensteiner Hochzeitspaars. Ich tauschte die Bundesrepublik Deutschland gegen das Fürstentum Liechtenstein.

Über diese Transaktion hinaus, die mich als gierigen Menschen festhält, kam ich so mit dem Kohlhaasischen Wesen manches Menschen in Berührung: und mit seinem Sinn oder seinem Hunger nach Gerechtigkeit wie bei Kleist, ach, ich müsste einen Erörterungsaufsatz schreiben über das Verlangen, das manchmal von einem nichtsigen Querulantentum aufgefressen wird. (Das Wort ›nixig‹ kommt aus meiner Muttersprache und ist nicht von ›Nixe‹, sondern von ›nichts‹ abgeleitet.)

Über diese kleine Briefmarkengeschichte hinaus, steigerte sich Ekkehard bald in eine Liebesgeschichte hinein: es war zugleich seine erste und letzte. Denn er war – mit 16 – auf ein Mädchen gestoßen, das Ekkehard sagte, er sei etwas zu dick. Also aß er nichts mehr und starb. – Er lebte an der nicht definierbaren Grenze von Träumertum und Gerechtigkeitsverlangen. Wie Kleist. Das mit E. ist nun schon bald vierzig Jahre her.

So begegnete ich also zum ersten Mal einer Geschichte von Kleistschem Ausmaß. Und auch dem unheimlichen Verschwinden. Wenig später folgte meine erste Kleistlektüre: ›Michael Kohlhaas‹. Da habe ich immer an Ekkehard denken müssen, und so blieb es.

Meine Damen und Herren Mitmenschen und Tierfreunde!

Das Leben ist manchmal so kurz und gradlinig wie das eines gerade ausgeschlüpften Krokodils, das es aus seinem Ei in der Nähe des Krokodilschwanzes bis hin zur Krokodilschnauze schafft. Mama hat Hunger. Es schlüpft aus seinem Ei, kann auch auf der Stelle sich fortbewegen, als wäre sein Biograph, der ich bin, an Adorno und seinem nachgestellten Reflexivpronomen geschult. Das Kleine, das eigentlich ganz drollig aussieht, und dem man trotz allem ein schönes Leben wünscht, schafft es also auf kürzestem Weg vom Ei zur Mutterschnauze. Oder wie heißt das bei einem Krokodil?

Soviel aber weiß ich – – dass auch dieses Kind in die Welt wollte – und etwas sehen wollte es auch, und ein Verlangen hatte; weiß, dass es ein Herz hatte, das etwa an derselben Stelle schlug – ja, ›schlug‹. Man sagt doch »das Herz schlägt« und »das Herz schlug«, immer vom Kopf aus gedacht. Das Herz ist ja nicht da, wo der Kopf ist, und der Kopf ist nicht da, wo das Herz ist und schlägt. Man sagt auch: »Es, das Herz, schlägt noch« – sagt man immer noch, wenn auch unsere große Zeit zum Gehirntod übergegangen ist, und uns die Apparate die Sprache verschlagen.

Der Konflikt von Hirn und Herz ist wohl ein Problem, und nicht irgendeines, sondern Jenes, von dem am meisten gilt, dass es nur eine Geschichte, und keine Lösung hat.

Mama hatte Hunger. Und ich sah es. Es war im Fernsehen, im TV auf dem Tierkanal. Und Sie haben es ja vielleicht auch gesehen. Dann haben wir noch eine Gemeinsamkeit.

Was der Kurz-Biograph, der ich bin, berichten konnte, ist naturgemäß nicht viel. So bin ich schon am Ende dieses kleinen Lebenslaufes angekommen. ›Einmal auf der Welt. Und dann so!‹

Lang oder kurz ist die Zeit, und dieselbe kann einem Menschen auf der Welt noch ausweglos erscheinen, sage ich an diesem Kleist- und Totensonntag.

»In jenen Tagen legte sich Elija unter einen Ginsterstrauch und wünschte sich den Tod. *Denn ich bin nicht besser als meine Väter.*« So las ich es im 1. Buch der Könige.

Ja, manchmal will einer wie Elija oder Kleist nicht so lange warten, verlässt das Theater vor der Zeit, und wir, die Zurückgebliebenen, wollen nicht einsehen, dass es freiwillig war, und forschen nach den Gründen, und als Dichter sagen wir im Nachhinein, dass man uns nichts lässt, nicht einmal den Schmerz, nicht einmal die Erinnerung an die Wunde von der Messerimpfung, vor der wir Angst hatten ein Kinderleben lang.

Werte Anwesende und Abwesende!

Auf einer Tafel eines Steyrischen Berggasthofes konnte ich lesen: »*In diesem Hause hätte die Mutter von Peter Rosegger in der Nacht vom 10. auf den 11. Mai Anno Domini 1842 beinahe übernachtet*«. - Vielleicht war das nur die Erfindung des Künstlers?

Die Menschen indes gehen jetzt rechts auf den Straßen, als wären sie Autos, und werden nun meist Verbraucher genannt. Der Gelehrte wurde durch den Experten ersetzt, die Existenz durch ›Schöner Wohnen‹, die Sehnsucht vom Spaß, und das Wort ›Sterben‹ wurde durch ›Gehen‹ ersetzt in den Todesanzeigen.

Aber immer noch formuliert der Mensch seine Suchanzeigen.

Liebe Gesunde und Kranke!

Jede Zeit hat ihre Opiate. Und die Geschichte der Bundesrepublik Deutschland könnte *auch* als eine Hysteriegeschichte konzipiert und geschrieben werden: von der Amalgamfüllung bis zum Rinderwahnsinn und Gesundheitswahn.

So werden wir ruhiggestellt und abgelenkt bis zu unserem unheimlichen Verschwinden, werden durch den Wetterbericht (der erst im Nachhinein kommen dürfte, da für eine permanente psychische Schieflage des Konsumenten sorgend) und Schönheitsoperationen sediert. Doch nach wie vor gilt: »*Viele Leute fürchten sich vor dem Tod wie die Kinder vor dem Wauwau*«. Und die Selbstmörder wie Kleist stellen das Mainstreamglück, wie überall auf der Welt zu allen Zeiten, skandalös in Frage.

Kleists Tod, zum Beispiel, wäre heute wohl etwas für ›TV Total‹, ›Explosiv‹ oder ›Schauplatz Deutschland‹.

Liebe Glücksspieler! Verehrte Raucherinnen und Rotweinfreunde! Liebe Träumer!

Fast immer, wenn ich ins Internet gehe, bekomme ich als erstes einen Glückwunsch:

Herzlichen Glückwunsch! *Unser Zufallsgenerator hat Sie soeben als Gewinner eines nigelnagelneuen Audi A 8 ausgewählt.*

Ärgerlich ist nur, daß ich auf diese Weise daran erinnert werde, daß ich immer noch keinen A 8 fahre. Auch der Kleistpreis reicht wohl nicht. Aber ich will ja gar keinen A 8!

Liebe Fußballfreunde und Sportmuffel!

Das Wort ›Empörung‹ ist eines der schönsten für mich. Es kommt von ›Sich Aufrichten‹. Und es ist die Aufgabe des Dichters, Äpfel mit Birnen zu vergleichen, Hunger mit Durst, das Glück mit dem Unglück, Krokodile mit dem Dazugehörigkeitsverlangen, den Selbstmörder mit dem Schönheitschirurgen. Dies schon. Denn »Widersprüche, im Menschen vereint, sind Ausdruck seiner Poesie«, schrieb mir Günther Uecker einst in mein Poesiealbum, als kennte er mich. Sind also manchmal auch etwas Schönes, und nicht einfach noch ein weiteres Problem. Fast immer gilt für das Menschen-Leben, was meine Großmutter, die mit Abraham a Sancta Clara, von dem der Wauwausatz stammt, verwandt war, ganz am Ende sagte: dass das Leben kurz sei. Es komme ihr das Ganze so vor wie einmal das Dorf hinauf und hinunter. Und dass es den Schmerz als Grundriss hatte, wusste sie auch.

Liebe Zyniker und Realisten!

Samuel Beckett lässt einen Kunden sagen: »*Gott hat die Welt in sechs Tagen erschaffen, und Sie schaffen es nicht, mir in sechs Monaten eine Hose zu machen!*«

Da entgegnet der Schneider:

»*Aber mein Herr, sehen Sie sich doch die Welt an, und sehen Sie da Ihre Hose!*«

Die Welt ist nicht so, wie sie sein sollte, und wie sie, falls überhaupt, gedacht war. (Aber danach sieht es nicht aus.) Das ist keine heile Welt. Es gibt Hunger, Durst und Tellerminen, also Sprengfallen, als wären wir Hasen.

Andererseits: Ich staune über die Seeschildkröte, die einfach ins Meer schwimmt, und dann zum Eierlegen genau an den Ort zurückkehrt. – Und über das kleine Krokodil und über manches Muttertier oder über den Albatross, der um die Welt fliegt, die vom Menschen beherrscht ist, dessen bisherige Entwicklung von der Steinschleuder zur Wasserstoffbombe ging, sagt Adorno.

Der Mensch ist gewiss nicht das einzige Tier, das träumen kann, das weiß ich von meinem schlafenden Hund. Aber vielleicht doch das einzige, welches sich empören kann, über Leben und Tod, Gott und die Welt, wobei er auch, wie Kant, bedenken kann, daß 1000 gedachte Taler noch keine wirklichen sind. Vernünftig – ein dummes Wort!

An der Größe der Welt, der Kürze des Lebens und unserer kleinen Jeweiligkeit scheiterte immer schon die Rettung der Welt, und auch ich, das merkte ich mittlerweile, habe keine Zeit und Größe dafür, aber ich bin immerhin Zeuge einer Welt, in welcher der Mensch und seine Sprachen in der Globalisierungskelter oder dem Globalisierungswolf verschwinden.

Liebe Frauen und Männer!

Der Mensch ist ein Tier, das einzige Tier, das lachen kann, und hoffen, wie ein Kind auf das Christkind – jenes Tier, das an den ersten Schnee und die erste Erdbeere und an das erste Mal sich erinnern kann, und Abbas Baidun machte ein Gedicht aus allem:

Was ist Hoffnung?
Ein einziger, einem Kranken zurückgelassener Stuhl.
Das ist Hoffnung

Aber dann fallen ihm, dem Menschen und Dichter, noch ganz andere Dinge ein, der Schrecken der Welt. Eine Heile Welt gibt es nicht, vielleicht aber doch zu Zeiten ein Verlangen nach ihr, oder so etwas, und eine Sprache dafür: von einem wie Kleist:

Noch in den verfahrensten Nein-Sätzen, noch in der Nacht, las ich von seinem Hoffnungsschmerz. *»Lieber ein Hund sein, wenn ich von Füßen getreten werden soll, als ein Mensch!«* Sagt Kohlhaas.

Liebe Ungläubige und Gläubige!

Wie auch immer, ob hoffend oder verzweifelnd: Der Mensch ist das einzige Tier, das mit der Wahrheit zurechtkommen muss, da es weiß, dass es sterben wird, wenn es auch nicht daran glaubt, und bis es soweit ist, über Dinge nachdenkt, die nicht existieren. Und mit dir und mir darüber reden kann von seinem unbeschreiblichen Verlangen. Oder nicht.

Das ist eine Tatsache. Das Leben ist kurz. Dann denken wir nach, und wollen allem auch noch einen Sinn geben. Und die Gescheitesten von uns sagen dann – und haben herausgefunden, dass das Leben keinen Sinn habe.

Nabokov, gefragt, was er für eine Botschaft habe, sagte: »Ich bin doch kein Telegraphist!« Aber manchmal ist der Dichter ein Briefträger wie Nazim Hikmet, der einen Großteil seines Lebens wie Nabokov im Exil verbracht hat.

Er war nicht der erste, und nicht der letzte von ihnen, die es büßen mussten, von Ovid bis Nazim Hikmet, von Johannes Chrysostomos bis Brecht und weiter. Aber fast immer nehmen sie ihre Sprache mit, die zwar nicht Heimat ist, so doch ihr wertvollster Schatz im Gepäck des Heimatlosen, glaube ich, der für mich Sprache auch nicht Heimat ist, sondern, was überhaupt? – eine Art Lebensmittel? Ich weiß es immer noch nicht.

Liebe Leser und Schreiber!

Doch soviel weiß ich: Seine Sprache hat der verjagte Mensch im Gepäck, der Dichter, als sein wichtigstes seine Sprache, als sein Lebensmittel.

Kleist: Was er machte, war das, was wir immer noch machen: Es ist die Beschreibung des Unglücks, das als Glück gedacht war.

Schriftsteller sind im Idealfall Virtuosen des Glücks, das zum Unglück wurde, und das Wahre ist das Ganze, ein Joint Venture.

Literatur ist, im besten Fall, die geglückte Beschreibung des Unglücks.

Liebe Individuen!

Es gibt Menschen, die überlegen ein Leben lang, wie man am bequemsten vom Bett in den Hausschuh kommt. Das sind solche wie Oblomov.

So einer war Kleist nicht.

Manche leben, als brennten sie. So einer war er, Kleist. Als hätte er nicht gelebt, sondern gebrannt.

Zu Viele wollen die Welt verändern oder sie retten oder auch nur erobern. Das führt manchmal zum Krieg. Dieser Welt zuliebe wäre es aber am besten, das kann auch ein Gläubiger sagen: Dass der Mensch und Politiker, ob als Moslem, Jude oder Christ oder noch etwas ganz anderes, oder nichts davon, nicht mit einer anderen Welt oder mit Gott rechnen sollte, sondern nur mit dieser hier, als wäre es die einzige.

Liebe Kleist-Freunde!

»Ich brenne«, las ich immer, auch zwischen den Zeilen. Wir sind nicht zum Spaß da, soviel im Leben von Kleist gelesen zu haben, darf ich sagen. Zu allem muss ich mir dazudenken: Was sind schon 34 Jahre, wenn sie vorbei sind!

Wer aber sagt denn, dass Kohlhaas gescheitert sei – oder auch Kleist?

Soviel kann ich von den Beiden sagen: dass sie das Leben ernstgenommen haben; und dass es nicht zum Spaß war und dass kein Spaß dieser Welt ihr Verlangen nach etwas ganz anderem ersetzen konnte: und wäre Gerechtigkeit ihr Paradies gewesen. (Es war eine Art Glückskleeverlangen.)

»Kleist wollte die Welt sehen, und er sah sie.« Sagt Robert Walser.

Kleist ist weg. Sein Leben war ungerade, aber aufrecht; und so ist er verschwunden. Aber er ließ auch etwas zurück, von dem wir zehren, sage ich.

Kleist ist, war und wird es sein: etwas Geheimnisvolles, Verstörendes: Er ist keine Nuß, die geknackt werden kann. Kleist gehört wohl auch nicht zu den Rätseln, die gelöst werden können, dachte ich beim Lesen.

Sie kommen ihm, der mit seinen Dämonen gekämpft hat, auch nicht mit einem intellektuellen Besteck bei. Oder nicht?

Der Mensch will bleiben. Aber er muss gehen.

Kleist kam aber ein ganz schönes Stück weit, die Kleistforschung auch, weiter als unser kleines Krokodil.

Leb wohl! Sagte ich etwas linkshändig in meinem Kopf.

Bei Kleist kam noch etwas dazu. Das macht Kleist zu Kleist: Der Schriftsteller sieht in seinem ›Rückspiegel‹ – das Wort habe ich von Herta Müller – alles noch einmal und schreibt es auf, vielleicht auch dem Leser, dem Menschen, zuliebe. Und dass das Wahre das Ganze ist, wie das Leben ein Joint Venture aus Glück und Unglück, samt dem Gelächter und der Vergeblichkeit?

Verehrte Kleistfreunde!

Kleist soll sich beim Lesen der ›Penthesilea‹ kaputtgelacht haben, und ähnlich befremdend Schräges habe ich im Leben des großen, armen Kleist noch mehr gelesen.

Die Lächerlichkeit des Systems der Welt, in der Kleist zu leben hatte, ermesse ich, zum Beispiel, daran, daß der ›Prinz von Homburg‹ in Preußen nicht gespielt werden durfte, weil darin ein General in Ohnmacht fällt. Immer wieder fällt ein Mann oder Mensch in Ohnmacht, und das ist sehr menschlich von Kleist.

Größenwahnsinn und Innigkeit sind für mich, einen Leser, der selbst schreibt, bei Kleist eine blutsverwandte, also inzüchtige Sippe, und sie haben Kinder.

Die Verlobung in St. Domingo, Michael Kohlhaas und Heinrich von Kleist gehen fast gleich aus. Die einen sterben, und die anderen leben weiter, und solange sie nicht gestorben sind, Du weißt.

Liebe Mitwisserinnen und Mitwisser!

Kleist hat so etwas wie den Kleist-Preis nicht bekommen, nicht einmal die Anerkennung seiner Zeit. Die Lobhudeleien sind *ex post*. Er hat niemals ein Stück von sich auf der Bühne gesehen. Das ist die Wahrheit. Im Gegenteil: Er musste Goethen, den Großmoguln, aushalten. Und umgekehrt! – wohl auch.

Aber ich habe es mir zur Maxime gemacht, einen Menschen immer nach seinem Besten zu beurteilen, und das ist bei einem Dichter wie Goethe wohl sein Werk, also nicht die staatstragende Unterschrift unter das Todesurteil, sondern, wie von mir gemeint, die ›Marienbader Elegie‹, zum Beispiel.

Vielleicht wollte Kleist mit seiner Tat auch Goethen ein Zeichen geben, wie man es macht, wie man Literatur und Leben zusammenbringt, damit sie eins seien.

Wie man sein Werk unterschreibt. Gewiss, es ist auch eine Anmaßung in diesem Gedanken. Aber Literatur und Leben müssen doch miteinander zu tun haben!

Ich weiß nicht, was Kleist vom Leben erwartete.

Also war die Enttäuschung die größtmögliche, die man an einer Tat, welche die Todesexperten von heute ›Bilanzselbstmord‹ nennen, ablesen kann.

Also ist er vom Schreiben ins Leben übergegangen, zur Tat geschritten, und hat das Eine durch das Andere fortgesetzt. Die Pistole war sein letztes Schreibwerkzeug: die Kugel war seine Tinte. So unterschrieb er. Ungemein verdichteter ist das als jeder Abschiedsbrief.

»Wie seine Hände ausgesehen haben mögen«? Frage ich mit Robert Walser.

Liebe Pathologen!

Kleist tat sich ganz am Ende, das kein Ende ist, sondern ein Verschwinden unter Zurücklassung von zwei Leichnamen, mit noch einer Unglücklichen zusammen, als würde es sich so erst lohnen, das Leben zu verneinen. Ach, sage ich mit Kleist: Auch er wollte ja nur einschlafen und nicht mehr hier sein.

Es war ja kein Zufall, sondern eine langgehegte Entscheidung, ein Ja zum Nein – oder umgekehrt. Immer wieder hat er ganz offen darüber gesprochen oder geschrieben, man kann auch: ›damit gedroht‹ sagen – bis er dann gestern vor 198 Jahren eine Lieblingsidee realisierte. Es war aber nicht so wie bei Romeo und Julia.

Arme Henriette Vogel, die immer mit Nachnamen genannt wird, niemals Henriette, als wollte man damit Intimität bestreiten und Liebe ausschließen. Manchen machte es verdrießlich, dass keine Liebesgeschichte daraus gemacht werden konnte, wenigstens nicht so eine, die sie gerne gehabt hätten. Sie nehmen ihr übel, dass sie es war, wie eine Dahergelaufene, und nicht eine herzzerreißende Julia.

Es ist wie ein roter Faden viel Gewalttätigkeit bei Kleist dem Leben gegenüber, schließlich auch dem eigenen.

Nach den Gesetzen hätte er wohl auch als Mörder belangt werden können, hätte er überlebt, und – nachdem ein Arzt sein Genesen und die Todestauglichkeit festgestellt hätte wie in Huntsville, Texas, wäre er hingerichtet worden wie Kohlhaas.

Wir sollten nicht im Nachhinein darüber hinwegreden und so tun, als wären wir Berichterstatter und hätten mit allem nichts zu tun, die mit dem Ü-Wagen vom

Schauplatz des Geschehens berichten für RTL live, als könnte so etwas durch Gerede ungeschehen gemacht werden.

Kleist bleibt dem Leser ein Geheimnis, er war ein Mann wie ein Gedicht, der den Kampf gegen seine Dämonen verlor.

let the gods speak softly of us
in days hereafter

Gestern jährte sich wieder einmal der Tag, an dem sich Kleist vom Leben verabschiedete, und der sprachverschlagende Tod uns zum Reden treibt. Alle unsere Äußerungen sind ja *ex post*. Ich sage: Kleist war wie ein Roadmovie, bei dem Leben und Sterben zusammenfiel.

Meine sehr verehrten Damen und Herren!

Kleist erhielt ein Ehrengrab, was zu den höchsten Aussichten in Wien gehört.

Und ich habe nun den Kleist-Preis erhalten.

Ich verdanke der Nachricht auch eine wunderbare Lektüre den Sommer von 2009 über. Gleich beim 1. Besuch in Berlin suchte ich sein Grab und fand es: Da lagen sie...

April 84 und die Amseln sangen, als blühten sie.

Und da stand ich, und ich war schon dreißig und zum ersten Mal in Berlin (bis dahin war ich nur nach Rom, Jerusalem, Buenos Aires und so fort gekommen) zum ersten Mal richtig vor Kleist: d.h. vor einem Grabstein, einer zweifelhaften oder vieldeutigen Einrichtung.

Kleist starb ›als unbrauchbarer Mensch‹, das Wort habe ich von Kafka und es soll nun mein *Epitheton ornans* für Kleist sein.

Liebe Weltbürger!

Tschu En Lai, ein chinesischer Ministerpräsident der Maozeit, befragt zur Französischen Revolution von 1789 – meinte – es war 1971 – »Es ist noch zu früh, etwas über die Französische Revolution zu sagen«. Und, was Kleist betrifft, so kann ich, statt: ›zu früh‹ genauso gut ›zu spät‹ sagen.

Die schöne Geschichte habe ich, wie so vieles, von Péter Esterházy, dem ich auch dafür, dass er mich herausgefischt hat für diesen Kleist-Preis, von Herzen danke. Für seine Rede auch, mit einer Verneigung.

Und auch der Jury und der Heinrich-von-Kleist-Gesellschaft, die einen solchen Juror herausgefischt hat, danke ich sehr.

Meine Freunde der Kunst!

»*Woran erkenne ich ein Kunstwerk?*«, fragt Professor Keilbach im Ästhetikseminar, »*Dass es unvergesslich ist*«. –

Was ist ein Buch? Etwas anderes als eine Folge nicht gestrichener Sätze?

Was heißt Schreiben anderes als ›Weiterschreiben‹?

Was ist ein Schriftsteller? Einer, der das richtige Besteck findet, Sätze, die für das Unsägliche eine Sprache finden?

Sätze die eine Sprache haben für das Sprachverschlagende?

23

Schreiben ist die beschreibende Vergegenwärtigung von Glück und Unglück.

Ich spreche hier von meinem Heimatfriedhof aus gedacht, und vom Kleistgrab aus gedacht.

Um die Vergänglichkeit zu erfahren, genügen meine zwei Augen und ihr Weg zwischen mir und dir.

Ich bilde mir nicht ein, darüber hinauszukommen, auch mit der Sprache nicht: Es ist mein alter Kopf, liebe Gäste aus nah und fern! Liebe Berlinerinnen und Berliner! Es gibt keine Provinz auf der Welt. Auf dem Feld der Literatur schon gar nicht. Es gibt nur Welt auf der Welt. Alles Andere ist Provinzdünkel mit Anspruch auf Definitionshoheit.

Diese Welt der Literatur kann Berlin oder, sagen wir: Deutsch Nitzkydorf sein, Manhattan oder Hannibal am Mississippi, Budapest oder Buxtehude.

Die Literatur ist jene zweite Welt, die sich der Mensch nach seiner ersten geschaffen hat, ihrem und seinem Bilde.

Die hochdeutsche Sprache ist für einen deutschen Sprachausländer wie mich, der sich erst in der Schule zum ersten Mal mit dem Hochdeutschen befasste, das nicht Selbstverständliche, für einen Alpenmenschen oder einen Donauschwaben wie mich, sondern nur das Unerhörte und Besondere. Es ist immer eine Art Sonntag, wenn wir etwas sagen wollen. Also nicht Mitteilungsfluss und Information, weder Inhalt noch Verkehrsmittel ist die Sprache für jene, die sie nicht als Umgangssprache haben mit etwas Poesie im Bauch, sondern etwas im Sonntagsgewand, schon auf dem Weg zum Gedicht, mit dem wir es sagen können, daß wir es doch nicht sagen können.

Aber was die Sprache ist, weiß ich immer noch nicht. Muttersprache vielleicht? Die Sprache, die meine erste Fremdsprache ist, kann also nicht Heimat sein. Es gibt für mich in der deutschen Sprache keine Heimat, sondern allenfalls nur die Beschreibung der Heimatlosigkeit.

Jener, der schreibt, muss mit der Gabe der Bilokalität versehen sein, das heißt: er muß hier und dort sein, in einem Einst und einem Jetzt. Er hat also mindestens zwei Heimaten, mit diesem Motor schreibt er: »*Die Sehnsucht war damals meine Zukunft, so wie die Erinnerung nun mein Heimweh ist.*« Wir sind, da wo wir sind, auf Zeit, und auch so niemals ganz. Wenn wir schreiben und am Schreibtisch sitzen, sind wir immer auch irgendwo anders. Sind wir hier und dort und vergegenwärtigen, was war, und wie es hätte sein können. Der Schriftsteller ist in allen Zeitzonen unterwegs. Und zwar gleichzeitig. Und immer sind wir, wenn es ein Buch ist, beim Schreiben und beim Lesen auf einem Nachhauseweg.

Meine lieben Mitmenschen!

Kommen Sie in hundert Jahren wieder vorbei, dann sehen wir weiter.

In Istanbul, an der Galaterbrücke, lebte damals, wie man mir sagte, ein Zwerg, der hatte einen Pinguin, so groß wie er, und Kleist hätte daraus eine Geschichte gemacht.

Der Tod soll sich nicht damit brüsten, dass wir in seinem Schatten wandern wie in Shakespeare Sonett Nr. 18: »*Shall I compare thee to a summers day?*«

Wenn es schon keine Menschen fürs Leben gibt, so gibt es doch Sätze, und die Erinnerung fällt vom Fahrrad und bleibt liegen.

Liebe Freunde und Vermisste!
Der Mensch will bleiben. Aber er muß gehen.
»Wer wird nicht an das Tunnelunglück denken, wenn er in den Tunnel hineinfährt!« (Wort zum Sonntag)

> *Ein Schatten an der Wand entlang: der Mensch, der geht.*
> *Viel Lärm um nichts macht er*
> *von einer unbeschreiblichen Gier ist er*
> *auf der Welt und weiß selbst nicht,*
> *für wen er seine Sachen*
> *zusammenrafft* (Buch der Psalmen; Ü: A.St.).

Und er möchte manchmal etwas sagen, aber kann es nicht. Dieses sehnsuchtsbegabte Wesen ist auch noch mit einer Sprache begabt, die ihn meist zum Schweigen verurteilt, die ihm sagt, dass er es nicht sagen kann. Aber dann und wann glückt ihm das Sprachverschlagende doch.

Und irgendwann wird er verschwinden, eines Tages, vielleicht auch nachts. Und die anderen müssen es verwinden.

Und er lässt ihnen seine unbeschreibliche Sehnsucht zurück, auf dass es weitergehe mit dem Leben, Lesen und Schreiben.

Einst stand ich auf den Sanddünen bei St. Benoist und schaute aufs Meer hinaus, den großen Atlantik, wie das Fräulein von Heine. Da kam ein kleiner Junge mit seinen Eltern, und als er, wohl zum ersten Mal, das Meer sah, sagte er auf französisch: *Piscine!*, was auf deutsch ›Swimmingpool‹ heißt – und war glücklich.

Das Allerschönste daran war, dass es unbeschreiblich war.

Einst stand ich am Mississippi. Mark Tobey, der Maler, war von hier: hier lernte er sehen. *»We are all waves to the same sea«*, sagte er.

Seltsam: der Boden, auf dem ich stand, drängte mich zum Gehen.

Das Wasser, das an mir vorbeifloss, zum Bleiben. Das war alles.

Die Sprache war meine erste Fremdsprache
Muttersprache und Fremdsprache fielen zusammen in meinem Mund
Mit dem Wort Mama machte ich mich auf den Weg
Ich war so groß wie eine Schwertlilie
Und ›das Heu roch nach der Liebe des Himmels
zur Erde‹
Hätte mich damals einer gefragt:
»Was hast du die ganze Zeit gemacht?«, dann hätte ich sagen können:
Ich habe gelebt.
Und nach der Zeit gefragt, hätte ich mir sagen
müssen:
Sie ist vergangen.
Jeder .... Mensch, ob Mann, Frau, Schriftsteller,
oder einfach Dichter und Idiot,

hat eine Verletzung, eine Wunde,
aus der es weiterblutet.
Erinnerungsweise.
Die Erinnerung ist eine Bluterkrankheit.
Es fehlt wohl das Gerinnungselement des
Vergessens.
»Ich blute, also bin ich«,
das sollte mein erster Satz sein.
Dem fügen wir das Schweigen und die Farbe Blau hinzu.

BEITRÄGE ZUR REZEPTIONS- UND FORSCHUNGSGESCHICHTE

Helena Elshout, Gunther Martens und Benjamin Biebuyck

EINE VON DEN HALBERSTÄDTER PUTZFRAUEN ÜBERWACHSTE FUSSSPUR

Die produktive Kleist-Rezeption Alexander Kluges

Schon seit den frühen 1980er Jahren durchzieht die Beschäftigung mit Kleist das Werk von Alexander Kluge. Aus den expliziten Bezugnahmen wie aus den Motiv- und Stilzitaten spricht eine literarische Kongenialität, die merkwürdigerweise bislang noch nicht in der Kleist- oder Kluge-Forschung kritisch thematisiert wurde. Begeistert von der Person und dem militaristisch-bürokratischen Hintergrund, führt Kluge in verschiedenen ›Geschichten‹ Kleist als Figur auf.[1] Mit einem entscheidenden Fokus auf das Anekdotische schildert Kluge hiermit eine alternative, Tatsache und Fiktion aufs Äußerste vernetzende Biographie. So entsteht ein unentwirrbares Gewebe, das bis zur Irritation ein Spiel mit dem Leser treibt. Eine besondere Stellung in diesem Spiel nehmen die verschiedenen Kurzgeschichten ein, in denen Kluge Kleists Novelle ›Die Marquise von O…‹ um- und fortschreibt. In ›Problem der Abkunft. Seltener Fall einer unbefleckten Empfängnis‹, ›Eine späte Anwendung von Immanuel Kants Naturrecht‹, ›Eine Episode in der Zeit der Aufklärung‹ und ›Eine Episode aus dem Russlandfeldzug 1812‹ inszeniert Kluge die Widerwärtigkeiten der ungewollt schwangeren Marquise unterschiedlicher Zeiträume (beziehungsweise um 1926, 1945, 1732 und 1812).[2] Kleists brennendes Schloss wird zu einer Sauna, die ohnmächtige Marquise zu einer trunken gemach-

---

[1] Kluge verwendet selbst den mehrdeutigen Gattungsbegriff ›Geschichte‹ für die kurzen ›Erzählungen‹, in denen seine verschiedenen Bedeutungsebenen vermischt werden. Im Folgenden werden wir neben ›Geschichte‹ oder ›Kurzgeschichte‹ auch ›Anekdote‹ und ›Episode‹ verwenden.

[2] ›Problem der Abkunft‹ stammt aus: Alexander Kluge, Die Lücke, die der Teufel läßt. Im Umfeld des neuen Jahrhunderts, Berlin 2003, S. 274–275 (im Folgenden abgekürzt mit dem Sigel P); ›Immanuel Kants Naturrecht‹ aus: Ders., Tür an Tür mit einem anderen Leben. 350 Neue Geschichten, Berlin 2006, S. 512–513 (der Text wurde auch aufgenommen in: Labyrinth der zärtlichen Kraft, Berlin 2009, S. 28–29; im Folgenden abgekürzt mit dem Sigel N); ›Aufklärung‹ aus: Ders., Chronik der Gefühle. Lebensläufe, Bd. 2, S. 370–373 (im Folgenden abgekürzt mit dem Sigel A) und ›Russlandfeldzug‹ aus: Ders., Chronik der Gefühle. Basisgeschichten, Bd. 1, Berlin 2000, S. 250–255 (im Folgenden abgekürzt mit dem Sigel R). Für die Bezüge auf Kleists Werk wird mit der Ausgabe SW[9] gearbeitet.

ten Baronin, die »Geschichte einer Aufklärung«[3] zu einer Gerichtsverhandlung in der Nachkriegszeit, infolgedessen der russische Vergewaltiger sein deutsches Opfer heiraten muss, und ein tot gewähnter Graf kehrt aus dem Russlandfeldzug wieder und muss feststellen, dass das Bild, das er sich von seiner Frau gemacht hat, vollkommen verzerrt ist.

Die intertextuellen Spiele mit Kleists Werk manifestieren sich aber nicht nur auf thematischer, sondern auch auf rhetorischer und narratologischer Ebene. Kluge imitiert Kleists elliptisch-emphatischen Stil und auktorial-unzuverlässige Erzählinstanz, aber versachlicht sie auch radikal. Anhand einer Analyse der hierbei eingesetzten enzyklopädisch-beschreibenden, stilistischen und narrativen Techniken werden wir versuchen, die produktive Poetik von Kluges intensiver, bisher aber nur spärlich dokumentierter Kleist-Rezeption zu rekonstruieren.

In seiner Rede zur Verleihung des Kleist-Preises 1985 hat Kluge den preußischen Schriftsteller (zusammen mit Robert Musil) nicht von ungefähr als großes Vorbild genannt. Doch wurde die Verbindung zwischen Kleist und Kluge nur wenig erforscht. Zwar eröffnet Wolf Kittler seine epochemachende Studie über Kleist und das Partisanentum mit einem Hinweis auf Kluges Kleist-Preisrede und erwähnt Wolfgang Reichmann kurz die Kurzgeschichten Kluges, in denen Kleist als Figur auftritt,[4] Kluges Fortschreibungen der ›Marquise von O…‹ blieben bisher gänzlich unberücksichtigt. Im Folgenden gehen wir zuerst auf Kluges Kleist-Preisrede ein und identifizieren die indirekten, auf die ›Marquise von O…‹ bezogenen Stil- und Motivzitate und die direkten Bezugnahmen auf Kleist als historische Figur. In einem zweiten Schritt deuten wir Kluges Umgang mit Kleists Biografie und Schriften im Rahmen seiner übergreifenden doku-fiktionalen Technik des *Crossmappings*. Dies ermöglicht uns, die innovative Perspektive, die Kluge auf Kleists Erzählungen eröffnet, ans Licht zu bringen.

I. ›Wächter der Differenz‹: Kluges Kleist-Preisrede

In seiner Rede anlässlich des Kleist-Preises verteidigt Kluge ein ausgesprochen unromantisches Bild von Kleist.[5] Das aus finanzieller und existenzieller Not entstandene Projekt der ›Berliner Abendblätter‹, in der Forschung lange in der Peripherie von Kleists Œuvre angesiedelt, versteht er als dessen wichtigste Leistung,

---

3 Jochen Schmidt, Heinrich von Kleist. Die Dramen und Erzählungen in ihrer Epoche, Darmstadt ²2009, S. 202.

4 Wolf Kittler, Die Geburt des Partisanen aus dem Geist der Poesie, Rombach 1987, S. 10–13. – Wolfgang Reichmann betont in seiner Studie den großen Einfluss Kleists, insbesondere was den gemeinsamen Stil der Anekdote betrifft: »eine Gattung zwischen Faktizität und Fiktionalität« (vgl. Wolfgang Reichmann, Der Chronist Alexander Kluge. Poetik und Erzählstrategien, Bielefeld 2009, S. 84–86, hier S. 86). Er geht hierbei aber nicht über die drei Geschichten in Kluges ›Die Lücke, die der Teufel läßt‹ hinaus, die Kleists Biografie variieren, hinaus.

5 Vgl. Alexander Kluge, Wächter der Differenz. Rede zur Verleihung des Kleist-Preises. In: KJb 1986, S. 25–37.

als wegweisend für die moderne Literatur überhaupt.[6] Kleist wird in der Rede als »erster selbständiger Programmproduzent des deutschsprachigen Raums« dargestellt, der alle Aspekte des Betriebs kontrolliert: »Unternehmer, Direktor, Intendant, Autor, Erfinder von Geschichten, Kolporteur der täglichen Polizeiberichte«, und so als Vorläufer eines neuen Konzepts von Autorschaft. Das misslungene Zeitschriftprojekt ist, so Kluge, der Nährboden der kurzen Prosaform (»Kleistsche Kürze«), und die »Verbindung von Nachricht, Reflexion und Geschichte«. Dass diese Merkmale gerade Basiselemente von Kluges eigenen Kurzgeschichten sind, erweckt den Eindruck, als ob Kluge Kleists »dringend der Fortsetzung bedürfende« Arbeit selbst aufgreift.[7]

Wie reimt sich aber die Konzeption einer alles umfassenden, in sich geschlossenen Autorschaft, die Kluge mit Kleist assoziiert, mit der von ihm selbst inszenierten *transauktorialen* Fortschreibungspraxis? In der Preisrede heißt es, dass Kleists Formulierungen einen »Bedeutungs*überhang*« generierten:

> Wenn es heißt im ›Zerbrochnen Krug‹: »Die Nacht von gestern birgt ein anderes Verbrechen noch als bloß die Krugverwüstung«, dann haben Sie in dem Ausdruck, »Krugverwüstung« ein neues Wort, es klingt wie Landesvertreibung. Und Sie haben in dem Ausdruck »Die Nacht von gestern« eigentlich einen Titel, einen Schatten, der weit darüber hinausgeht, daß man sagt »gestern nacht«, und das ist nicht ohne Grund, daß die Worte sich metaphorisch aufladen, weil sie im Grunde von mehr berichten, als in der Szene präsent ist.[8]

Der fortwährende Reiz von Kleists Schreiben liegt, so Kluge, in seiner Figürlichkeit, die im Berichtmodus das Abwesende herbeiführt. Interessant ist die elektrische Metaphorik, die er selbstreflexiv einsetzt: die Worte »laden sich metaphorisch auf«, als ob sie elektrische Kondensatoren wären, die stillschweigend Energie in sich akkumulieren, um diese dann verspätet schlagartig abzugeben. Hiermit macht Kluge auf die besondere narrative Dynamik in Kleists Werk aufmerksam. Der Krug symbolisiert für Kluge nicht in romantischem Duktus die Jungfräulichkeit Eves; vielmehr entdeckt er im Krug eine territorial-politische Aufladung. Der im Zitat erwähnte »Grund« des Bedeutungsüberhangs wurzelt im historischpolitischen Kontext – die auf mehrere Staaten verteilten Deutschen seien Zuschauer der Revolution in Frankreich gewesen: »Sie sitzen in einem Logenplatz und haben Zeit zur Empfindung und keine Möglichkeit, etwas zu tun.« Kleist habe kein Zuschauer bleiben wollen; deswegen schildert Kluge ihn als neuen ›europäischen‹ Patrioten, der 1801 mit dem Plan beschäftigt gewesen sei, über die Philosophie Kants, die Interessen Frankreichs und Preußens miteinander zu verbinden. Die Existenz eines solchen Plans ist nicht belegt und geht wohl auf eine sehr kreative Lektüre von Kleists Briefen und Texten aus dieser Zeit zurück. Kluge arbeitet diesen fiktionalisierten ›Plan‹ in der Kurzgeschichte ›Kleists Reise‹ aus,

---

[6] In neueren Kleist-Studien sieht man inzwischen aber die von Kluge vorweggenommene Akzentverlagerung bestätigt. Vgl. u.a. Sibylle Peters, Heinrich von Kleist und der Gebrauch der Zeit: von der MachArt der Berliner Abendblätter, Würzburg 2003.

[7] Kluge, Wächter der Differenz (wie Anm. 5), S. 31f.

[8] Kluge, Wächter der Differenz (wie Anm. 5), S. 30.

auf die wir später noch zu sprechen kommen. Hier sei nur darauf hingewiesen, dass die Reise, die Kleist 1801 mit Ulrike unternahm, Kluge in erster Linie gefesselt haben mag, weil er während der Reise wegen des Anakreontikers Gleim, den Kluge auch in einem seiner bekanntesten Texte ›Luftangriff auf Halberstadt‹ erwähnt, Kluges eigenen Geburtsort Halberstadt besuchte: »Lassen Sie mich hier eine Verbindung suchen«, schlägt Kluge in ›Wächter der Differenz‹ vor.[9] Hierauf verknüpft er sehr anekdotisch die Rettung des Gleim-Hauses während des Luftangriffes 1945, die übereifrigen Feuerwehrmännern zu verdanken war, mit dem Putzen des Parkettbodens durch VEB-Putzfrauen 1985 und mit Kleists Fuß, der tatsächlich den Parkettboden berührt hat. Räumliche Konstanten werden so zu historisch variablen Erinnerungsträgern modelliert und als transhistorische Schnittflächen verwendet, denen sich Personen zuordnen lassen.

Als »Kleists Dauerthema« bezeichnet Kluge die Unmöglichkeit des Menschen, »weder auf den Krieg noch auf die Liebesfähigkeiten Selbstbewußtsein zu gründen«, ein »ungelöstes Problem«, das er, wie die ›Marquise von O…‹-Fortschreibungen verdeutlichen werden, in seinem eigenen Erzählwerk weiter erkundet.[10] Einerseits betont Kluge die Gleichförmigkeit des »Doppeljahrhunderts«, des 19. und 20. Jahrhunderts, »eine übermäßig lange stillstehende Zeit«, und macht Kleist so zum direkten Zeitgenossen.[11] Andererseits betont er die »massiven Änderungen« einer Zeit der »Entsubjektivierung«, in der es »das unmittelbare Kämpfen« und »die persönliche Seite der […] Verführung«, wie Kleist sie thematisiert, nicht mehr gibt.[12] Wo die Liebe und der Krieg, »diese zwei Metaphern des Ernstfalls«, bei Kleist noch als Zweikampf gestaltet werden können, sind sie bei Kluge *entgegenständlicht*, wodurch sie zum »Unfall« werden.[13] Kluge verbindet die zwei »Metaphern« mit den Temperaturkategorien Wärme und Kälte und den Raumkategorien Innen und Außen, die auch in den Kurzgeschichten eine wichtige Funktion zukommen. Helmut Heißenbüttel, der bei der Verleihung des Kleist-Preises die Laudatio auf Kluge hielt, erklärt, wie »die Funktionalisierung […] der privaten Sphäre« bei Kluge auf Kleist zurückgeht, in dessen Werk »der Ursprung der Verknüpfung und tragischen Abhängigkeit von Öffentlichem und Privatem ansetzt«.[14] Als Motivierung für die Verbindung mit Kleist erläutert Kluge selbst:

> Ich bin der Meinung, daß wir nicht als Robinsone auf einer einsamen Insel sitzen, wenn wir Texte schreiben [, sondern] in einem imaginären Laboratorium mit anderen Menschen. […] Und nicht ich schreibe, sondern ich schreibe Texte, wenn ich davon absehen kann, daß ich bin. […] Ich kann es nur bemerken, daß sie [frühere Autoren] durch mich hindurchsprechen.[15]

---

9 Kluge, Wächter der Differenz (wie Anm. 5), S. 27f.
10 Kluge, Wächter der Differenz (wie Anm. 5), S. 32f.
11 Kluge, Wächter der Differenz (wie Anm. 5), S. 26f.
12 Kluge, Wächter der Differenz (wie Anm. 5), S. 35.
13 Kluge, Wächter der Differenz (wie Anm. 5), S. 33, 35.
14 Helmut Heißenbüttel, Rede auf Alexander Kluge zur Verleihung des Kleist-Preises. In: KJb 1986, S. 19–24, hier S. 22.
15 Kluge, Wächter der Differenz (wie Anm. 5), S. 26f.

Kluge beschreibt den Autor als subjektlosen »Physiker«, der »analytische Arbeit« erledigt, als durchlebtes Sprachrohr.[16]

Am Ende seiner Rede betont Kluge zugespitzt die materialistische Natur seiner Anknüpfungen an frühere Autoren. »Sie werden daraus verstehen, dass ich bei der Annäherung an Heinrich von Kleist über dessen Gelegenheitsbesuch in Halberstadt nicht wesentlich hinausgehe«, sagt er, parabolisch seine ganze vorhergehende Auseinandersetzung in Klammern setzend. »Diese, von den Halberstädter Putzfrauen überwachste Fußspur, die man nicht sehen kann, ist die reale Verbindung, der ich folge.«[17] Die Radikalisierung der kurzen Form, die politische Rekontextualisierung kreuz und quer durch die Geschichte, die Mischung von Faktischem und Fiktivem und die narrative Technik der Verspätung, des Aufschubs (»folge«), des zeitweiligen Unsichtbarwerdens als »reale Verbindung« charakterisieren Kluges Umgang mit Kleists Werk und Leben, der den Bedeutungsüberhang in seinen Kurzgeschichten neu gestaltet. Diese Neugestaltung nimmt eine anekdotisch-assoziative und doch auch enzyklopädische Form an.[18]

II. Recht und Gefühl: Die Marquise

Ein Wahrzeichen Kleists, an das Kluge über seine Geschichten anknüpft und das die Erzeugung von Bedeutungsüberhang nur kultiviert, ist die Anwendung von Abkürzungen für Orts- und Personennamen (wie O…, M., Q., H., P.). Das Musterbeispiel für die Scheinanonymisierung, die den Leser in die Rolle eines Detektivs zwingt, ist selbstverständlich die Novelle ›Die Marquise von O…‹, die Kluge mehrfach wiederverwertet hat.

(1) Seine Anekdote ›Problem der Abkunft. Seltener Fall einer unbefleckten Empfängnis‹ handelt von einem Obristen, der »im Jahre 1926« (P 274) in einer Walliser Badestube onanierte und auf einer gekachelten Bank einen Flecken Sperma hinterließ. Eine junge französische »Marquise« (P 275), die später auf dieser Bank Platz nahm, »muß mit dem Substrat in Berührung gekommen sein« (P 274) und auf diese Art geschwängert worden sein. Der Text erörtert in naturwissenschaftlich geprägter Gestik die Frage, ob Spermien in heißem Wasser überleben können. Bleibt der Offizier als Vater unbekannt, so wird der Vorgang der Befruchtung, der in Kleists ›Marquise‹ suggestiv ausgespart wird, akribisch und biologisch-sachlich beschrieben. Die Frage, mit der Kleists Marquise kämpft und

---

[16] Kluge, Wächter der Differenz (wie Anm. 5), S. 33, 36. Auch Kleist beschäftigte sich in seinen Briefen und Schriften mit dem Verhältnis zwischen Naturwissenschaft und Dichtung. In seinem Aufsatz ›Über die allmähliche Verfertigung der Gedanken beim Reden‹, auf den sich Kluge immer wieder beruft, führt er beispielsweise die Dynamik des Redners nicht auf sein Genie, sondern mit einem Hinweis auf die »Kleistische Flasche« auf die physischen Gesetze der Elektrizität zurück (SW⁹ II, 321).

[17] Kluge, Wächter der Differenz (wie Anm. 5), S. 37.

[18] Heißenbüttel charakterisiert Kluges Kurzgeschichten als »Varianten […], die zu antworten suchen auf das, was Heinrich von Kleist einst mit ›Michael Kohlhaas‹, mit der ›Marquise von O…‹, mit der ›Verlobung in St. Domingo‹ oder mit seinen Anekdoten als Frage gestellt hat«; Heißenbüttel, Alexander Kluge (wie Anm. 14), S. 22.

die sie auch dem Arzt und der Hebamme stellt – ob eine »unwissentliche Empfängnis« »im Reiche der Natur sei« (SW⁹ II, 124) –, zieht Kluge in den Bereich der Pseudowissenschaft hinein. Anders als in Kleists Novelle wird der Knabe sofort beim Namen (»Bert«, P 274) genannt und wird die religiöse Konnotation des Kindes als ›Geschenk Gottes‹ (vgl SW⁹ II, 126) völlig von der naturwissenschaftlichen Phrasierung überschattet. Die Aussage »Sie hielt Bert für eine Singularität. Die anderen nahmen ihn als Fehltritt« (P 274) stellt sich als eine säkularisierte Variante von folgendem Gedankengang bei Kleists Marquise heraus: »Der Gedanke war ihr unerträglich, dass dem jungen Wesen […] dessen Ursprung, eben weil er geheimnisvoller war, auch göttlicher zu sein schien, als der anderer Menschen, ein Schandfleck in der bürgerlichen Gesellschaft ankleben sollte.« (SW⁹ II, 126–127) Die Ironie, mit der Kleist den naiv-religiösen Erklärungsversuch der Marquise betont, nimmt bei Kluge eine halbwegs philosophische Gestalt an. Die Mutter in Kluges Geschichte erwartet vergeblich – wie der Leser –, dass sich in Berts Leben eine Besonderheit ergeben würde, eine parodistische Reminiszenz an die biblische Jungfrau und ihren religionsstiftenden Sohn. Selbst die religiöse Konnotation von »unbe*fleckt*« im Untertitel wird unmittelbar von der trivialisierenden Homophonie »*Flecken* Sperma« permutiert (P 274; unsere Hervorhebung).

Während Kleists Erzähler zwischen parteiischer Anteilnahme und sachlicher Distanz schwankt, montiert Kluges Erzähler berichtende Bruchstücke ohne jegliche emotionale Anteilnahme. Eins der Bruchstücke ist ein kurzes in direkter Rede wiedergegebenes Interview mit anonymen Gesprächspartnern, eine typische Erzählstrategie Kluges.[19] Der Schlusssatz der Geschichte enthält eine verfremdende poetologische Reflexion: »Würden sich alle Vatersucher seines Schlages (hierzu zählen auch alle, die ihren Vater zwar kennen, aber nicht anerkennen) miteinander vereinen, so könnte diese Gruppe ein starkes Motiv repräsentieren.« (P 275) Diese abrupte Folgerung gibt eine deutende Wertung des Geschehens und bricht so gewissermaßen die Distanz, was noch verstärkt wird durch die Endnote, die auf den ›Code Napoléon‹ verweist, der es untersagte, nach der Vaterschaft zu forschen.[20] Wichtig hierbei ist, dass die Endnote die ›Empfängnis‹ in den juristischen Bereich versetzt, der die Geschichten der beiden Autoren sowohl inhaltlich als stilistisch prägt. Kluges doppeldeutige Verwendung des Wortes ›zeugen‹ im Satz »Kein Zufall, kein Verhängnis führte ihn [d.h. Bert] ja in die Nähe seines Erzeugers, der auch keineswegs ›gezeugt‹ hatte, als er eine der Ursachen für Berts Existenz setzte« verknüpft den Bereich des Juristischen mit dem des Erotischen (P 275). Auch in der ›Marquise von O...‹ wird der Liebes- und Sexualitätsdiskurs

---

[19] Die häufige Verwendung des Interviewformats in Kluges Geschichten, mit der er auf den ersten Blick an das Nichtfiktionale anlehnt, ist in der literarischen Tradition Brechts (Geschichten vom Herrn Keuner) und Kraus' zu situieren. Vgl. Arnout De Cleene und Helena Elshout, Een georkestreerde chaos. Een analyse van Alexander Kluges ›Die Lücke, die der Teufel läßt‹. In: De experimentele encyclopedische roman: tussen archief en autofictie, hg. von Gunther Martens, Gent 2009.

[20] Kluge, Die Lücke (wie Anm. 2), S. 915. Bekanntlich plante Kleist eine Herausgabe des ›Code Napoléon‹.

vom juristisch-administrativen überlagert, was sich am prägnantesten in der Kon-
traktlogik bezüglich der Heirat herausstellt:

>»[Der Kommandant von G.] legte [dem Grafen F.] einen Heiratskontrakt vor, in wel-
chem dieser auf alle Rechte eines Gemahls Verzicht tat, dagegen sich zu allen Pflichten, die man von ihm fordern würde, verstehen sollte. Der Graf versandte das Blatt,
ganz von Tränen durchfeuchtet, mit seiner Unterschrift zurück.« (SW⁹ II, 142)[21]

(2) ›Eine späte Anwendung von Immanuel Kants Naturrecht‹ erkundet die Frage
der Marquise nach einer Erklärung für die unwissentliche Schwangerschaft prominent aus juristischer und auch politischer Perspektive. Die Geschichte protokol-
liert den Fall einer Frau, die 1945 in Berlin von einem Russen vergewaltigt wurde
und sich auf die Suche nach dem Täter begibt. Erst in der Umbruchsituation von
1989 gelingt es ihr, anhand von offengelegten Archiven den (»wahrscheinlichen«)
Täter ausfindig zu machen und vor Gericht zu bringen. »In der schleierhaften Zeit
nach der Umwälzung in der Sowjetunion« wendet der zuständige Richter »Internationales Naturrecht« an (N 28). Insbesondere bezieht er sich auf den (synekdochi-
schen) Grundsatz: »Es ist aber der Erwerb eines Gliedmaßen am Menschen zugleich Erwerbung der ganzen Person« aus Kants ›Metaphysik der Sitten‹. Im Paragraphen 25, aus dem zitiert wird, wird die Heirat als eine gegenseitige verträgliche
Vereinbarung über die Verwendung von Geschlechtsorganen rationalisiert.[22] Der
Richter urteilt, dass die Tat des Russen »ein Eigentumsverhältnis an Frau und
gezeugtem Sohn« hergestellt hat. Der Anwalt des Beklagten stellt in Frage, ob ein
Körperkontakt und eine Ejakulation wohl als Besitzergreifung gelten, aber der
Richter erwidert im Geiste des *pars pro toto*, dass »jeder Körperteil […], der dem
Angeklagten ›Lust‹ gemacht hat, zur ›Aneignung‹ gehöre« (N 28–29), und moti-
viert seinen Standpunkt mit dem Argument: »Gliedmaßen im Sinne Immanuel
Kants, des Kaliningraders, sei kein Begriff, der eng zu fassen sei.«[23] (N 29) In einer
Situation, »die weder durch Vertrag noch durch Grundbucheintragung dokumen-
tierbar sei«, »dokumentiere vielmehr die Folge [d.h. das Kind]«, so beendet der
Richter seine in erlebter Rede wiedergegebene Argumentation zugunsten der Heirat (N 29). Die erlebte Rede wird konsequent vom Konjunktiv Präsens markiert –
bis auf eine einzige Ausnahme. Die Aussage »Man kann nicht ›Gliedmaßen eines
Menschen erwerben‹ und sich anschließend davonmachen« mutet wie eine bewer-
tende Interjektion des Erzählers an und legt nahe, dass der Erzähler die Perspektive des Richters übernimmt.

---

[21] Die Sprache der Gefühle und die der offiziellen Verhandlung, die sich bei Kleist dauernd in einer Schwankung zwischen »Recht und Gefühl« vermischen, treiben nach Heißenbüttel auch Kluges Erzählwerk vorwärts. Siehe: Heißenbüttel, Alexander Kluge (wie
Anm. 14). S. 22.

[22] Immanuel Kant, Metaphysik der Sitten, Königsberg 1797, S. 389–391.

[23] Über die anachronistische Bezeichnung des Philosophen aus Königsberg als den ›Kali-
ningrader‹ spielt Kluge (womöglich in Anlehnung an Nietzsches ironisierender Umschreibung von Kant als ›Chinese aus Königsberg‹) mit der instabilen Identität Europas herum.
Indem die Marquise nun auch physisch die Grenze zu Russland überschreitet, wird dieses
interkulturelle Potential in Kluges Fortschreibung sichtbar gemacht.

Am Ende der Geschichte heißt es, dass der Richter noch oft zum glücklichen »Pulk«, »der sich in Smolensk inthronisiert hatte«, eingeladen wurde (N 29). Das im 18. Jahrhundert aus dem Slawischen übernommene Nomen »Pulk«, das in ›Problem der Abkunft‹ auch schon den Flecken Sperma bezeichnete – »Im Inneren eines solchen Pulks oder Tropfens kann Leben stecken, unverwässertes« (P 275) –, bedeutet sowohl ›Gruppe‹ als auch ›Truppenverband‹ und verknüpft biologische mit militärische Terminologie. Kleist animalisiert mit dem ähnlich doppeldeutigen Ausdruck »Rotte« (SW⁹ II, 105, 108) die Gruppe Soldaten, die sich vor der ›Rettung‹ des Grafen an der Marquise vergreifen wollen und dafür später hingerichtet werden. Die (bedrohte) Ehre von Kleists Marquise wird auch an anderen Stellen mit militärischer Terminologie beschrieben. Der Vater, der meistens als ›Kommandant‹ aufgeführt wird, sagt in Bezug auf den Heiratsantrag: »Ich muss mich diesem Russen schon zum zweitenmal ergeben« (SW⁹ II, 118). Die »auf Kurierpferden gehende Bewerbung« (SW⁹ II, 115) des Grafen und seinen Plan, auf eine Antwort zu warten und so dem militärischen Befehl keine Folge zu leisten, bewertet der Vater als »einen bloßen Schreckschuß beim Sturm« (SW⁹ II, 114). Der Bruder, der als ›Forstmeister‹ dargestellt wird, bezeichnet die Bewerbung des Grafen als »Kriegslist«, und auch die Mutter charakterisiert sein Betragen mit einer militärischen Analogie: »er scheine gewohnt, Damenherzen durch Anlauf, wie Festungen, zu erobern« (SW⁹ II, 114). Auch die Scheinemanzipation der Marquise, die als »heldenmütige[r] Vorsatz, sich mit Stolz, gegen die Anfälle der Welt zu rüsten« (SW⁹ II, 126) beschrieben wird, macht aus ihr einen fast an Penthesilea erinnernden weiblichen Kämpfer. Nachdem sie sich geweigert hat, ihre Kinder zurückzulassen, wundert sie sich über »den Sieg, den sie über den Bruder davongetragen hat«, und küsst »ihre liebe Beute.« (SW⁹ II, 126) Während Kleists Marquise durch die Heirat wohlhabend wird und die Großzügigkeit des Grafen sogar als Anlass zur Versöhnung (sowie zur zweiten Hochzeit) mit ihrem Vergewaltiger ausgelegt wird (SW⁹ II, 126), gerät die Vernunftheirat bei Kluge umgekehrt dem »arbeitslosen Russen« (N 29) zum Vorteil. Ein absoluter »Ordnungssinn, nicht Gewinninteresse« hat »die inzwischen 62 Jahre alte Vergewaltigte« zu ihrer Suche veranlasst (N 29). Die Ehe »empfindet der russische Rentner nicht als abwegig«. »So gedieh eine Unrechtshandlung im Mai 1945 zu einem glücklichen Ende in der Spätzeit.« (N 29)

III. Die Aufklärung der Marquise

(3) ›Eine Episode in der Zeit der Aufklärung‹ situiert die Vergewaltigung im Kontext des Bostoner Kolonialadels im 18. Jahrhundert. Diana, eine Baronin, wird von ihrem Mann und seinen Jagdgenossen trunken gemacht und wird Opfer einer Gruppenvergewaltigung. Als es ihr anlässlich der Vergewaltigung nicht gelingt, die Scheidung vor Gericht abzuzwingen, erschießt die nach der römischen Göttin der Jagd genannte Protagonistin ihren Gemahl kaltblütig während eines Jagdaus-

flugs.[24] In Anlehnung an Kleist – konkret: an die Wiedergabe von Gustavs und Juans Tod (vgl. SW[9] II, 194 bzw. 158) – wird der Mord technisch-detailliert beschrieben. Anders als in den zwei vorher besprochenen Anekdoten Kluges, wo die Erzählinstanz ohne jegliche Anteilnahme lückenhafte, nicht immer zusammenhängende Geschichtsbruchstücke montiert, wird in der ›Episode in der Zeit der Aufklärung‹ die erzählend-berichtende Erzählhaltung Kleists stärker imitiert. Simultane und konsekutive Handlungssequenzen bauen eine Spannung auf, die wie in Kleists ›Marquise‹ dadurch fortgetrieben wird, dass körperliche und sprachliche Zeichen widersprüchlich interpretiert werden. Die Baronin wird wegen des Mordes an ihrem Ehemann zum Tode verurteilt, will aber, als sie entdeckt, dass sie schwanger ist, die Hinrichtung aufschieben. Indem die Adlige die körperlichen Indizien richtig als eine Schwangerschaft liest, der gerufene Arzt dies aber leugnet, kehrt Kluge Kleists narrative Logik um. Die Genauigkeit, mit der die Baronin ihre körperlichen Empfindungen vor Gericht beschreibt und den Richter von ihrer Schwangerschaft überzeugen will, nährt hingegen den Verdacht der Hypochondrie. Durch die »Adresse« des Adels, die die Baronin beschützen musste, wird die Hinrichtung nicht »kassiert«, sondern ironischerweise sogar beschleunigt, weil »Teile der Bevölkerung lebhaftes Interesse an diesem Fall nahmen«, der sich mittlerweile zu einem Standeskonflikt entwickelt hat (A 371).

Als Ursache der Vergewaltigung und sogar der ärztlichen Fehldiagnose wird die »*Kälte*« (A 371, Kursivdruck im Originaltext) der »kühl erzogenen« Frau bezeichnet: ihre kühle Haltung hinderte dem Baron am Vollzug der Ehe und veranlasst den Arzt, von einer »körperlichen Betastung« und von der fälligen Untersuchung insgesamt abzusehen (A 371). Die Entscheidung, die aus dem als »Maschine« bezeichneten juristischen Apparat hervorgeht, nennt der Erzähler auf dubios-ironische Weise »unvoreingenommen« (A 372). Der Richter glaubt nicht an die Schwangerschaft und entscheidet sich am Ende für die Hinrichtung der Baronin, in der sich die Gruppenvergewaltigung (bei Kluge *und* Kleist) zu wiederholen scheint: »Diana wurde aus ihrer Zelle herausgeholt und gehängt, obwohl sie sich mit ihrer ganzen Kraft wehrte und schrie und um sich schlug, so daß mehrere Henker an ihr tätig waren« (A 372). Aus der Obduktion ergibt sich, dass sie im vierten Monat schwanger war. Der mit der Begnadigungsurkunde der Königin gerade zu spät kommende Verteidiger der Adligen fordert die Verantwortlichen »in einer Zeitung« (A 373) zum Duell. Aus einer allwissenden Position zieht der Erzähler das lakonische Fazit, dass das Geschehen zu einer Verbesserung der Ausbildung der Kolonialärzte Anlass gab: »Der Justizunfall [verschärfte] den Ton

---

24 Vorher gab sie dem Baron und seinen Freunden aus Rache »das Fleisch seiner Lieblingshunde« zu essen. In der englischen Übersetzung wurde die Geschichte mit einer Endnote versehen, in der auf den mythologischen Hintergrund ihrer Handlung eingegangen wird. »That Lady Harkey served her husband the meat of his dogs may be one of those myths that are passed from one place to the next« (Kluge, The Devil's Blind Spot, New York 2004, S. 311, unsere Hervorhebung). Auf diese skeptische Bemerkung folgt eine Skizze der Ovidschen Metamorphose von Philomela, die von ihrem Schwager, dem thrakischen König Tereus, vergewaltigt wurde. Ihre Schwester Prokne rächte die Vergewaltigung, indem sie ihren Sohn Itys tötete und Tereus sein Fleisch zu essen gab.

der Aufklärung [...], d.h., mit unmäßiger Härte drängte die amerikanische Gesellschaft des 18. Jahrhunderts auf intensivierte Sauberkeit.« (A 373) Diese drastisch historisierende Deutung bricht wiederum die Distanz der Erzählstimme zum Erzählten, vor allem in der Qualifizierung »mit unmäßiger Härte«, die mitten in der objektivierenden Schlussbewegung einen wertenden Gestus vorführt. Dass zwar historisch korrekte, aber nicht unmittelbar miteinander korrelierte Phänomene wie die Verschärfung des Tons der Aufklärung und die Intensivierung der Sauberkeit mittels der Kurzformel »d.h.« miteinander gleichgesetzt werden, ist eine typische Erzählstrategie Kluges, die einen *bedeutungsschwangeren* Begriff wie ›Aufklärung‹ auf seine materialistische Auslegung reduziert. Insofern sich diese Erzählstrategie als eine ausgesponnene Metapher interpretieren lässt, ist sie auch auf formaler Ebene in Einklang mit der narrativen Logik der Verspätung, des Aufschubs, von der schon die Rede war.

Indem Kluge die betonte ›Kälte‹ der Baronin als Palimpsest für den ›starren‹ Blick von Kleists Marquise (vgl. SW[9] II, 140, 142) einsetzt, zieht er das bürgerliche Ehemodell noch mehr ins Lächerliche. Stephan Kraft erklärt in Anschluss an Koschorke, dass dieses Modell von der ›Heiligen Familie‹ geprägt ist und in seinem Kern aus einer »Entsexualisierung des Zeugungsaktes besteht«, die mit der »Virginisierung der Ehefrau« einhergeht.

> Wenn sich eine Mutterschaft schon nicht mit einer biologischen Jungfräulichkeit vereinbaren läßt, so sollte zumindest die Seele vom körperlichen Begehren unberührt bleiben. Dafür brauchte es einen Geschlechtsakt möglichst ohne sexuelle Erregung der Frau, am besten gleich in einem Zustand mentaler Abwesenheit, wie es dann später auch ganz offen als Ideal propagiert wurde.[25]

Die Stilisierung der Marquise als ›heilige Jungfrau‹ wird bei Kleist einer hyperbolischen Ironisierung unterzogen, während sie bei Kluge radikalisiert der Profanierung anheimfällt und in Richtung einer quasi-logistischen Sicht auf den Sexualverkehr tendiert. Die tabuierte, verschwiegene Sexualität findet bei Kleist einerseits in der Szene, in der der Kommandant und seine Tochter sich leidenschaftlich versöhnen (vgl. SW[9] II, 138), sein verspätetes, kaum implizites Gegenstück.[26] Andererseits verlagert Kleist die Sexualität auf die Ebene der Figürlichkeit: Der plötzlich übereifrige Graf setzt nach der im Gedankenstrich ausgesparten Vergewaltigung dem Gefecht ein Ende und will das Feuer im Schloss der Feinde unbedingt löschen: »Sehr erhitzt im Gesicht«, »den Schlauch in der Hand« »regierte er den Wasserstrahl« (SW[9] II, 106). Die Verlagerung impliziert hier keineswegs eine Euphemisierung, sondern eine weitgehende Explizierung des Sexuellen. Dieselbe Tendenz ist bei der Verwechslung von Julietta mit einem Schwan im Wundfiebertraums festzustellen, in dem das Sexuelle allegorisch in die Sphäre des Analen gerückt wird. Der Graf erzählt, wie der Schwan auf »feurige[n] Fluten« herum-

---

[25] Stephan Kraft, Fortpflanzung als Staatsaktion. Kleists ›Amphitryon‹ und die Heilige Familie. In: Weimarer Beiträge 52 (2006), H. 2, S. 194.

[26] Zur Erotik der Versöhnungsszene vgl. Adam Soboczynski, Das Arcanum der ›Marquise von O…‹: Kleists preußische Novelle zwischen Verstellungskunst und Gottesbegehren. In: KJb 2004, S. 62–87.

schwamm, wie er ihn mit Kot beworfen hat und wie er »rein aus der Flut wieder emporgekommen sei«, und wird »blutrot im Gesicht« (SW⁹ II, 116).

Bekanntlich erröten, erblassen, weinen und zittern Kleists Figuren häufig.[27] In der ›Marquise von O…‹ wird dreimal ein Arzt gerufen, dreimal in Ohnmacht gefallen, und alle Figuren erleiden dauernd physische Schwächen. Die Gestik ist sehr präsent bei Kleist und verstärkt die Theatralik des Textes, die auch durch die genauen Beschreibungen von Bewegungen und Attributen wie Hüten, Handschuhen und Schnupftüchern erhöht wird.[28] Solche oft unmotivierten oder mehrdeutig motivierten äußerlichen Zeichen verschwinden bei Kluge zugunsten von unpersönlichen quasi-positivistischen Angaben. Kluge füllt Kleists Ellipsen materialistisch aus, um sie nachher wiederum durch die lapidar-assoziative Haltung des Erzählers in eine andere Richtung zu öffnen. Beide Erzähler eröffnen Lücken und sind nicht im Stande, dem Leser narrative Zuversicht zu bieten. Sie sind aber auf ganz unterschiedliche Weise unzuverlässig. Aus den widersprüchlichen und elliptisch unmotivierten Elementen und den parteiischen Wertungen könnte man schließen, dass Kleists Erzählinstanz sich manchmal intradiegetisch in den Leidenschaften der Figuren verliert. Kluges Erzähler hingegen hebt extradiegetisch in einer labyrinthischen Fülle enzyklopädischer roter Fäden und im Sande verlaufender Indizien ab.

IV. Die Marquise in Frankreich

(4) Die schon angesprochene Verknüpfung zwischen Krieg, Recht und Liebe, die Kluge und Kleist teilen, wird in ›Episode aus dem Russlandfeldzug 1812‹ auf die Spitze getrieben. Die Beziehung zur ›Marquise von O…‹ ist hier auf den ersten Blick weniger prominent. Wenn man aber genauer hinschaut, entfaltet sich ein intertextuelles Spiel mit Motiv- und Stilzitaten. Ein französischer »Graf« und

---

27 Eine erschöpfende Auflistung der Gesichtsausdrücke in der ›Marquise von O…‹ sieht etwa wie folgt aus: Erröten: SW⁹ II, 107, 110, 112, 116; »hochrot im Gesicht glühend«, 122, 128, 136; »indem ihm das Blut ins Gesicht schoß«, 130; »sehr erhitzt im Gesicht«, 106; »mit einem ganz erhitzten Gesicht«, 136; »in Scham erglühendes Gesicht«, 135; »blickte hochglühend vor sich nieder«, 140. – Erblassen: SW⁹ II, 125, 127, 140, 141; »seine Lippen waren Weiß, wie Kreide«, 141; »sich entfärben«, 113. – Glühen: SW⁹ II, 123, 129. – Zittern: SW⁹ II, 105, 123, zweimal auf Seite 124 u. 125. – Fiebern: SW⁹ II, 116, 136, 142. – Weinen: SW⁹ II, 123, 125, 136, zweimal auf Seite 137 u. 141; »Tränen«: 123, 125, 133, 136, 137, mehrmals auf Seite 138 u. 141; »Schluchzen«: 125, 137, 139. – »sich konvulsivisch gebärden«: SW⁹ II, 121, 138. – Niedersinken: SW⁹ II, 106, 108, 117, 118, 120, zweimal auf Seite 122, 125 u. 133, zweimal auf Seite 135, 140 u. 141. Vgl. Ditmar Skrotzki, Die Gebärde des Errötens im Werk Heinrich von Kleists, Marburg 1971.

28 Vgl. Michael Perraudin, Zur Gestik und ihren Bedeutungen in Kleists Erzählungen. In: German Life and Letters 61 (2008), H. 1, S. 154–170, hier S. 165. Die meisten physiologischen Signale sind mit dem Gesicht verbunden, was sich eher in einen Film als in eine Bühnenaufführung umsetzen lässt. Eric Rohmer, der 1974 die bekannteste Verfilmung der Novelle machte, verwendete Kleists Text ohne viele Anpassungen als Drehbuch. Vgl. Angela Dalle Vacche, Painting Thoughts, Listening to Images: Eric Rohmer's ›The Marquise of O…‹. In: Film Quarterly 46 (1993), S. 2–15.

»Oberst« (R 250) wird für den bekannten historischen Russlandfeldzug der großen napoleonischen Armee einberufen, weg von seiner Frau Marie und seiner Tochter. Tot geglaubt sowie amtlich für tot erklärt, heiratet die nun verwitwete Marie den »Marquis de …« und bekommt zwei Kinder mit ihm (R 253). »Welche Bestürzung, als an einem Maientag des Jahres 1818 der endlich aus der Gefangenschaft bzw. Desorganisation entkommene Graf in das Zimmer Mariens eintritt« (R 253). Die bestürzende Wiederkehr des tot gewähnten Grafen gibt Anlass zu einem juristischen Konflikt über Eigentümer. Dass auch Frau und Kinder zu seinen Eigentümern gehören, wird schon von Anfang an betont. Mehr noch als in den anderen Episoden verschränken sich hier dauernd Gefühle und radikale sachlich-administrative Nüchternheit. Die erste Verführung vom Oberst wird wie folgt beschrieben: »Eine Woche und drei Tage benötigte Graf de Chenelle […] um die junge Marie und ihr Vermögen an sich zu bringen. Neuneinhalb Monate brauchte er, um ihr die Tochter Sophie abzuzwingen« (R 250).

Nachdem Marie vom Grafen ›erobert‹ wurde, führt sie einen paradox als »entschlossenen« und »wirr« charakterisierten Kampf mit sich selbst und den »auftraggebenden Eltern und Brüdern«, wobei die Eltern im Gegensatz zum Grafen als »die wahrhaft Geliebten« bezeichnet werden (R 250). Auch in Kleists Novelle nimmt die Beziehung von Julietta mit ihren Eltern die Form eines leidenschaftlichen Verhältnisses an, vor allem mit ihrem Vater in der Szene mit der invertierten, aber auch pervertierten *Pietà*.[29] Die »hitzige Zärtlichkeit«, mit der Kluges Vater »das Lebewesen«, das »in der Tochter heranwuchs«, »an sich zu fesseln versuchte« (R 250), ruft die erotische Vater-Tochter-Szene bei Kleist in Erinnerung (vgl. SW[9] II, 138–139). Aus der Beobachterperspektive der voyeuristischen Mütter wird der Vater »Gerade wie ein Verliebter!« dargestellt. Kluge verschiebt die inzestuöse Inszenierung um eine Generation, indem der Graf in einer Loge des Opernhauses aufgeführt wird (in einer anderen sitzt Marie mit ihrem neuen Ehemann, dem Marquis) »begleitet von seiner hübschen Tochter, die ein unbefangener Betrachter für dessen Geliebte halten könnte« (R 255). Der Ton der Erzählinstanz bei Kluge ist allerdings weniger emphatisch. Auch an anderen Stellen entlarvt er jede Möglichkeit einer romantisierenden und identifizierenden Lektüre sofort. In der Beschreibung der Rückkehr des Grafen betont Kluges Erzählinstanz zum Beispiel die Reaktion der Tochter Sophie, die sofort vom Klavier aufspringt und zu ihm hineilt, »als wusste sie, wer er sei, was doch gar nicht möglich war, da der Mann dem Vater, der sich von der dreijährigen Sophie vor Jahren verabschie-

---

[29] Claudia Liebrand argumentiert u.a. gegen Wilpert, der wie die Obristin »nichts Ungehöriges in der gefühlsseligen Versöhnungsszene erblickt« (Kleists Schlüssellöcher. In: Dichtung, Wissenschaft, Unterricht, hg. von Friedrich Kienecker u.a., Paderborn 1986, S. 336f.), dass »die Szene […] als Modellierung einer inzestuösen Vater-Tochter-Beziehung, skandalträchtig [ist]. Auf eine Weise scheint sie die durch den Gedankenstrich ausgeblendete Kopulation des Novelleneingangs wiederaufzugreifen und zumindest deren Vor-Spiel auszuführen. Kleist verschiebt gewissermaßen den centre scandaleux seiner Novelle. […] Der Skandal des nicht vorhandenen wird überdeckt durch den des inzestuös verstrickten Vaters; die Generationengrenzen sind verunklärt« (Claudia Liebrand, Pater semper incertus est. Kleists ›Marquise von O…‹ mit Boccaccio gelesen. In: KJb 2000, S. 46–60, hier S. 54).

det hatte, so wenig ähnelte« (R 253). Nach der Beschreibung des Abschieds von
Marie und dem Grafen schlussfolgert die Erzählinstanz ebenso ernüchternd:

> Die Wahrheit dieser Abschiedsszene ging kurz darauf verloren, weil sie ein Bild
> wurde, das jeder der Beteiligten in seinem Herzen trug und später wie einen Haken
> mit zärtlichen Empfindungen behängte. Altar einer flüchtigen Ehe und deren Ab-
> bruch – der Moment selbst enthielt nichts davon. (R 251)

Dieses Fragment könnte auch auf die Verherrlichung des Grafen von Kleists
Marquise als Engel anspielen. Das Engel- bzw. Teufelsbild, das sie aus ihm macht,
wird in der Novelle als einer der wichtigsten Gründe für die Verkennung der
Situation, in der sich die Protagonistin befindet, rationalisiert.

An die ›Schuldfrage‹, die vom zeitgenössischen Publikum als kontrovers rezipiert wurde, knüpft Kluge insofern an, als er in einer Fußnote anhand des römischen Rechtsphilosophen Ulpian die juristische Frage erörtert, ob eine Person im
willenlosen Zustand für ihre Taten verantwortlich sei.[30] Bezeichnenderweise wird
diese Fußnote bei Kluge in eine Passage über Napoleon eingefügt, von dessen
Willen behauptet wird, er sei im Russlandfeldzug »erlahmt«. Es geht Kluge in
dieser Geschichte vor allem um die Veränderung des Zeiterlebnisses, die er mit
langfristigen Entwicklungen verknüpft: »Die Zeit nach Napoleon dehnte sich.
Nichts mehr von der Raschheit, der Flüchtigkeit der Jahre, in denen sich der Graf
und Marie kennengelernt hatten. Es gab jetzt, unter der Königsherrschaft, Zeit für
langwierige Entschlusslosigkeit« (R 254). Die Übergangszeit nach Napoleon wird
als »Sumpfgelände« umschrieben und von den zögernden Hauptfiguren verkörpert. Ihr adliger Stand verschlimmert noch die juristische Aussichtslosigkeit der
Situation, »da nichts von ihren Wünschen artikuliert werden konnte in den Sprachen ihrer Kaste« (R 254). Unaussprechbar ist der Wunsch, dass Marie die erstge-
borene Tochter, mit der sie »auf Kriegsfuß stand«, gern geopfert oder weggegeben
hätte. Auch der Graf will »dem fremden Eroberer« in nichts nachgeben, um sein
Gesicht nicht zu verlieren (R 254). Am Ende sehen alle von ihrem jeweiligen Logenplatz heraus »ihrem Schicksal zu, das die Bühne erfüllte, unnachahmlich und
die Stummheit ihrer privaten Gefühle bestätigend« (R 255) – eine subtile Anspielung auf die Beobachterposition der Deutschen zur Zeit der Französischen Revolution. Kluges Geschichte geht von einer pro Jahrhundert begrenzten Menge
»Energien der Entschlusskraft« aus, die 1812 in Frankreich schon »verbraucht« ist
(R 255). Die Verquickung von politischer und emotionaler Entschlusskraft erreicht am Ende von Kluges Geschichte einen Höhepunkt: »WAS IST EIN

---

[30] Košenina erklärt, wie gemäß den Gesetzbüchern eine Vergewaltigung bis 1794 Nach-
weise von Gegenwehr und Hilferufen voraussetzte und dass eine Schwangerschaft ohne
Liebeslust medizinisch für unmöglich galt. Erst das ›Allgemeine Landrecht für die Preußischen Staaten‹ regelt »den Beischlaf an einer unschuldigen Frauensperson«, die zuvor
»durch Getränke oder andre Mittel ihrer Sinne beraubt [wurde], um sie zur Wollust zu
mißbrauchen«. Was die Frage der juristischen Schuld in solchen Fällen betrifft, wurde
Kleists Geschichte wurde also in einer Umbruchperiode geschrieben (Alexander Košenina,
Ratlose Schwestern der Marquise von O.... Rätselhafte Schwangerschaften in populären
Fallgeschichten – von Pitaval bis Spieß. In: KJb 2006, S. 45–59, hier S. 57).

18. BRUMAIRE DER EMPFINDUNGEN? WAS IST EIN BONAPARTIST DER LIEBE?« (R 255) Die durch Großbuchstaben betonten Fragen verknüpfen im Oxymoron Liebe und napoleonische Politik. Kurzschlussartig werden unterschiedliche Bereiche miteinander gleichgesetzt und amalgamiert.

Die Erwartung, die am Anfang mit der *In-medias-res*-Erzähltechnik – »Er hatte die junge Frau während einer Ballwoche der Wintersaison 1808 erobert« (R 250) – geweckt wird, dass die heterodiegetische Erzählinstanz uns eine Liebesgeschichte in Kriegszeiten erzählen wird, wird vom befremdenden Ende, in dem sie allgemeine, wissenschaftlich anmutende Schlussfolgerungen aus dem ›Fall‹ zieht, untergraben. Die Unterhöhlung fängt schon mit den antiwissenschaftlichen Fußnoten an, und mit den Großbuchstaben und Gänsefüßchen bei passender und unpassender Gelegenheit während der Episode. Mit nicht-attribuierbaren Sätzen oder Ausdrücken zwischen Anführungszeichen distanziert sich die Erzählinstanz ironisch von der erzählten Geschichte. Die Großbuchstaben rufen den Eindruck hervor, Hinweise auf andere Kurzgeschichten zu sein, was eine enzyklopädisch-lemmatische Erzähltechnik ist, die Kluge häufig hyperlinkartig in seinen Endnoten anwendet. Die Spuren versanden aber auch oft, und der Leser verirrt sich im anekdotischen Labyrinth. Hiermit bestätigt Kluges Rezeption die von u.a. Košenina formulierte These, nach der Kleists Werk insgesamt von der Dynamik der Anekdote als Gattung geprägt sei.[31] Die für die Anekdote charakteristische Verbindung zwischen Bericht und Geschichte ist in den sensationellen und seit dem 17. Jahrhundert sehr beliebten Fallgeschichtensammlungen belegt. Diese legen in medizinischen, juristischen, naturwissenschaftlichen, historischen und anderen Diskursen Wahrscheinlichkeitslücken bloß und erkunden so die hierin vorfindlichen Plausibilitätsschwellen. Inspiriert von Kleists kreativem Umgang mit dieser traditionellen Form reterritorialisiert und retemporalisiert Kluge in seinen Kurzgeschichtensammlungen solche Wahrscheinlichkeitslücken.[32]

V. Kleist reist: alternative Biographie

In ›Kleists Reise. Die Macht der Gedanken‹, ›Kleist in Aspern. Unerklärliche Haßgefühle, dichterische Fernfühlung‹ und ›Anekdote‹, drei auf einander folgenden Episoden in ›Die Lücke, die der Teufel läßt‹, führt Kluge den Dichter als historische Figur auf. Anhand erkennbarer biographischer Angaben – der Reisen mit Ulrike und Dahlmann, der mehrfachen Verdächtigung als Spion, der dubiosen Annäherung an die napoleonische Armee und der vieldiskutierten Auseinandersetzung mit Kant – schreibt er eine alternative Biographie.[33] Über Nebengeschichten und Randfiguren (wie Dahlmann in ›Kleist in Aspern‹) nähert er sich bekannten

---

[31] Vgl. auch Christian Moser, Die supplementäre Wahrheit des Anekdotischen. Kleists ›Prinz Friedrich von Homburg‹ und die europäische Tradition anekdotischer Geschichtsschreibung. In: KJb 2006, S. 23–44.

[32] Auch mit seinem ausführlichen pädagogischen Notenapparat aktualisiert Kluge die Textgestalt des Barockdramas.

[33] Vgl. Kluge, Die Lücke (wie Anm. 2), S. 552–555.

historischen Begebenheiten und Persönlichkeiten. Kluges fiktionalisierende Spiele mit Kleists Biographie verstärken das anti-stereotype Bild des Dichters als Schriftsteller-Soldat, dessen Schicksal mit den Militäraktionen Napoleons verwoben ist. Die Reise nach Frankreich mit Ulrike 1801 (während deren die Geschwister auch Halberstadt besuchten) ist bekanntlich eine Leerstelle in Kleists Biographie, da die einzelnen Stationen dieser Reise bislang nicht dokumentiert werden konnten und auch die Briefkorrespondenz nur widersprüchliche Rückschlüsse auf Kleists Zielsetzungen erlaubt.[34] 1803 bat er zweimal um Aufnahme in die französische Armee, in St. Omer und Boulogne, wo Napoleon einen Angriff auf England plante.[35] Dieser Hochverrat wurde oft als Selbstmordversuch interpretiert, aber auch über den Aufenthalt in Frankreich ist die Quellenlage unsicher. Gerade solche Leerstellen nimmt Kluge zum Anlass, um die Biographie mit Fiktion und Möglichkeitssinn, mit Parallelaktionen, Gerüchten und Verschwörungstheorien auszufüllen.

In ›Kleists Reise‹ vermischt Kluge die Reisen nach Frankreich 1801 und 1803: »Zu jener Zeit, als Bonaparte seine Truppen bei Boulogne zur Überfahrt nach England in seinem Lager versammelte, entschloß sich der Dichter Heinrich von Kleist zu einem entschiedenen Aufbruch.«[36] Zusammen mit Ulrike reist Kleist zu den französischen Truppen und trägt »im Gepäck, die Schriften Immanuel Kants« bei sich.[37] So bekommt Kleists Kant-Lektüre eine abenteuerliche Bedeutung: Die Kant-Rezeption wird nicht vorrangig als existenzielle Krise oder epistemologische Verunsicherung gedeutet, sondern politisiert und ins Positive gewendet. Der Dichter wollte die Mannschaften unterrichten »in den einzigen Gedankengängen, die in Europa die Konsistenz hatten, den neuen zivilisierten Menschen auszurüsten«, und plädierte dafür, Kants Philosophie als Grundlage eines neuen Kosmopolitismus anzuwenden.[38] »Es sei lediglich erforderlich, die komplex und in deutscher Sprache formulierte Theorie auf einfachen Handzetteln in französischer Sprache zu fassen, zu numerieren und umzuverteilen.«[39] Der Versuch scheitert, und Kleist und Ulrike werden als Spione verhaftet und nachher ohne Erklärung wieder freigelassen. Man kann aus dieser Episode eine anachronistische, ironische Anspielung auf den anfänglichen Optimismus der Studentenbewegung der 1968er heraushören, die Kluft zwischen Intellektuellen und Arbeitern zu überwinden. Tatsächlich umschreibt Kluge an anderer Stelle sein Kleist-Porträt als »eine komische Szene: ein Dichter, engagiert wie ein 68er, macht sich auf, direkt in die Köpfe von Bewaffneten die einzige Waffe zu bringen, die wirklich revolutionär ist, Kantsche Philosophie«.[40]

---

[34] Hermann F. Weiss, Heinrich von Kleists Reise nach Paris im Jahre 1801. In: Archiv für das Studium der neueren Sprachen und Literaturen 142 (1990), S. 1–12.

[35] Vgl. Jens Bisky, Kleist. Eine Biographie, Berlin 2007, S. 205.

[36] Kluge, Die Lücke (wie Anm. 2), S. 552.

[37] Kluge, Die Lücke (wie Anm. 2), S. 552.

[38] Alexander Kluge und Peter von Matt, Über die Intrige in der Komödie. In: Magazin des Glücks, hg. von Sebastian Huber und Claus Philipp, Wien und New York 2007, S. 122.

[39] Kluge, Die Lücke (wie Anm. 2), S. 552f.

[40] Kluge und von Matt, Komödie (wie Anm. 38), S. 121.

VI. Kleist als Grenzgänger

Diese grotesken Versetzungen würde man mit Kluge »Crossmapping« nennen können: »Mit der falschen Karte über eine richtige Landschaft gehen. Mit der Straßenkarte von London durch den Harz durchwandern.«[41] Manchmal scheint die Reterritorialisierung auf die reine Lust an der Verfremdung und der Rekontextualisierung zu zielen: ›Odysseus, Kleist und der Telemetriespezialist Suslow‹ ist der Titel des »Zwischenstück[s]«, das die Neuauflage von ›Öffentlichkeit und Erfahrung‹ einleitet und im Übrigen erneut die Geschichte über ›Kleists Reise‹ enthält.[42] Wenn Kleist hier als »Vernunftbote« dargestellt wird, dann wird die nachrichtentechnische Analyse in den Vordergrund gerückt. Diese Analyse begründet auch Kluges selektives Interesse an der Geschichte der Marquise. »Die Tatsache, dass die Marquise eine Zeitungsannonce veröffentlicht, um den Vater ihres Kindes ausfindig zu machen«, hält Kluge für so »drastisch« und wegweisend wie Kants Philosophie selbst.[43] Die Zeitungsannonce beansprucht Kluges Aufmerksamkeit, weil sie, wie auch Kluges Texte selbst, zwischen höchstpersönlichen Gefühlen und den Massenmedien eine radikale Verbindung herstellt.

Die nachrichtentechnische und auch militärgeschichtliche Sicht charakterisiert Kluges Annäherung an die Sattelzeit um 1800. Die Reproduktion von Caspar David Friedrichs ›Der Chasseur im Walde‹ (1814) versieht Kluge in den ›Neuen Geschichten‹ mit einem Bildtext, der die romantische Landschaft historisiert und zeitgeschichtlich akribisch situiert: »Napoleonischer schwerer Chasseur, Brigade Kellermann, schon bei Valmy dabei, vor dem Eingang eines ostelbischen Waldes. Zweiflerisch.«[44] Auf diese Weise zerstäubt Kluge den allegorischen Hauch des Bildes und definiert »den unbekannten Soldaten als Träger historischer Erfahrun-

---

[41] Kluge und von Matt, Komödie (wie Anm. 38), S. 123. Besonders ausgeprägt wird die Deterritorialisierung in den Interviews mit Heiner Müller vorgenommen. Dort erscheint »Kleist als Halbasiate«, denn es habe »immer eine ganz merkwürdige Verbindung zwischen Rußland und Preußen« gegeben (Alexander Kluge und Heiner Müller, Heiner Müller im Zeitenflug. In: Ich bin ein Landvermesser. Gespräche mit Heiner Müller. Neue Folge, Hamburg 1996, S. 99–118, hier S. 116). Die Bezeichnung der Russen als Asiaten nimmt Kleist schon in der suggestiven Szene des übereifrigen Grafen vor, der Pulverfässer und Bomben aus den Arsenalen wälzt, um, »die Naturen der Asiaten mit Schaudern erfüllend« (SW[9] II, 106), dem Feuer Einhalt zu bieten. Diese besondere Verbindung besteht Müller zufolge einerseits in der gemeinsamen Ausbeutung und Instrumentalisierung von Intellektuellen und Schriftstellern, einer Problematik, die er in ›Das Leben Gundlings‹ auch anhand der Pantomime ›Heinrich Kleist spielt Michael Kohlhaas‹ einbezogen hatte, und andererseits in der Neigung, Intellektuelle unweigerlich in die Rolle des Partisanen zu drängen (Heiner Müller, Leben Gundlings Friedrich von Preußen. Lessings Schlaf Traum Schrei. Ein Greuelmärchen, Frankfurt a.M. 1977, S. 165, Szene: »Heinrich von Kleist spielt Michael Kohlhaas«).

[42] Oskar Negt und Alexander Kluge, Suchbegriffe. TV-Gespräche. In: Der unterschätzte Mensch, Frankfurt a.M. 2001, Bd. 1, S. 322ff.

[43] Kluge und von Matt, Komödie (wie Anm. 38), S. 123.

[44] Kluge, Neue Geschichten. Hefte 1–18 »Unheimlichkeit der Zeit«, Frankfurt a.M. 1977, S. 427; vgl. Kluge, Die Patriotin, Berlin 1980, S. 379.

gen«.[45] Dieser nüchtern-sachliche Blick auf die Romantik hat über die Arbeiten von Friedrich und Wolf Kittler, auch in die Kleist-Forschung Eingang gefunden.[46]

Dass Kleist sowohl gedanklich als auch physisch in die Nähe zu Frankreich gebracht wird, konterkariert aber auch gezielt die ideologische Vereinnahmung, der vor allem die ›Hermannsschlacht‹ seit dem Ende des 19. Jahrhunderts anheimgefallen ist. Kluge stilisiert Kleist keineswegs zum Nationaldichter, sondern führt ihn als selbsternannten, utopischen Schlichter des deutsch-französischen Konfliktes auf. Kleist wird jeweils in einem topographischen Interims- oder Ausnahmezustand situiert, um so den Autor als Grenzgänger, als transideologisch besetzbare Entität auszuweisen. Große Bedeutung kommt dabei den zahlreichen Formen der Vermittlung und Aktualisierung zu, wie der Übersetzung.[47] Das transideologische Potential bedingt, dass Kluges Fortschreibungen, aller Intertextualität zum Trotz, erheblich von den jeweiligen Kleistschen Vorlagen abweichen. Es ist, als ob er Kleists Geschichten in isolierte Bestandteile und Stilfiguren zerlegt und über sein eigenes Erzähluniversum ausstreut. In Kluges Erstling ›Lebensläufe‹ (1962) taucht ein »Botschafter v[on] O.« auf, der im Dritten Reich die Kunstschätze Roms zu retten half.[48] In der Tradition der *nouvelle vague* werden Erzählstoffe aktualisierend mit neuen Kulissen versehen. Im Autorenkino werden das Dokumentarische mit dem Fiktionalen, das Erhabene mit ästhetisch weniger legitimierten Formen (der Anekdote, der Kalendergeschichte) kombiniert: ein Grund für die Verfilmung der anekdotischen Geschichte ›Die Marquise von O.‹ von Eric Rohmer und auch für das Interesse Kluges an Kleists Novelle.

VII. Schlussfolgerung

Die Analyse zeigt deutlich, dass Kluge Kleists Prosa nicht nur Handlungsstränge, Namen und Figurenkonstellationen entnommen hat, sondern auch Eigenheiten, Unzuverlässigkeiten und Ellipsen der Erzählvermittlung übernommen hat. In der Forschung wird die ›allmähliche Verfertigung der Gedanken beim Reden‹ immer wieder auf Kluge selber angewendet, da die ›Hebammenkunst der Gedanken‹ auch seine eigene Schreib- und Interviewtechnik trifft. Auch wenn Kluge Kleist massiv aktualisiert und neuen historischen und aktuellen Kontexten einverleibt, kann er nicht einfach in die radikal politisierende Kleist-Rezeption eingereiht werden. Zwar bringt er den Protagonisten dieser Ästhetik (Heiner Müller, Einar Schleef, Christoph Schlingensief) große Sympathie entgegen und rückt das materialistische Interesse an den logistischen Hintergründen der Gefühle in Kleists Erzählwelt in

---

[45] Ulrike Bosse, Alexander Kluge, Formen literarischer Darstellung von Geschichte, Frankfurt a.M. 1988, S. 236–237.

[46] Vgl. Kittler, Die Geburt des Partisanen (wie Anm. 4), S. 10–131.

[47] Kluge, Die Lücke (wie Anm. 2), Schlafende Kraft, S. 295f. Der französische Übersetzer von Kleists ›Hermannsschlacht‹ wird in der Geschichte ›Schlafende Kraft‹ interviewt. Es handelt sich vermutlich um Jean Jourdheuil, der ›La bataille d'Arminius‹ in Frankreich uraufgeführt hat und mit Heiner Müller zusammengearbeitet hat (Jean-Louis Besson und Jean Jourdheuil, La Bataille d'Arminius, Montreuil 1995).

[48] Kluge, Chronik der Gefühle (wie Anm. 2), Bd. 2, S. 778.

den Vordergrund.[49] Optimistischer und auch wohl didaktischer als die vorhin erwähnten Autoren mobilisiert er aber den umgewerteten Kleist für ein eigenwilliges Programm der Aufklärung. In der englischen Übersetzung von ›Die Lücke, die der Teufel läßt‹ gruppiert Kluge mehrere der hier behandelten Kleist-Geschichten mit Anekdoten, die explizit auf die Protagonisten der Frankfurter Schule (allen voran Adorno und Walter Benjamin) Bezug nehmen. Bemerkenswert ist hierbei, dass die englische Übersetzung des Buches auch die eigentlich aus der ›Chronik der Gefühle‹ stammende ›Episode aus der Zeit der Aufklärung‹ enthält.[50] Definitive Rückschlüsse in Bezug auf die Textbedeutung lassen sich hieraus nicht ableiten – dafür sind seine Schriften prinzipiell zu mobil und offen –, aber es bestätigt die besondere Bedeutung von Kleists Erzählungen für Kluge, der mit ihm einen weniger romantischen als nüchtern-aufklärerisch angehauchten Dichtertypus präsentieren will. Kluges Kleist orientiert sich folglich eher an der pragmatischen, auf konkrete Vermittlung bedachten Vorgehensweise der ›zweiten Aufklärung‹ (Adorno, Habermas) als am hochgesteckten philosophischen Programm der (ersten) Aufklärung. In seinen Versuchen, pädagogisch in der Öffentlichkeit zu wirken und neue Massenmedien zu gründen, ersetzt er allerdings die für die Frankfurter Schule charakteristische Negativität durch ein narratives Projekt der Verspätung, des Aufschubs, das eine konkrete Positionsbestimmung nur im Rahmen einer zeitlichen Distanz erlaubt – wie eine von Putzfrauen überwachste Fußspur. Die Um- und Fortschreibungen von Kleists ›Marquise von O…‹ zeigen sowohl auf rhetorisch-stilistischer als auch auf narrativer Ebene die Wirksamkeit dieses Programms. Die ›Worte laden sich metaphorisch auf‹: sie vermitteln eine Erzählung, die erst im Rückblick ihr wahres Antlitz offenbart, zugleich aber den zeitlichen Aufschub für den Akt der Offenbarung produktiv macht. Genauso wie die Leser der ›Marquise von O…‹ am Ende der Novelle nicht nur dazu gebracht werden, den bis dahin verborgenen Zusammenhang der Novelle zu entdecken, sondern auch sich zu fragen, wieso sie – wie die Marquise selbst – alle Zeichen, die jetzt die Konfiguration der Schwangerschaft ausmachen, zuerst falsch verstehen konnten, profilieren Kluges Anekdoten sich als Forum einer historischen Aktualität und ihrer verspäteten Einsichtigkeit.[51] Aus Kluges Sicht ist Kleist also nicht Teil einer dunklen romantischen Vorgeschichte der deutschen Katastrophe, sondern ein utopisch-optimistischer Vertreter einer produktiven, durch Verspätung wirkenden Gegenöffentlichkeit.

---

[49] Explizit wird mitgedacht, dass die genannten Autoren häufig aus der DDR stammen und die postdramatische Aufführungspraxis für »Theater in den Ostgebieten Deutschlands, denen die Subventionen gestrichen sind«, eine Möglichkeit ist, die Klassiker dekonstruiert preiswert aufzuführen«; Kluge und von Matt, Komödie (wie Anm. 38), S. 123.

[50] Kluge, Chronik der Gefühle (wie Anm. 2), Bd. 2, S. 370–373. Vgl. De Cleene und Elshout, Een georkestreerde chaos (wie Anm. 19), S. 84.

[51] Vgl. Kluge, Wächter der Differenz (wie Anm. 5), S. 35, mit einer Anspielung auf Adorno: »Wir verfassen Flaschenpost. Ich würde diese Tätigkeit jedoch nicht unterschätzen, denn in ihr liegt die größere Kontinuität«. Siehe auch Kluges Hinweis auf die (zeitliche) »Entfernung«; Kluge, Wächter der Differenz (wie Anm. 5), S. 28. Zur ›Flaschenpost‹ siehe Hanning Voigts, Entkorkte Flaschenpost: Herbert Marcuse, Theodor W. Adorno und der Streit um die neue Linke, Münster 2009, S. 21.

Gerhard Oberlin

›JOSEFINE‹ UND ›CÄCILIE‹
Orpheusvariationen bei Kleist und Kafka

> *Un écrivain n'est pas un homme écrivain, c'est un*
> *homme politique, et c'est un homme machine, et c'est*
> *un homme expérimental (qui cesse ainsi d'être*
> *homme pour devenir singe, ou coléoptère, ou chien, ou*
> *souris, devenir animal, car en vérité, c'est par la*
> *voix, c'est par le son, c'est par un style qu'on devient*
> *animal, et sûrement à force de sobriété).*[1]

I.

Franz Kafka hat Kleist bekanntlich als einen seiner »eigentlichen Blutsverwand-ten«[2] bezeichnet und aus seiner Bewunderung für den 106 Jahre Früheren keinen Hehl gemacht.[3] Wenn er im Januar 1911 an Max Brod schreibt: »Kleist bläst in mich, wie in eine alte Schweinsblase«,[4] dann deutet er ein spirituelles oder gar

---

[1] Gilles Deleuze und Félix Guattari, Kafka. Pour une littérature mineure, Paris 1974, S. 15.

[2] Franz Kafka, Briefe. 1913–März 1914. Kommentierte Ausgabe, hg. von Hans-Gerd Koch, Frankfurt a.M. 1999 (= B II), S. 275. Kafkas Werke und Äußerungen werden im Folgenden mit Siglen zitiert: Franz Kafka, Briefe. 1900–1912. Kommentierte Ausgabe, hg. von Hans-Gerd Koch, Frankfurt a.M. 1999 (= B I); Franz Kafka, Briefe. April 1914–1917. Kommentierte Ausgabe, hg. von Hans-Gerd Koch, Frankfurt a.M. 2005 (= B III); Franz Kafka, Drucke zu Lebzeiten. Kritische Ausgabe, hg. von Wolf Kittler, Hans-Gerd Koch, Gerhard Neumann, Frankfurt a.M. 2002 (= D); »Als Kafka mir entgegenkam …«. Erinne-rungen an Franz Kafka, hg. von Hans-Gerd Koch, erweiterte Neuausgabe, Berlin 2005 (= E); Gustav Janouch, Gespräche mit Kafka. Aufzeichnungen und Erinnerungen, Frankfurt a.M. 1961 (= J); Franz Kafka, Nachgelassene Schriften und Fragmente I. Kritische Aus-gabe, hg. von Malcolm Pasley, Frankfurt a.M. 2002 (= N I); Franz Kafka, Nachgelassene Schriften und Fragmente II. Kritische Ausgabe, hg. von Jost Schillemeit, Frankfurt a.M. 2002 (= N II); Franz Kafka, Das Schloss. Kritische Ausgabe, hg. von Malcolm Pasley, Frankfurt a.M. 2002 (= S); Franz Kafka, Tagebücher. Kritische Ausgabe, hg. von Hans-Gerd Koch, Michael Müller, Malcolm Pasley, Frankfurt a.M. 2002 (= T).

[3] Vgl. B II, 84.

[4] B I, 132.

›musikalisches‹ Erbe an, das an Marsyas mit seiner Panflöte erinnern mag,[5] das jedenfalls eine Doppelnatur aus Mensch und Tier assoziieren lässt, die einen Laut von sich gibt.

Ob in diesem brachialen Bild bereits der »Satyr« Nietzsches als eine jener »Ausgeburten einer auf das Ursprüngliche und Natürliche gerichteten Sehnsucht«[6] aufscheint, jene vitalistische Mythenschicht, die vom Grunde von Kafkas Werk, vielfach gebrochen, heraufschimmert?

Die Schweinsblase ist Bestandteil eines in manchen Volkstraditionen gebräuchlichen Geräuschinstruments, das bekanntlich weniger ›kultivierte‹ Töne als urtümliche Laute hervorbringt, wie rhythmisches Trommeln oder explosives Knallen. Es mochte der Untermalung gedient haben, als es noch mythisch induzierte Riten gab. Heute lebt es in bestimmten Bräuchen fort, wie z.B. in der schwäbisch-alemannischen Fastnacht bei den Elzacher ›Schuttig‹.

Wir geraten mit diesen Assoziationen − etwas voreilig − in den Kontext früher Mythen, die wie die Höhlen des Aurignacien vom Brückenschlag von der Menschen- zur Tierwelt berichten und in deren Licht die spätere zivilisatorische Gedankenwelt mit ihren »Unendlichkeitschimären«[7] als Werk gnostischer Konstruktionen erscheint. Wir sind unversehens in einer Zeit vor der Ära des Geistes, als man die Geister noch mit Lauten vertrieb, lange bevor sie be-sprochen wurden; als das Wort wenig oder noch keine Macht hatte.

Kann aber ein Dichter einen Dichter zum »Blutsverwandten« wollen, der sich nicht durch ›Wortmächtigkeit‹ auszeichnet, sondern durch die Macht des Lautes? Doch nur dann, wenn beide die Vision eines Ausnahmezustands teilen, in dem »der Mensch als Mitglied einer höheren Gemeinsamkeit [...] das Gehen und das Sprechen verlernt und [...] auf dem Wege [ist], tanzend in die Lüfte emporzufliegen«.[8]

Kafka scheint Kleist als inspiratorische Naturkraft empfunden zu haben, der er seine Stimme leihen *musste*, und das in mehrfacher Hinsicht: in der Übernahme musisch-musikalischer Motivik, insbesondere der Kakophonie; in der Orientierung am Performativen der Sprache − viele Male las er aus Kleisttexten vor, u.a. dreimal öffentlich aus ›Michael Kohlhaas‹, dutzende Male privat aus der ›Marquise von O…‹[9] − und in der Identitätsanleihe bei dem Dichter Kleist, dem »auf Erden nicht zu helfen war« (SW[9] II, 887) und mit dessen Biografie er (deshalb) soviel gemeinsam zu haben glaubte.

---

[5] Vgl. Claudia Liebrand, Kafkas Kleist. Schweinsblasen, zerbrochene Krüge und verschleppte Prozesse. In: Textverkehr. Kafka und die Tradition, hg. von Claudia Liebrand und Franziska Schössler, Würzburg 2004, S. 73−100, hier S. 77f.

[6] Friedrich Nietzsche, Die Geburt der Tragödie. Unzeitgemäße Betrachtungen. Nachgelassene Schriften 1870−1873. Kritische Studienausgabe, hg. von Georgio Colli und Mazzino Montinari, München 2007 (= KSA I), S. 57f.

[7] Gottfried Benn, ›Verlorenes Ich‹. In: Ders., Gedichte. Gesammelte Werke, hg. von Dieter Wellershoff, Frankfurt a.M. 2003, S. 215f.

[8] KSA I, 30.

[9] E, 203.

›Zurück zur Tierstimme‹, könnte man – makabrerweise analog zu Kafkas Krankheitsgeschichte – mehrere seiner Geschichten überschreiben, allen voran ›Josefine, die Sängerin Oder das Volk der Mäuse‹, die eine Dis- bzw. Konjunktion im Doppeltitel führt wie Kleists Cäcilien-Novelle mit dem ebenfalls aus acht Wörtern (15 Silben) bestehenden Doppeltitel ›Die heilige Cäcilie oder die Gewalt der Musik‹.

Dass beide auch ›letzte‹ Geschichten dieser Autoren sind bzw. dazu gehören, liegt auf der Hand. Dass sie stofflich wie motivisch auf einen berühmten Mythos zurückgreifen, wurde bisher übersehen. Dabei liegt gerade dieser Gemeinsamkeit eine Ästhetik zugrunde, die beide Autoren vermutlich mehr verbindet als alles andere.[10]

Ich werde beim Brückenschlag von ›Josefine‹ zu ›Cäcilie‹ ein gemeinsames gnostisch-dualistisches Gedankenfundament sichtbar machen, das als ironisches Strukturprinzip Fabelfiktion, Motivsprache und Symbolik dieser Geschichten diktiert. Kafkas Nähe zu Kleist wird sich dann vor allem darin erweisen, dass das Musiksymbol im ›unmusikalisch‹-kakophonischen Register zum Träger der positiven Leitidee wird, während das traditionell ›Musikalische‹ der Kennzeichnung einer artifiziell falschen Kunstwelt dient, die mythologisch ausdrücklich ›des Teufels‹ ist. Bei Gelegenheit der Differenzierung des Musiksymbols wird eine Position zu revidieren sein, die Kafkas Vorbehalt gegenüber dem Nur-Schönen ausschließlich auf einen »Moralismus Tolstojscher Prägung«[11] zurückführt und nicht auch sowohl erkenntniskritische als auch ästhetische Gründe ins Feld führt. Nicht zuletzt werden beide Erzählungen als poetologische Texte gelesen, die inhaltlich wie formal das ikonoklastische Ziel der Ideenreinigung mittels einer Kunstrevision oder umgekehrt: der Kunstreinigung mittels einer Ideenrevision verfolgen.

Ich habe mich zu dieser Fragestellung ausführlicher u.a. in zwei Buchpublikationen über Kafka und Kleist zu Wort gemeldet.[12] Die dort ausgeführten systematischen Kontexte müssen hier stark gerafft, wenn nicht ausgespart werden, wie beispielsweise jene zur Kulturgeschichte, Philosophie und Poetik des Mythos, zur Psychologie der imaginativen Prozesse sowie zu den Methoden der intermediären Hermeneutik, die ich aus der Psychoanalyse der Kreativität entwickelt habe. Den wissenschaftsmethodischen Grundton halte ich mit dem Plädoyer Peter-André Alts für vorgegeben, der an dieser Stelle zu einem ›ideengeschichtlich differenzie-

---

[10] Zum Vergleich beider Autoren vgl. die Bibliographie bei Liebrand (wie Anm. 5), S. 81f., Anm. 22 sowie Walter Hinderer, »Kleist bläst in mich, wie in eine alte Schweinsblase«. Anmerkungen zu einer komplizierten Verwandtschaft. In: Franz Kafka und die Weltliteratur, hg. von Manfred Engel und Dieter Lamping, Göttingen 2006, S. 66–82, hier S. 66, Anm. 1. Einführend hierzu Bert Nagel, Kafka und die Weltliteratur. Zusammenhänge und Wechselwirkungen, München 1983, S. 209–242.

[11] Nagel, Kafka (wie Anm. 10), S. 172.

[12] Siehe Gerhard Oberlin, Franz Kafka. Mythos und Psyche, Gießen (ersch. 2011); ders., Modernität und Bewusstsein. Heinrich von Kleists letzte Erzählungen, Gießen 2007; ders., Gott und Gliedermann. Das ›unendliche Objekt‹ in Heinrich von Kleists Erzählung ›Über das Marionettentheater‹ (1810). In: KJb 2007, S. 273–288.

renden Verfahren‹[13] beim Vergleich beider Autoren aufforderte. Gegenübertragungsvorgänge sind indessen nicht nur unvermeidlich, sondern auch erwünscht. Sie dienen der Manifestation latenter Strukturen. Nur müssen sie sich am historischen Diskurs abarbeiten und diskursfähig *bleiben.*

II.

Sieht man sich den aus Thrakien (heute Bulgarien) stammenden Orpheus-Mythos näher an,[14] dann wird rasch klar, dass er vom Mythos selbst und seiner spirituellen Verwandlungskraft wie auch von den Bedingungen seiner Gefährdung handelt. Der sagenhafte Sänger und Kitharode, dessen Musik Tiere bezähmen und Steine bewegen kann, gehört zur Generation des Herakles, den Karen Armstrong als »Relikt aus der Zeit der Jäger« beschrieben hat, ein altsteinzeitlicher »Schamane, berühmt für sein Geschick im Umgang mit Tieren«.[15] Der Musensohn Orpheus hat das Zeug, die Unterwelt als einer der wenigen Sterblichen (wie z.B. Odysseus) lebend zu betreten, um die an einem Schlangenbiss verstorbene Eurydike zurück ins Leben zu holen. Seine Stimme scheint mehr zu zählen als die Gesetze des archaischen Kosmos, die aber letztlich doch obsiegen, indem sie sich an der *conditio humana* behaupten.

Der Erfolg dieser Mythenfigur beruht weder auf der Zähmung der Unterweltsbestie Kerberos noch auf dem Mirakel der Totenwiederkehr allein. In der Eigenschaft des wunderwirkenden Sängers scheint Orpheus zwar zunächst stärker als der Tod. Doch behauptet sich die chtonische Welt am Ende souverän als Teil der Gesamtwelt, weil die einschließliche Beziehung zwischen beiden das größere kosmische Gut ist und der Mythos keinen Bedarf an (religiöser) Metaphysik hat. Der Gegensatz von Leben und Tod soll nicht aufgehoben werden, das wäre gegen die Empirie, an der die vorliterarische Mythenwelt im Allgemeinen orientiert ist.[16] Er soll lediglich widerspruchsfrei gemacht, d.h. versöhnt, werden und die Hoffnung auf eine Toten-›Existenz‹ an die Metapher der Unterwelt und damit der Regeneration binden. »Myth seizes on the fundamental element of design offered by nature – the cycle, as we have it daily in the sun and yearly in the seasons – and assimilates it to the human cycle of life, death, and (analogy again) rebirth.«[17]

Der Mythos konkurriert in seinem unbedingten Anspruch auf Wahrheit mit der Natur, von der er sich die ›Natürlichkeit‹ entleiht, und das, obwohl es in ihm zuweilen alles andere als natürlich zuzugehen scheint. Barthes spricht vom »eigentlichen Prinzip des Mythos: er verwandelt Geschichte in Natur« und

---

[13] Peter-André Alt, Kleist und Kafka. Eine Nachprüfung. In: KJb 1995, S. 97–120.

[14] Vgl. Herbert Hunger, Lexikon der griechischen und römischen Mythologie, Reinbek 1974, S. 294ff.

[15] Karen Armstrong, Eine kurze Geschichte des Mythos, Berlin 2007, S. 38f.

[16] Vgl. Siegfried Vierzig, Mythen der Steinzeit. Das religiöse Weltbild der frühen Menschen, Oldenburg 2009. Der Religionswissenschaftler widmet sich in diesem Buch vor allem den Höhlenmalereien und -funden des Aurignacien und Magdalénien, in denen er die Indikatoren früher Regenerationskulte erkennt.

[17] Northrop Frye, Fables of Identity. Studies in Poetic Mythology, San Diego 1963, S. 32.

unterdrückt jede Dialektik, jedes Vordringen über das unmittelbar Sichtbare hinaus, er organisiert eine Welt ohne Widersprüche, weil ohne Tiefe, eine in der Evidenz ausgebreitete Welt, er begründet eine glückliche Klarheit. Die Dinge machen den Eindruck, als bedeuteten sie von ganz allein.[18]

Der antike Mythos beugt also im Verlust Eurydikes seiner eigenen Überfälligkeit vor. In Zeiten des Übergangs von der Natur- zur Kulturgeschichte ›mythisiert‹ der Mythos noch einmal sich selbst und beharrt auf der menschlichen Stimme. Unverhofft wird dabei die innerste menschliche Natur, die sich im Allzumenschlichen erweist, zum Wahrer des Naturkosmos.

Orpheus' Scheitern zeigt also die Ohnmacht des Willens nicht nur angesichts der *conditio humana*, sondern auch gegenüber der Macht der Psyche. Darüber hinaus erweist sich die Unterlegenheit des zu befolgenden Logos gegenüber dem archaischen Gesetz. Die Ausnahmeregelung wird als buchstäblich nicht-lebbares Konstrukt entlarvt. So vermag auch der schönste Gesang am Ende keinen naturwidrigen Bruch zu bewirken, sondern setzt die spirituelle Verbindung zwischen den kosmischen Teilwelten wieder ein.

Francis Bacon hat in seinem Werk ›De sapientia veterum‹ von 1609 den Orpheus-Mythos als Beispiel für die »Weisheit« der Alten gelesen, deren Betrachtung »von größtem Nutzen für die Wissenschaft, manchmal sogar unverzichtbar ist« (»exceeding profitable and necessary to all sciences«). Es sei »gleichsam durch die Harmonie und den feinen Anschlag der Lyra« (»by the melody and delicate touch of an instrument«) die Natur besänftigt und domestiziert worden. Auf die »Vergeblichkeit des Bemühens, den toten Körper wieder zum Leben zu erwecken«, folgt »die Einsicht in die unerbittliche Notwendigkeit des Todes«, welche »die Menschen dazu bringt, Unsterblichkeit durch Verdienst und Ruhm zu erstreben«:

> And after serious trial made and frustrated about the restoring of a body mortal, this care of civil affairs follows in its due place, because, by a plain demonstration of the inevitable necessity of death, men's minds are moved to seek eternity by the fame and glory of their merits.

Am einstweiligen Ende dieses Prozesses der Zivilisation, bevor deren Errungenschaften wieder der Zerstörung anheimfallen, steht ein emsiges Kulturschaffen, das aus dem Bestreben geschieht, »dem Gemeinwesen (res publica) große und hervorragende Dienste zu leisten« (»enterprising great and noble designs for the public good«).[19]

In dieser Auslegung haben wir es mit einem frühen Beispiel für gelungene Aufklärung zu tun, in der das Denken nicht zur besseren und mehr Naturbeherrschung instrumentalisiert ist und gerade der Verzicht auf Magie, der in Wirklichkeit der unfreiwillige Sieg der Menschennatur über die Magie ist, die Pointe liefert.

---

[18] Roland Barthes, Mythen des Alltags, aus dem Französischen übersetzt von Helmut Scheffel, Frankfurt a.M. 1964, S. 113, 130f.

[19] Francis Bacon, Weisheit der Alten, hg. und mit einem Essay von Philipp Rippel, Frankfurt a.M. 1990, S. 12, 36; ders., The Essays – The Wisdom of the Ancients, New Atlantis u.a. 1907, S. 199, 230.

Adornos Gewichtung des Mythos als (allerdings selbst aufklärungswürdiges) Aufklärungsinstrument findet also hier ihre volle Bestätigung.

Auf den Künstler als solchen projiziert, lässt dieser Mythos keinen Zweifel an der Koppelung von Lied und Leiden, Schaffen und Schwinden, Schreiben und Schreien. Der Gewinn wird durch den Verlust erkauft, aber auch nur dann, wenn dieser wie jener mit anderen zu teilen ist, d.h. einer Gemeinschaft zur gemeinsamen Sache wird. Vom Teilen mit anderen hängt letztlich die Existenz des Mythos generell ab. Wo er mit niemandem zu teilen ist, stirbt er ab; ebenso, wenn er nichts mit-zuteilen hat.

Der Künstler ist also nur in einem sozialen Kosmos denkbar, wo man sich auf das Symbol als Gemeinbesitz geeinigt hat und die psychischen Voraussetzungen besitzt, dies für die Vermittlung zwischen Subjekt- und Objektwelt nutzbar zu machen. Kommt dieser Vermittlungsvorgang nicht mehr zustande, können somit mehrere Faktoren daran beteiligt sein: der Künstler selbst, weil er nichts mehr zu teilen hat; der soziale Kosmos, weil er keine gemeinsame Sprache und Mythologie besitzt; der Rezipient, der die bedeutsame imaginative Aneignung des Symbols aus psychischen Gründen nicht vollziehen kann.

Es ist neben der Verlust- vor allem diese Teilungsproblematik, die in fast allen Künstlerkonflikten durchschlägt und sich als schwer lösbar erweist. Entweder scheint das oben beschriebene Schwinden in der Verlust- bzw. Todesbejahung nicht denkbar. Oder es fehlt an Teilbarem und Teilenden: Anteilnehmenden in der Gesellschaft, die durch gemeinsame Kulturgüter geeint sind. Im Begriff des Teilens (Mitteilens) und der Teilnahme erfüllt sich der Symbolbegriff vielleicht am besten. Man könnte sagen: Nur wenn das Symbol ›zusammensetzen‹ kann (συμβαλλειν), was in vielen vereinzelt ist, verdient es diesen Namen. Was für das Symbol im Besonderen zutrifft, gilt für den Mythos im Allgemeinen.

Der Orpheus-Mythos ist als Modell des Trauerprozesses gewürdigt worden.[20] Das beharrlich geliebte und im Totenreich aufgesuchte Objekt, das mangels gelungener Trauerarbeit gleichzeitig Produkt und Ziel des eigenen Begehrens ist, enthält zu wenig Alterität, um sich vom Selbst des Trauernden klar zu unterscheiden. Orpheus liebt also in der wiederkehrenden Eurydike sich selbst mehr als diese, was ihm der versichernde Blick zurück auch zu enthüllen scheint. Er sieht dann entweder nichts, wie Leikert richtig deutet[21] (das Selbstobjekt kann sich nicht gegenübertreten), oder er sieht sich selbst, wenn die narzisstische Komponente überwiegt. Letztlich also scheitert diese Liebe (besser: negative Trauer) buchstäblich an ihrer Lebbarkeit, was sie aber nicht hindert, in ihrer Dynamik immer wieder neu entfacht zu werden. Die enthemmte Trauer bedient eine Mechanik der Hoffnung, durch die sie jederzeit zugleich ausgelöst und gestillt wird.

---

[20] Vgl. Eberhard Haas, Orpheus und Eurydike. Vom Ursprungsmythos des Trauerprozesses. In: Jahrbuch der Psychoanalyse 26 (1990), S. 230–252 und ders., Rituale des Abschieds. Anthropologische und psychoanalytische Aspekte der Trauerarbeit. In: Psyche – Zeitschrift für Psychoanalyse 52 (1998), S. 451–471.

[21] Vgl. Sebastian Leikert, Den Spiegel durchqueren. Die kinetische Semantik in Musik und Psychoanalyse, Gießen 2008, S. 80.

Der Mythos stellt sich daher psychologisch als ein Schaukelaggregat dar, das durch die Polarität von Verlust und Gewinn in Gang gehalten wird. Dabei fungiert der Gesang als Medium, das die Objektdistanz bis zur völligen Aufhebung vermindern und damit die Subjekt-Identität des Singenden wie des Hörenden buchstäblich ›zersingen‹ kann. Orpheus *ist* alles, was er singt, und alle, die ihn hören, *sind* Orpheus. Der griechische Barde wird so eins mit der Natur, dass das organisch Tote ebenso lebendig erscheint wie das Lebendige organisch tot. Seine identifikatorische Metamorphose setzt eine solche ›Allmacht der Gedanken‹ voraus, dass sie vor keinem Weltentor, keinem Ding und keiner Spezies Halt macht. Deleuze und Guattari haben dies anschaulich in dem hier vorangestellten Motto formuliert.

Da gilt: Objektverschmelzung = Objektverlust = Subjektverlust, bezieht die Psyche hier eine noch vorgeburtliche, archaisch-unreife Position. Orpheus' Gang in die Unterwelt käme einer extremen Regression gleich, die den Objektverlust als sekundären Antrieb hätte und das Subjekt im Medium der Stimme in die Selbstobjekteinheit zurückintegrierte. Entscheidend ist jedoch, dass diese Vereinigung misslingt; dass also von Anfang an das Musik- oder (allgemein) das Kunstsymbol an das Moment der Progression im Sinne eines ›Aufstiegs‹ aus dem Primärvorgang gebunden ist. Der einzig und allein Eurydike zugedachte Wohlklang wird sozusagen ›kunstfähig‹, indem er sich von jenem Selbstobjekt ablöst und damit erst der künstlerischen Gestaltung (und mithin der Symbolisierung) zugänglich macht.

So ist es nicht verwunderlich, dass Orpheus seine Kithara ursprünglich von Apollon erhielt, ja sogar in anderer Mythenfassung direkt vom Sonnengott abstammt, dem Gestalter *par excellence*. Leikert kommt zwar zur richtigen Schlussfolgerung, dass »[k]ein anderer Mythos […] die Dramatik der Symbolbildung so plastisch zu entziffern«[22] vermag. Er betont auch ausdrücklich das »Erleiden und Verarbeiten von Verlust und Mangel«[23] als Movens der Überwindung. Jedoch bleibt die psychische Progression in seinem Modell unerwähnt. Ohne den Aspekt der Progression aber (und damit der Einschaltung des Sekundärprozesses auf höchstem Niveau) ist aus psychoanalytischer Sicht keine sublimatorische Kreativität erklärlich.[24]

Orpheus und Dionysos sind Antipoden eines Urkampfes, der zwischen Progression und Regression auszutragen ist, soll Entwicklung überhaupt möglich sein. Wenn Orpheus am Ende von den dionysischen Mainaden zerrissen wird, dann liegt dort vielleicht das eigentliche Epizentrum des temporären Erweckungswunders an Eurydike, ist es doch dieses Wunder, das den vollständigen Objektbesitz und damit den Gegenpol zum Totalverlust, zur Desintegration markiert. Bevor die Einheit von geliebtem Objekt und Subjekt im Symbol eines Körperganzen endgültig zerstört werden kann, muss diese erst noch einmal beschworen, ja geschaffen worden sein, und sei es in der widernatürlichen Form einer lebendigen Toten.

---

[22] Leikert, Den Spiegel durchqueren (wie Anm. 21), S. 84.

[23] Leikert, Den Spiegel durchqueren (wie Anm. 21), S. 81.

[24] Das sei auch bereits an dieser Stelle psychoanalytischen Ansätzen erwidert, die wie z.B. eine ältere Arbeit Mahlendorfs zur ›Josefine‹-Problematik den Aspekt der psychischen Progression ausklammern (vgl. Ursula R. Mahlendorf, The Wellsprings of Literary Creation, Columbia 1985, S. 125ff.).

Die Unheilsgeschichte des Mythos ist also eine rückwärts gelesene Heilsgeschichte. Es ist die Geschichte eines Waisenkindes (Ωρφεας klingt an Ωρφανος = Waise an), das sich auf die Suche nach der Mutter macht, die es in jeder Frau zu finden glaubt (in Ευρυδικε hören wir ευφρισκω = finden), aber letztlich nirgends findet als in sich selbst, wo es eine psychische Chimäre ist. Das alles ist als *hysteron proteron* in umgekehrter Reihenfolge erzählt. Deshalb erfolgt auch die Genugtuung umgekehrt proportional zur Aschenputtel- oder Sternthalerhandlung. Weil dies so ist, verläuft die Identifikation des Zuhörers im Gegensinn zur fallenden Handlung, die mit dem Tod des Barden endet. Je furchtbarer das Scheitern, desto köstlicher das retardierende Moment.

Der Orpheusmythos ist, in dieser Richtung gelesen, eine *dance macabre*. Er zeigt das Beziehungsgeschehen *sub specie mortis* und den Sänger, den Mystagogen, den Mythenerzähler, die ›Stimme‹ selbst als Grenzgänger zwischen den Welten.

III.

Die letzte Buchveröffentlichung, die Kafka noch auf den Weg bringen konnte, erschien unter dem Titel ›Ein Hungerkünstler‹ im Berliner Verlag ›Die Schmiede‹. Die ›Vier Geschichten‹ reflektieren die Bedingungen des Künstlerseins am Beginn des 20. Jahrhunderts. Künstlerische Produktion und Rezeption wirken in ihrer Bedingungsdynamik so gestört, dass ein Fortbestehen der Kunst und damit des Künstlers unmöglich scheint. Allerdings geht es nicht, wie gesagt wurde, um den ›Untergang‹ oder gar die Unmöglichkeit von Kunst, sondern um einen ikonoklastischen Paradigmenwechsel. Dieser erscheint als Voraussetzung einer anthropologisch konzeptualisierten neuen Ästhetik.

Alle vier Künstlerwesen (oder Kunstwesen) in diesen Erzählungen verkörpern Seinsweisen am Rande oder bereits außerhalb der Gesellschaft, ja selbst jenseits der menschlichen Art. Zwei Motive sind daher allgegenwärtig: das Tier mit seinen Eigenschaften der Wildheit, Ursprünglichkeit, Sprachlosigkeit, Bewusstlosigkeit – und das Kind in seiner Nähe zur Natur, seiner Bevorzugung des Spiels als Mittel der Welterschließung, seiner gesteigerten Sensualität.

So erinnert der Hungerkünstler im transportablen Gitterkäfig, in dem er, auf Stroh gelagert, dahinvegetiert, von Anfang an weniger an einen Menschen als an ein Tier, zuweilen auch an ein Kind. Die reichlich eingearbeitete Tiermotivik wird in ›Josefine‹ zu einer Art Tierfabel ausgedehnt, erzählt von einem Mitglied des Mäusevolks. Am Schluss der Erzählung, bevor der Erzähler verstummt – zwei Monate danach wird auch sein Autor ihm nachfolgen –, ist dreimal davon die Rede, dass also jetzt »Stummheit«[25] eintreten und Josefine, die Sängerin, »erlöst von der irdischen Plage«,[26] den Gesang ein für allemal aufgeben werde.

Kafka hat zur Charakteristik des ganz Anderen, der Qualität des Fremden und subjektiv Minderwertigen im Tiersymbol immer wieder das Adjektiv ›stumm‹ (neben ›fern‹) verwendet. In diesem Symbolaspekt scheint das Tier in seiner Ur-

---

[25] D, 376.
[26] D, 377.

sprünglichkeit ähnlich ambivalent wie der vermeintlich primitive ›Salon-Wilde‹ des 18. Jahrhunderts: als Natur-Utopie nur in dem Maße, wie die Erfahrung des geschlechtlichen und erkenntnismäßigen Unterschiedenseins *nach* der Vertreibung aus dem Paradies dies zulässt. Das Gegenzivilisatorische dieser Symbolik wird bis zu einem Grad evoziert, wo der Naturverlust gerade noch verschmerzbar erscheint und jedenfalls nicht eingestanden werden darf. So spiegelt der Autor sich selbstironisch als Opfer eines Zivilisationsoptimismus, das einerseits der Utopisierung und Exotisierung der Naturwildheit nicht entraten kann, sich jedoch nicht erlauben darf, ihr ernsthaft zu verfallen. »Stummheit« erscheint daher zwar als Eigenschaft des Animalisch-Fremden, lässt jedoch auch eine gegenbildliche Qualität erahnen, die die Sprache, den Gesang, die Kunst als solche kontrastiert. Wenn die Erzählung an ihrem Ende klar macht, dass der ›Gesang‹ Josefines immer schon ein (tierisches) ›Pfeifen‹ und niemals das war, was vermeintlich zivilisierte Ohren unter Musik verstanden, erscheint ihr Verstummen als konsequente Selbsterfüllung, als fatalistischer Zwang. Damit erhält »Stummheit« eine Qualität der Vermehrung statt der Verminderung: des Ur-Eigentlichen, ja des kosmischen Wissens um Wahrheit jenseits des Logos. »In Wahrheit singen, ist ein andrer Hauch. / Ein Hauch um nichts«,[27] formuliert Rilke 1922 in den ›Sonetten an Orpheus‹, in denen im Übrigen das ›Nachsehen‹ des Orpheus als Glück der unterweltlichen Eurydike dargestellt erscheint.

Hier sind bereits mystische Anklänge nicht nur in der Wörtlichkeit des Verstummungsmotivs, sondern in der gesamten Bildkonstruktion zu erkennen. »Manches Buch wirkt wie ein Schlüssel zu fremden Sälen des eigenen Schlosses«,[28] schreibt Kafka, als er von der Lektüre der Schriften Meister Eckeharts berichtet. In Eckeharts ›Predigt über Jac. I, 17‹ konnte er auf jene Formulierung stoßen, die den Weg nach innen als kosmisches Einssein mit dem Tier im Besonderen und der Kreatur im Allgemeinen in Verbindung bringt: »Den Sinn habe ich mit den Tieren gemeinsam und das Leben (zudem) mit den Bäumen. Das Sein ist mir noch innerlicher, das habe ich gemein mit allen Kreaturen.«[29] Die Anklänge an den Orpheus-Mythos sind kaum zu überhören, ebenso wenig wie im Übrigen in der gesamten Verstummungsmotivik die Anklänge an die kabbalistische Mystik, für die die ›entstofflichte‹ Stimme der Wahrheit am nächsten kommt:

Sagen wir: die Stimme steht auf der Grenze zwischen Geistigem und Stofflichem! Aber wie dem sei – die Melodie, die in der Stimme gehört wird, die von den Lippen abhängt, ist noch nicht rein, noch nicht gänzlich rein, noch nichts wahrhaft Geistiges.

---

[27] Rainer Maria Rilke, Werke. Kommentierte Ausgabe in vier Bänden, hg. von Manfred Engel u.a., Frankfurt a.M. und Leipzig 1996, Bd. 2, S. 242. Vgl. Gerhard Oberlin, Sein im Untergang. Rilkes Schreibblockade und seine letzten poetologischen Dichtungen. In: New German Review 20 (2004/2005). S. 8–40. Rilkes Nähe zu Kafka erhellt aus den Erinnerungen Kurt Wolffs: »Und 1922 schreibt mir Rilke aus Muzot: ›Ich habe nie eine Zeile von diesem Autor gelesen, die mir nicht auf das eigenthümlichste mich angehend oder erstaunend gewesen wäre.‹« (E, 102)

[28] B I, 29.

[29] Meister Eckhart, Deutsche Predigten und Traktate, hg. und übers. von Josef Quint, München 1955, S. 137.

Die wahre Melodie aber singt sich ganz ohne Stimme, im Inneren singt sichs, im Herzen, im Eingeweide.[30]

Walter Sokel hat in Anlehnung an Nietzsche dem Musiksymbol bei Kafka »dionysische Funktion«[31] zugesprochen. Auch diese (zu differenzierende) Einschätzung weist in eine Naturelementarität zurück, die anthropologisch im Sinne eines daseinsbejahenden Vitalismus gedacht ist. Bei Nietzsche, dem das Dionysische als »der gemeinsame Geburtsschooss der Musik und des tragischen Mythus« gilt,[32] drängt sich darin »etwas Nieempfundenes […] zur Äußerung, die Vernichtung des Schleiers der Maja, das Einsseins als Genius der Gattung, ja der Natur«.[33] Wenn aber Kafka, dessen Nietzsche-Begeisterung ausführlich dokumentiert ist,[34] den Begriff einer Musik, die »zu allem Physischen der Welt das Metaphysische, zu aller Erscheinung das Ding an sich darstellt«,[35] nicht als solchen schon konterkariert, so legt er seiner motivischen Beleihung doch zumindest ein negatives Musikphänomen zugrunde, das Nietzsche als Kulturerscheinung beschreibt, »wo der Musik ihre wahre Würde, dionysischer Weltspiegel zu sein, völlig entfremdet ist«.[36] Im 19. Kapitel der ›Geburt der Tragödie‹ geißelt der Philosoph »die Cultur der Oper« als eine dem schönen Schein ergebene, von der »Sehnsucht zum Idyll«[37] verführte, ästhetisch fremdbestimmte Dekadenzkunst, der Orpheus (neben Amphion) zwar Pate stehe, die aber ihrer »hybride[n] Entstehung« aus halb moralischen, halb künstlerischen Wurzeln wegen »zu einer leeren und zerstreuenden Ergetzlichkeitstendenz entarte[t]«[38] sei. Auch wenn das vitalistische Utopiemotiv immer wieder als Orgelpunkt in Kafkas Werk anklingt bzw. als ›Fluchtpunkt‹ sichtbar – besser: konstruierbar bleibt, so ist doch die »dionysische Funktion« schon deshalb fraglich, weil ›romantische Ironie‹ diesem Autor zur Relativierung mystischer Idealität nicht ausgereicht hätte. Der ›Schleier der Maja‹ ist in diesem Werk entweder kein Schleier der Māyā oder er bleibt ungelüftet oder er wird im Lüften desymbolisiert. Kafka ist zu sehr Ikonoklast, um die »metaphysische Freude am Tragischen«[39] nicht im Empfinden schon zu relativieren.

Wer könnte in der künstlerischen Fiktion besser dieses Geschäft des Bildersturzes übernehmen als die – von Nietzsche mit ausdrücklicher Berufung auf Herkalit der dionysischen Weltbildkraft verglichenen[40] – Kinder, die in der Immanenz aufgehen, weil sie imaginativ mit der Welt spielen und sie so in ihren Horizont zu

---

[30] Itzchak Leib Perez, Chassidische Erzählungen. Aus dem Jiddischen übertragen von Ludwig Strauss, Berlin 1936, S. 69f.

[31] Walter Sokel, Franz Kafka. Tragik und Ironie. Zur Struktur seiner Kunst, Frankfurt a.M. 1983, S. 574ff.

[32] KSA I, 152.

[33] KSA I, 33.

[34] Ausführlich dazu Nagel, Kafka und die Weltliteratur (wie Anm. 10), S. 299ff.

[35] KSA I, 106.

[36] KSA I, 126.

[37] KSA I, 122.

[38] KSA I, 125f.

[39] KSA I, 108.

[40] Vgl. KSA I, 153.

bannen vermögen, statt sie zu transzendieren. Dazu muss man ihnen allerdings ihre spezifische Kindlichkeit lassen und sie nicht wie wiederum Sokel zur Utopie stilisieren, zu der angeblich »die Musik zurückführt«.[41] Die Kindmotivik ist neben der Tiermotivik in den ›Hungerkünstler‹-Geschichten allgegenwärtig. Auf Josefines »Kindesart und Kindesdankbarkeit«[42] wird hingewiesen, pointiert im Sinn von Rebellion, Ausschlagen des Schutzes, der doch zu den »väterliche[n] Pflichten«[43] des Volks gehört. Eingewoben in das kollektive Wesen der Mäuse erscheint die »Kindesart« als tradierte Mentalitäts- und Kultureigenschaft: »Eine gewisse unerstorbene, unausrottbare Kindlichkeit durchdringt unser Volk«.[44]

Die Josefine-Figur ist es gerade nicht, »die den dionysischen Gesang produziert« und in welcher der individuelle »Künstler zum fraglosen Erlöser der Welt«[45] würde. Vielmehr verweigert sich in ihr die Utopie, nimmt sich das Verlangen nach Idealität in der Schlichtheit des Pfeiftons zurück, der das Verlangen nach Metaphysik so gewiss persifliert, wie er das Verlangen nach mythischer Volksgemeinschaft im Sinne Nietzsches noch im Aussprechen verfremdet. Mag sie motivisch noch an Nietzsches »Vogelstimmen« erinnern, »die von jener [mythischen] Heimat erzählen«[46] – Alabieffs Nachtigallenlied stellt eine Vorstellungshilfe aus dem romantischen Musikrepertoire bereit – mit Josefine wird eine für Kafka typische Denkfigur sichtbar: die Negation der Transzendenz im Augenblick des Transzendierens, die Demonstration der gedanklichen Schwebe durch die Demonstration der Gravität und umgekehrt. Auch der Mythos wird so noch als Hoffnungsfigur erkennbar, die keine lebbare gedankliche Identität mehr annimmt, ohne dadurch schon das Gegenteil von Hoffnung zu sein (deshalb ist es auch unrichtig, im Falle Kafkas von ›Anti-Mythen‹ zu sprechen). Es ist immer wieder entscheidend, sich Kafkas Spielanordnung in Erinnerung zu rufen, geht es doch sowohl um eine Neujustierung der Sprache durch eine anthropologische Revision ihrer Inhalte und Symbolik als auch um eine Essentialisierung der Kunst am Maßstab mystischer und vorliterarischer Resourcen.

Je mehr der Künstler aus dem gesellschaftlichen Zentrum rückt, desto mehr erscheint er als Mittelpunkt eines archaischen Wertsystems. Wenn der Hungerkünstler auf die Frage, warum er hungre, antwortet: »weil ich nicht die Speise finden konnte, die mir schmeckt«,[47] so drückt sich darin die Perversion des Verlangens nach kosmischer Integration, nämlich das Verlangen nach metaphysischer Konkretion aus, wie es bei der Auflösung mythologischer Traditionen und kreatürlicher Daseinsbejahung als eine Art ›Restspiritualität‹ entsteht. In der Tat muss deshalb diese Erzählung als »Kritik der Selbstverleugnung und der Fiktion vom

---

[41] Sokel, Kafka (wie Anm. 31), S. 576.

[42] D, 359.

[43] D, 359.

[44] D, 364.

[45] Sokel, Kafka (wie Anm. 31), S. 585.

[46] KSA I, 154.

[47] D, 349.

möglichen Vorhandensein einer erlösenden Speise«[48] gelesen werden. Im Kern ist dies eine anti-dualistische Anordnung, in welcher die Künstlerfigur eine Brücke weit hinter die Genesismythen zurück in wahrhaft ›mythische Zeitalter‹ schlägt, wo das Geistige und das Leibliche in einem Kosmos noch unpolarisiert beisammenwohnten. »Für ihn«, schreibt Dora Diamant in der Erinnerung an ihren Lebenspartner, »war alles mit kosmischen Ursachen verknüpft, selbst die alltäglichsten Dinge«.[49]

Kafkas Künstler ist eine tragische Figur deshalb, weil er die Überlieferungskultur einer Welt repräsentiert, die seit Jahrtausenden nicht mehr existiert. Sein Wunsch nach einer alle Wesen und Naturdinge umfassenden Spiritualität, nach empathischer Einheit mit dem Kosmos bleibt vorerst unerfüllt. Seine vergeistigte Askese ist der vergebliche Versuch einer Verinnerlichung um den Preis der physischen Reduktion. Indem die Rückkehr zu einem allumfassenden ›In-der-Welt-Sein‹ gewaltsam erzwungen werden soll, entsteht in Wirklichkeit eine intellektualisierte Kompensationsfigur, deren gnostizistische Abstraktionen aus zwei Gründen ohne mythische Kraft sind: Sie enthalten kein imaginatives Material zur Symbolbildung, sie sind, unfähig zur Gemeinschaftsstiftung, unteilbar mit anderen und sie transzendieren die Natur, die sie als ungenügend oder primitiv erachten, wodurch das Humanum, da es nicht Natur sein darf, zur Antinatur wird. Der Künstler verzehrt sich selbst. Sein Kampf gilt der Menschengestalt, seiner eigenen Physis.

Es geht hier also in der Tat, wie Neumann erstmals beobachtete, um die »Begründung einer antisymbolischen Ästhetik«,[50] nicht im Sinne einer Poetologie der ›Antikunst‹ schlechthin, sondern des Befunds einer weit fortgeschrittenen Degeneration der sozialen Zeichen- und Weltdeutungssysteme. Nicht umsonst bietet sich das Bild einer Kunstapokalypse, die vom Mythos überlebt wird, und damit das Programm einer Zeichenordnung, das als ikonoklastische Gegenkultur mit neuformulierten alten Maßstäben antritt. Hierzu gehört die Wegweisung in Richtung einer »umgekehrten Heilsgeschichte«,[51] die den Logos de-symbolisiert und auf vormosaische, vorchristliche, ja vorzivilisatorische Wurzeln zurückführt. Was dann bei radikaler Betrachtung von ihm übrigbleibt, ist das Wort, das für sich selbst steht, »die paradoxe Konstruktion des ›absoluten Zeichens‹. Es ist im Grunde der Versuch, die soziale Leistung der Kultur zu widerrufen.«[52]

Die Analogie zum antiken Stoff liegt auf der Hand: Wie Orpheus an dem Versuch scheitert, sein Liebstes dem Tod abzuringen und dadurch die *conditio humana* zu überwinden, so zerbricht der Künstler bei Kafka an der Fiktion einer alle Sehnsüchte stillenden ›Seelenspeise‹, wobei sich bereits im Verlangen nach Überwin-

---

[48] Peter Grotzer, Narr, Gaukler, Hungerkünstler als Allegorie des Schriftstellers. In: Colloquium Helveticum. Cahiers suisses de littérature générale et comparée 1 (1985), S. 65–83, hier S. 79.

[49] E, 199.

[50] Gerhard Neumann, Hungerkünstler und Menschenfresser. Zum Verhältnis von Kunst und kulturellem Ritual im Werk Franz Kafkas. In: Schriftverkehr, hg. von Wolf Kittler und Gerhard Neumann, Freiburg 1990, S. 399–432, hier S. 431.

[51] Neumann, Hungerkünstler (wie Anm. 50), S. 419.

[52] Neumann, Hungerkünstler (wie Anm. 50), S. 412.

dung der irdischen Grenzen die Folgen ihrer Überschreitung zeigen. Wir kennen diese Struktur bereits als Musiksymbol aus der ›Verwandlung‹, wo es Gregor beim verzückten Anhören des Violinspiels seiner Schwester so war, »als zeige sich ihm der Weg zu der ersehnten unbekannten Nahrung«.[53] Nicht einmal den Namen ›Grete‹ hätte Kafka hier von Goethe leihen müssen, um die erhoffte Vermittlerin jener Nahrung als erotische Objektutopie zu kennzeichnen, die das Ergebnis magischer ›Beziehungen‹ ist.

Was Orpheus verliert, nämlich die wundertätig-magische Kraft seiner Musik, gewinnt er (und mit ihm der Mythos) an anderen Qualitäten hinzu: als Fähigkeit der Kunst, die Sprache der Natur zu sprechen, Einheit zu stiften (die Tiere, Bäume, Steine versammeln sich um ihn) und Menschliches zu verbinden, sowohl weltanschaulich wie sozial. Kunst im Sinne Kafkas gibt es nur in einem immanenten Kosmos und damit auch nur unter Menschen, die ihre Sterblichkeit annehmen statt übersinnliche Ausflüchte zu versuchen, welche ihre Natur depravieren. Die sogenannte ›Sakralkunst‹, das sehen wir dann bei Kleist, wäre ein Widerspruch in sich selbst, würde nicht gerade sie aus begründetem Anlass – als Fresco, Altarbild, Oratorium – eine Versinnlichung des Übersinnlichen, eine Naturalisierung des Über-/Unnatürlichen vornehmen, worin freilich für die Ikonoklasten gerade der ›teuflische‹ Stein des Anstoßes besteht, der sie wiederum zur Stummheit verurteilt.

Sobald wir die Josefinefigur neben die des Hungerkünstlers stellen, wird ersichtlich, dass die Desymbolisierung der metaphysischen Metapher, die wir bereits ausmachten, mit einer neuen Symbolisierung einhergeht. In der Abkehr von der gnostischen Dualität – ihre Überwindung ist damit noch nicht geleistet! – zeichnet sich die Rekonstruktion des Mythischen ab, das wiederum von der nicht erst seit der Moderne typischen Idealvorstellung der kollektiven Symbolpartizipation beseelt ist. Dazu kommt die romantische Vision der menschlichen Naturimmanenz, die freilich als idealistische Utopie bereits eine transzendierende Richtung nimmt. Faust fasst das *sub specie mortis* bezeichnenderweise in die Worte:

Könnt ich Magie von meinem Pfad entfernen
Die Zaubersprüche ganz und gar verlernen;
Stünd ich, Natur! Vor dir ein Mann allein
Da wär's der Mühe wert ein Mensch zu sein.[54] (Vs. 11404–11407)

Beispielhaft gelingt die Verschmelzung aus christlicher Topologie und Naturmythologie, religiöser Parabel und Tierfabel in ›Josefine‹, ist doch die Maus selbst, vermutlich über die traditionell dem Teufel zugeordnete Fledermaus, ein Tier ›des Teufels‹, wie wir es ebenfalls aus ›Faust‹ kennen. Kafkas Mäusephobie – eine »Mäusenacht« in Zürau beschreibt er als »Grauen der Welt«[55] – wäre für eine ›Verteufelung‹ allein schon Grund gewesen; vor dem Hintergrund des mephistophelischen Dämons jedoch erscheint das Mäusewesen Josefines erst recht geeignet, den ›Abfall‹ vom hehren Musikhimmel zu demonstrieren. In dessen depravier-

---

[53] D, 185.
[54] Goethes ›Faust‹ wird mit Vers-Angabe im Fließtext zitiert nach Johann Wolfgang Goethe, Faust I. Der Tragödie Erster Teil, Stuttgart 1996.
[55] B III, 365.

ter Gestalt kann die Verführungskraft der Musik (als ›Musik der Sphären‹) symbolisch sowohl demonstriert als auch demontiert werden. Solcherart auf die Ästhetik projiziert, erscheint die (Gott vorbehaltene) *coincidentia oppositorum* ironisch als angewandtes Prinzip des Teufels, der das Paradox als ›Effekt‹ entlarvt: »Denn ein vollkommner Widerspruch / Bleibt gleich geheimnisvoll für Kluge wie für Toren.« (Vs. 2557f.) Kafka schien also wahrlich Grund zum »Grauen der Welt« zu haben, das mit dem Widerspruch in die Welt kommt: »Was für ein schreckliches stummes lärmendes Volk das ist«,[56] schrieb er ins Protokoll jener »Mäusenacht«. Die bei Goethe »auf dem letzten Loch« (Vs. 2147) pfeifende Maus steht dann letztlich für einen Dichter, der »ängstlich vor der Unendlichkeit« ist — wir denken erneut an Benns »Unendlichkeitsschimären« — und eine Ästhetik der Endlichkeit verfolgt, zentriert auf den Menschen. Gustav Janouch berichtet:

> ›Die Musik ist für mich so etwas wie das Meer‹, sagte er einmal. ›Ich bin überwältigt, hingerissen zur Bewunderung, begeistert und doch so ängstlich, so schrecklich ängstlich vor der Unendlichkeit. Ich bin eben ein schlechter Seemann. Max Brod ist ganz anders. Der stürzt sich kopfüber in die tönende Flut. Das ist ein Preisschwimmer.‹[57]

In einem anderen Gespräch lässt sich die Entstehung der Mäusesymbolik zu einer Art Dichterallegorie verfolgen. Verführbarkeit/Verführung/›Fall‹ auf der einen Seite und das Ideal der Vermenschlichung/»Höherführung« auf der anderen verlangen nach der Zwittergestalt einer stummen Sängerin, die zugleich ein ›niederes‹ Tier ist. So hat diese etwas Erdnahes, das gut, aber abstoßend ist, und zugleich etwas Himmelstürmendes, das böse, aber anziehend erscheint. Janouchs Kafka legt hier sein ästhetisches Credo ab, indem er ein apollinisches Prinzip in gnostische Gedankenführung infiltriert:

> ›Musik zeugt neue, feinere, kompliziertere und darum gefährlichere Reize‹, sagte Franz Kafka einmal. ›Dichtung will aber die Wirrnis der Reize klären, in das Bewusstsein heben, reinigen, und dadurch vermenschlichen. Musik ist eine Multiplikation des sinnlichen Lebens. Die Dichtung dagegen ist seine Bändigung und Höherführung.‹[58]

Dass es gerade der Logos ist, die Welt des aufgliedernden, herrschenden, transzendierenden, ja transzendentalen Wortes, die hier verlassen wird, erhellt aus der reichlichen Musikmotivik in Kafkas Werk. Diese unterliegt bezeichnenden Abschattierungen, ja Verfremdungen, über die viel gerätselt wurde. Beispiele dafür sind »ein nicht zu unterdrückendes, schmerzliches Piepsen«[59] in der ›Verwandlung‹ oder jenes »Pfeifen« bzw. »tierische Piepsen« in ›Josefine‹,[60] aber auch die »nur dem Hundegeschlecht verliehene[ ] schöpferische[ ] Musikalität«[61] in den ›Forschungen eines Hundes‹. Beide zuletzt genannten Werke sind Spätwerke. Nimmt man die ein Jahrzehnt ältere ›Verwandlung‹ als Messpunkt, kann man die Entwicklung des Motivs zu einem der Entsinnlichung und »Stummheit« beobachten. Verstummen

---

[56] B III, 365.
[57] J, 95.
[58] J, 97.
[59] D, 119.
[60] E, 167.
[61] N II, 490.

bedeutet jetzt noch entschiedener Verwesentlichung im mystischen, Ecke-hart'schen Sinn als *Ent-sagung:* »Stummheit gehört zu den Attributen der Vollkom-menheit«, schreibt er im November 1917.[62] Im Dezember greift er den Gedanken wieder auf: »Der Himmel ist stumm, nur dem Stummen Widerhall«[63] – und schon eine Oktavheftseite danach heißt es, nun erklärend:

> Die Sprache kann für alles ausserhalb der sinnlichen Welt nur andeutungsweise, aber niemals auch nur annähernd vergleichsweise gebraucht werden, da sie entsprechend der sinnlichen Welt nur vom Besitz und seinen Beziehungen handelt.[64]

Entsprechend relativiert, ja negiert er die Sprache als Transport- und Beschaf-fungsmittel der transzendierenden Erkenntnis: »Denn Worte sind schlechte Berg-steiger und schlechte Bergmänner. Sie holen nicht die Schätze von den Berges-höhn und nicht die von den Bergestiefen.«[65] Was allerdings die (Wort-)Kunst anlangt, so scheint sie legitim gleichwohl, allerdings nur in der ›Fratze‹, die den Wi-derschein der Wahrheit sichtbar macht: »Die Kunst ist ein von der Wahrheit Ge-blendetsein: Das Licht auf dem zurückweichenden Fratzengesicht ist wahr, sonst nichts.«[66] Das bis zur Konterkarierung verfremdete Musiksymbol wird in diesem Licht zum Eigentlichkeitszeichen vor allem dadurch, dass es die ›Ent-sagung‹ als Schweigemodus in die Form hineinverlegt. So kann es dem Format nach Träger des Absoluten bzw. einer platonischen Essenz sein, während es dem Gehalt nach doch Unsagbarkeit, Namenlosigkeit oder auch ›Nichts‹ bedeutet. Es besitzt einer-seits die Erhabenheit des Numinosen, ist jedoch nur als »Summen«,[67] »Rauschen des Meeres«,[68] ja als »Gesang fernster, allerfernster Stimmen«,[69] »Nachrichten vom ›Pontus‹«[70] von weit her vernehmlich (Ovids ungeliebtes Exilland am Ποντος Ευχεινος, dem Schwarzen Meer, Vorposten des Römischen Reiches im ›Barbarenland‹, zeichnet für diese Fantasie verantwortlich, mit der sich Kafka immer wieder identifiziert, angefangen ›Beim Bau der Chinesischen Mauer‹ über ›Schakale und Araber‹ bis zur ›Josefine‹-Erzählung, die den Volkscharakter der Mäuse aus deren Diaspora-Situation herleitet).[71] Man könnte es als ›Restzeichen‹, als depraviertes Symbol bezeichnen, das seine Botschaften dematerialisiert, bevor es sie sendet. Sein paradoxer Zeichencharakter besteht in der Geste, die das Noch-nicht-Gesagte zurücknimmt. Dieser Umschlag ist dem Zeichen gewissermaßen eingeschrieben und verursacht ein ständiges Oszillieren zwischen Negation und

---

[62] N II, 50.
[63] N II, 58.
[64] N II, 59.
[65] N I, 8.
[66] N II, 62.
[67] S, 36.
[68] B II, 55.
[69] S, 36.
[70] B II, 55.
[71] Vgl. Gerhard Neumann, Nachrichten vom »Pontus«. Das Problem der Kunst im Werk Franz Kafkas. In: Kittler und Neumann (Hg.), Schriftverkehr (wie Anm. 50), S. 165–198.

Bestehen: die Frequenz, auf der Kafka sendet und empfängt (die technischen Analogien bei ihm sind mannigfach).

Akzentuiert man den Mythos als vorliterarische Kunstform, könnte man zwar, wie geschehen, vom »Untergang« der Literatur sprechen.[72] Jedoch sollte das nicht darüber hinwegtäuschen, dass in diesem ästhetischen Anachronismus eine anthropozentrische Regeneration naturnaher Sprechweisen angestrebt ist und damit, denkt man an den Ursprung der Literatur im Mythos, eine ›Authentisierung‹ der literarischen Form. Wenn daher Neumann zu dem Schluss kommt: »Es scheint, als sei Musik ein Medium, das jenseits aller kulturellen Zeichen ein innig Naturhaftes und Körperwahres, eine ›unbekannte und ersehnte Nahrung‹, repräsentiert«,[73] dann bedarf dies der Richtigstellung. In der Tat nämlich repräsentiert die Musik zwar die »ersehnte Nahrung«, lässt aber doch erst in der Demontage, im Widerruf ihres hohen Anspruchs »ein innig Naturhaftes und Körperwahres« erahnen. Nicht die Musik beleiht den Mythos (wenn wir diesen als die ›naturnächste‹ Stufe menschlicher Artikulation betrachten), sondern deren reduzierteste menschliche Ausdrucksform: im Tierlaut als »Pfeifen« oder »Piepsen«,[74] im technischen Geräusch als »Rauschen« oder »Summen«. Gerade das Unmusikalische steht für Kafka, bei seiner eingestandenen ›Unmusikalität‹, für das Authentische, das er im dualistischen Schema nicht ohne Entsinnlichung (was materiell gesehen einer Depravierung gleichkommt) denken kann. Nicht umsonst heißt es von Josefines Mäusegesellschaft, dass sie »doch ganz unmusikalisch«[75] sei.

Kafkas Ästhetik des Logopurismus ist letztlich auf die »feierliche Stille« gegründet.[76] »Stiller Frieden«, heißt es schon am Anfang der ›Josefine‹-Erzählung, »ist uns die liebste Musik«.[77] Nach solchen Programmaussagen ist Ästhetik ein für allemal in sprachkritische Relation zur (Kant'schen) Erkenntnisphilosophie und Epistemologie gesetzt. Kleists sogenannte ›Kant-Krise‹ ist aufgerufen, die eine radikale Wahrnehmungssubjektivierung weit über Kant hinaus voraussetzt. Das Einmalige an Kafka ist jedoch nicht dieser erkenntniskritische Nachhall der ›grünen Brille‹, sondern eine Symbolik, die auf die Negation von Sprachmagie und den Vollzug des mythischen Sprechrituals setzt. Sprache ist physisches Sprachhandeln: Sprechen und Schreiben. In letzter Konsequenz ist damit eine Entschriftlichung bei gleichzeitiger Verkörperung der Schrift verbunden. Die Naturalisierung der Sprache führt vom Buchstaben zum Laut. Im Laut erst wird Sprechen Natur. Eine gewisse Analogie zur animalischen Welt ist damit gegeben.

Welch dramatische Demonstration einer solchen Verkörperung gibt Kafka selbst! Wie wird Ästhetik hier zu Vita und ›Lebenskunst‹! Sein ganzes Leben als Schriftsteller lang somatisiert er sein Verhältnis zur Sprache, stirbt schließlich, der

---

[72] Walter Bauer-Wabnegg, Zirkus und Artisten in Franz Kafkas Werk. Ein Beitrag über Körper und Literatur im Zeitalter der Technik, Erlangen 1986, S. 177.

[73] Gerhard Neumann, Kafka und die Musik. In: Kittler und Neumann (Hg.), Schriftverkehr (wie Anm. 50), S. 391–398, hier S. 393.

[74] E, 167; D, 119.

[75] D, 350f.

[76] D, 354.

[77] D, 350.

Stimme beraubt, an Kehlkopftuberkulose! »Ich habe kein litterarisches Interesse sondern bestehe aus Litteratur«, schreibt er an Felice Bauer und fährt fort, »ich bin nichts anderes und kann nichts anderes sein«.[78] Im selben Brief vom August 1913 umreißt er, von der Forschung trotz gelegentlicher Erinnerung viel zu wenig beachtet,[79] anhand einer Geschichte seine Poetologie der Eigentlichkeit:

> Ich habe letzthin in einer ›Geschichte des Teufelsglaubens‹ folgende Geschichte gelesen. ›Ein Kleriker hatte eine so schöne süße Stimme, dass sie zu hören die größte Lust gewährte. Als ein Geistlicher diese Lieblichkeit eines Tages auch gehört hatte, sagte er: das ist nicht die Stimme eines Menschen, sondern des Teufels. In Gegenwart aller Bewunderer beschwor er den Dämon, der auch ausfuhr, worauf der Leichnam (denn hier war eben ein menschlicher Leib anstatt von der Seele vom Teufel belebt gewesen) zusammensank und stank.‹ Ähnlich, ganz ähnlich ist das Verhältnis zwischen mir und der Litteratur, nur dass meine Litteratur nicht so süß ist wie die Stimme jenes Mönches.[80]

Es sind die bekannten Motive, die aufs Neue an ›Faust‹ erinnern: der Teufelspakt, bei welchem dem Kleriker/Schriftsteller die »schöne süße Stimme« statt einer Seele eingegeben wird. Solcherart dämonisiert erscheint das stimmliche Vermögen erneut als »Lohn für Teufelsdienst«,[81] wie die zehn Jahre ältere Formulierung heißt, die dann mythologisch stimmig – Goethes Mephistopheles zeichnet als »Herr der Ratten und der Mäuse« (Vs. 1516) – in der pfeifenden Maus Josefine ihren Niederschlag findet.

Wenn seine »Litteratur nicht so süß ist wie die Stimme jenes Mönches«, dann ist das jenem Prozess der Entsinnlichung geschuldet, der Kafkas Logopurismus begründet und der freilich analog zum Exorzismus den Zerfall (›Zusammenfall‹) und somit Krankheit und Tod des Schriftstellers mit sich bringt. Der Ent-zug also des Dämons bedeutet auch das physische Ende der »Litteratur«. Die magische Inkorporation des Sinns im platonischen, religiösen Logos kann nur mit einer tödlichen Austreibung rückgängig gemacht werden. Damit ist als ethische Todsünde markiert, was eine ästhetische Todsünde ist: Das magische Bündnis mit dem Überzeichen, ›Frucht‹ des Erkenntnishungers, führt zur Verfremdung, dann zur Abschaffung der Zeichensprache im Verstummen. Reinhard Margreiter hat das Sprachgebungsdilemma der Mystik so beschrieben:

> Die Gleichzeitigkeit zweier widersprüchlicher Intentionen – nämlich: völlige *Symbollosigkeit* und (eben damit) einen *Total-Symbolismus* zu konstruieren – führt (bildlich gesprochen) zu einem Zerbrechen (einer *Implosion*) des Symbolischen als solchen.
> Die Implosion erfolgt, weil die für alle normale, partikulare Symbolik konstitutive *Differenz* zwischen Symbol und Wirklichkeit einerseits und zwischen verschiedenen Symbolsystemen andererseits ausgelöscht ist.
> Der Rücknahme-Versuch aller Symbolisierung ist ein Rücknahme-Versuch aller ge-

---

[78] B II, 261.
[79] Eine rühmliche Ausnahme bildet Neumann, Kafka und die Musik (wie Anm. 73), S. 397.
[80] B II, 261f.
[81] Franz Kafka, Gesammelte Werke, Bd. 9, Briefe 1902–1924, hg. von Max Brod, Frankfurt a.M. 1958, S. 384.

wohnten Orientierung und Sinnstiftung. Er kann daher sowohl als Erfüllung wie als Bedrohung der menschlichen Existenz empfunden werden.[82]

Die der Schriftstellerexistenz innewohnende Doppelgefahr des künstlerischen wie körperlichen Scheiterns wird hier am Beispiel eines Paradigmenwechsels beschrieben, wie er für die Mystik aller Couleurs typisch ist. Die Demontage symbolischer Kontiguitäten, wie sie in der physischen Arbeit am Zeichen vorgenommen werden muss, stellt den Mystiker wie den Schriftsteller vor die Aufgabe der Neusymbolisierung, die über die »Symbollosigkeit« führen muss und oft genug darin stecken bleibt. Dabei ist bei Kafka entscheidend, dass sein Weg der Kunst notwendig den körperlichen Zerfall bedeutet, und zwar trotz aller, ja absurderweise wegen aller metaphysischen Enthaltsamkeit – im selben Brief gibt Kafka sich als »gar nicht ›überaus sinnlich‹« aus und bescheinigt sich »großartige eingeborene asketische Fähigkeiten«.[83]

Fortwährend also und ungeachtet der Vorsätze zur platonischen Abstinenz muss der unselige ›Versucher‹ und mit ihm die Versuchung zur Überschreitung der Erfahrungsgrenzen dem Körper (und Geist sowieso) ausgetrieben werden. In genauer Analogie zum Orpheusmythos ist die »schöne süße Stimme« der magische Schlüssel zur Unterwelt. Solange er in der Hand des Sängers ist, scheinen die Naturgesetze aufgehoben – eine Illusion, die schon von seiner erstbesten menschlichen Reaktion Lügen gestraft wird. Von diesem Augenblick an wird das Objekt des Begehrens zum nachhaltig tödlichen Introjekt. Die Inkorporation wird im psychologischen Bild ganz besonders deutlich.

Unschwer ist in dieser Struktur des Scheiterns auch eine Reminiszenz des biblischen Genesismythos zu erkennen, der dem Menschen kein anderes Los bestimmt als die unumkehrbare Vertreibung aus dem Naturparadies. Kafka hat sich wie sein ›Blutsverwandter‹ Kleist, der die ›Genesis‹ nicht nur in seiner Erzählung ›Über das Marionettentheater‹ gestaltet, gerade mit diesem Mythos intensiv auseinandergesetzt, wobei er, kaum mehr zu unserer Überraschung, die Pointe auf die verbotene ›Nahrung‹ setzt. Essen bedeutet Erkennen dessen, was man nicht erkennen soll, weil man es nicht erkennen kann oder aber das Erkannte nicht zu leben vermag. Er spricht von der Unfähigkeit, »ihr [der Erkenntnis; G.O.] gemäß zu handeln«.[84] Wir Menschen seien »nicht nur deshalb sündig, weil wir vom Baum der Erkenntnis gegessen haben, sondern auch deshalb, weil wir vom Baum des Lebens noch nicht gegessen haben«. In genauer Kenntnis des Genesistexts erinnert er daran, dass die Vertreibung aus dem Paradies nicht wegen des Sündenfalls geschehen sei, sondern »damit wir nicht von ihm essen«.[85] Aus der *causa* wird ein *finis*, demzufolge wir uns also noch im Paradies aufhalten müssten. In der Opposition ›Baum des Lebens‹ – ›Baum der Erkenntnis‹ schneidet letzterer zwar auf den ersten Blick als ›Baum des Todes‹ ab, doch in der Ausweitung des Essensbanns auf

---

[82] Reinhard Margreiter, Erfahrung und Mystik. Grenzen der Symbolik, Berlin 1997, S. 548.
[83] B II, 261.
[84] N II, 132.
[85] N II, 131.

den »Baum des Lebens« wird auch dieser mit dem Tod assoziiert. Nicht nur das *peccatum originale* bedingt daher die Sterblichkeit der Kreatur, sondern auch das flammende Cherubsschwert, das »den Weg zum Baum des Lebens zu behüten« hat (Gen. 3,24).[86]

Die »Todesdrohung beim Verbot des Essens vom Baume der Erkenntnis«[87] – »denn am Tage, da du davon issest, musst du sterben« (Gen. 2,17) – wird also durch das zweite Essverbot erst vollzogen. Da das mythische Menschenpaar nunmehr dem Tod geweiht ist, konnotiert ›Nahrung‹ mit Tod und Leben gleichzeitig. Diese semantische Ambiguität, wie sie in der Metaphysiksymbolik möglich ist, macht Abstinenz zum Überlebensmittel, begünstigt daher die asketische Auszehrung. Nahrung als toxische Frucht schafft so den Quantensprung zu ›Manna‹, ›Götterspeise‹, das, was auch noch in der Wüste vom Himmel fällt. Absurde Denkfiguren bilden den Dualismus ab, die einfachste: ›Je weniger ich lebe, umso mehr esse ich‹ – die schwierigste: ›Je mehr ich lebe, desto weniger esse ich‹ oder die erbarmungsloseste: ›Je weniger ich esse, desto mehr lebe ich.‹

Um hier noch einen Sinn zu erkennen, muss zwischen essen und essen, leben und leben, Nahrung und Nahrung so gründlich unterschieden werden, dass keine Verwechslung möglich ist. Wenn sich Heterogenität in Homologie verbergen soll, muss eine psychische ›Relaisschaltung‹ für die Aufrechterhaltung der Spaltung bzw. für die Lebensfähigkeit des Widerspruchs sorgen. Die symbolbildenden Operationen des Logos erlauben dann die Überblendung von Erfahrungswelt und Sprachwelt, sobald der Bedeutungspfeil auf das Zeichen zurückzeigt und somit Bedarf nach bedeutungsstiftender neuer Kontiguität entsteht. Religion wird als Sprachschöpfung erkennbar; der Sprachschöpfer als Schöpfer *par excellence*; der Sinn des Zeichens als Sinn (μπραγμα) des Sprechens.

Metaphysische Konstruktionen entstehen durch Über-redung, Be-sprechung, An-singen und Beschwörung – mit einem Wort: durch Sprachzauber. Die ›Sache‹ Gottes (wiederum μπραγμα) ist Chef-Sache der Sprache selbst, die sich nicht umsonst zum Logos befördert hat. Das Gehirn ist täuschbar, weil es eine Seele hat, die darin waltet, wie es ihr beliebt. Der Punkt der Wahrheit ist immer die Psyche. Ihre Symbolsprache zu verstehen, verlangt Einblicke in die Primärsprache des Traums, in der Umkehrverschiebungen (eine Sache bedeutet ihr Gegenteil) semiotischer Alltag sind.

Um den Sprung in den totalen Symbolismus zu kaschieren, erhält ›Gott‹ ein dialektisches Komplementärzeichen, den ›Teufel‹. Die im Grunde bereits polytheistische Opposition, die in Wirklichkeit eine Allianz ist, erlaubt es, die sinnliche Welt ohne Widersprüche im metaphysischen Kosmos aufgehen zu lassen, d.h. die Begriffsgrenzen wie die Weltenübergänge fließend zu machen.

In diese Verlegenheitskonstruktion, welche die alte Gesamtimmanenz vorspiegelt, muss nur noch ein Mechanismus eingebaut werden, der verhindert, dass sie durchschaut wird. Das kann eine sophistische Tarnkappe oder ein Tabu sein. Im

---

86 Die Heilige Schrift des Alten und Neuen Testaments. Nach den Grundtexten übers. und hg. von Vinzenz Hamp u.a., Aschaffenburg 1966 (›Pattloch-Bibel‹).

87 N II, 132.

biblischen ›Fall‹ wird das Erkennen selbst tabuisiert als eine dem Geistig-Göttlichen vorbehaltene Tätigkeit, der man als Mensch nur um den Preis der Auszehrung nachgehen kann. Was Kafka als »Wüten Gottes gegen die Menschenfamilie« bezeichnet und für ein »unbegründete[s] Verbot« hält,[88] ist eine mystagogische, ja pädagogische Maßnahme. Die »Todesdrohung«, die in der Folge mit Satan assoziiert ist, ähnelt dem Schweigegebot des (eleusinischen) Mysten, das ihn mit anderen Kultteilnehmern verbindet, wie es ihn von Nicht-Mysten unterscheidet. Wittgensteins Schlusssatz seines ›Tractatus logico-philsophicus‹: »Wovon man nicht sprechen kann, darüber muss man schweigen«,[89] demonstriert nicht nur, dass Sprachphilosophie nötig ist, sondern enthüllt auch, warum gerade das Schweigen unter Todesdrohung die religiöse Begriffswelt seit je vor der Demontage bewahrt hat.

Der magische Quantensprung, den uns noch Rilke demonstriert, indem er ihn rhetorisch demontiert, mündet also bei Kafka in eine Semiologie, die das Zeichen benutzt, um das Nicht-Zeichen zu propagieren. Kafkas ganze Kunst besteht geradezu in der Selbstbehauptung des Zeichens angesichts seiner Abschaffung, der absurden Bezeichnung des Nicht-Bezeichnenden. Seine Testamentbeschlüsse, die auf Vernichtung seines Werks lauten, wurzeln in der vielfach erprobten und erlittenen Einsicht, dass das Bezeichnende kein Signifikat enthält außer sich selbst und dass das zu Bezeichnende ohne »bezeichenunge«[90] ist, wie Meister Eckehart dies nennt.

Dass dieses Skandalon selbst von symbolstiftender Signifikanz ist, mag Kafka geahnt haben. Es hat ihn, ganz »gegen das Gesetz«,[91] berühmt gemacht. Orpheus, der den Schlüssel zur Unterwelt wieder zurückgab, stand dabei Pate, wie der Autor die »schöne süße Stimme« aus der Taufe hob, um damit Naturlaute wie Josefines Pfeifen anzustimmen. Das Ergebnis: eine ›low-key‹-»Litteratur«, die die Sprache des physikalischen Kosmos spricht, die alle verstehen, die Ohren haben zu hören. Eurydike, als Klang, als Reminiszenz des Magischen, von dem zu scheiden war, schwingt darin immer mit als »object infini et immuable«.[92] Als solches bezeichnete Pascal den Kern der menschlichen Unruhe, das Movens der lebenslangen Suche nach dem verlorenen (oder verloren geglaubten) Glück.[93] Die längst als Kreisen durchschaute Suche nach der verlorenen Harmonie verbindet die beiden »Blutsverwandten« Kafka und Kleist, die beide auf Goethes Schultern stehen und Faust so viel verdanken wie Orpheus.

---

[88] T, 789.

[89] Ludwig Wittgenstein, Tractatus logico-philosophicus. Logisch-philosophische Abhandlung, Frankfurt a.M. 2003, S. 111 (Nr. 7).

[90] Meister Eckehart, Predigten und Traktate (wie Anm. 29), S. 22.

[91] N II, 431.

[92] Blaise Pascal, Pensées, Edition de Port-Royal 1671 et ses compléments (1679–1776), présentée par Georges Couton et Jean Jehasse, Saint-Étienne 1971, S. 36. Dass Kafka Pascals Buch kannte, bezeugt Willy Haas (E, 84f.).

[93] Vgl. Oberlin, Gott und Gliedermann (wie Anm. 12), S. 285f.

IV.

Die Erzählung ›Die heilige Cäcilie oder die Gewalt der Musik‹, die Kleist als »Tauf-
angebinde für Cäcilie M....« vom 15.–17. November 1810 in den Nummern 40–
42 der ›Berliner Abendblätter‹ abdrucken ließ, erhielt sowohl in dieser als auch in
der überarbeiteten, um knapp zwei Drittel erweiterten Fassung den Untertitel:
»Eine Legende«. Lediglich aber in dieser zweiten Variante (die man als autonome
zweite Cäcilien-Novelle betrachten sollte), wie sie dann im ›Zweiten Theil der
Erzählungen‹ im August 1811 als vorletzte von fünf Geschichten erschien, ist der
Genretitel in Klammern gesetzt. Der Autor deutet so neben der Kontrafaktur eine
entschiedenere Travestie an und damit die Anknüpfung an Legendenparodien wie
u.a. Herders in den 1780er Jahren entstandenen Enthüllungsdialog ›Die heilige
Cäcilie oder wie man zu Ruhm kommt, ein Gespräch‹. Das ironische Grundkon-
zept der Erzählung erhellt bereits aus der Tatsache, dass die am 27. Oktober 1810
geborene und am 16. November in der französischen reformierten Gemeinde
Berlin-Friedrichstadt morgens um 7:30 Uhr getaufte Cäcilie Müller als künftige
calvinistische Protestantin von ihrem Paten Heinrich ausgerechnet ein Taufpräsent
erhielt, das den »Triumph der Religion« (SW[9] II, 296) feierte, womit – *nota bene!* –
die katholische zwar bezeichnet, die protestantische hingegen gemeint war.

Während die Forschungsmeinungen der letzten Jahrzehnte seit Werner Hoffmeister, Wolfgang Wittkowski und Jochen Schmidt[94] vor allem auf die ironischen,
epistemologischen und narrativen Register dieser Novelle als Legendentravestie
oder als die Geschichte einer Legendenbildung abhoben, wird an dieser Stelle zu
zeigen sein, dass sich in dieser Erzählung weit mehr als in anderen ästhetische
Umbrüche abzeichnen, die auf eine Dekonstruktion des Symbolischen in der
Kunst und damit generell die Demontage des herrschenden Kunstverständnisses
hinauslaufen. Das Überwältigungspotenzial der Kunst problematisiert sich dabei
sowohl durch das Artefakt selber als auch durch die Mechanismen der Übertragung, welche den Rezeptionsprozess steuern. Intention, Machart und Wirkung der
Kunst präsentieren sich in ihrer Beziehung zueinander, wobei die Brisanz der
›Kunstfertigkeit‹ als solche sich in deren Fähigkeit erweist, semiotische Missver-
hältnisse zu kaschieren, d.h. falsche signifikatorische Tatsachen vorzuspiegeln.

Aus einer vergleichsweise typischen Heiligenlegende der Art, wie sie zur Erbau-
ung und Festigung der Gläubigen erzählt wurde, wird bei Kleist eine gehobene,
wenn auch in mancher Hinsicht skurrile ›human interest story‹, die dem Leser (vor
allem dem Taufkind selber) überraschende hermeneutische Fallen stellt. So bleibt,
wie die Rezeptionsgeschichte beweist, manches zu spekulieren übrig, besonders

---

94 Vgl. Werner Hoffmeister, Die Doppeldeutigkeit der Erzählweise in Heinrich von
Kleists ›Die heilige Cäcilie oder die Gewalt der Musik‹. In: Festschrift für Werner Neuse, hg.
von Herbert Lederer u.a., Berlin 1967, S. 44–56; Wolfgang Wittkowski, ›Die Marquise von
O...‹ und ›Der Findling‹. Zur ethischen Funktion von Erotik und Sexualität im Werk
Kleists. Kleist Archiv Sembdner: Erotik und Sexualität im Werk Heinrich von Kleists. In:
Erotik und Sexualität im Werk Heinrich von Kleists, Heilbronner Kleist-Kolloquium hg.
von Günter Emig, Heilbronn 2000, S. 192–231; Jochen Schmidt, Heinrich von Kleist.
Studien zu seiner poetischen Verfahrensweise, Tübingen 1974.

über die »Gewalt der Töne« (SW⁹ II, 226) und die Bedingtheit des menschlichen Verstands bzw. der Psyche, die sich solche »Gewalt« antun lässt, und nicht zuletzt über die ›wahre‹ Religion bzw. Religiosität und die Rolle der Kunst.

Dass Kleist die Legende als Konstrukt ironisiert, indem sie deren Konstruktion *in actu* vorführt und dabei Psyche und Intellekt bei der Arbeit zusieht, ist verschiedentlich bemerkt worden. Nicht nur, dass »die Frage nach den Ursachen und Hintergründen des eingangs Erzählten gleichsam strukturell konsolidiert ist«;⁹⁵ es findet auch eine poetologische Revision statt, die das Erzählen selbst und generell die Kunst-›Sprache‹ zum Sujet macht. Dass mit dem reformatorischen Bildersturm der Gehaltsebene auch ein ästhetischer einhergeht, ist für einen formbewussten Autor wie Kleist eine *conditio sine qua non*. Der Gegenstand illustriert die Form und umgekehrt. Der Autor komponiert, indem er zerlegt. Diesem Vorgang unterliegt auf der Motivebene das Musiksymbol, das zum Paradigma einer Dekonstruktion wird.

So schwingt nicht nur der Geist einer säkularen Relativierung zwischen diesen Zeilen, der die historische Botschaft der Gegenreformation, die doch physischen Untergang und Verdammnis allen Ketzern androht, konterkariert, sondern auch der eines ästhetischen ›Protestantismus‹, angetrieben vom Elan der empirischen Psychologie, der u.a. von Gotthilf Heinrich Schubert, dem Popularisator des Mesmerismus, auf Kleist übergegangen war. (LS 196) Die pathogene »Gewalt der Musik« wird dann zwar zur alternativen Erklärungshypothese für die Verrücktheit der Brüder (im Sinne einer disjunktiven Lesart des Titels), doch das »Wunder« (SW⁹ II, 227) ist damit so wenig entzaubert wie die vielbestaunten Phänomene des Somnambulismus und der Hypnose durch die damals kursierenden Theorien des Unbewussten.⁹⁶ Bedeutsamerweise erscheint der *spiritus sanctus* durch die Kunst ersetzt, in deren »unbekannten zauberischen Zeichen« (SW⁹ II, 226) sich ein Verlangen nach ›schwarzer Kunst‹ (so auch der Ausdruck Hamanns in seiner ästhetischen Schrift ›Wolken‹), nach genialischer Magie ausdrückt und damit einer ethischen wie ästhetischen Überschreitung. So wird die Kunst am Beispiel der Musik zur säkularen Nachfolgerin beider Konfessionen, ohne dass sie dadurch schon zum rein erfahrungswissenschaftlichen Gegenstand würde. An die Stelle des klassischen Sinns treten über den Kunstsinn die Sinne in ihrer individuellen Betörbarkeit, Verletzlichkeit und Anlage zur Verrückung. Inwieweit sich darin das Scheitern einer vernünftigen, nicht nur-subjektivistischen Kunstrezeption, wie Kant sie in der ›Kritik der Urteilskraft‹ gefordert hatte, ausdrückt, wird sich zeigen.

Unbestritten »entlarvt Kleist die Legende als ideologisches und politisches Konstrukt«,⁹⁷ doch steht das nicht im Vordergrund des Interesses, das ich auf

---

⁹⁵ Andreas Schirmer, Zum Beispiel ›Die heilige Cäcilie‹. Anmerkungen zur Rezeptionsstrategie der ›späten‹ Novellen Heinrich von Kleists. In: Impulse 13 (1990), S. 214–246, hier S. 220.

⁹⁶ Hierzu ausführlich Uffe Hansen, Der Aufklärer in extremis. Heinrich von Kleists ›Die Marquise von O…‹ und die Psychologie des Unbewussten im Jahre 1807. In: Aufklärung als Aufgabe. Festschrift für Sven Aage Jørgensen, hg. von Klaus Bohnen und Per Øhrgaard, München und Kopenhagen 1994, S. 217–234, hier S. 220f.

⁹⁷ Walter Hinderer, ›Die heilige Cäcilie oder die Gewalt der Musik‹. In: Kleists Erzählungen. Interpretationen, hg. von Walter Hinderer, Stuttgart 1998, S. 181–215, hier S. 191.

Fragen der Ästhetik, des Künstler*seins* und wie Hammermeister auf »subjektin-
terne und teilweise unbewusste Rezeptionsbedingungen« sowie verborgene »Reak-
tionspotentiale[ ] des Subjekts«[98] gerichtet sehe. Wenn das Erkenntnisinteresse
dieses Werks aber überwiegend psychologisch und kunstästhetisch akzentuiert ist,
dann ist es nicht nur ein Zeugnis schöpferischer Selbstreflexion, sondern auch ein
Beitrag zum rezeptions- und produktionsästhetischen Diskurs der Zeit.

Was schon die Erstfassung von einer musterhaften Heiligenlegende unterscheidet, ist das offensichtliche Augenmerk des Erzählers auf die produktiven und
rezeptiven Seiten der Musik, der nach E.T.A. Hoffmann »romantischsten« aller
Künste.[99] Mit der allgemeinen Aufwertung der Kunst als eines der Philosophie
überlegenen Erkenntnismittels in Schellings idealistischem System war die Musik
bereits zu einem inspiratorischen Medium gewonnen, nicht zuletzt in der Synthese
mit der Religion, einer mit Hildegard von Bingen bereits im Hochmittelalter kulti-
vierten Einheit, die der Musik eine – allerdings nie unumstrittene – spirituelle
Funktion zuwies.[100]

Getragen vom frühromantischen Subjektivismus, war der neue Musikkult, wie
er sich in der großen Fülle von Kompositionen niederschlug, im selben Maß ein
Anlass zum Enthusiasmus wie ein Grund zur Skepsis. Kleist gibt sich mit der
Wahl seines Sujets als Betroffener zu erkennen, aber auch als Introspekteur, der
hinter die Kulissen blicken will. In der Buchfassung wird deshalb gerade die Musikmotivik noch einmal besonders ausgearbeitet. Das gilt vor allem für das mit der
Erstfassung ansonsten weithin deckungsgleiche erste Textsegment (vgl. SW⁹ II,
216–219). Die Veränderungen dienen hier insbesondere der Konkretion des Auf-
führungsszenarios. So werden beispielsweise die einzelnen Instrumente beim
Namen genannt.

Das Erstaunliche freilich ist, wie breit und gezielt dabei die Musik mit Weiblichkeit in Zusammenhang gebracht wird. Da erfährt man zuallererst, dass die Frauen
den Männern in Sachen Orchestermusikalität überlegen seien. Sie spielten »oft mit
einer Präzision, einem Verstand und einer Empfindung, die man in männlichen
Orchestern (vielleicht wegen der weiblichen Geschlechtsart dieser geheimnisvollen
Kunst) vermißt« (SW⁹ II, 217). Sodann inszeniert sich weibliche Überlegenheit
geradezu in der ausladenden Schilderung der Vorkehrungen zur Aufführung der
Messe und in der Darstellung der männlichen Übermacht bzw. der verzweifelten
Lage der Nonnen. Gerade durch diese Inszenierung soll die Musik (und weniger
die heilige Cäcilie) die Rolle einer geheimnisvollen instrumentalen »Gewalt« bekommen, gegen die auch ein Heer männlicher Bilderstürmer »mit Äxten und Zer-
störungswerkzeugen aller Art« (SW⁹ II, 216) nichts anrichten kann.

---

[98] Kai Hammermeister, Kunstfeindschaft bei Kleist. Der ästhetische Diskurs in ›Die heilige Cäcilie‹. In: KJb 2002, S. 142–153, hier S. 148f.

[99] E.T.A. Hoffmann, Kreisleriana Nr. 3. In: Ders., Sämtliche Werke, hg. von Hartmut
Steinecke u.a., Bd. 2.1: Fantasiestücke in Callots Manier, Frankfurt a.M. 1993, S. 49.

[100] Vgl. Walter Hinderer, Literarisch-ästhetische Auftakte zur romantischen Musik. In:
Jahrbuch der deutschen Schillergesellschaft 41 (1997), S. 210–235; Jochen Schmidt, Heinrich von Kleist. Die Dramen und Erzählungen in ihrer Epoche, Darmstadt 2003, S. 272ff.

So planmäßig Schritt für Schritt, wie die Erzählung hier vonstatten geht – selbst scheinbar unnötige Details bleiben nicht ausgespart, wie z.B., dass die Nonnen »sich augenblicklich mit ihren Instrumenten an die Pulte [stellten]« (SW⁹ II, 218) –, bereitet sich kein übliches Wunder vor. Vielmehr soll der massenpsychotische Effekt, wie er dann prompt eintritt, als Ergebnis künstlerischer Vorarbeiten erscheinen und die Musik ins Licht einer durchaus ›schwarzen Kunst‹, ja einer absichtsvollen ›Machen-schaft‹ setzen. Auch hier eine Konzentration auf die säkulare, rein handwerkliche Seite des Geschehens, vergleichbar dem rituellen Ziehen eines magischen Bannkreises.

Das Wort hat offenbar ein Kenner, dem es, wie die Parenthese zeigt, um die größere Affinität geht, die Frauen zur Musik hätten, dazu gehört ihr *sensus communis*, der zusammen mit technischer »Präzision«, Rationalität und Geschmacks-»Empfindung« (im Sinne der Kant'schen ›Affektion der Sinne‹) den romantischen ›Künstler‹ in der integrativen Konzeptualisierung Friedrich und August Wilhelm Schlegels auszeichnet.[101]

Ein Beispiel für ›Empfindsamkeit‹ der übersteigerten Art ist das »Nervenfieber«, an dem jene Schwester Antonia leidet. Sie würde die Aufführung geleitet haben, wenn sie nicht »bewußtlos, ihrer Glieder schlechthin unmächtig, im Winkel ihrer Klosterzelle darniedergelegen« hätte – wobei es in beiden Fassungen offen bleibt, ob sie es nicht doch tat, da »schlechterdings niemand weiß, wer eigentlich das Werk [...] ruhig auf dem Sitz der Orgel dirigiert habe« (SW⁹ II, 227). In Schwester Antonia ist das Gleichgewicht der Kräfte anscheinend aufgehoben, eine Art Gefahrenwarnung, wie sie auf das Schicksal der »vier gottverdammten Brüder[ ]« (SW⁹ II, 219) vorausweist. Musik, so wird angedeutet, ist eine Rauschdroge, die zum Tode führen kann, ja ein Instrument magischer Betörung, wenn nicht sogar ›Hexerei‹, ›Teufelswerk‹, das auch den Geist einer Todkranken, wenn nicht einer Toten beschwören kann. Die Beleihung des Orpheusmythos zeigt sich hier in einer traumnahen Kontraktionsfigur, die durch die Überblendung beider Protagonisten qua Geschlecht und Eigenschaften zustande kommt. Eurydike verschmilzt mit Orpheus, Ohnmacht und Allmacht werden zum gleichzeitigen epischen Ereignis, wobei beide Eigenschaften in unterschiedlichen Aspektmischungen auf alle Figuren übergehen. Die hier virulenten Verdichtungen und Verschiebungen, sind nicht nur für den Traum, sondern für alle intermediären Prozesse charakteristisch, die mit imaginativer (kreativer) Arbeit einhergehen.[102]

Bezeichnenderweise ist es die (durch ihren primären Objektstatus legitimierte) Figur der Mutter, die die säkulare Erklärung findet, indem sie »auf den Gedanken gekommen war, es könne wohl die Gewalt der Töne gewesen sein, die, an jenem schauerlichen Tage, das Gemüt ihrer armen Söhne zerstört und verwirrt haben« (SW⁹ II, 226). Im Augenblick, als sich ihr Verdacht konkretisiert, stellt sie sich, wie ehedem die zur Heiligen verklärte Schwester Antonia, vor das Pult.

---

[101] Vgl. Jochen Schmidt, Die Geschichte des Genie-Gedankens in der deutschen Literatur, Philosophie und Politik 1750–1945, Bd. 1: Von der Aufklärung bis zum Idealismus, Darmstadt 1985, S. 354–363.
[102] Vgl. Oberlin, Modernität und Bewusstsein (wie Anm. 12), S. 30–52.

Sie betrachtete die unbekannten zauberischen Zeichen, womit sich ein fürchterlicher Geist geheimnisvoll den Kreis abzustecken schien, und meinte, in die Erde zu versinken, da sie grade das gloria in excelsis aufgeschlagen fand. Es war ihr, als ob das ganze Schrecken der Tonkunst, das ihre Söhne verderbt hatte, über ihrem Haupte rauschend daherzöge (SW9 II, 226).

Hier wiederholt sich das Rauschen jenes »wunderbar herabrauschenden Oratoriums« (SW⁹ II, 222), fällt also der Blick erneut und nunmehr unmissverständlich auf das sakrale Artefakt, das von ›berauschender‹ und damit bewusstseinsverändernder Natur ist.[103] Es passt dann zur Sicht einer kunstfremden Mutter, die ihre Söhne buchstäblich dem Rausch der Kunst zum Opfer fallen sieht, dass sie das »Musikwerk« (SW⁹ II, 226) direkt verdächtigt, magische Kraft zu haben, die sie ›verderben‹ könne. Musik wird Teufelswerk, weil nur dieses das Übersinnliche mit dem Sinnlichen verbindet.

Wir sind hier offenbar an der geistes- und religionsgeschichtlichen Wurzel des Musikmotivs bei Kleist angelangt, nämlich an jener dualistischen Tiefenstruktur, die die antike Gnosis an die christliche weitergab. Nunmehr gilt es, eine ästhetische Aporie aufzulösen: Will man die Musik, die Kunst überhaupt rehabilitieren, muss man sie der magisch-religiösen Sphäre entreißen und damit jeglicher metaphysischen Transzendenz entledigen. Dazu muss man sie aber vorderhand in das Konzept einer Anti-Musik, ja einer Anti-Kunst überführen, die der buchstäblich ›irre-führenden‹ Harmonik eine ›protestierende‹ Disharmonik, der schöngeistigen Kalliphonie eine (wiederum ikonoklastische) Kakophonie entgegenstellt.

Dargestellt, wenn auch nicht aufgesprengt, wird diese Aporie von dem Quartett der vier harmlos »sinnverwirrten« (SW⁹ II, 220) Brüder, deren vokale Instrumente so ›verstimmt‹ sind, dass sie nur Misslaute hervorbringen. Ausgerechnet die gemüts- oder geisteskranken Brüder also machen die Kunst wieder authentisch, indem sie eine regelrechte ›Anti-Metaphysik der Töne‹ produzieren, die in höchst ironischem Widerspruch zu ihrem ›heiligen‹ Gebaren steht und daher ihre Religiosität ebenso als Bigotterie entlarvt, wie sie jegliche Kunstsymbolik platonischer Provenienz in Frage stellt.

Bereits Moser hat theologische Elemente calvinistischer Herkunft in dieser Novelle nachgewiesen. Zu ergänzen bleibt, dass die Überwältigung durch die spirituelle Kraft der Kunst hier auch bildlich mit dem *spiritus sanctus* und damit dem (im Calvinismus zentralen) Pfingstwunder assoziiert wird, und zwar über die biblischen Motive des Rauschens, der Gewalt, der Exaltation und des Entsetzens (der Zuschauer).[104] Auf dieser Skala sind die Werte abzunehmen, die in die Evaluie-

---

103 Auch Schirmer sieht das so und spricht von der »gleichsam imaginäre[n] Wiederholung der Aufführung des alten Oratoriums«; Schirmer, Zum Beispiel ›Die heilige Cäcilie‹ (wie Anm. 95), S. 230.

104 Christian Moser, Verfehlte Gefühle. Wissen – Begehren – Darstellen bei Heinrich von Kleist und Rousseau, Würzburg 1993, S. 204. Der Text in Paulus' Apostelgeschichte lautet in Luthers Übersetzung: »Und es geschah schnell ein Brausen vom Himmel wie eines gewaltigen Windes und erfüllte das ganze Haus, da sie saßen [...] und sie wurden alle voll des Heiligen Geistes und fingen an, zu predigen mit anderen Zungen, nach dem der Geist ihnen gab auszusprechen. [...] Sie [die Umstehenden] entsetzten sich aber alle und wurden

rung des »Vorfall[s]« mit seiner »zu gleicher Zeit schreckliche[n] und herrliche[n]« Charakteristik (SW⁹ II, 227) und konkret in die Wertung des »Musikwerk[s]« einfließen. Musik ist hier nicht nur Medium einer invasiven Bewusstseinsüberflutung, wie Kleist sie selbst gegen seine Überzeugung im Spätjahr 1801 erfuhr, als er »die Kirchenmusik in der katholischen Kirche« vernahm und »eine unaussprechliche Sehnsucht« verspürte, sich »niederzuwerfen und zu weinen« (SW⁹ II, 651).[105] Sie wird zum Testfall für die Möglichkeit von Kunst überhaupt und die Frage des Künstlertums. Das Gefühl der Überwältigung in der Hofkirche zu Dresden korrespondiert mit der kurz davor erfahrenen »ganz neue[n] Welt von Schönheit« (SW⁹ II, 651) in der Dresdner Staatsgalerie, in der er Carlo Dolcis Gemälde ›Die heilige Cäcilie an der Orgel‹ erblickt, das man wohl zum Quellenbestand der Cäciliengeschichte rechnen kann.[106]

Zieht man in Betracht, dass das Jahr 1801 für Kleist nicht nur das Jahr der ›Kant-Krise‹ war, sondern auch den Beginn seiner künstlerischen Selbstfindung markiert, erscheint der berichtete Enthusiasmus im Kontext kunstphilosophischer Grundfragen wie der Frage nach den inspiratorischen Quellen oder der nach der Wahrheit der Kunst. Mit diesem Kontext eröffnet sich das Feld der Hamann'schen ›Gränzstreitigkeiten des Genies mit der Tollheit‹ und damit des Problemkomplexes ›Melancholie und Wahnsinn‹ insgesamt.[107] Letzterer klingt in der Erzählung direkt an, wenn die »an der Ausschweifung einer religiösen Idee krank« Darniederliegenden als »äußerst trübselig und melancholisch« beschrieben werden (SW⁹ II, 219). Zugleich scheint Baumgartens Sicht der ästhetischen Begeisterung rekapituliert, welche die Kräfte der Seele allein »lebendig zu machen« vermag, auch um den Preis von Symptomen, »die man bei Rasenden wahrnimmt«.[108] Aber auch Herders Warnung vor der Bewusstseinsverrückung durch »himmlische Musik« kommt in den Blick:

> Auf gleiche Weise kann durch eine geistliche und, wenn man will, eine himmlische Musik die Seele dergestalt aus sich gesetzt werden, daß sie sich, unbrauchbar und

---

irre und sprachen einer zu dem andern: Was will das werden? Die andern hatten's ihren Spott und sprachen: Sie sind voll süßen Weines« (Apg. 2,2–13).

[105] Der Parallele halber sei vermerkt, dass Nietzsche in der ›Geburt der Tragödie‹ ebenfalls das katholische Hochamt erwähnt, und zwar als Vorstellungshilfe für seine Vision der dionysischen Musik.

[106] Rosemarie Puschmann, Heinrich von Kleists Cäcilien-Erzählung. Kunst- und literaturhistorische Recherchen, Bielefeld 1988, hier S. 20–27.

[107] Vgl. Schmidt, Die Geschichte des Geniegedankens (wie Anm. 102), S. 106f. und Hans-Jürgen Schings, Melancholie und Aufklärung. ›Warnung vor dem Fanaticismus‹. In: Melancholie, hg. von Lutz Walther, Leipzig 1999, S. 114–121.

[108] Alexander Gottlieb Baumgarten, Ästhetik. Nach einer Kolleghandschrift. In: Bernhard Poppe, Alexander Gottlieb Baumgarten. Seine Bedeutung und Stellung in der Leibniz-Wolffischen Philosophie und seine Beziehungen zu Kant; nebst Veröffentlichung einer bisher unbekannten Handschrift der Ästhetik Baumgartens, Diss. Universität Münster 1907, S. 113f.

stumpf gemacht für dieß irdische Leben, in gestaltlosen Worten und Tönen selbst verlieret.[109]

Nicht zuletzt steht Johann Georg Sulzers Mahnung aus der ›Allgemeinen Theorie der schönen Künste‹ (1793) im Raum, dass keine andere Kunst »sich der Gemüther so schnell und so unwiderstehlich bemächtigt, wie durch die Musik geschieht«, wo auch »gesunde Menschen [...] bis auf einen geringen Grad der Raserey kommen«.[110] Kant wollte dem in seiner ›Kritik der Urteilskraft‹ vorbeugen und schlug ein rezeptionsästhetisches Modell vor, dass beim Kunstgenuss und bei der Abgabe von Kunsturteilen subjektive Sinnenlust einem *common sense* verpflichtet, um so »die Kontingenz des Bloß-Subjektiven mittels der Ansinnung hinter sich [zu lassen]«. Wie Hammermeister ausführt, antwortet Kleist, indem er

eine Kunstwirkung schildert, die die Möglichkeit des ästhetischen Urteils als eines gemeinschaftsstiftenden unterminiert und den Weg freigibt zu einer radikalen Subjektivierung der Kunstrezeption, in der nicht das lustvolle Zusammenspiel der Fakultäten charakteristisches Kunstmoment ist, sondern der schmerzhafte Zusammenbruch des Subjektgefüges und damit (poetologisch) der Absturz in die Sprachlosigkeit.[111]

Aber auch wenn die

Kunst sich als eine Gefahr [entpuppt], weil in ihr nicht die Wiederkehr des Verdrängten im Produkt gezähmt ist, wie es sich für Freud darbietet, sondern weil sie im Unbewussten solche Energiereserven mobilisiert, die sich als unkontrollierbare Zersetzung der Ichfunktion äußern,

so folgt daraus nicht notwendig, dass Kleist das Kant'sche Konzept »unterminiert«. Er setzt ihm wohl eher nur ein neues, Paradigma entgegen, das für eine neue, bessere Ästhetik im Sinne der Aufklärung beachtet werden müsste. So wenig es zwingend ist, dass er sich in diesem Punkt »von der idealistischen Ästhetik Kants ab[setzt]«, so richtig ist es, dass er »auf Distanz zu dem Teil der Kunsttheorie der Romantik [geht], die in Schellings ›System des transzendentalen Idealismus‹ aus dem Jahr 1800 ihren enthusiastischsten Ausdruck gefunden hatte«.[112]

Bevor wir aber weitere Schlussfolgerungen ziehen, soll nun ein ausführlicherer Blick auf die Figurenzeichnung dieser Männer gerichtet werden. Was ›fehlt‹ diesen vier Wahnsinnigen, die »an der Ausschweifung einer religiösen Idee krank lagen«? In der Erstfassung bezieht sich die Schilderung auf die ersten 5 Tage nach dem auslösenden Ereignis, während der zweite Text, der ja eine zweite Zeitebene – »Sechs Jahre darauf« (SW[9] II, 219) – einzieht, Gelegenheit gibt, die auch nach diesem Zeitraum noch unveränderte Symptomatik zu demonstrieren. Diese unterscheidet sich in den einzelnen Fassungen in den Grundzügen nur geringfügig, aber

---

109 Zit. nach Wilhelm Brüggemann, Kleist. Die Magie. ›Der Findling‹, ›Michael Kohlhaas‹, ›Die Marquise von O...‹, ›Das Erdbeben in Chili‹, ›Die Verlobung in St. Domingo‹, ›Die heilige Cäcilie oder die Gewalt der Musik‹, Würzburg 2004, S. 429.

110 Johann Georg Sulzer, Allgemeine Theorie der Schönen Künste. Reprographischer Nachdruck der 2., verm. Auflage, Bd. 3. Hildesheim 1967, S. 432, 427.

111 Hammermeister, Kunstfeindschaft bei Kleist (wie Anm. 98), S. 142f.

112 Hammermeister, Kunstfeindschaft bei Kleist (wie Anm. 98), S. 151.

doch signifikant. In der Fassung von 1810 wird ihrem nächtlichen Gebrüll noch eine gewisse Musikalität zugesprochen. Der »Gesang« sei »zwar nicht ohne musikalischen Wohlklang, aber durch sein Geschrei grässlich«. Ansonsten ist das nächtliche Szenario in beiden Texten fast identisch und folgt einem Ritual, welches das »öde und traurige Klosterleben, bei Wasser und Brot« zu parodieren scheint. (SW⁹ II, 297)

In der Erstfassung, die den Vorgang durch den frühen Abriss des Erzählfadens noch gnädig als temporär erscheinen lässt, ist das selbstfabrizierte Andachtskreuz in der Mitte des Tisches noch nicht vorgesehen. Die vier sitzen einfach nur »in ihre dunkle Mäntel gehüllt, um einen Tisch«, stehen »gegen die Mitternachtsstunde« auf, dann wird eine Stunde lang »mit einer schauerlichen und grausenhaften Stimme, das gloria in excelsis intoniert« (SW⁹ II, 296), worauf sie sich niederlegen, um bis zum Sonnenaufgang zu schlafen. Die Buchfassung schildert das Szenario dann ausführlicher, dramatischer. Insgesamt scheint eine gewisse zweckvolle Routine in der »Verherrlichung des Heilands« zu bestehen, die das »geisterartige« (SW⁹ II, 220) bzw. »gespensterartige Klosterleben« (SW⁹ II, 224) der Brüder in den verflossenen sechs Jahren bis einmal zur Stunde ihres »heitern und vergnügten Todes« (SW⁹ II, 228) fast gerechtfertigt erscheinen lässt. Die Patienten erhalten etwas humanere Züge, etwa wenn »eine gewisse, obschon sehr ernste und feierliche, Heiterkeit« hervorgehoben wird oder ihnen Sätze und Meinungen zugeordnet werden, die sie »schon mehr als einmal geäußert hätten«. Wenn es im Widerspruch dazu heißt, »dass kein Laut über ihre Lippen käme«, wirkt eher dieses als jenes glaubwürdig, so dass man jetzt überhaupt an der Drastik der Verhaltensschilderung zweifeln und ein menschliches eher denn ein animalisches Gesicht mit den Kranken verbinden mag. Vom »böse[n] Geist« (SW⁹ II, 224) ist nur im Rückblick die Rede, und der dramatische Höhepunkt der Beschreibung schuldet seine stilistischen Eskapaden erkennbar dem als Zeuge berichtenden Veit Gotthelf, der in dem historischen Vorfall ein »gespensterartige[s] Treiben« (SW⁹ II, 223) vermutet. Die Sprache hier spiegelt in ihrem z.T. biblischen Zuschnitt, der an die Apokalypse erinnert, die abergläubische Angst des Erzählers, der noch immer kaum fassen kann, dass er selbst als Beteiligter unter den »Bösewichter[n]« (SW⁹ II, 221) mit dem Schrecken davonkam. Im attributreichen deskriptiven Überschwang des Erzählens verwandelt er das Vergangene in Gegenwart – Tempus ist Präsens – und scheint dabei allen Ungläubigen (offenbar ist er zum Katholizismus konvertiert) das Erlebte zum mahnenden Exempel zu erzählen. Der Wahn der vier Brüder ist jetzt nicht mehr in erster Linie die Strafe Gottes, sondern wird zur Teufelsbesessenheit und damit auch zum vielbegafften Stadtereignis:

> das Volk drängt sich, die Haustüre sprengend, über die Stiege dem Saale zu, um die Quelle dieses schauderhaften und empörenden Gebrülls, das, wie von den Lippen ewig verdammter Sünder, aus dem tiefsten Grund der flammenvollen Hölle, jammervoll um Erbarmung zu Gottes Ohren heraufdrang, aufzusuchen. (SW9 II, 223)

Hier tritt das pathologische Interesse in den Hintergrund, zugleich aber wird in der subjektiven Aufgeregtheit dieser dynamischen, stilistisch aber hypertrophen Schilderung der gemeinsame unbewusste Grund des Wahns erkennbar, von dem auch der Tuchhändler nicht frei ist. In diesem Licht erscheint die Symptomatik durch den christlichen Archetyp des Bösen vorgeprägt und letztlich als konsequente Erfüllung der im religiösen Wurzelgrund genährten Bilder. Die Kranken selbst wirken dagegen in ihrer ruhigen Lebensroutine bereits frei von den Agonien des Denkens und Glaubens. Lediglich die Monstrosität ihres »Gesang[s]« scheint im krassen Widerspruch zur Absicht des göttlichen Lobpreises zu stehen und mehr den ›Wölfen‹ vergleichbar, die den Mond ansingen, indiziert aber doch gerade in dieser Eigenschaft auch die ›Inbrunst‹ der Beter. ›Wolfsgesang‹, wenn man so will, heißt der stilistische Opponent zu dem manierierten Schwulst, der an den ästhetischen Erzfeind der Romantik, die Barocklyrik, erinnert (s.o.). Manieristisch zurechtgemacht wirkt auch der Name des Zeugen selbst, Veit Gotthelf, der seinem Träger hier zum ambivalenten Omen wird – der ›Veitstanz‹ (als Tanz eines Besessenen und Inbegriff der Teufelsbesessenheit) erinnert noch an den alten Legendenstoff von der Teufelsaustreibung an dem Filius des römischen Kaisers Diokletian durch den heiligen Vitus. So wird vollends klar, dass der ›Fall‹ der Kunst aus den ornamentalen Höhen der Metaphysik in die profanen Niederungen der *conditio humana* nur als ›Sündenfall‹ beschrieben werden kann, der bekanntlich den Versucher im Emblem und den irdischen Menschen im Herzen trägt.[113] Das Feuer des Prometheus wird zum Höllenfeuer.

Es ist dann zwar richtig, dass man in dieser stilistisch inszenierten Dissonanz die »zerbrochenen Instrumente als die ikonographischen Attribute der Heiligen Cäcilie«[114] zu sehen hat. Jedoch handelt es sich um eine Dekonstruktion im Sinne der ironischen Bespiegelung, keinesfalls um die Bestätigung der klassischen Kunstästhetik, die nun beklagenswerterweise ›zerbrochen‹ sei. Auch weist Kleist in der Differenz zwischen Gebrüll und Gesang nicht auf den Unterschied zwischen Dilettantismus und Kunst hin, sondern auf den Unterschied zwischen Echtheit und Manier, menschlicher und angemaßt göttlicher Stimme. Das gelieferte Anschauungsmaterial für schlechte Erzählprosa intoniert den ›oratorialen‹ Stil, der die vier unglücklichen Brüder die »Gewalt der Musik« spüren ließ. Das Gefälle zur Wortnüchternheit, ja zum Verstummen weist den Weg in die Simplizität eines neuen elementaren Beisichseins der Kunst, einer Ästhetik des Logopurismus.

Fragt man, wo in dieser Novelle die Rolle des Schriftstellers ist, dann sieht man diese freilich nicht nur in den vier unglücklichen Brüdern ironisiert, denen es die Sprache verschlagen und den (zivilisatorischen) Verstand getrübt hat, sondern man erkennt sie auch in dem »unbekannten Meister« der Partitur, von der es heißt,

---

[113] Es ist kein Zufall, wenn später auch Nietzsche in den »Sanct-Veittänzern [...] die bacchischen Chöre der Griechen« (KSA I, 29) wiedererkennt. Die dionysische Sphäre bedeutet Eintritt in das Naturkontinuum und damit das Ende der Individuation. Derartige Zustände wurden allerdings keineswegs nur mit dem Teufel in Verbindung gebracht. »In spätmittelalterlicher und barocker theologischer Spekulation wurde der große Pan als Teufel, aber auch als Jesus Christus gedeutet«; Hunger, Lexikon der griechischen und römischen Mythologie (wie Anm. 14), S. 301. Die äußeren Analogien zwischen dem bocksbeinigen Dionysos und in dem klumpfüßigen Teufel (beide mit Hörnern!) liegen auf der Hand.

[114] Gerhard Gönner, Von »zerspaltenen Herzen« und der »gebrechlichen Einrichtung der Welt«. Versuch einer Phänomenologie der Gewalt bei Kleist, Stuttgart 1989, S. 57.

dass »sie gedichtet war« (SW⁹ II, 217); sodann aber erscheint er als Instrumentalist und Kapellmeister an der Orgel und schließlich im Kirchenschiff, der Kunst zu Füßen. Während so der künstlerische Ort noch nicht sicher bestimmbar scheint, deutet sich die Revision einer Ästhetik an, die vom religiösen Schein oder – sagen wir es allgemeiner – vom metaphysischen Apriori lebte und für die das Jenseits zum (diesseitigen) Bedeutungsraum zählte. Indem das Mythische an Terrain zurückgewinnt, polarisiert sich der Urkampf zwischen Orpheus und Dionysos zugunsten des Naturgotts. Das letzte Wort haben die Laute, das Geschrei der Nymphen und Dämonen, das Heulen der Wölfe, Josefines Pfeifen.

V.

Kleist wie Kafka glauben also Grund dazu zu haben, die traditionelle Ästhetik ihres ideellen Glanzes und Wohlklangs wegen mehr zu fürchten als zu lieben. Der daraus resultierende Kampf wird um der Wahrhaftigkeit willen geführt, und zwar mit Mitteln, die den Platonismus in der Kunst, die Erwartung einer symbolischen Heils- und Heimatstiftung ironisch repräsentieren. Wir haben es also mit Kontrafakturen zu tun, die an Travestien grenzen oder Travestien, die an Kontrafakturen anliegen. Dass sowohl in der ›Josefine‹- als auch der Cäcilien-Erzählung der Orpheusmythos Pate stand, erhellt aus der Tatsache, dass beide Erzählungen die wundersame Wirksamkeit der Musik ebenso illustrieren wie negieren und dass sie auf eine elementare, gleichsam vor-ästhetische Schicht des Sagens verweisen, die an die *Sage* erinnert. In beiden Erzählungen gibt es Szenarien, in denen sich eine bestehende Untergangstendenz erfüllt. Eine Art gegenreformatorischer Ästhetik flammt zwar noch einmal auf im Augenblick, da der bestehenden Kunst der Prozess gemacht wird. Doch bedeutet das letztlich erst recht deren Ende, insofern sich nunmehr erweisen muss, wes Geistes Kind die traditionellen Kunstsymbole eigentlich waren. Beide, Kleist wie Kafka, arbeiten an deren theologischen Widerlegung, indem sie eine poetologische vornehmen und dabei eine Art kosmischer Natursprache zum Maß der Dinge machen. Nirgendwo anders konnte das mythische Kunstsymbol seine Energien abschöpfen als im ›unteren Kosmos‹ der chtonischen Sphäre, während der ›obere‹, olympische die menschliche Sinnenwelt nicht mehr ansprach.

Ob man hier lediglich eine neue Metaphysik am Werk sieht, wie sie z.B. auch Heidegger in Nietzsches ›Götzen-Dämmerung‹ hineinlas, bzw. ob der Begriff ›Metaphysik‹ überhaupt noch angebracht ist, muss der philosophische Diskurs entscheiden, der mit Nietzsches Selbstkritik vor langem begann.[115] Bei Kafka, der sich auf dessen »Artisten-Metaphysik« berufen konnte, ist nicht von der Hand zu weisen, dass die Destruktion, wie er sie in ›Josefine‹ und am deutlichsten im ›Hungerkünstler‹ vornimmt, eine Dekonstruktion ist, in der *ex negativo* ein spiritueller

---

[115] Zur Stellung Nietzsches in der Metaphysikdiskussion, besonders zu Heideggers Interpretation des Nietzsche'schen Metaphysikbegriffs vgl. Hans Peter Balmer, Überwundene Metaphysik? Zur Bedeutung Nietzsches in der Gegenwartsphilosophie. In: Metaphysik in un-metaphysischer Zeit, hg. von Emerich Coreth, Düsseldorf 1989, S. 27–44.

Vitalismus ›anklingt‹, der im Mythischen gründet. Darin (etwa im Verlangen nach *communio*) klingen Elemente des orphisch-eleusinischen Mysterienwesens ebenso an wie eine spezifisch mystische Spiritualität, die an Johannes Duns Scotus, Meister Eckehart oder Jakob Böhme erinnert. Man kann auch sie auf Nietzsche zurückführen, insofern dessen (nominalistische) Überwindung der Metaphysik darauf abzielt, dem ontologischen Essentialismus die »Weisheit des Silen«[116] entgegenzusetzen. In dessen pantheistischer Utopie der Weltenharmonie »schließt sich nicht nur der Bund zwischen Mensch und Mensch wieder zusammen: auch die entfremdete, feindliche oder unterjochte Natur feiert wieder ihr Versöhnungsfest mit ihrem verlorenen Sohne, dem Menschen«.[117]

Kleist wie Kafka, so war zu sehen, fühlen sich einer Ästhetik verpflichtet, die das ›Nur-Denkbare‹ oder ›Nur-Sagbare‹ (Nietzsche sprach verächtlich von ›Sprach-Metaphysik‹) aus ihrem Bedeutungsraum ausklammert. Gewissermaßen ›reell‹ soll es da zugehen, ohne magische Tricks und apriorische Setzungen. Das setzt eine Symbolik der Buchstäblichkeit und Wortgegenständlichkeit voraus, die das Körperliche und Lautliche als Natursprache einsetzt und Sprache zum performativen Ereignis macht:

> Jetzt soll sich das Wesen der Natur symbolisch ausdrücken; eine neue Welt der Symbole ist nöthig, einmal die ganze leibliche Symbolik, nicht nur die Symbolik des Mundes, des Gesichts, des Wortes, sondern die volle, alle Glieder rhythmisch bewegende Tanzgebärde. Sodann wachsen die anderen symbolischen Kräfte, die der Musik, in Rhythmik, Dynamik und Harmonie, plötzlich ungestüm. Um diese Gesammtentfesselung aller symbolischen Kräfte zu fassen, muss der Mensch bereits auf jener Höhe der Selbstentäußerung angelangt sein, die in jenen Kräften sich symbolisch aussprechen will.[118]

Wo sie beide Sinn »in der wunderbaren Bedeutung der musikalischen Dissonanz« sehen, treffen sie sich in der »selbst am Schmerz percipirten Urlust«,[119] in der sich »die Ahnung einer wiederhergestellten Einheit«[120] zu Wort meldet. Sie entwerfen daraus eine Kunst des *ecce homo*, die über den Mythos zur anthropologischen Wurzel zurückfindet. Nach Nietzsche will der Mythos »als ein einziges Exempel einer in's Unendliche hinein starrenden Allgemeinheit und Wahrheit anschaulich empfunden werden«.[121] Wenn Kleist und Kafka – Kafka mehr als Kleist – nach einer solchen anschaulich-ästhetischen Konstanten suchen, dann mag ein »metaphysischer Trost«[122] damit einhergehen, der sie ihre nihilistische Trostlosigkeit ertragen hilft.

---

[116] KSA I, 41.
[117] KSA I, 29.
[118] KSA I, 33f.
[119] KSA I, 152.
[120] KSA I, 73.
[121] KSA I, 112.
[122] KSA I, 109.

Anna-Lena Scholz

KLEIST/KAFKA
Annäherung an ein Paradigma

I.

Zu den augenfälligen Merkmalen der Kleist-Philologie gehören Verweise auf
Franz Kafka (und *vice versa*). Eine relativ hohe Dichte dieser Querverweise in der
Forschung sowie die Herausbildung eines kleinen selbständigen Forschungszweiges zu der Autorenkonstellation machen ›Kleist/Kafka‹ schon lange zu einem
etablierten Topos der (germanistischen) Literaturwissenschaft des 20. Jahrhunderts.[1] Die Begründungen jener Forschungsbeiträge, die sich explizit ›Kleist/Kafka‹ und damit der Frage widmen, warum Kleist und Kafka eine für die Literaturwissenschaft beachtenswerte Konstellation bilden, berufen sich auf biographische
Ähnlichkeiten, thematische, motivische und stilistische Übereinstimmungen der
Texte sowie Kafkas unverhohlene Bewunderung für Kleist. Zudem, so ließe sich
ein Forschungskonsens zusammenfassen, eignet beiden Werken eine fundamentale
Sprach- und Erkenntnisskepsis, die in Kleists Fall an der Kant-Krise abgelesen
und bei Kafka als radikalisierter Zweifel an der Moderne thematisiert wird.[2] Die
von Peter-André Alt geforderte Betonung auch der Differenzen beider Autoren –
bedingt vor allem durch den historischen Graben von einem ganzen Jahrhundert
und damit unterschiedlicher geistesgeschichtlicher Kontexte – ist zwar notwendig,
scheint allerdings den Reichtum der Anknüpfungspunkte, der sich zwischen bei-

---

[1] Drei Monographien widmen sich dem Autorenvergleich: Jörg Dittkrist, Vergleichende
Untersuchungen zu Heinrich von Kleist und Franz Kafka, Köln 1971; David E. Smith,
Gesture as a Stylistic Device in Kleist's ›Michael Kohlhaas‹ and Kafka's ›Der Prozess‹,
Frankfurt 1976; John M. Grandin, Kafka's Prussian Advocate. A Study of the Influence of
Heinrich von Kleist on Franz Kafka, Columbia 1987. Weiterhin ist etwa ein gutes Dutzend
Aufsätze zu einzelnen Aspekten oder Textvergleichen zu verzeichnen (vgl. dazu Anm. 3).

[2] Um nur einige Stichworte zu nennen: Biographisch verbindet beide Autoren eine ähnliche psychische, melancholische Disposition. Beide haben eine ›Lieblingsschwester‹ (Ulrike/Ottla), beide kämpfen (vergeblich) um die Anerkennung der literarischen Existenz
durch die Familie, beide schreiben exzessiv Briefe an ihre Verlobten und scheitern am Versuch eines bürgerlichen Ehelebens. Prominente Themen und Motive in beiden Werken sind
Recht, Gesetz, Macht, Schuld, Täuschung, Missverständnis, Kontingenz, Familie. Substitutionsketten, Inszenierung des Gestischen und der Körperlichkeit, eine auf das Sprechen/
Vorlesen abzielende Syntax nenne ich beispielhaft für formale/stilistische Ähnlichkeiten.

den Autoren und Werken auftut, nicht schmälern zu können.[3] Letzteres lässt sich daran ablesen, dass die Konstellation von Kleist und Kafka neben besagten expliziten Auseinandersetzungen ein Heer an impliziten Seiten- und Querverweisen generiert hat, die sich eher einer intuitiv ›gefühlten‹ Verwandtschaft[4] beider Autoren zu verdanken scheinen. So wird in ausschließlich Kleist gewidmeten Beiträgen immer wieder auf Kafka verwiesen – und umgekehrt –, ohne dass dies an den jeweiligen Stellen umfassender thematisiert würde.[5] Auffälligerweise fällt auch in den Dankesreden zur Verleihung des Kleist-Preises öfters Kafkas Name.[6] Es scheint, als handele es sich hier immer wieder um einen spontan erfolgenden, sich an einzelnen Motiven oder Topoi entzündenden Kurzschluss zwischen beiden Autoren, der Kleist/Kafka als eine Konstellation etabliert hat, auf die in der Literaturwissenschaft jederzeit und ohne umfassendere Kontextualisierung zugegriffen werden kann: als sei es ganz selbstverständlich, dass Kleist- und Kafka-Philologie sich überkreuzen. Beda Allemanns Versuch, eine kritische und systematische Untersuchung beider Werke vorzunehmen und Ähnlichkeiten lediglich in der ›Tiefenstruktur‹ der Texte zu untersuchen, wurde erstaunlich wenig rezipiert bzw. eher kritisch bewertet. Anthony Stephens stellt zwar die Verdienste Allemanns um den

---

[3] Vgl. Peter-André Alt, Kleist und Kafka. Eine Nachprüfung. In: KJb 1995, S. 97–120. Alt widmet sich in seinem Aufsatz einer Analyse der unterschiedlichen historischen und geistesgeschichtlichen Kontexte, in denen Kleist und Kafka lebten und schrieben. Forschungsbeiträge zu dieser Autorenkonstellation, die beide Werke nur strukturell (statt auch historisch) verknüpften, seien nicht objektiv und hätten die Tendenz zum »sachlich unzureichenden philologischen Dilettantismus« (S. 97), so Alt. Im reichhaltigen Fußnotenapparat von Alts Aufsatz findet sich eine Aufzählung der bis dato relevanten Forschungsliteratur und -lage sowie eine Zusammenstellung sämtlicher Zitate Kafkas zu Kleist, weshalb ich in diesem Aufsatz auf eine unnötige Reproduktion derselben Angaben verzichte. Einen weiterführenden Überblick über die Forschungsliteratur sowie eine Darstellung der biographischen, thematischen und stilistischen Ähnlichkeiten zwischen Kleist und Kafka bietet Walter Hinderer, »Kleist bläst in mich wie in eine alte Schweinsblase«. Anmerkungen zu einer komplizierten Verwandtschaft. In: Franz Kafka und die Weltliteratur, hg. von Manfred Engel und Dieter Lamping, Göttingen 2006, S. 66–82, hier S. 66–73.

[4] Die Verwandtschaftsmetapher stammt von Kafka selbst, der Kleist Felice gegenüber als seinen »eigentlichen Blutsverwandten« bezeichnet hatte (Brief an Felice Bauer vom 2. September 1913. In: Franz Kafka. Briefe 1913–März 1914, hg. von Hans-Gerd Koch, Frankfurt a.M. 1999, S. 275).

[5] Eine willkürliche und beliebig erweiterbare Auswahl an Nachweisen: Heinz Politzer, Franz Kafka. Der Künstler, Frankfurt a.M. 1978, S. 13, 206, 537; Ralf R. Nicolai, Kafkas ›Prozess‹. Motive und Gestalten, Würzburg 1986, S. 44, 56, 248; Joseph Vogl, Ort der Gewalt. Kafkas literarische Ethik, München 1990, S. 25ff, 224; Hans H. Hiebel, Franz Kafka. Form und Bedeutung, Würzburg 1999, S. 209ff; Wolf Kittler, Die Geburt des Partisanen aus dem Geist der Poesie. Heinrich von Kleist und die Strategie der Befreiungskriege, Freiburg i.Br. 1987, S. 376ff, 397; Anthony Stephens, Kleist. Sprache und Gewalt, Freiburg i.Br. 1999, S. 337ff; Gerhard Schulz, Kleist. Eine Biographie, München 2007, S. 238.

[6] Siehe beispielsweise Monika Maron, Nach Maßgabe meiner Begreifungskraft. In: KJb 1993, S. 16–20; Wilhelm Genazino, Die Flucht in die Ohnmacht. Dankrede zum Kleist-Preis 2007. In: KJb 2008/09, S. 16–21; Arnold Stadler, Der Mensch will bleiben. Aber er muss gehen. Rede zur Verleihung des Kleist-Preises 2009. In: KJb 2010, S. 16–26.

Versuch einer rein theoretischen Argumentation heraus, hält aber dessen These, auf der inhaltlichen und thematischen Ebene ließen sich keinerlei Übereinstimmungen beider Werke nachweisen, für polemisch: Es sei nichts darin gewonnen, sich auf einen derart unbestimmten Begriff wie der ›Struktur‹ zurückzuziehen und thematische, inhaltliche und biographische Vergleiche kategorisch abzulehnen.[7]

Die Konstellation ›Kleist/Kafka‹, darauf weisen diese Auffälligkeiten hin, zehrt offensichtlich neben ihrer thematisch begründeten Evidenz davon, wiederholt und praktiziert zu werden. Mindestens seit Oskar Walzels (häufig zitierter) Bemerkung über den ›Heizer‹ – diese Erzählung habe »etwas Kleistisches«[8] – ist der Vergleich expliziert und bildet von da an einen beständig rezipierten Gegenstand. So konstatiert Walter Müller-Seidel schon 1962: »Die Wahlverwandtschaft zwischen Kafka und Kleist ist längst zu einem fest umrissenen Fragekreis der neueren Forschung geworden, der gedeutet sein will.«[9] Auffällig ist jedoch, dass der überwiegende Teil der literaturwissenschaftlichen Auseinandersetzung mit ›Kleist/Kafka‹ sowie die Streuung des Topos erst seit Ende der 60er Jahre erfolgt: Insbesondere in der zweiten Hälfte des 20. Jahrhunderts ist die Autorenkonstellation derart etabliert, dass die Möglichkeit, sie sporadisch aufzurufen, keine zwangsläufigen Einbußen in der Überzeugungskraft des Aufgerufenen zu verzeichnen hat – davon zeugt nicht zuletzt die Zurückhaltung, mit der auf Allemanns Beitrag reagiert worden ist. Walter Hinderer schreibt 2006 durchaus ernüchtert über diesen Umstand:

> [T]rotz einer Reihe von relevanten Studien wird die Parallelaktion immer noch häufiger beschworen als mit überzeugenden Argumenten nachgewiesen. Wahrscheinlich werden auch meine unvorgreiflichen Anmerkungen an diesem Dilemma wenig ändern können.[10]

Allemann indes hatte eine möglicherweise nicht unwichtige Vermutung bereits geäußert – nämlich, dass die diffuse Präsenz von ›Kleist/Kafka‹ nicht zuletzt mit Grundfragen literaturwissenschaftlichen Vorgehens verwoben sein könnte:

---

[7] Die Analyse Allemanns (er argumentiert insbesondere mit Kafkas Bild des ›stehenden Sturmlaufs‹, das ein auch in Kleists Werk innewohnendes Paradox zum Ausdruck bringe und mit einem invertierten Zeit-Begriff zu tun habe) erfordert eine detailliertere Auseinandersetzung, als sie an dieser Stelle geleistet werden kann. Vgl. Beda Allemann, Kleist und Kafka. Ein Strukturvergleich [1980]. In: Ders., Zeit und Geschichte im Werk Kafkas, hg. von Diethelm Kaiser und Nikolaus Lohse, Göttingen 1998, S. 169–188, sowie Anthony Stephens, Name und Identitätsproblematik bei Kleist und Kafka. In: Jahrbuch des freien deutschen Hochstifts 1985, S. 223–259. Allemanns Aufsatz ist, soviel sei an dieser Stelle festgehalten, in seiner verschwommenen Radikalität ein ganz besonders symptomatisches Beispiel dafür, dass der Konstellation ›Kleist/Kafka‹ ›etwas Unsichtbares‹ zu eignen scheint, das sich in ähnlichen Themen, Motiven oder Lebensläufen nicht erschöpft.

[8] Oskar Walzel, Logik im Wunderbaren. In: Berliner Tageblatt vom 6. Juli 1916, wiederabgedruckt in: Franz Kafka. Kritik und Rezeption zu seinen Lebzeiten 1912–1924, hg. von Jürgen Born, Frankfurt a.M. 1979, S. 143.

[9] Walter Müller-Seidel, Geleitwort zu Heinrich von Kleist. In: Heinrich von Kleist. Vier Reden zu seinem Gedächtnis (Jahresgabe der Heinrich-von-Kleist-Gesellschaft), Berlin 1962, S. 7.

[10] Hinderer, Anmerkungen zu einer komplizierten Verwandtschaft (wie Anm. 3), S. 66.

[Z]wischen der intuitiv erfaßten und von Kafka bestätigten »Blutsverwandtschaft« und ihrem konkreten Nachweis durch Textvergleichung [besteht] eine Diskrepanz. Sie spiegelt sich getreulich in dem Umstand, daß auf die eigentliche Nähe Kafkas zu Kleist immer wieder einmal hingewiesen worden ist, ein überzeugender Verwandtschaftsnachweis aber meines Wissens nicht vorliegt. Das braucht keineswegs gegen die Verwandtschaft zu sprechen. Es könnte schließlich auch am Ansatz und an der Methode der Verifizierungsversuche liegen.[11]

Das Ungleichgewicht zwischen methodologischer Selbstthematisierung der Autorenkonstellation einerseits und Beliebtheit des Topos andererseits arbeitet dem Versuch einer Meta-Systematisierung zu, denn bei ›Kleist/Kafka‹ scheint es sich um mehr zu handeln als um den bloßen Vergleich zweier bedeutender Autoren. Gerade die Tatsache, dass ›Kleist/Kafka‹ erst seit Ende der 60er Jahre zunehmend an Präsenz gewinnt – also gleichzeitig mit methodischen Umstrukturierungen des Fachs und literaturtheoretischen Debatten einhergeht –, figuriert sie als eine paradigmatische Konstellation nicht nur für Fragen nach methodologischen Diskursen und Lektüreverfahren, sondern auch für das Konzept von Moderne, das in diesen Diskursen und Lektüreverfahren verhandelt (oder gar generiert) wird. Sowohl Kleist als auch Kafka gehören zu jenen Autoren, an denen sich der Poststrukturalismus regelrecht abgearbeitet hat, die immer wieder gelesen und in den Dienst diverser *turns* genommen wurden. Die prägnantesten Beispiele für diese Beobachtungen sind vielleicht ›Das Erdbeben in Chili‹, ›Vor dem Gesetz‹ und ›Das Urteil‹ bzw. die um diese Texte kreisenden Einführungen in die Literaturtheorie.[12]

Systemtheoretisch gesprochen könnte also anhand dieser Paradigmatizität von ›Kleist/Kafka‹ eine Beobachtung zweiter Ordnung durchgeführt werden, die nicht nur auf etablierte Lektüreverfahren zu fokussieren vermag, sondern auch sichtbar machen könnte, ob es sich bei der ›Kleist/Kafka‹-Konstellation möglicherweise um ein selbstreflexives Verweisungsgeflecht handelt, das mit der ähnlichen Geschichte und Art der Rezeption beider Autoren eng zusammenhängt. Zum einen gehören Kleist und Kafka für sich zu jenen Autoren, die eine enorme Aufmerksamkeit in der Forschung erfahren haben. Susan Sontags Diktum, Kafka sei »Opfer einer Massenvergewaltigung durch nicht weniger als drei Armeen von Interpreten geworden«[13] und der Topos des Zu-Tode-Interpretierens ist in der Forschung längst zu einem geflügelten Wort avanciert und könnte angesichts der bloßen Quantität an Forschungsbeiträgen wohl für beide Autoren gleichermaßen beansprucht werden.[14] Nicht selten wurde (insbesondere in Kafkas Fall) erbittert um

---

[11] Allemann, Kleist und Kafka (wie Anm. 7), S. 171f.

[12] Siehe David E. Wellbery (Hg.), Positionen der Literaturwissenschaft. Acht Modellanalysen am Beispiel von Kleists ›Das Erdbeben in Chili‹, München 1985; Klaus-Michael Bogdal (Hg.), Neue Literaturtheorien in der Praxis. Textanalysen von Kafkas ›Vor dem Gesetz‹, Opladen 1993; Oliver Jahraus und Stefan Neuhaus (Hg.), Kafkas ›Urteil‹ und die Literaturtheorie. Zehn Modellanalysen, Stuttgart 2002.

[13] Susan Sontag, Kunst und Antikunst. 24 literarische Analysen, München 1980, S. 16.

[14] Beschwerden über den Meinungspluralismus bei Kleist finden sich schon zu seinem 150. Geburtstag. So bemerkt etwa Josef Nadler 1927: »Nachdem Goethes ›Faust‹ heute so ziemlich ausgeschrotet ist, wurde Kleist und sein Werk über Nacht zum Modegegenstand ungünstiger wie

die ›richtige‹ Lesart gestritten[15] und sind Forschungsbeiträge ob der Frage nach ihrer Notwendigkeit in beinahe entschuldigendem Ton aufgetreten.[16] Zum anderen wurde den Texten beider Autoren wiederholt eine herausragende Anschlussfähigkeit an die Literaturtheorie attestiert. David E. Wellbery beruft sich in der Einleitung zu seinem ›Modellanalysen‹-Band über das ›Erdbeben in Chili‹ auf eine grundsätzliche Dichte und Vielschichtigkeit des Textes, der ihn für verschiedene Methoden und Lesarten qualifiziere. Klaus-Michael Bogdal schreibt über die Wahl von Kafkas ›Vor dem Gesetz‹ für seinen Band über ›Literaturtheorien in der Praxis‹, dass es sich um ein charakteristisches Beispiel Kafka'scher Texte handele, die »in den uns vertrauten allegorischen und symbolischen Mustern«[17] nicht aufgingen. Bei Oliver Jahraus und Stefan Neuhaus, den Herausgebern der ›Modellanalysen‹, heißt es, ›Das Urteil‹ sei vor allem deswegen geeignet, literaturwissenschaftliche Verfahrenweisen der Interpretation zu demonstrieren, weil der Text zahlreiche »biographische, strukturelle und thematische Zusammenhänge«[18] aufweise. Auch der 2008 erschienene, von Rüdiger Campe herausgegebene Band zu ›Penthesilea‹ steht mit seinem Untertitel ›Exemplarische Studien über die literarische Referenz‹ in der Tradition dieses Kreisens um einen Text.[19] Den Diagnosen und Begründungen all dieser Herausgeber zufolge eignet den Texten Kleists bzw. Kafkas eine strukturelle Offenheit und Heterogenität, die für die Erprobung literaturtheoretischer Fragestellungen eine ideale Fläche bildet.

---

günstiger Auslegerei. […] Kleists Werk wird zu Tode interpretiert«; Josef Nadler, Zu Kleists Geburtstag an den Rand geschrieben. In: Ostdeutsche Blätter 1.2 (1927), zit. nach NR 469.

[15] Deleuze und Guattari wettern: »So sind die drei ärgerlichsten Themen vieler Kafka-Interpretationen gerade die Transzendenz des Gesetzes, die Innerlichkeit der Schuld und die Subjektivität der Aussage. Sie hängen mit sämtlichen Dummheiten zusammen, die über die Allegorie, die Metapher und den Symbolismus bei Kafka geschrieben worden sind« (Gilles Deleuze und Félix Guattari, Kafka. Für eine kleine Literatur, Frankfurt a.M. 1976, S. 62f.).

[16] So zum Beispiel Heinz-Ludwig Arnold im Vorwort des ›Text + Kritik‹-Sonderbandes zu Kafka: »[S]eit etwa fünfzehn Jahren, konkreter seit Erscheinen der Kritischen Kafka-Ausgabe, habe ich über einen solchen Band nachgedacht, immer unter dem Vorbehalt: Soll man die kaum mehr zu überschauende Literatur über Kafka noch um ein weiteres Buch vermehren?«; Heinz-Ludwig Arnold (Hg.), Text + Kritik. Zeitschrift für Literatur.. Sonderband. Franz Kafka, München 1994, S. 7. – Auch bei Sembdner findet sich der Topos einer übermächtigen Forschung, die ein unheimliches Eigenleben entwickelt zu haben scheint: Er zitiert Georg Minde-Pouet, demzufolge der »alte Fluch, der über dem Menschen und Dichter Kleist lag« auch jetzt noch in der Forschung weiterwirke. »Bei den Bemühungen um Kleist meint man auch heute gelegentlich etwas von diesem Fluch verspüren zu können«, so Sembdner (Helmut Sembdner, Einleitung. In: NR, S. 11–15, hier S. 15).

[17] Bogdal, Vor dem Gesetz (wie Anm. 12), S. 9.

[18] Jahraus und Neuhaus, Das Urteil (wie Anm. 12), S. 29.

[19] Das Selbstverständnis dieser ›Exemplarischen Studien‹ ist, wenn sie auch an Wellbery, Bogdal und Jahraus und Neuhaus anschließen, ein anderes. Campe nutzt den Begriff der Exemplarität um zu thematisieren, was auch diese Überlegungen leitet, nämlich die *Wechselwirkung* zwischen »Exemplarität der Interpretation und Exemplarität des Textes«; Rüdiger Campe, Intensiv und Extensiv. Kleists ›Pentesilea‹ und falsche Alternativen der Literaturtheorie. In: Penthesileas Versprechen. Exemplarische Studien über die literarische Referenz, hg. von Rüdiger Campe, Freiburg i.Br. 2008, S. 7–16, hier S. 9.

Zentral für das Verstehen dieser Beobachtung ist die Tatsache, dass es sich bei diesen beispielhaft angelegten Modellinterpretationen (und darüber hinaus) immer um Lektüreverfahren handelt, d.h. um das Lesen eines literarischen Textes auf gewisse Merkmale und Topoi hin: der Text fungiert als Anwendungsfolie und wird unter rezeptionstheoretischen, semiotischen, psychoanalytischen, sozialgeschichtlichen, feministischen usw. Gesichtspunkten gelesen. Wenngleich es sich um ein Nebeneinander methodischer Ansätze handelt und den genannten Herausgebern tatsächlich an einer an den unterschiedlichen Forschungsbeiträgen ausgetragenen Sichtbarmachung der Komplexität der jeweiligen literarischen Texte gelegen ist, kann die Praxis des konzentrierten Lesens (gleich unter welchen Gesichtspunkten) doch grundsätzlich als eine poststrukturalistische klassifiziert werden: Gemein ist allen Lektürevarianten eine Tendenz zur Abstraktion und Systematisierung, die Anerkennung einer Dissemination von Sinn, Bedeutung und Subjekt sowie ein Wissen um die Uneinholbarkeit der Differenz des Zeichens. Die Literaturwissenschaft hat den Prozess dieser Enthistorisierung und -ideologisierung ihrer Tätigkeit seit Ende der 1960er Jahre als einen der Verwissenschaftlichung und Versachlichung verstanden, deren zentrales Merkmal eine Fokussierung auf ›den Text‹ (d.h. das Zeichen) ist und die, insbesondere als Dekonstruktion expliziert, einem hermetischen (Text- und Analyse-)System zuarbeitet, das nicht mehr reflektierbar und damit zirkulär ist. Der Begriff der ›Methode‹ gewinnt in diesem Zuge an (positiver wie negativer) Bedeutung; die Literaturwissenschaft hat sich zunehmend als eine lesend den Text aufarbeitende Tätigkeit begriffen.[20]

Vor dem Hintergrund dieser Beobachtungen verschiebt sich der Status von ›Kleist/Kafka‹, und die Autorenkonstellation wird nun lesbar als ein Effekt der emphatischen Aufmerksamkeit für jeden einzelnen dieser Autoren sowie der Aneignung von Kleists und Kafkas Texten durch die Literaturwissenschaft mittels ihres konzentrierten, wiederholten Gelesen-Werdens. Die Frage nach der ›Kleist/Kafka‹-Konstellation gerinnt zu einer Frage nach den Verfahren, denen Kleist und Kafka unterzogen wurden – d.h. neben thematischen oder formalen Ähnlichkeitsevidenzen muss auch die Geschichte der Entstehung von ›Kleist/ Kafka‹ bedacht werden, denn die Lektüren an den Texten dieser beiden Autoren scheinen derart ähnlich verlaufen zu sein, dass sie damit an der Generierung ihrer

---

[20] Zur Methodengeschichte und -ausdifferenzierung in der Germanistik siehe beispielsweise Jost Hermand, Geschichte der Germanistik, Reinbek 1994. Dass speziell die Dekonstruktion sich dem Begriff der Methode konsequent verweigert, in diesem Verweigerungsgestus jedoch ausgesprochen Schule machend war, bedürfte insbesondere auch hinsichtlich des ›Kleist/Kafka‹-Komplexes einer genaueren Untersuchung. Erinnert sei beispielhaft an Werner Hamachers Bitte an David Wellbery, in dem ›Erdbeben‹-Band statt der angewandten Methode als Überschrift für den jeweiligen Beitrag – in seinem Falle zu einer dekonstruktivistischen Lektüre – lediglich drei Sternchen zu setzen; genannt sei weiterhin der paradoxe und äußerst symptomatische Effekt der Methodologisierung der dekonstruktivistischen Verweigerungsgeste wie z.B. in diesem besonders emphatischen, Derridas Kafka-Lektüre gewidmeten Aufsatz: »Überhaupt wird die Dekonstruktion nicht von außen herangeführt, sondern deckt sich als schon vorgängig im Text auf«; Roger Jansen, Gesetz, Text und Literatur. Derridas Kafka-Lektüre. In: Zeitschrift für Germanistik 3.3 (1993), S. 624–636.

ausgesprochen wirksamen und überzeugenden Konstellation mitgewirkt haben. Zwar wurde die ›Verwandtschaft‹ Kleists und Kafkas zu einem Topos, den nicht zuletzt Kafka selbst angestoßen hat und der bereits zu seinen Lebzeiten thematisiert wurde, doch ist die Veränderung zentral, die Kleist und Kafka im Laufe der Rezeption durchlaufen haben und die der Autorenkonstellation erst retrospektiv ihren paradigmatischen Status verleiht. Bei ›Kleist/Kafka‹ handelt es sich also erst vor dem Hintergrund der zahlreichen Lektüren beider Autoren unter methodologischen Prämissen um ein Paradigma, und nur in diesem ›Blick zurück‹ funktioniert ›Kleist/Kafka‹ als Benennungsmöglichkeit und Ort der Sichtbarmachung für den poststrukturalistischen Topos des Lektüreverfahrens und seiner Figuration von Moderne.

II.

Es gilt zu überlegen, welche weiterführenden Fragen sich aus den dargelegten Beobachtungen und Auffälligkeiten ableiten lassen – insbesondere sofern ›Kleist/ Kafka‹ nicht nur als ein für poststrukturalistische Methoden paradigmatisches Autorenpaar bestimmt werden soll. Vielmehr scheint dieser Sachverhalt an sich symptomatisch zu sein dafür, dass ein bestimmtes, von der Literaturwissenschaft entwickeltes Konzept von ›Moderne‹ von den Wechselwirkungen zwischen bestimmten literarischen Text- und Kompositionsverfahren und deren Lektüre nicht zu trennen ist. Aus zweierlei Gründen bietet sich Giorgio Agambens Essay ›Was ist ein Paradigma?‹[21] für eine Annäherung an diese Überlegungen an. Zum einen bietet der Text eine Auseinandersetzung mit dem Begriff des Paradigmas, dessen Eigenschaften auch ›Kleist/Kafka‹ zu erhellen versprechen. Damit ließe sich zum Beispiel verstehen, wie sich die Autorenkonstellation etabliert hat und warum sie in Kleist- und Kafka-Philologie derart prominent vertreten ist. Darüber hinaus lässt sich an seinen rhetorischen Strategien (d.h. der Art und Weise, wie er andere Texte und Denker lesend vorstellt) ablesen, dass (und wie) Agamben selbst in einer langen Reihe von Lektüreverfahren steht, um die es hier geht und für die ›Kleist/Kafka‹ paradigmatisch einsteht.

Wie also verfährt ›Was ist ein Paradigma?‹? Agamben zieht sich in seinem Essay anfangs auf die Darstellungen und Äußerungen Thomas S. Kuhns und Michel Foucaults zurück. Wenngleich das Paradigma eine lange Wirkungsgeschichte angefangen bei Platon und Aristoteles zu verzeichnen hat, war es insbesondere Kuhns Studie ›Die Struktur wissenschaftlicher Revolutionen‹, die den Begriff des Paradigmas in neuere Theoriedebatten einbrachte und, ausgehend von der Frage nach wissenschaftlichem Fortschritt, den Paradigmenwechsel als Anzeichen für sogenannte ›wissenschaftliche Revolutionen‹ einführte: Eine wissenschaftliche Theorie, die den Status eines Paradigmas habe, könne erst dann für ungültig erklärt werden,

---

[21] Giorgio Agamben, Was ist ein Paradigma? In: Ders., Signatura rerum. Zur Methode, aus dem Italienischen übersetzt von Anton Schütz, Frankfurt a.M. 2009, S. 11–39.

»wenn ein anderer Kandidat vorhanden ist, der ihren Platz einnehmen kann«.[22] Weder Paradigmen noch Paradigmenwechsel haben zwangsläufig mit der Richtigkeit bzw. Berechtigung des jeweiligen Gegenstandes zu tun: »In der Tat folgt aus der Existenz eines Paradigmas nicht einmal, daß irgendein vollständiges System von Regeln vorhanden ist«.[23] Vielmehr zehrt das Paradigma von Praktiken einer an ihm partizipierenden Wissen(schaft)sgemeinde, denn es bildet in seinem beispielhaften Charakter eine »Konstellation von Meinungen, Werten, Methoden«[24] ab bei gleichzeitiger Hervorbringung (und Verteidigung) dieser Konstellation durch das Paradigma selbst, d.h. es ist »notwendigerweise zirkulär«.[25] Das Paradigma, so Agamben über Kuhn, sei

> einfach ein Beispiel, ein bestimmter einzelner Fall, der kraft seiner *Wiederholbarkeit* die Fähigkeit erworben hat, das Verhalten und die Praktiken der Wissenschaftler *stillschweigend* zu modellieren. So übernimmt das Paradigma die *Befehlsgewalt* der Regel, und die Logik des spezifischen, einzelnen Beispiels tritt an die Stelle der universalistischen Logik des Gesetzes.[26]

Die Nähe Kuhns und Foucaults sei, schreibt Agamben, bereits häufiger bemerkt worden und habe vor allem mit der Ersetzung der Untersuchung von Subjekten (bei Kuhn: den konkreten Regeln einer Wissenschaftsgemeinde; bei Foucault: der Legislative) durch machterhaltende Dispositive (Kuhn: Paradigmen, die wissenschaftliches Verhalten regeln; Foucault: politische Disziplinen und Techniken des Staates zur Unterwerfung des Individuums) zu tun.[27] Die Eigenschaft des Paradigmas, stillschweigend (d.h. strukturell unbewusst) einen Diskurs zu modellieren, sich in diesem aufgrund von Wiederholungen zu etablieren und damit wiederum von ihm zehren zu können, findet sich so weder bei Kuhn noch bei Foucault expliziert, ist jedoch evident.

Dass Foucault den Begriff des Paradigmas (wohl zugunsten des Epistems) insbesondere in der ›Archäologie des Wissens‹ eher vermeidet, ist für Agambens Fragestellung nebensächlich.[28] Er zielt darauf ab, dass das Paradigma »den charakteristischsten Zug der Foucaultschen Methode bildet«,[29] mithin also zwar nicht explizit als solches thematisiert, sondern in seiner Wirkungsweise ausgestellt wird: Der Panoptismus beispielsweise, den Foucault in ›Überwachen und Strafen‹ analysiert, sei eines von mehreren historischen Phänomenen, die jeweils als Paradigma »über einen viel weiteren Problemkontext entscheiden«.[30] Das Paradigma funktio-

---

22 Thomas S. Kuhn, Die Struktur wissenschaftlicher Revolutionen, aus dem Amerikanischen übersetzt von Kurt Simon, Frankfurt a.M 1967, S. 90.

23 Kuhn, Struktur wissenschaftlicher Revolutionen (wie Anm. 22), S. 58.

24 Kuhn, Struktur wissenschaftlicher Revolutionen (wie Anm. 22), S. 186.

25 Kuhn, Struktur wissenschaftlicher Revolutionen (wie Anm. 22), S. 106.

26 Agamben, Was ist ein Paradigma (wie Anm. 21), S. 14 (Hervorhebung A.L.S.).

27 Vgl. Agamben, Was ist ein Paradigma (wie Anm. 21), S. 14f.

28 Eher knapp geht er dem ›Rätsel‹ der (Nicht-)Bezugnahmen Foucaults auf Kuhn und dem Paradigmen-Begriff nach und schließt auch ›persönliche Motive‹ nicht aus; vgl. Agamben, Was ist ein Paradigma (wie Anm. 21), S. 15f.

29 Agamben, Was ist ein Paradigma (wie Anm. 21), S. 21.

30 Agamben, Was ist ein Paradigma (wie Anm. 21), S. 21.

niere zudem nicht metaphorisch (also durch die Übertragung eines Signifikats) sondern analogisch, d.h. es vermag in seiner Singularität zu sprechen und sich gleichzeitig darüber hinaus auf ein größeres Ensemble öffnen. Es zeichnet sich ab, um welche Eigenschaft des Paradigmas es wirklich geht, nämlich um seine Nutzbarkeit und damit Performanz. Erst am Ende des Essays spricht Agamben eher am Rande vom »Arbeiten mit Paradigmen«,[31] dabei ist dies der zentrale Punkt seines Textes: zu fragen, was ein Paradigma sei und gleichzeitig mit ihm zu operieren und es als eigene Methode auszustellen.

Agamben konzentriert sich im Folgenden, ausgehend von Aristoteles' Bestimmung des Paradigmas als eines Teils, der sich zu einem Teil verhält, auf »eine dritte und paradoxe Art der Bewegung, das Fortschreiten vom Partikularen zum Partikularen.«[32] Das Paradigma durchbreche eine gewohnte epistemologische Struktur, in der sich Dinge zueinander nach dem Verhältnis Partikularität/Universalität, also dichotomisch, strukturierten. Stattdessen trete es als ein Drittes in Erscheinung, das zwar von der Dichotomie aus betrachtet werden müsse, selbst aber unentscheidbar bleibe: »[E]s [ist] unmöglich, die Paradigmatizität des Beispiels, seine Geltung für alle Fälle, davon abzuheben, daß das Beispiel stets nur je ein Fall unter anderen ist.«[33] Ein Paradox, das Agamben auch in der ›Kritik der Urteilskraft‹ formuliert findet, in der Kant über die Notwendigkeit des ästhetischen Urteils schreibt, es habe die Form eines exemplarischen Beispiels, dessen Regel jedoch nicht angegeben werden könne.[34] Wenn jedoch das Paradigma, wie das ästhetische Urteil, die Unmöglichkeit einer Regel voraussetze bzw. diese fehle oder nicht formulierbar sei – »woher bezieht dann das Beispiel seine Beweiskraft? Und wie ist es möglich, Beispiele für eine nicht angebbare Regel anzugeben?«[35] Die Lösung liegt in der Verabschiedung eines Modells, in der das Verhältnis von Beispiel und Regel metonymisch gedacht wird. Stattdessen steht jedes Beispiel, und damit das Paradigma, für mehrere Singularitäten, die jede an sich in eine allgemeine, *a priori* jedoch nicht formulierbare Regel verwandelt werden können.[36]

Die Anleihen bei Kant und eine auffallend metaphorische Rhetorik zur Beschreibung des Paradigmas – die Rede ist von einem »Kraftfeld« und »Magnetfeld«, von »Vektoren und Intensitäten«[37] – arbeiten einem weiteren wichtigen Aspekt zu, den Agamben herausstellt, nämlich der Intelligibilität. Sie bezeichnet jenes Charakteristikum des Paradigmas, dem in seiner etymologischen Bedeutung Ausdruck verliehen ist: *paradeíknymí* bedeutet ›neben sich zeigen‹, d.h. das Paradigma steht immer gleichzeitig neben dem, auf das es zeigt, es geht in der Klasse, der es zugehört, nicht auf, sondern konstituiert sie allererst und macht sie damit kontingent. Trotz der Gleichzeitigkeit bzw. -wertigkeit von Paradigma und seiner Intelligibilität scheint letztere eine Privilegierung zu erfahren, denn es gehöre laut

---

[31] Agamben, Was ist ein Paradigma (wie Anm. 21), S. 37.
[32] Agamben, Was ist ein Paradigma (wie Anm. 21), S. 23.
[33] Agamben, Was ist ein Paradigma (wie Anm. 21), S. 24.
[34] Vgl. Agamben, Was ist ein Paradigma (wie Anm. 21), S. 25.
[35] Agamben, Was ist ein Paradigma (wie Anm. 21), S. 25
[36] Vgl. Agamben, Was ist ein Paradigma (wie Anm. 21), S. 26.
[37] Agamben, Was ist ein Paradigma (wie Anm. 21), S. 24.

Agamben zu der »spezifischen Leistung« der Erkennbarkeit des Paradigmas, »ihren empirischen Datencharakter zu suspendieren und zu deaktivieren, um nur ihre Intelligibilität zu zeigen«.[38] Spätestens an dieser Stelle wird klar, dass Agamben in seiner Analyse das Paradigma nicht nur zu lesen, sondern auch zu performieren versucht, denn er unterstellt dem Paradigma eine Strategie (Suspendierung und Deaktivierung der eigenen Erkennbarkeit zum Zwecke des Ausstellens der Intelligibilität), die er selbst verfolgt. Ein Paradigma existiert nur so lange, wie es selbst paradigmatisch ist, sich also in einer Bewegung des Neben-sich-Zeigens zwischen beispielhafter Singularität und Konstituierung der Regel einer übergeordneten Klasse befindet. Sobald dieser dritte Ort – das »Kraftfeld«, wie Agamben es nennt – verlassen wird zugunsten einer Erkennbarkeit allein der bloßen Singularität des Paradigmas (d.h. des Inhalts, der das Paradigma zuallererst begründete), zerfällt es. Damit verlöre es jene Diskursmacht, die Kuhn als »Begriffsnetz« beschreibt,[39] durch welches Wissenschaft zu betrachten erst möglich ist und die bei Foucault im Terminus des ›Formationssystems‹ thematisiert wird, in welchem Aussagen »durch die Regelmäßigkeit einer Praxis«[40] stabilisiert werden. Das Paradigma hat also in erster Instanz eine pragmatische, dienende Funktion: Es vermag, so Agamben über Paradigmen, die er auch für seine eigene Arbeit veranschlagt (den *Homo sacer*, das Konzentrationslager, den *Muselmann* usw.), »eine Serie von Phänomenen intelligibel zu machen, deren Herkunft aus dem Blickfeld des Historikers fast oder ganz entschwunden war.«[41]

Das Paradigma jedoch, nach dem Agamben in seinem Essay fragt, ist selbst solch ein Phänomen, dessen Herkunft er deswegen nachspüren muss, weil es – wie anhand Foucaults und nicht zuletzt Agambens Werk selbst erläutert – die methodologische Grundlage bildet für (eine im weitesten Sinne historische) Wissenschaft. Agamben befragt daher nicht nur Kuhn, Foucault, Aristoteles, Kant und andere auf einer inhaltlichen Ebene zum Paradigma, sondern versucht auch formal, den paradigmatischen Charakter seines Essays auszustellen: Das beinahe fragmentarische, etwas assoziative Nebeneinanderstellen kurzer Textstellen diverser Denker (statt detaillierter Analysen) deaktiviert eine klare Definition (d.h. Erkennbarkeit) des Gegenstands; und die rhetorisch auffällig verwaschenen Momente des Essays sowie Agambens Rede von ›Kraft- und Magnetfeldern‹ und ›Intensitäten‹ sind der Versuch, jene Unentscheidbarkeit einzuführen, die das Paradigma benötigt, um intelligibel zu werden für die methodologischen Fragestellungen, um die es eigentlich geht. Entsprechend praktiziert Agamben am Schluss seines Essays zwar einen Rückzug in die Metaphysik:

---

[38] Agamben, Was ist ein Paradigma (wie Anm. 21), S. 31.

[39] Vgl. Kuhn, Struktur wissenschaftlicher Revolutionen (wie Anm. 22), S. 115.

[40] Michel Foucault, Archäologie des Wissens, aus dem Französischen übersetzt von Ulrich Köppen, Frankfurt a.M. 1973, S. 108.

[41] Agamben, Was ist ein Paradigma (wie Anm. 21), S. 38.

> Wird schließlich gefragt, ob denn die Paradigmatizität tatsächlich in den Dingen liege
> und nicht etwa bloß im Geiste des Forschers, so ist meine Antwort, daß diese Frage
> keinerlei Sinn hat. [...] Es gibt so etwas wie eine Ontologie des Paradigmas.[42]

Doch ließe sich dieser Abschluss zumindest insofern als methodische Notwendig-keit lesen, als eine eindeutige Verortung des Paradigmas (Dinge/Forscher) jener Dichotomie zugearbeitet hätte, die Agamben zu verabschieden erklärt hatte, so dass paradoxerweise ausgerechnet die Erklärung einer Ontologie des Paradigmas den performativen Charakter der Analyse zu bewahren versucht.

Der entscheidende Aspekt an Agambens Untersuchung ist somit sicherlich die Herausarbeitung des Zusammenhangs von Paradigma und Paradigmatologie, d.h. der Verweis auf die Metaebene, derer es bedarf, sofern ein Paradigma untersucht werden soll, ohne es zu einem bloßen Beispiel gerinnen zu lassen, das nur auf sich (statt: neben sich) zeigt. Damit bietet sich der Begriff des Paradigmas nicht nur für die Untersuchung jener (historischen) Dinge oder Phänomene an, die in ihrer Singularität auch auf die Funktionsweisen eines Diskurses zu fokussieren vermö-gen: Das Paradigma verspricht immer auch, methodologische Fragestellungen an sich selbst mitzuverhandeln.[43]

III.

Der Agamben-Text zeigt auf der einen Seite, welche Aspekte für ein Paradigma zu veranschlagen sind, und gibt sich auf der anderen Seite selbst paradigmatisch. Nicht zu unterschätzen ist die Frage nach dem Selbstverständnis des Essays: Agambens Überlegungen sind, scheint mir, keinesfalls ausschließlich als Antwort auf seine Frage, was ein Paradigma sei, zu verstehen. Er versucht keine wei-tere/andere Definition des Paradigmas, sondern nutzt es als ziemlich beliebigen Gegenstand zur Vorführung, wie ›diskursives Lesen‹ funktioniert. Daher auch der Untertitel seines Buches: ›Zur Methode‹. Nichtsdestotrotz können der Text und dessen Lektüre für ›Kleist/Kafka‹ eine Pointierung des Sachverhalts leisten sowie eine rhetorische Folie bieten, anhand derer die Relevanz der Autorenkonstellation für und über die Kleist- und Kafka-Philologie hinaus bestimmt werden kann.

Das wahrscheinlich wichtigste Moment des Paradigmas liegt in seiner Zirkulari-tät – es bringt die Regel erst hervor, die es konstituiert. Kuhn schreibt über die Wahl eines Paradigmas durch eine Forschergruppe, dass letztere immer »ihr eige-nes Paradigma zur Verteidigung eben dieses Paradigmas«[44] verwende, d.h.: Die Frage nach der Genese eines bestimmten Paradigmas ist für jene, die an ihm parti-

---

[42] Agamben, Was ist ein Paradigma (wie Anm. 21), S. 38.

[43] Die Ergebnisse der Auseinandersetzung mit einem Begriff wie dem des Paradigmas folgen natürlich der Grundeinsicht einer unhintergehbaren Selbstreferentialität von Theo-rien mit Universalitätsanspruch: »Theorien mit Universalitätsanspruch sind leicht daran zu erkennen, daß sie selbst als ihr eigener Gegenstand vorkommen [...]. Theorien mit Uni-versalitätsanspruch sind also selbstreferentielle Theorien. Sie lernen an ihren Gegenständen immer auch etwas über sich selbst« (Niklas Luhmann, Soziale Systeme. Grundriß einer allgemeinen Theorie, Frankfurt a.M. ⁴1993, S. 9f.).

[44] Kuhn, Struktur wissenschaftlicher Revolutionen (wie Anm. 22), S. 106.

zipieren, nicht beantwortbar: Sofern das Paradigma benutzt oder zitiert wird, scheint der Blick auf den Kontext der Wahl des Paradigmas verstellt zu sein. Letzteres wird damit lesbar als eine besonders prägnante Figuration des systemtheoretischen ›blinden Flecks‹, also der Unmöglichkeit einer vollständigen Selbstbeobachtung. Das heißt für die Konstellation ›Kleist/Kafka‹, dass ihr zwar (über Jahrzehnte hinweg) genug Potential für eine Etablierung im Forschungsdiskurs eignet, eine Positionierung oder Einordnung dieser Etablierung in diesem Diskurs aber nicht möglich scheint. Diese Schwierigkeit der Einordnung (d.h. der Selbstbeobachtung) hat mit einer Eigentümlichkeit des Diskurses selbst zu tun: Der interessante – und nur in der Meta-Systematisierung sichtbar werdende – Aspekt eines ›Kleist/Kafka‹-Paradigmas liegt nicht nur in seiner Fähigkeit, beispielhaft literaturtheoretische Methodendiskussionen abzubilden, sondern noch vielmehr in den Rückwirkungen Kleists und Kafkas auf die Literaturwissenschaft selbst. Wenn ›Kleist/Kafka‹ die Regel erst hervorbringt, die es konstituiert, bedeutet das in der Tat jene epistemologische Umstrukturierung, von der Agamben spricht – denn die beiden Autoren selbst geben dann die (Lektüre-)Regeln für die Literaturwissenschaft vor statt umgekehrt. Der ›blinde Fleck‹ des ›Kleist/Kafka‹-Paradigmas figuriert damit zweifach, einerseits als Unmöglichkeit der ›Kleist/Kafka‹-Philologie, sich selbst methodologisch zu verorten (denn das erforderte eine Selbstbeobachtung) und andererseits als Platzhalter für ›Kleist/Kafka‹ selbst, die so lange nicht sicht- und lesbar werden können, wie sie sich als Paradigma im Diskurs halten.

Agambens Beharren auf der Intelligibilität des Paradigmas, die ein Effekt der Auslöschung des ›Datencharakters‹ desselben sei, versucht, die auch von Kuhn (und im weitesten Sinne von Foucault) betonte Diskursivität des Paradigmas ins Recht zu setzen: Relevant am Paradigma ist, dass es praktiziert und verbreitet (sowie: gelesen) wird: Seine Rhetorik übertrifft seinen Inhalt. Das gilt für ›Kleist/ Kafka‹ aber nur insofern, als das (selten kontextualisierte) Zirkulieren des Topos in der Forschung tatsächlich selbstreflexiv sein könnte und das Aufrufen des einen Autors im Lichte des anderen zunehmend intuitiv geschieht. ›Kleist/ Kafka‹ hätte sich also über Jahrzehnte hinweg ausgesprochen effektiv als Paradigma inszeniert (oder: inszenieren lassen), müsste aber in diesem Moment verpuffen als ein beliebter und enigmatischer, letztlich aber substanzloser Mythos der ›Kleist/Kafka‹-Philologie.

Indes bleibt die Verpuffung aus – denn wenn ein Paradigma ein Phänomen zweiter Ordnung ist und ausgerechnet das ›Kleist/Kafka‹-Paradigma ob seiner literaturtheoriegeschichtlichen Genealogie auf ebendiese Genealogie (d.i. den Poststrukturalismus) reflektiert, dann hebeln sich diese zwei Ebenen zweiter Ordnung aus und machen, indem man sie gegeneinander ausspielt, jenen Kristallisationspunkt zugänglich, um den ›Kleist/Kafka‹ wie auch die an ›Kleist/Kafka‹ durchgeführten Lektüreverfahren kreisen: den Text, also *die* zentrale Kategorie des Poststrukturalismus, die damit auch die Antwort auf die Frage bildet, wofür ›Kleist/Kafka‹ denn eigentlich paradigmatisch einsteht.[45] Das bedeutet zweierlei:

---

45 Die Problematik der paradoxen Statuierung einer ›Textprivilegierung‹ oder ›zentralen Größe‹ im Poststrukturalismus ist (gerade auch angesichts der Verabschiedung eines einzigen methodischen Regelwerks) natürlich evident, kann an dieser Stelle aber nicht detailliert

1. Nicht zuletzt aufgrund einer radikalen Erweiterung des Text-Begriffs ist der wohl wichtigste Effekt der Lektüreverfahren des Poststrukturalismus die Privilegierung des Texts als zentrale (und auch nur im Lesen dekonstruierbare) Größe. Wenn ›Kleist/Kafka‹ paradigmatisch für diesen Vorgang einsteht, muss paradoxerweise statuiert werden, dass das scheinbar konkrete Lesen der Texte in Wahrheit der Arbeit an ihrer Intelligibilität Vorschub geleistet hat. Es bedürfte damit ganz prinzipiell einer Auseinandersetzung mit jenem Problem, das auch diese Überlegungen bloß ein weiteres Mal reinszenieren, nämlich der Unhintergehbarkeit des ›blinden Flecks‹ eigener Methodologie und der Einschreibung dieser Blindheit in die Lektüreverfahren selbst. 2. In dem Versuch, ›Kleist/Kafka‹ als ein Paradigma zu bestimmen, hat sich abgezeichnet, dass die Autorenkonstellation auch als Effekt der sehr ähnlich verlaufenen Rezeption beider Autoren zu betrachten ist. Innerhalb dieses Paradigmas also bildet ›Kleist/Kafka‹ nichts anderes als den Rest seiner eigenen Lektüreverfahren ab, die aber vornehmlich Lektüreverfahren an Texten als solchen waren. Erst ein zweiter – gewissermaßen durch die Analyse des Paradigmas gebrochener – Blick könnte die Methodologie von Kleist und Kafka selbst ablösen und den Zugriff auf die literarischen Texte jenseits ihrer eigenen Paradigmatizität für die vergangenen Jahrzehnte des Lesens ermöglichen.

Rüdiger Campe schreibt in seiner Einleitung in die ›Exemplarischen Studien‹ zu ›Penthesilea‹ über die »avanciertesten Reaktionen« poststrukturalistischer Methodendiskussionen, Diskursanalyse und Dekonstruktion:

> In ihnen drängte sich gerade wegen des geschärften Methodenbewußtseins die Unverfügbarkeit des Gegenstandes des Verstehens auf. Nicht mehr weil irgendeine Heiligkeit den Text auszeichnete, sondern weil nie auszuschließen war, daß die Möglichkeiten der Methode im interpretierten Text selbst schon am Werke oder in ihm schon zu Fall gebracht sein könnten.[46]

Dass auch Diskursanalyse und Dekonstruktion keinesfalls ohne Geschichte sind, unhintergehbare Abstraktionen selbst bei deren Reflektierung nicht vorzuführen vermögen und also immer Teil ihres Tuns sind, ist zwar (inzwischen) ein Gemeinplatz, muss aber für eine Analyse von ›Kleist/Kafka‹ unter den dargelegten Gesichtspunkten gerade deswegen thematisiert werden. Die Diagnose, methodologisch reflektierbare Strukturen (sowie generell typisch poststrukturalistische Themen wie Gender, Race, Performanz etc.) seien in den Texten immer schon ›am Werk‹ oder von diesen dort längst ›zu Fall gebracht‹, argumentiert genauso wie der Topos der ›Anschlussfähigkeit‹, die Kleists und Kafkas Texten immer wieder attestiert wird, mit dem literarischen, zu lesenden Text (auch wenn dessen »Heiligkeit« verabschiedet wurde).

Möglicherweise wäre statt der Anschluss- eine Zirkelmetapher – und diese verkörpert das Paradigma – die treffendere Beschreibung dessen, was nur retrospek-

---

aufgefächert werden. Ganz grundsätzlich kann indes festgehalten werden, dass selbst bei aller Reflexion über den problematischen Status einer Privilegierung oder Zentrierung an sich, diese Aufarbeitung ›lesend‹ funktionieren muss und auch eine dekonstruktivistische Abwehrbewegung bzw. Analyse (inzwischen) als kulturwissenschaftlicher Text figuriert.

[46] Campe, Penthesileas Versprechen (wie Anm. 19), S. 8.

tiv ablesbar ist: Im Zuge poststrukturalistischer Lektüreverfahren und insbesondere in der Dekonstruktion wurden zunächst neue Lesarten und Kontexte an die Texte herangetragen, deren wichtigstes (größtenteils aus französischer und amerikanischer Philosophie geronnenes) Substrat in der Ersetzung dieser Lesarten und Kontexte durch Leerstellen bestand. Zugespitzt formuliert: Texte sind different und sinn-los, widerstehen der Theorie.[47] Die Anerkenntnis dessen steht programmatisch dafür ein, scheinbar ›nur auf den Text‹ ausgerichtete Lektüren zu unternehmen. Hier schließt sich der Kreis: In der Rückkehr zum Text und den ihm scheinbar vorgängigen Parameter begegnen sich die Lektüreverfahren selbst, und die beschworene Anschlussfähigkeit erweist sich als ein Wi(e)derlesen theoriegenerierter, in diesem (jahrelangen) Lesen in die Texte eingeschriebener Episteme.

Agamben schreibt, Paradigmen, die vergessene historische Phänomene abbilden, dürften nicht verwechselt werden mit »Hypothesen oder Versuche[n], die Moderne zu erklären durch ein Zurückführen auf einen ›Grund‹ oder historischen Ursprung.«[48] In der Tat wäre das ›Kleist/Kafka‹-Paradigma (wie im Übrigen auch das Werk Kleists und Kafkas) gewissermaßen epistemologisch überladen, wenn man es als Ursprungsort oder exklusiven Kristallisationspunkt für die Moderne bestimmte. Gleichwohl scheint es, dass eine wissenschafts- und diskurshistorische Aufarbeitung der Moderne sich dem ›Kleist/Kafka‹-Paradigma nicht entziehen kann: zu mannigfaltig die literaturtheoretischen Aspekte, die an ›Kleist/Kafka‹ ablesbar sind und paradigmatisch einstehen für alles, was im 20. Jahrhundert in der Literaturwissenschaft als diskursiv relevant bestimmt wurde, sei das die Privilegierung von ›Text‹ und ›Lektüreverfahren‹, die ›Anschlussfähigkeit‹ bestimmter literarischer Texte an kulturwissenschaftlich generierte Episteme oder eben die ›Evidenz‹, mit der Kleist und Kafka aufeinander bezogen werden. Für die ›Kleist/Kafka‹-*Konstellation* kann die Verstrickung von bestimmten literarischen Texten und den im 20. Jahrhundert diskutierten Topoi so zumindest als Grund bestimmt werden, warum die Nennung des einen Autors im Lichte des anderen ohne größere Kontextualisierungen derart überzeugend funktioniert (hat). Beide Autorennamen rufen bei ihrer Nennung nie nur ihre eigene Rezeptionsgeschichte auf, sondern immer auch eine ganze Kette vielfach diskutierter Themen und Begriffe, die in ›Kleist/Kafka‹ verkörpert sind.[49] – So endet dieser Aufsatz offen: als Versuch, den Status Quo eines auffälligen Topos in eine Frage nach dem epistemologischen Status von ›Kleist/Kafka‹ als mögliches Moderne-Paradigma umzuformulieren.

---

[47] Programmatisch (wohl auch paradigmatisch): Paul de Man, Der Widerstand gegen die Theorie, aus dem Amerikanischen übersetzt von Jürgen Blasius. In: Romantik, Literatur und Philosophie, hg. von Volker Bohn, Frankfurt a.M. 1987, S. 81–106.

[48] Agamben, Was ist ein Paradigma (wie Anm. 21), S. 37.

[49] Beispiele für solch typische Themen wären die Komplexe Gesetz/Macht/Autorität, Sprache/Stimme/Schrift oder Körper/Geschlecht/Performanz. Zu bedenken ist natürlich auch, dass solche Themenkomplexe verbunden sind mit Namen wie Benjamin, Adorno, Derrida, Deleuze, de Man, Butler, die nicht nur als (wenn auch teilweise anachronistische) ›Gründungsfiguren‹ für zentrale poststrukturalistische Topoi einstehen, sondern ihrerseits ja alle über Kleist und/oder Kafka geschrieben haben.

Simon Aeberhard

»WIR SIND HIER IN EINEM STÜCK VON EINEM STÜCK VON EINEM STÜCK.«

Kleists Penthesilea in Jelineks Theatertheater[1]

Auf die Umfrage ›Wie stehst du zu Kleist?‹, welche 2002 von den ›Heilbronner Kleist-Blättern‹ unter Politikern sowie Literatur- und Kunstschaffenden veranstaltet wurde, antwortete Elfriede Jelinek:

> Was mich an Kleist am meisten fasziniert, ist diese Mischung aus Ekstase und rationaler Überlegung. Einer, der im wahrsten Sinne des Wortes außer sich geraten kann, aber auch: denken. Er beobachtet, wie sich die Menschen gegenseitig das Herz herausreißen (und es essen), wie sie einander die Brust aufreißen, aber er schaut sich auch sehr genau an, was da zutage gefördert wird.[2]

Was klingt, wie eine gewöhnliche, wenn vielleicht auch in besonderem Maße kraus formulierte Auftrags-Reverenz, birgt in Wahrheit einiges an Dynamit. Will der vorliegende Artikel systematisch Jelineks Rezeption von Kleists literarischem Werk unter die Lupe nehmen, so zeigt sich dabei nicht zuletzt, dass in den hier betont unauffällig vorgetragenen Äußerungen mehr steckt, als einer flüchtigen Lektüre preisgegeben wird. Und dass in der beschriebenen »Mischung aus Ekstase und rationaler Überlegung«, die sich in der Figur der aufgerissenen Brust konzentriert, mithin auch eine poetologische Selbstaussage steckt. In zwei Theatertexten von Jelinek wird Kleist ausführlich zitiert: in ›Wolken.Heim.‹ und in ›Ein Sportstück‹. Die Kleist-Anleihen erweisen sich in beiden Fällen als Prüfsteine für Jelineks Zitierverfahren im Allgemeinen.

---

[1] Die hier dargestellten Überlegungen entstammen dem größeren Arbeitszusammenhang meines Dissertationsprojektes, das versucht, die Theatertextpoetiken Kleists und Jelineks mithilfe der sprachanalytischen Begrifflichkeit der Performativität zusammenzudenken. Das Projekt soll noch in diesem Jahr abgeschlossen werden.

[2] Elfriede Jelinek, Antwort auf die Umfrage: ›Wie stehst du zu Kleist?‹ vom 17. Mai 2002. In: Heilbronner Kleist-Blätter 13 (2002), S. 14.

I. ›Wolken.Heim.‹

Wer die Randbemerkung aus Elfriede Jelineks 1988 uraufgeführtem,[3] 1990 in Buchform[4] erschienenem Auftragswerk ›Wolken.Heim.‹ liest und Kleist dort in einer ganzen Reihe von Dichtern und Denkern des Deutschen Idealismus entdeckt, wird zunächst keine privilegierte intertextuelle Beziehung vermuten. Nachdem noch vor dem Stück ein ›Dank‹ an richtungweisende Inspirationsquellen ergeht, beschließt folgende, in für rahmende Nebentexte charakteristischer Kursivierung gehaltene Bemerkung den Stücktext: »*Die verwendeten Texte sind unter anderem von: Hölderlin, Hegel, Heidegger, Fichte, Kleist und aus den Briefen der RAF von 1973–1977*«.[5] Über den Status dieses Paratexts wird noch nachzudenken sein, ebenso wie über die Frage, was genau es bedeuten könnte, dass die referierten »Texte« hier offensichtlich nicht zitiert oder gelesen, sondern ›verwendet‹ werden. Zunächst einmal ist zu konstatieren, dass Jelineks Text selbst keine formalen Merkmale aufweist, die ihn als Theatertext kennzeichnen: Weder gibt es Figuren, die den Text in irgendeiner Weise spielen oder auch nur sprechen sollen, noch anderweitige Vorschläge einer szenischen Realisation zuhanden der Regie.[6] Der Text ist, mit den bereits beschriebenen Ausnahmen, ganz Haupttext – ohne Ort, ohne Sprecher und ohne visuelle Szene. Es gibt keine vor- oder außersprachliche *dramatis persona*, welcher sich die assoziativ vorgehende Rede als Sprechakt zuordnen ließe. Die Theatralität des 23 Abschnitte umfassenden Textblocks bleibt vorderhand eine paratextuelle Behauptung, die inhaltlich nicht auf den ersten Blick eingelöst wird. Höchstens noch als Monodrama einer, wenn auch unterbestimmten, im Selbstgespräch sich konstituierenden Sprecherinstanz ließe sich ›Wolken.Heim.‹ ins Klassifikationsschema dramatischer Formen, wenn auch nur ungenau,[7] einordnen. Die performative Konstitution dieser Sprecherinstanz, die dynamische Formation

---

[3] Der Text wird, mit dem programmatischen Zusatztitel ›Eine Invention zu Heinrich von Kleist‹ (und den entsprechenden Belegen aus dem ›Katechismus der Deutschen‹), am 21. September 1988 in der Bonner Halle Beuel im Rahmen des Zyklus ›Wir Deutschen‹ als ›Raumprojekt‹ in der Regie von Hans Hoffer uraufgeführt. Dem Stück gingen Vorarbeiten für Patricia Jüngers ›Ländlervariation über den Heimatbegriff‹ mit dem Obertitel ›Heller Schein‹ voraus (vgl. Corina Caduff, »Ich gedeihe inmitten von Seuchen.« Elfriede Jelinek – Theatertexte, Bern 1991, S. 267).

[4] Elfriede Jelinek, Wolken.Heim., Göttingen 1990.

[5] Jelinek, Wolken.Heim. (wie Anm. 4), S. 57.

[6] Das heißt nicht, dass Jelinek so an anderer Stelle mit Vorschlägen zurückhalten würde: »Ich habe es [›Wolken.Heim.‹, S.Ae.] so konzipiert, daß eine alte Frau eine lange Leichenbinde strickt und in jeder Vorstellung weiterstrickt, bis sie 100m lang ist. Dazu wird der Text aus einem kleinen Volksempfänger gesendet, wie von einer Maschine gesprochen«, imaginiert Jelinek ein Jahr nach Entstehen des Textes. Zit. nach Anke Roeder, Ich will kein Theater. Ich will ein anderes Theater. Gespräch mit Elfriede Jelinek. In: Dies., Autorinnen. Herausforderungen an das Theater, Frankfurt a.M. 1989, S. 143–158, hier S. 156.

[7] Gerda Poschmann besteht zu recht darauf, dass ›Monolog‹ – wiewohl in vielen Rezensionen und Inszenierungen als Verlegenheitslösung in Anschlag gebracht – eine unzureichende Beschreibung wäre, da der Terminus »Einstimmigkeit suggeriert«, die bei aller materiellen Einhelligkeit nicht gegeben ist (Gerda Poschmann, Der nicht mehr dramatische Theatertext. Aktuelle Bühnenstücke und ihre Analyse, Tübingen 1997, S. 275).

des Subjekts durch den von ihm ausgehenden Sprechakt, könnte als das dramatische Ereignis von ›Wolken.Heim.‹ gelten.

Dabei ergeht die Rede grammatisch nicht von einem singulären Subjekt, sondern in den allermeisten Abschnitten einheitlich von einem pluralen ›Wir‹: »Da glauben wir immer, wir wären ganz außerhalb. Und dann stehen wir plötzlich in der Mitte. Heilige, die im Dunkel leuchten«,[8] beginnt der nicht-lineare Polylog einer offensichtlich beschädigten Identität. Auch noch in den pathetischsten Höhen nämlich, zu welchen sich die selbstreferenziell lyrisierende Rede aufschwingt, wird die ultimative Beglaubigung in der Selbstbestätigung gesucht: »Es gibt uns. Es gibt uns. Wir sind allein, aber schön bei uns«.[9] Assoziativ mäandernd, immer wieder von Sinnbrüchen und argumentativen Sprüngen unterbrochen, entfaltet sich die Tautologie einer gemeinschaftlichen Predigt an sich selbst. In einer appellativen Selbstbeschwörung versucht das ›Wir‹, sich in der Form einer angebbaren Adresse zu konsolidieren.

Erst im siebenten Abschnitt wird erstmals explizit, wer, welches ›Wir‹ sich im Redepathos hölderlinisierender Lyrik mittels der Verbindung von Blut und Boden, über »[u]nser Haus« und »unsere[ ] Sprache« ein ideologisches Zuhause, ein aristophanisches Heim in den Wolken einzurichten versucht: »das Germanische Reich«, das sich abgrenzt (»Wir aber, wir aber!«)[10] gegen »die andern«, gegen die Hegelschen »Orientalen« und »Neger«, gegen »die Fremden, die nicht zu uns gehören«:[11] »Wir wir wir! All diese ursprünglichen Menschen wie wir, ein Urvolk, das Volk schlechtweg. Deutsche! Deutsche! Deutsche!«[12]

II. Deutschland

Dieses teutonische ›Wir‹ fügt sich erst in der grammatischen Transposition der angegebenen (und weiterer, ähnlich ausgerichteter) Zitate in den ihm gemäßen Numerus zur (allerdings immer noch nicht definiten) Instanz. Insofern stellt es ein ideales, nur in der Vorstellung zu erreichendes Kollektivsubjekt dar, das seine eigene Kollektivität im Idealismus der zitierten Klassiker, als Gründungstexte eines deutschen Nationalismus, aufsucht. Der vom Text gesuchte Sprecher bestünde also in einem präfaschistischen Unding, das sich mittels Textdiktat zu objektivieren sucht in einem Deutschtum, welches seinerseits zwischen folkloristisch-einfältiger Heimatsbeschau und proto-terroristischer Annexions- und Säuberungsphantasie schwankt. Die Stammheimer Briefe der RAF-Mitglieder dienen dabei nicht als linker Gegendiskurs, sondern als bezeugte heroische Radikalisierung einer Idee seiner selbst zum selbstmörderischen Identitätszerfall.[13]

---

[8] Jelinek, Wolken.Heim. (wie Anm. 4), S. 9.
[9] Jelinek, Wolken.Heim. (wie Anm. 4), S. 10.
[10] Jelinek, Wolken.Heim. (wie Anm. 4), S. 12, 20, 18.
[11] Jelinek, Wolken.Heim. (wie Anm. 4), S. 17, 13, 18, 28.
[12] Jelinek, Wolken.Heim. (wie Anm. 4), S. 28.
[13] Vgl. Burkhardt Lindner, Deutschland. Erhabener Abgesang. Elfriede Jelineks Spiegel-Verzerrung zur Selbsterkenntnis. ›Wolken.Heim.‹ In: Frankfurter Rundschau vom 7. April 1990, S. B5.

Wie bereits vielfach festgestellt wurde, dominiert ein musikalisches,[14] ein rhythmisches[15] Kompositionsprinzip den Text gegenüber einer linearen Sinnschicht: In Samplings und Schlaufen, in Variationen über ein und dasselbe Thema, entsteht ein, wiewohl immer wieder gestörter, Groove und Sound, in »Wiederholungen, Umkehrungen, Kontraktionen und Erweiterungen des thematischen Materials«[16] kreist und kreißt der Text, wie seine Sprechinstanz, um die angestrebte Konstitution. Die Pointe dabei ist, dass das raunende[17] ›Wir‹ sich nicht einfachhin und natürlicherweise gegeben ist, sondern sich beobachtbar durch vereinnahmendes Denken einerseits und durch abgrenzende Operationen andererseits erst (als ›Wolken.[Kuckucks]Heim.‹) zu schaffen trachtet.[18] Diese Unterscheidungen findet das ›Wir‹, genau wie die Fiktion von der eigenen Evidenz, in den verwendeten Prätexten vorgebildet. Der indefinite Sender von Jelineks Theaterkommunikat wäre also das Ideologem ›Deutschland‹, welches sich selbst prekär wird, weil es in einer Gegebenheit gründet, die diskursiv erst eingeholt werden muss – und genau deswegen die eigene fragile Konstitution diskursiv belagert, ohne sie in der Impotenz des Klassikerzitats noch erreichen zu können.

Den Zitaten kommt damit der Status einer kompromittierten Objektsprache zu, an welcher durch kleine Transformationen die Ideologie eines intellektuell fabrizierten Deutschtümelns sichtbar gemacht werden kann, das sich dann in seinem Prekärwerden ausstellen lässt. Das theatrale Aufsagen, die szenisch gestörte Verlautbarung der Prätexte wäre dann in der Tat jener performative Schritt – am Vorabend der deutschen Wiedervereinigung zumal –,[19] welcher aus dem textuellen Gewebe eine theatrale Szene mit gesellschaftspolitischer Brisanz machte.

Der solcherart verfasste, in der Aufführung bildungsbürgerlicher Referenztexte bestehende Deutschland-Essay macht den blinden Fleck jeder setzenden Gründung (die tautologisch voraussetzt, was sie begründet)[20] als (Selbst-)Widerspruch performativ. Die Literatur und Philosophie vornehmlich der Schwellenzeit um 1800, welche dichtend und denkend um ein gegennapoleonisches Deutschland ringt und einen entsprechenden Ursprung erfindet, wird denunziatorisch vorgezeigt, buchstäblich vorgeführt und wiederholt mit dem Impetus »seht, wie häßlich

---

[14] Vgl. Margarete Kohlenbach, Montage und Mimikry. Zu Elfriede Jelineks ›Wolken.Heim.‹ In: Elfriede Jelinek, hg. von Kurt Bartsch und Günther A. Höfler, Graz und Wien 1991, S. 121–153 sowie Marlies Janz, Elfriede Jelinek, Stuttgart 1995, S. 127.

[15] Vgl. Georg Stanitzek, Kuckuck. In: Gelegenheit. Diebe. 3 x Deutsche Motive, hg. von Dirk Baecker, Rembert Hüser und Georg Stanitzek, Bielefeld 1991, S. 11–80, hier S. 29.

[16] Kohlenbach, Montage und Mimikry (wie Anm. 14), S. 124f.

[17] Evelyn Annuß, Elfriede Jelinek – Theater des Nachlebens, 2., durchgesehene und erweiterte Aufl., München 2007, S. 137–249.

[18] Vgl. Stanitzek, Kuckuck (wie Anm. 15), S. 42: »Der unbedingte Wille zur Einheit führt in eine Rhetorik der totalen Abgrenzung: Okzident und Orient, Unsrige und Namenlose, Deutsche und Slawen, Neues und Altes, Heimatboden und Großstadt, Mensch und Maschine – und wie die aus der Geschichte der deutschen Selbstfindungsversuche bekannten Topoi auch alle heißen«.

[19] Vgl. hierzu Stanitzek, Kuckuck (wie Anm. 15), S. 11–15, welcher Jelineks Text explizit als »Gelegenheitsschrift« liest.

[20] Vgl. Stanitzek, Kuckuck (wie Anm. 15), S. 34.

es ist!«[21] Das verwendete Material, das für einen »paranoiden Chauvinismus«[22] exemplarisch steht, wird aber nicht schlechthin ausgestellt, sondern montiert, verschoben, oft in lexikalischen Spitzfindigkeiten abgeändert, aus dem Kontext gerissen, schlichtweg negiert, willkürlich emendiert, bisweilen auch frei phantasiert und, vor allem eben, numerisch transponiert. Kompromittierter Objekt- und entlarvender Metadiskurs kommen so in der satirischen Gleichzeitigkeit einer prekären Rede zusammen. Ausgerechnet der gehobene Sprachduktus von Hölderlins Lyrik bildet die Ziel-Koordinaten dieser imitierenden und simulierenden ›Sprachfläche‹.

III. Kleists Busen

Neben der Erzählung ›Das Erdbeben in Chili‹ werden in ›Wolken.Heim.‹ szenische Texte quer durch das dramatische Werk Kleists anzitiert.[23] Darunter findet sich an prominenter Stelle auch der Selbstmordmonolog der Penthesilea aus Kleists gleichnamigem Stück, die Personalpronomina freilich verfremdend ersetzt durch jenes entlarvende ›Wir‹, welches Jelineks Theatertext durchzieht:

> Wir erfreuen uns an der Nachbarn dämmrigen Gestalten. Drum steigen wir in unsre Busen nieder, gleich einem Schacht, vieltausendfacher Schrei, und graben, kalt wie Erz, uns ein vernichtendes Gefühl hervor. Da sind sie, die andern! Jagt sie, bis seliger Tage Erinnerung sie gewesen sein werden. Sie sollen das Zeitliche segnen![24]

Zielgenau trifft Jelineks ätzender Spott auch hier, innerhalb der notorisch zukünftigen Theaterpoetik Kleists, ins Herz der idealistischen Rhetorik. Das zitierte Textfragment lässt sich zwar nicht ungefiltert auf Kleists in der Tat eklatantes politisches Staatsempfinden und seine literarische Anstrengung für eine deutsche Nation mit Identifikationspotenzial beziehen.[25] Es entfaltet aber dennoch eine problematische Wirkungslogik der phantasmatischen Innerlichkeit. Der Busen füllt in Kleists Text imaginär jene Leerstelle zwischen aufgesagter Sprache und darzustel-

---

[21] Kohlenbach, Montage und Mimikry (wie Anm. 14), S. 142

[22] Kohlenbach, Montage und Mimikry (wie Anm. 14), S. 126.

[23] Aus ›Die Familie Schroffenstein‹ (in Klammern jeweils die Seitenzahlen in ›Wolken.Heim.‹): Vs. 204–206 (S. 13); Vs. 1244–1281 (S. 23f.); Vs. 970f., 779, 939–968 (S. 26); Vs. 792 (S. 28); Vs. 793, 759 (S. 29); Vs. 2073f. (S. 32); aus ›Prinz Friedrich von Homburg‹: Vs. 836–839 (S. 39); Vs. 867 (S. 48); Vs. 875f. (S. 49); aus ›Die Herrmannsschlacht‹: Vs. 1949–1979 (doppelt, S. 32, 55); aus ›Penthesilea‹: Vs. 3037–3039 (S. 18) (neben dem unten Zitierten). ›Das Erdbeben in Chili‹ sowie ›Die Herrmannsschlacht‹ werden schon bei Leonhard Schmeiser ausführlich zitiert, als Illustration für die neue Wichtigkeit des Bodens im ideologischen Denken des Vaterlands, nachdem dieser u.a. durch das Erdbeben in Lissabon in Instabilität versetzt worden war. Schmeisers Text (Das Gedächtnis des Bodens. In: Tumult 10 (1987), S. 38–56) wird am Anfang von Jelinek gedankt.

[24] Jelinek, Wolken.Heim. (wie Anm. 4), S. 17.

[25] Das ist Programm, wiewohl der hier entfaltete Kontext, zunächst, anderes vermuten lassen würde: »[W]ie man am [Alraunen-]Zitat der ›Hermannsschlacht‹ [!] ablesen kann, einem für Kleists Nationalismus in der Tat paradigmatischen Text, verwendet Jelinek gerade nicht jene Stellen, die in ›Wolken.Heim.‹ der Beschwörung von Volk, Nation und Vaterland dienen könnten«; Annuß, Elfriede Jelinek (wie Anm. 17), S. 146.

lendem Körper, welche im Phantasma der Szene den Selbstmord mittels avancierter Rhetorik erst ermöglicht. Als metonymischer Ort geistiger und körperlicher Autonomie geht von ihm eine Verfügungsgewalt aus, die nach dem Modell der Selbstinduktion funktioniert: Im Busen lässt sich – in der Sprache des Bergbaus – ein vernichtendes Gefühl abbauen, im Busen lässt sich dieses – in der Sprache des Schmiedehandwerks – weiterverarbeiten zu jenem imaginären Dolch, der denselben Busen von außen tödlich penetriert. Damit wird die paradoxe Figur der performativen Selbstbegründung am Busen und am Dolch Penthesileas manifest:

> Denn jetzt steig' ich in meinen Busen nieder,
> Gleich einem Schacht, und grabe, kalt wie Erz,
> Mir ein vernichtendes Gefühl hervor.
> Dies Erz, dies läutr' ich in der Glut des Jammers
> Hart mir zu Stahl; tränk' es mit Gift sodann,
> Heißätzendem, der Reue, durch und durch;
> Trag' es der Hoffnung ew'gem Amboß zu,
> Und schärf' und spitz es mir zu einem Dolch;
> Und diesem Dolch jetzt reich' ich meine Brust:
> So! So! So! So! Und wieder! – Nun ist's gut.[26] (Vs. 3025–3034)

Jelinek zitiert aus Penthesileas vollendeter Selbsttötung mittels Sprechakt nur die rhetorische Vorbereitung: die konstitutive Selbstdissoziation in ikonische Verkörperungsinstanz und imaginäre Handlungsinstanz. Die deiktische Ich-Origo der sprechenden Persona verortet sich doppeldeutig in sich selbst und bereitet auf diese Weise den Boden für den Monolog um sich selbst. So gerät Kleists Protagonistin »außer sich«; das ist das Moment der »Ekstase«, welches Jelinek an Kleist fasziniert.

Die Gewalt, welche in Penthesileas Rede aufgerufen wird und der sie am Schluss ihres Monologs erliegt, ist paradoxerweise zugleich Mittel zum Zweck (insofern es sich um einen zielgerichteten Selbstmord handelt) und subjektlose, ereignishafte ›Naturgewalt‹, afformative Setzung ohne Souverän (insofern die Gewalt die Figur überdauert).[27] Ihr Sprechakt ist performativ, weil die konstative Beschreibung der Vorgänge in ihrem Inneren eine Wirkung über das konstativ Beschreibbare hinaus zeitigen (weil sie allmählich – d.h. nicht *während*, sondern *indem* sie spricht – das Instrument ihrer Selbsttötung in der Rede verfertigt). Gleichzeitig ist ihr Sprechakt konstativ, weil die performativen Wirkungen ihres illokutionären Selbstmords von ihr diagnostisch nachvollzogen werden (als Schilderung der Geschehnisse, die sich in ihrem Busen objektiv abspielen, abgespielt haben werden).[28] In diesem doppelten Redemodus öffnet sich der Blick für den Busen einer-

---

[26] Kleists ›Penthesilea‹ wird mit Vers-Angabe im Fließtext zitiert nach DKV II.

[27] Zum (provisorischen) Begriff des Afformativen als einer »Dialektik der Performanz« vgl. Werner Hamacher, Afformativ, Streik. In: Was heißt ›Darstellen‹?, hg. von Christiaan L. Hart-Nibbrig, Frankfurt a.M. 1994, S. 340–370, hier S. 345.

[28] »Wer, welches Selbst wäre der ›Souverän‹ des (welchen?) Sprechakts? Und wer spricht das abschließend konstatierende ›Nun ists gut‹ (gleichsam als Negativ der ›Genesis‹) über der hervorgebrachten Leiche«, fragt Bettine Menke, irritiert vom Gelingen von Penthesileas Sprechakt (Bettine Menke, Die Intertextualität, die Aussetzung der Darstellung und die For-

seits als rhetorischer Theaterfundus der starken Affekte, andererseits als imaginäres Zentrum der Person, einerseits als metaphorischer Schauplatz der Herstellung übermächtiger Gefühle, andererseits als Ort unhintergehbarer Intentionalität und Subjektivität.

Jelinek zitiert gemäß der idealistischen Logik einer von sich selbst dissimilierten, dem angestrebten Ziel assimilierenden Redepraxis, die sich selbst nicht geheuer sein kann. Die Aufspaltung der Persona in eine körperliche (welche dem Tod anheim fällt) und in eine imaginäre Instanz (welche das Tötungsinstrument verfertigt) spiegelt sich in zwei differenten Begriffen des Busens: Insofern der Busen als Ort und Hort von ›vernichtenden Gefühlen‹ aufgerufen wird, bildet er das Zentrum einer (späterhin subjektlosen) Intentionalität zum Tode. Insofern der Busen Bühne eines gewaltsamen Prozesses ist, dem die Figur zum Opfer fällt, repräsentiert er das agonale Feld der Sichtbarkeit in der teichoskopischen Rede. Der Souverän dieser Rede besteht in einer Entität, die sich erst durch das Gelingen der in der Rede postulierten Differenzierungen (ab-)schafft. Nur im logischen Übersprung über die eigenen Voraussetzungen können diese beiden Begriffe des Busens zueinander kommen – und gemäß einer verdoppelten, selbstimplizierenden (Un-)Logik, performativ (und körperlich) werden.[29] Die Bedingungen der Verkörperung von Penthesileas Redehandlung sind gleichzeitig die Bedingungen ihrer Selbstentleibung. Diesen Übersprung – bei Kleist durchaus vorhanden – zitiert Jelinek jedoch nicht.

Die entscheidende Stelle, an welcher ein sprachlich fabrizierter Dolch aus dem Busen des monologischen Ichs springt, an welcher Verkörperungs- und Handlungsinstanz urplötzlich in eins fallen und den vormaligen Ort des (inneren) Handelns von außen zerstechen wie einen poetischen Luftballon – in einer Formulierung, die Passivität suggeriert (»reich' ich meine Brust«), wo ultimative Verfügungsgewalt herrscht –, diese Stelle wird von Jelinek (vorläufig noch) ausgespart. Dabei würde hier der illusorische Zusammenhang zwischen Innen und Außen, zwischen unmittelbarer Gewalt und Mittel zum Zweck, zwischen selbstgewisser Akteurin und instrumenteller Sprache endgültig zum Kollaps[30] getrieben. Hier würde die Rhetorik des Inneren zu einer Äußerlichkeit, hier würde der Kern des Selbst manifest zum sprachlichen Topos. Stattdessen funktionalisiert Jelinek die Selbstermächtigung von Kleists Penthesilea, ihr prekäres Beisichsein, zur Jagd auf »die andern«.

---

meln der Passion. In: Penthesileas Versprechen. Exemplarische Studien über die literarische Referenz, hg. von Rüdiger Campe, Freiburg, Berlin und Wien 2008, S. 211–252, hier S. 250f.).

[29] Diese (Un-)Logik ist übrigens auch eine (Un-)Logik (um nicht zu sagen: ein Paradox) des Schau-Spielens, muss doch hier ebenfalls gesprochen werden, als gäbe es die darzustellende Figur schon, wo sie doch im Sprechen erst geschaffen wird.

[30] Gerhard Neumann spricht bekanntlich vom »Infarkt« der Szene als Konsequenz der »Kontamination von Realpräsenz und Repräsentation« (Gerhard Neumann, Erkennungsszene und Opferritual in Goethes ›Iphigenie‹ und in Kleists ›Penthesilea‹. In: Käthchen und seine Schwestern. Frauenfiguren im Drama um 1800. Internationales Kolloquium des Kleist-Archivs, hg. von Günther Emig und Anton Philipp Knittel, Heilbronn 2000, S. 38–80, hier S. 69).

Dennoch gelingt es Jelinek, die theatral hergestellte Innerlichkeitsfiktion mittels Transposition in den Plural zu demontieren: Die gemeinsame Empfindsamkeit des Kollektivs spricht letztlich wider sich selbst, wenn sie – ganz außer sich – über sich selbst redet. Die Selbstautonomisierung der Figur(en) im Medium des (dissoziierenden) Monologs folgt einer Mentalität der Evidenz. Dass diese Selbstevidenz aber gerade nicht gegeben ist, macht den Monolog ja allererst nötig. Jelinek befragt das konstitutive Selbstaufsagen und -aussagen nach der zugrundeliegenden Setzung eines unbestimmten ›Wir‹. Genau diese Doppeldeutigkeit zwischen performativem Modus der Dar- und Herstellung einer Kopfgeburt und konstativem Modus der Beschreibung von vorgängiger Gemeinsamkeit entfaltet im Aufsagen eine analytische Texttheatralität[31] gegen jede Form der szenischen Evidenz. Das Theater wird auf diese Weise »als Raum des Verlautbarens in Anspruch«[32] genommen, welcher das Theaterdispositiv des fiktionalen Sprechens-im-Namen-von und der entsprechenden Effekte kritisch mitreflektiert: »Noch sind wir ein Wort, doch reifen schon zur Tat«.[33]

IV. Jelineks Dramaturgie des Sekundären

Jelineks Text-Theater folgt seit jeher einer Dramaturgie des Sekundären, insofern ihre Stücke kaum je ohne konstitutive Fremdreferenzen auskommen. Die ubiquitär eingesetzte Intertextualität macht einen Großteil der politischen Energie aller ihrer Stücke aus. Jelinek verfolgt im weitesten Sinne ein ideologiekritisches Programm, das sich, zumindest für die frühen Stücke, mit der ›Mythendestruktion‹[34] nach Roland Barthes relativ genau umschreiben lässt. Sie zitiert also nicht alleine im Zeitalter der Post-Originalität,[35] in welchem das Zitat unausweichlich wird, sondern geht meist anklagend auf exemplarische Objekttexte los. Im Jahr 2005 beschreibt sie ihr Lektüre-Verfahren folgendermaßen:

> Philosophie z.B. lese ich wie ein Greifvogel. Etwas blättert vor sich hin, zu spät merke ich, daß ich das bin, und plötzlich stoße ich mit einem unhörbaren Schrei auf eine Stelle hinunter, die ich gerade erblickt habe, reiße sie mir, noch tropfend und blutig und eklig, heraus, verleibe sie mir ein, der Denksaft rinnt mir vom Kinn, das schaut aber gar nicht schön aus, was ich da mache, und dann schaue ich sofort weiter […], ob ich etwas davon verwenden kann, und betoniere es in mein eigenes Schreiben ein, so wie man früher ein lebendiges Wesen in die Fundamente eingemauert hat.[36]

---

31 Zum Begriff der analytischen Texttheatralität vgl. Poschmann, Der nicht mehr dramatische Theatertext (wie Anm. 7), S. 321–341.

32 Vgl. Annuß, Elfriede Jelinek (wie Anm. 17), S. 137.

33 Jelinek, Wolken.Heim. (wie Anm. 4), S. 31.

34 Für diese Forschungsrichtung vgl. exemplarisch Janz, Elfriede Jelinek (wie Anm. 14).

35 Vgl. Heide Helwig, Mitteilungen von Untoten. Selbstreferenz der Figuren und demontierte Identität in Hörspiel und Theaterstücken Elfriede Jelineks. In: Sprachkunst. Beiträge zur Literaturwissenschaft 25 (1994), 1. Halbband, S. 389–402, hier S. 391.

36 Elfriede Jelinek, Lesen kann vernichten [zur Umfrage ›Mein Lese-Leben‹]. In: Literaturen 49 (10/2005), S. 67f.

Der intertextuelle Kalkül, welchen diese Beschreibung des poetischen Verfahrens entfaltet, ist kein einträchtiger. Wenn Prätexte als »Bauopfer« in die textuelle »Krypta«[37] eingelassen werden, zeugt diese drastische Metaphorik von einer radikalen Programmatik, die in der Tat von den frühen Hörspielen und den ersten Romanen an zu verfolgen ist. Die darin verbauten »lebendige[n] Wesen« stammen aus Zeitschriften, Illustrierten, Heftchenromanen und anderer Trivialliteratur, aus Fernsehserien und Quizsendungen, aus Superheldencomics, Frauenratgebern und vielem mehr. Diese medialen Erzeugnisse gelten, gemäß Jelineks früher poetologischer Selbstverständigung ›Die endlose Unschuldigkeit‹ als primäre Produzenten von Trivialmythen, unbewusst ideologisch aufgeladener, gesellschaftlich verbreiteter Zeichenpraxis. Der *»natürlichkeitsschleim«*,[38] welchen die Massenmedien in der Verbreitung von unhinterfragten, bürgerlichen Ideologemen absondern, bildet das Ziel von Jelineks engagierter Literatur. Die zerstörerische Energie dieser frühen Texte erwächst aus ihrem politischen Anspruch, Alltagsmythen, gerade eben identitätskonstituierende, zu entlarven. Indem »Prä- und Intertexte [...] als ›Mythen‹, die es zu destruieren gilt«,[39] als sprachliche Objektsysteme dienen, können sie in ein (metasprachliches) Theater eingeführt werden, welche die mythisch angestrebte Sinn-Präsenz durch die Inszenierung der reinen Diskursivität des Mythos (und das heißt: seiner dramatischen Folgenlosigkeit) verhindert. Dadurch läuft der Mythos in die Leere seiner eigenen Ursprungslosigkeit. Die negativistische Kritik, welche in Jelineks Werken angelegt ist, bleibt dabei aber immer ohne Utopie. Die Doppelung des Verkehrten zeigt kein Richtiges auf, sondern bleibt – wie Barthes voraussagt –[40] im Verkehrten: »[f]alscher Spiegel eines schon Falschen«.[41]

Die denunzierende Poetik Jelineks im Rahmen dieses politischen Programms dehnt sich in den späteren Texten materiell aus: Von der griechischen Antike bis zu Rilke, vom psychoanalytischen Diskurs bis zu ›Flipper‹, von der Kriegsberichterstattung bis zum Sportreporterjargon geht alles ein in die poetische Entlarvungs-Maschinerie. Obwohl sie schreibt, ihre Theatertexte seien »nicht für eine Aufführung«[42] gedacht, ist doch eine zunehmende Textproduktion fürs Theater zu beobachten. Egal, ob Bahnunglück, Irakkrieg, Kindsentführung, ›Inzest-Monster‹ oder Finanzkrise – alles wird zu Theater. Dieses dient dabei praktisch nicht mehr

---

[37] Konstanze Fliedl, Im Abseits. Elfriede Jelineks Nobelpreisrede. In: Elfriede Jelinek. Sprache, Geschlecht und Herrschaft, hg. von Françoise Rétif und Johann Sonnleitner, Würzburg 2008, S. 19–31, hier S. 19f. Hier spricht Fliedl auch treffend von einer »Poetologie der Grausamkeit«, welche das Verhältnis zum anderen Text als ein »blutiges und masochistisches« charakterisiert.

[38] Elfriede Jelinek, Die endlose Unschuldigkeit. 1970 (Essay). In: Dies., Die endlose Unschuldigkeit. Prosa – Hörspiel – Essay, München 1980, S. 49–82, hier S. 56. Dieser Essay setzt sich vor allem mit Roland Barthes' Konzept der Trivialmythen, aber auch mit Medientheorien etwa eines Marshall McLuhan auseinander.

[39] Janz, Elfriede Jelinek (wie Anm. 14), S. 14.

[40] Roland Barthes, Mythen des Alltags, aus dem Französischen übersetzt von Helmut Schaffel, Frankfurt a.M. 1964, S. 147–151.

[41] Janz, Elfriede Jelinek (wie Anm. 14), S. 91.

[42] Elfriede Jelinek, Nachbemerkung. In: Dies., Macht nichts. Eine kleine Trilogie des Todes, Reinbek 1999, S. 85–90, hier S. 85.

als ästhetische Form, sondern vor allem als Institution der gesellschaftlichen Selbstverständigung. Es dient als diejenige, von anderen markant unterschiedene Räumlichkeit, in welcher der ›Natürlichkeitsschleim‹ vor- und angeführt werden kann. Die dramatische Distanz, in welcher der Zuschauer in der Aufführung die ausgestellte Diskurs- als intellektuelle Konkursmasse erlebt, führt dazu, dass die unausgesprochenen Voraussetzungen der täglichen öffentlichen Produktion von Ideologie, gerne auch in der Form eines Kalauers, kenntlich gemacht werden können. Die zitierten Texte stehen dabei nicht unbedingt exemplarisch für eine spezifische, ins Auge gefasste Mentalität, sondern werden gemäß der Logik sinn-fälliger Sprachflächen in die Aufführung montiert. Ob des aufgesagten (aber nicht: aufgeführten) ›Natürlichkeitsschleims‹, spielt es gar keine Rolle, ob der referierte Text von Kleist, Fichte oder Nietzsche, von Freud, Heidegger oder Rosamunde Pilcher stammt, Hauptsache, er wird als Zitat kenntlich und entfaltet die entspre-chenden Minimaleffekte der Wiedererkennung in der Rezeption.

V. ›Ein Sportstück‹

So wundert es nicht, dass die Kleist-Zitate im späteren Theatertext ›Ein Sport-stück‹[43] (1998) von der Forschung bisher nur mit marginaler Aufmerksamkeit bedacht wurden. Dabei handelt es sich um teils hochgradig markierte Allusionen:

> Still auch, auf diese Tat wards. Kein Laut vernahm sich, als der Bogen nur, der aus der Hand, geöffnet im Entsetzen, der Priesterin, wie jauchzend niederfiel. Das kriege ich nie hin! Er stürzt', der große, goldene, des Reichs, und klirrte, von der Marmorstufe, dreimal, mit dem Gedröhn der Glocken, auf, und legte, stumm wie der Tod, zu ihren Füßen sich. Hierauf ward ihr die Krone aufgesetzt. Wenn ich das versuchen würde, dann zeigten mir die Leute sofort ihre glatten kalten Schultern.[44]

Vor allem im vierten Block (von acht – das Stück ist 188 Seiten stark) wird exzes-siv aus dem fünfzehnten (dem illusionären Zwiegespräch zwischen Achilles und Penthesilea) und dem vierundzwanzigsten Auftritt (der in Penthesileas Selbstmord kulminiert) zitiert. Nachdem das Stück in einem Monolog von Elfi Elektra (einer Chimäre aus Autorinnenpersona und mythischer Signatur) eröffnet wird, treten in diesem vierten Abschnitt eine Frau und der Sportler gemeinsam auf. Die Frau macht sich unter Versprechungen großer Liebe an den Sportler heran, wird aber wiederholt rüde von diesem zurückgewiesen.

Es scheint, als dienten die vielfältigen Kleist-Allusionen innerhalb des von Jeli-nek konzertierten »olympische[n] Redemarathon[s]«,[45] der »beginnlosen Logo-

---

43 Elfriede Jelinek, Ein Sportstück, Reinbek 1998.

44 Jelinek, Ein Sportstück (wie Anm. 43), S. 119. Die unterstrichenen Passagen stammen (mit einigen orthographischen Abweichungen und der fehlenden Anrede an den Peleiden) buchstäblich aus Heinrich von Kleists ›Penthesilea‹. Bemerkenswerterweise zitiert Jelinek hier nicht aus dem Erstdruck, sondern aus dem ›organischen Fragment‹, das im Januar 1808 im ›Phöbus‹ erschien. Vgl. DKV II, S. 131, Vs. 194–202.

45 Daniela Bartens, ›Mein Vater, mein Vater, warum hast du mich verlassen?‹ Eine Lesart von Elfriede Jelineks ›Ein Sportstück‹. In: manuskripte 39 (1999), S. 114–120, hier S. 114.

sphäre«[46] zum Sport als (rechtem) Mythos vaterländischer Volkshygiene der sinnfälligen Figuration diskursiver Positionen. Wenn Frau und Sportler hier aufeinandertreffen und das *tête-à-tête* von Achilles und Penthesilea abermals durchspielen, dann scheint damit die Wiederholung von Kleists groß angelegter Geschlechterschlacht vor Troja re-inszeniert. Achilles lässt sich und seine kolonialisierende Ritterlichkeit vertreten von einem Sportler(-Körper), welcher heterosexuelle Triebabfuhr als athletische Betätigung begreift und sein Gegenüber entsprechend als Trainingsgerät bearbeitet.[47] Penthesilea, die Amazonenkönigin von einst, personifiziert als Frau eine paradigmatisch vorgetragene, übersteigerte Sexualität im Zeichen des (Körper-)Wahns. Beide Geschlechterrollen stehen dabei als imaginäre Theater-Phantasmen im Raum, als ikonische *role models* aus poetischen Männlichkeitsträumen und Weiblichkeitsalbträumen, deren phantasmagorisches Potenzial es subversiv zu unterlaufen gilt. Die von sadistischer Perversion und entgrenzter Sexualität induzierten Kurzschlüsse von Penthesileas Handlungsrolle vermochten in Kleists Theater, so scheint Jelinek zu lesen, sinnfällige Evidenzen geschlechterpolitischer Natur zu generieren, denen Jelinek mit ihrem ›Sportstück‹ gehörig den Garaus zu machen trachtet.

In diesem Sinne scheint auch Einar Schleef bei der Uraufführung 1998 am Wiener Burgtheater die Kleist-Anleihen in Jelineks Theaterstück verstanden zu haben. Schleef ersetzt dabei die Zitate und Allusionen durch einen – szenisch einlösbaren – »schrillen Schrei-Chor Kleistscher Amazonen im Reifrock«,[48] wie eine Rezensentin, irritiert vom Auftauchen vieler Penthesileen, zum ›Sportstück‹ schreibt. Die hellen Stimmen der Damen, die Kleists Text auf der Bühne vorlesen, kontrastieren mit der barocken Modesprache der Kleidung und demonstrieren die kulturelle Überformung des weiblichen Ausdrucks. Dadurch wird ein weiterer Modus der selbsttechnologischen Formierung von Geschlechteridentität auf der Bühne inszeniert, nachdem die literarische Männerphantasie eines selbstorganisierten Frauen-Geschlechts bereits implizite Vorbildfunktion hatte. »Meine Versionen habe ich mir angelesen wie ein Dieb«,[49] gibt Elfi Elektra zu.

VI. Rezeptionsrezeption

Doch liegt in dieser monodimensionalen Lesart wirklich das energetische Potenzial des ›Sportstücks‹? – Liest Jelinek ›Penthesilea‹ als den Text schlechthin, welcher das heteronormative Geschlechterverhältnis als eines beschreibt, dessen je eigenen, genderisierten und subjektformativen Regelsysteme miteinander so inkompatibel sind, dass an ein gewaltfreies Zusammenkommen gar nicht zu denken

---

[46] Juliane Vogel, Harte Bandagen. Vorläufige Anmerkungen zu Elfriede Jelineks ›Ein Sportstück‹. In: manuskripte 39 (1999), S. 121–125, hier S. 121.

[47] Achilles wird in der nächsten Szene als »*etwas korpulentere[r] Tennisspieler*« *in persona* erscheinen und ein Match gegen Hektor austragen; Jelinek, Ein Sportstück (wie Anm. 43), S. 124.

[48] Karin Kathrein, Ein Happening nahe am Absturz. Einar Schleef inszeniert die Uraufführung von Elfriede Jelineks ›Ein Sportstück‹ in der Burg. In: Kurier vom 25. Januar 1998, S. 29.

[49] Jelinek, Ein Sportstück (wie Anm. 43), S. 10.

ist? – Oder ist in Jelineks »Stück von einem Stück von einem Stück«[50] nicht vielmehr die Rezeption der Rezeption der Penthesilea angelegt?

Mit dieser letzten Frage ist der Einsatzpunkt markiert, an den auch die Resul-
tate zu ›Wolken.Heim.‹ und der dortigen Funktionsweise der Zitation anknüpfen
können. Dieses frühere Stück zitiere, in einer Formulierung von Georg Stanitzek,
gar nicht eigentlich »Hölderlin, sondern Hölderlin-Begeisterung«,[51] ›Wolken.Heim.‹
montiere also gerade nicht, wie die geschichtsvergessene Deutschstunde der ge-
scheiterten Uraufführung nahegelegt haben muss, einschlägige Daten tendenziös,
unbesehen ihres Kontexts, sondern fasse gerade eine solche Rezeptionsform selbst
kritisch ins Auge. Die Analogie liegt nahe, dass auch das ›Sportstück‹ nicht Kleist,
sondern Kleist-Begeisterung zitiert. Diejenige Kleist-Begeisterung präzise, welche
die Moderne im psychoanalytischen Anschluss an die Biologisierung des (stets
theatralen) Geschlechterunterschieds anfangs des 20. Jahrhunderts nur zu gerne
auf den deutschen Bühnen ausgefochten sah und deshalb auch in Kleists Stück
projizierte. Die Kleist-Begeisterung, nach welcher sich die Hysterie-Diagnostiker
und »Sexualpathologen die Mäuler wischen«,[52] welche ›Penthesilea‹ in einer Reihe
mit Wildes ›Salome‹, Wedekinds ›Lulu‹ und eben auch mit Hofmannsthals ›Elektra‹-Bearbeitung allererst spielbar machte – zumal letztere ja im ›Sportstück‹ ein
Mischwesen mit der Autorin bildet. Die Kleist-Begeisterung aber auch, welche
Kleists Schrifttum als dasjenige des »einzigen spezifischen deutschen Tragiker[s]«[53]
wiederentdeckte (dies ist nur die Rückseite desselben Phänomens) und national-
konservativ-agitatorisches Potenzial in seinen Stücken erkannte.

Das verändert den Status der Prätexte: Statt Geschichte zu homogenisieren,
legt Jelineks dezidiert ›anderes Theater‹ den Schwerpunkt auf die Rezeption von
Tradition, auf die Geschichtlichkeit von Lektüren und ihren in Anschlag gebrach-
ten Sinnschemata.[54] Nicht Hölderlin, das Zitat, steht im Fokus von Jelineks Kritik,

---

50 Jelinek, Ein Sportstück (wie Anm. 43), S. 115.

51 Stanitzek, Kuckuck (wie Anm. 15), S. 17.

52 Alfred Döblin, Die Psychiatrie im Drama. In: Ders., Ausgewählte Schriften in Einzel-
bänden, hg. von Anthony W. Riley, Bd. 21,2, Kleine Schriften II, Olten und Freiburg i.Br.
1990, S. 213–217, hier S. 215.

53 Friedrich Gundolf, Heinrich von Kleist, Berlin 1922, S. 11. Von hier aus führt ein direkter diskursiver Weg zu Carl Schmitts bekannter Inauguration Kleists als »Dichter des
nationalen Widerstands gegen den fremden Eroberer« schlechthin und der ›Herrmannsschlacht‹ als »größte[r] Partisanendichtung aller Zeiten« (Carl Schmitt, Theorie des Partisanen. Zwischenbemerkung zum Begriff des Politischen, Berlin ²1975, S. 15).

54 Vgl. hierzu auch Andrea Geier, ›Was bleibet aber, stiften die Dichter‹? – Über den Umgang mit der Tradition in Text und Inszenierungen von ›Wolken.Heim.‹ In: Elfriede Jelinek – Stücke für oder gegen das Theater?, hg. von Inge Arteel und Heidy Margrit Müller,
Brüssel 2008, S. 143–154, hier S. 144: »Dabei zeigt sich, dass die Aufmerksamkeit der Re-
zipient/innen nicht ausschließlich auf die totalitär-gewaltsame Aussage der Rede, sondern
zugleich auf ihr Verfahren, d.h. auf die Tatsache, dass das Sprecher-›Wir‹ eine Tradition
heranzieht, gelenkt wird: Unabhängig von der Kenntnis bzw. Unkenntnis einzelner Prätexte
lässt sich beim einfachen Lesen oder Hören potenziell erkennen, dass sich das Sprecher-
›Wir‹ in seiner monomanischen Rede unterschiedlicher Quellen bedient. […] Die Verein-

sondern die Zitierweise, die Art und Weise, wie anhand der Texte von Hölderlin etc. Evidenzen generiert werden.

Diese (Selbst-)Reflexivität erreicht sie, wie oben für ›Wolken.Heim.‹ bereits festgestellt wurde, mit postdramatischen Mitteln, indem sie Diskurs in seiner Effektlosigkeit darstellt. Ideologisch überfrachtete Zeichenverwendungen – Politiker-Phrasen, Sinnsentenzen und eben kanonisierte Texte aller Art (inklusive der Hintergründe ihrer Kanonisierung) – zeigen unweigerlich die verborgene politische Agenda ihrer Verwendung *ex negativo*, wenn sie im Ausnahmezustand des Theaters kenntlich in Kontexten vorgeführt werden, in denen sie ihre (mythischen) Sinnpräsenzen nicht herzustellen vermögen. Jelineks unvor- und undarstellbares ›Wir‹ aus ›Wolken.Heim.‹ zeigt auf, dass unter dieser Methode am auffälligsten die Vorstellung einer kohärenten *dramatis persona* leidet: Es handelt sich dabei um eine »Entstellung der darzustellenden Bühnengestalt mittels Sprache«,[55] genauer eben mittels Zitaten. Jelinek macht in ihrem Theater sinnfällig, dass das »Zitieren von Texten immer ein Reden mit toten Zungen ist«.[56] Die Bühnenfiguren, welche Jelinek mit allerlei diskursivem Ballast ausstattet, »müssen sich mit dem Erlöschen ihrer mythologischen oder sonstigen Signaturen beschäftigen«,[57] was sozusagen den Blick erst öffnet für die Historizität ihres mythischen, sinngenerierenden Potenzials und die diesem zugrundeliegende Ideologie freilegt. Durch dieses poetische Verfahren der Verfremdung werden vornehmlich Lektüren sichtbar – und erst an zweiter Stelle Texte.

Der ideologisch aufgeladene Diskurs wird als Dispositiv der Subjektwerdung unterlaufen, indem die Sprachereignisse keine Sprechhandlungen generieren, sondern in der Folgenlosigkeit des ewigen Texts (zu dem es kein Außerhalb gibt) stranden. Statt reflexiv der sprechenden Persona (qua Maske) zu einer Innerlichkeit zu verhelfen, indem die Effekte, die ein von ihr ausgehender Sprechakt zeitigt, auf die Sprecherin, den Sprecher zurückgerechnet werden, erwecken die Redebeiträge der Jelinek'schen Protagonisten einzig den Eindruck der Leblosigkeit:

> Der Abschied von der lebendigen Rede, der situationsgeborenen, handlungsorientierten, beseelten, belebten Rede im Dienst eines Ausdrucks wird soweit getrieben, das Sprechen erlangt eine solche artifizielle Autonomie, daß es in den Mündern von Leichen am besten aufgehoben ist. Die Figurenrede des Sportstücks wie aller anderen Stücke Elfriede Jelineks auch ist Totenrede und eignet jenen, die bereits tausend Tode gestorben sind.[58]

Das also heißt es, Texte in der Form von Krypto-Zitaten zu ›verwenden‹: Die Fragmente werden nicht nach ihrem Gehalt collagiert oder montiert, sondern als (veränderliche) Schablonen ideologischer Kontextualisierung. Aus diesem Grund tauchen einige ›große Namen‹ als Adresse für Referenztexte auf der Grenze von

---

nahmung der Tradition, die Jelinek vornimmt, wird in ›Wolken.Heim.‹ kritisch reflektiert und gleichzeitig als Wiederholung einer Rezeptionstradition markiert.«

55 Annuß, Elfriede Jelinek (wie Anm. 17), S. 146.
56 Vogel, Harte Bandagen (wie Anm. 46), S. 124.
57 Vogel, Harte Bandagen (wie Anm. 46), S. 122.
58 Vogel, Harte Bandagen (wie Anm. 46), S. 123.

›Wolken.Heim.‹ selbst auch auf: nicht als stillstellende Identifikation einer (womöglich gar empirischen) Autorschaft, sondern als Lektüreanweisung, als »Aufforderung zur Autopsie«.[59]

VII. Penthesileas Busen wiederlesen

Auch die Szene mit Sportler und Frau im Sportstück führt bei genauerem Besehen in Kleists Text wieder hinein. In einer langen Replik verfertigt Jelineks Frau ihrerseits einen amazonischen Selbstmord, indem sie nicht alleine Worthülsen aus Penthesileas sprachlicher Selbstabschaffung in ihre Sprachfläche einarbeitet, sondern Kleists gewaltsamen Theaterschluss auch mit dem fünfzehnten Auftritt und der Erzählung des Amazonengesetzes überblendet und verfremdet.[60] Ihr Selbstmord jedoch strandet in der Folgenlosigkeit des ›bloßen‹ Diskurses, im Barthes'schen *degré zéro*, was von ihr nur durch weitere undurchsichtige Anleihen an ›Penthesilea‹ gerechtfertigt werden kann:

FRAU: Würdest du mir bitte helfen? So! So! So! Und wieder! Nun ists gut.[61]
SPORTLER: Kannst du nicht endlich still sein? Aus dir quillt immer gleich, wie eine endlose Kotwurst, ein Gesetz, ununterbrochen, das ist ja öde, kein Wunder, daß ich fortgegangen bin, ohne dich überhaupt wahrzunehmen! Unweiblich! Auch unnatürlich, du blöde alte Kuh! Dem übrigen Geschlecht der Menschen fremd![62] Nicht eindeutig wie ein Film, sondern zweideutig. Info ohne Empfänger. Nachricht, serviert, ohne vorher fürs Bild hergerichtet worden zu sein. Anders anders anders!
FRAU: Also wirklich ist mein Sterben irgendwie schon, glaube ich. Ich falle nieder, eine gute Übung, um wieder aufzustehen … Schließlich sind meine Gipfel in all der Zeit unbetreten geblieben, weil du zuwenig mit mir, dem real existierenden Frauengerät, trainiert hast. Du hattest dir natürlich eine andre Kraftmaschine ausgesucht. Ich

---

59 Stanitzek, Kuckuck (wie Anm. 15), S. 19.

60 »Bitte wo ist hier die Haltestelle, wo die Fernbedienung? Die Haltestelle befindet sich in der <u>Schlacht</u>, nein, in dem *Schacht*, den ich mir in meine Brust gegraben habe, um mich anschließend hineinzustürzen. Dort bist du ja! Du bist also der junge Mann<u>, den</u> ich mir <u>auserkoren</u> habe, obwohl du mich nicht einmal gesehen hast in diesem Bild, das <u>hart</u> ist wie *Stahl* und durchtränkt bis zur Sättigung mit ein paar Kilo Jugend, und das alles verpackt, und zwar ohne je zu atmen!, in weniger als fünf Gramm Stretchjersey. […] Ich <u>ergreife</u>, da du es nicht gleich merkst, deinen <u>Arm</u> mit meinen eisernen Klauen, die früher Hände waren. Als ich selbst noch eine Frau war. Meine <u>weiche Brust</u> ist mir nach hinten gerutscht, sie lachen mich aus sie lachen mich aus sie lachen mich aus. Auch du lachst jetzt unwillkürlich, dann noch einmal, aus reiner Willkür. Wer bin ich. Hier ist ein Gerät, ein *Dolch*, glaube ich, ich *reich*e ihm *meine* von Kunstspinnereien nicht mehr eingeschnürte *Brust*, er soll mich endlich selber gefangennehmen!, komme aber nicht ran, weil die Brust ja inzwischen nach hinten gewandert ist«; Jelinek, Ein Sportstück (wie Anm. 43), S. 107f. (kursivierte Passagen aus den Vs. 3025–3033; unterstrichene Passagen aus den Vs. 1898–1901).

61 Vgl. Vs. 3034: »<u>So! So! So!</u> So! <u>Und wieder!</u> – <u>Nun ist's gut.</u>«

62 Vgl. Vs. 1902–1904: »<u>Und woher quillt</u>, von wannen <u>ein Gesetz</u>, / <u>Unweiblich</u>, du vergiebst mir, <u>unnatürlich</u>, / <u>Dem übrigen Geschlecht der Menschen fremd?</u>«

hatte mich mit Wolkenduft geheimnisvoll verhüllt,[63] doch selbst wenn du mit dem Gesicht in mich hineingeknallt wärst wie eine nicht weggeräumte Leiter, hättest du mich wohl nicht bemerkt.[64]

Die Frau, die sich ganz in der *imitatio Penthesileae* ergeht, um der schlechten Unendlichkeit des effektlosen (Geschlechter-)Diskurses zu entkommen und wenigstens ihr (feminines) Sterben als Wirksamkeit und Wirkmächtigkeit zu inszenieren, wird vom Sportler, in den Worten Achilles', mit Hinweis auf die Diskursivität auch noch dieses Selbstmords zurückgewiesen. Er führt das Penthesilea'sche Monologisieren der Frau auf seine (paradoxen) Voraussetzungen zurück, Kommunikation ohne Adressat zu sein: »Info ohne Empfänger«. Die Frau aber beharrt, wenn auch nachdenklich, auf der Wirklichkeit ihres Sterbens, indem sie aufsagt, was bei Kleist im Nebentext, den Haupttext verdoppelnd und so bestätigend, zu stehen kommt: »*Sie fällt und stirbt*« (DKV II, 256). Sogleich wird jedoch dieses Fallen von ihr selbst als Turnübung missverstanden und so als Schauspielerei demaskiert.

Die Rezeptionsform, welche Jelineks Frau dem Text der Penthesilea angedeihen lässt, ist eine paradoxe: Es handelt sich dabei um einen Versuch der Verkörperung von Penthesileas Handlungsrolle, die aber scheitert. Eine schauspielerische Verkörperung, die notwendig scheitern muss, denn durch das bloße Aufsagen der entsprechenden Worte wird man noch nicht zur Selbstmörderin. Genau das ist aber die Behauptung von Kleists Szene, wird dort doch die Sprache als Macht in Anspruch genommen, welche ein Gefühl in einen Dolch transsubstantiiert.

Wenige Seiten später äußert Jelineks Penthesilea-Frau eine quasi-epische Einsicht in die angestrebte Handlungsrolle:

> Wenn ich das probieren würde, käme bestenfalls ein Selbstmord heraus, schlecht geglückt, denn als Rasierklinge würde ich selbstverständlich mein Gefühl benutzen. Was anderes habe ich meist nicht zur Hand. Oh je! Zu weich, das Gefühl![65]

Das schlechte Glücken des Selbstmords mittels ›vernichtendem Gefühl‹ zielt auf die fragwürdige Performativität des sprachlichen Selbstmords bei Kleist. Das dort postulierte (nur mithilfe der Verfügungsgewalt des Nebentexts postulierbare) performative Geglücktsein der Konversion von Gefühl in Dolch, lenkt den Blick auf die sprachliche Verfasstheit ihrer monologischen Mitteilung. Die Gelingensbedingungen von Penthesileas selbstmörderischem Sprechakt sind selbst schon vielfältig in sich gewendet, setzen sie doch die Autonomie genau derjenigen Persona voraus, die einem Gelingen zum Opfer fällt. Letztlich hängen sie aber ab von der dramatischen Plausibilität und der evidenzgenerierenden Leistungsfähigkeit jenes Schachts, »den ich mir in meine Brust gegraben habe, um mich anschließend hineinzustürzen«,[66] wie Jelineks Frau reformuliert.

---

[63] Vgl. Vs. 1905–1908: »Fern aus der Urne alles Heiligen, / O Jüngling: von der Zeiten <u>Gipfeln</u> nieder, / Den <u>unbetretnen</u>, die der Himmel ewig / In <u>Wolkenduft geheimnißvoll verhüllt</u>.«

[64] Jelinek, Ein Sportstück (wie Anm. 43), S. 108f.

[65] Jelinek, Ein Sportstück (wie Anm. 43), S. 110.

[66] Jelinek, Ein Sportstück (wie Anm. 43), S. 107.

Die Brust verliert bei Jelinek die Funktion, Träger einer spezifisch weiblichen (und daher undurchsichtigen) Innerlichkeit zu sein. Die Allegorie des Busens literalisiert und manifestiert sich bei Jelinek in der plastisch-chirurgischen Variabilität des Körperteils, des sekundären Geschlechtsorgans. Jelineks Frau trägt die Physiognomie der »lieblichen Gefühle«, das Zeichen imaginärer Weiblichkeit transportabel auf dem Buckel mit sich herum, wenn sie, die *»jüngere Frau von vorhin,* [...] *ihre Brüste jetzt wie einen Rucksack auf dem Rücken trägt«*.[67] Was ehedem als Manifestation des Inneren an der Körperoberfläche erschien, scheint technisch und chirurgisch genauso manipulierbar wie dieses Äußere selbst. Doch auch die Frau ergeht sich in einer mehr oder weniger poetischen Form der Auto-Mastektomie: In der nächsten Szene *»nimmt* [*sie*] *irgendwann zerstreut ihre Brüste vom Rücken, hält sie vor sich hin wie eine Bluse und bearbeitet sie mit einem Dolch«*.[68] Diese Selbst-Amputation sekundärer Geschlechtlichkeit, welche bei Penthesilea (vor dem Selbstmord) noch einiges (mythisches, gesellschaftskonstitutives) Wirkpotenzial entfalten konnte, bleibt bei der Frau, so aggressiv sie sich auch gebärdet, ohne Effekt.

Bei Kleist repräsentiert der Busen denjenigen Ort, an dem sich Hardware und Software der Persona emblematisch verschränken. Die fehlende rechte Brust, Hauptidentifizierungsmerkmal der Amazonen, ist biopolitisches Mal, nicht nur konventionales *signalement*, des emanzipatorischen Bestrebens, der männlichen Dominanz der heteronormativen Matrix präventiv kämpferisch zu begegnen. Als Achilles (seinen Kopf am Tatort) seine Sorgen offenbart, derartig rabiate Biopolitik könnte ernsthafte Nebenwirkungen haben, kann ihn Penthesilea beruhigen:

ACHILLES *indem er sein Gesicht an ihre Brust drückt:*
O Königin!

Der Sitz der jungen, lieblichen Gefühle,
Um eines Wahns, barbarisch –
PENTHESILEA Sei ganz ruhig.
Sie retteten in diese Linke sich,
Wo sie dem Herzen um so näher wohnen.
Du wirst mir, hoff' ich, deren keins vermissen. – (Vs. 2012–2017)

Es ist dieselbe linke Amazonen-Brust, wohin sich alle lieblichen Gefühle geflüchtet haben sollen, in welcher bis zum Ende ein vernichtendes auf seinen Einsatz harrt. Doch nicht nur Jelinek, sondern schon Kleist beobachtet, *wie* Menschen einander die Zähne in die Brust schlagen, und er schaut sehr genau hin, was da zutage gefördert wird, wenn sie sich den Busen aufreißen. »Ekstase« hindert ihn nicht an »rationaler Überlegung«, im Gegenteil.

Was bei Kleist zum Vorschein kommt, wenn der Busen als Dolchfabrik instrumentalisiert und öffentlich gemacht wird, wurde im Laufe dieses Artikels bereits mehrfach angesprochen. Kleists poetische Rhetorik der Innerlichkeit kommt nämlich ebenfalls zum Kollaps. Spätestens da (wie bei Jelinek demonstriert wird), wo die Unterscheidung zwischen dem symbolischem Handeln der Schauspielerin in Stellvertretung ihrer Figur einerseits und ihrem reellem Überleben des illokutio-

---

67 Jelinek, Ein Sportstück (wie Anm. 43), S. 104.
68 Jelinek, Ein Sportstück (wie Anm. 43), S. 123.

nären Selbstmords andererseits augenfällig werden muss. Wenn in Penthesileas Schlussmonolog Worte zu Waffen werden, ein Gefühl sich in einen Dolch verwandelt, dann ist damit weniger die eucharistische Konversionsformel der Umwandlung vom Wort in Fleisch angesprochen, als eher die theater- und lektürekonstitutive Konversion von Sprachereignissen in emphatisierte Sprechakte. Kleists Theatertext verliert als Anweisung zum Spiel alle seine Plausibilitäten, solange der ›Dolch‹ ein konventionales Zeichen ohne materielles Äquivalent bleibt, ein sprachliches Theaterrequisit. Das doppelt Imaginäre der Szenerie, einerseits als Theaterfiktion, andererseits als imaginäres Handeln innerhalb der Theaterfiktion selbst, weist alle Innerlichkeitsrhetorik als phantasmatisch aus. Stattdessen steht eine poetische Zeichenkette, Sprache hinter dem Sprechen, die autooperativ ihr eigenes (Zerstörungs-)Programm ausbildet und gar über die Hardware des szenischen Dispositivs erbarmungslos verfügt. Der Dolch ermordet nicht Penthesilea als Frau, so lesen wir mit Jelinek, sondern Penthesilea als Vorstellung einer vorsprachlichen Theaterfigur mit personalem Kern.

Kleist und Jelinek konstruieren in ihren Theatertexten Rollen, welche mithin die theatralen Verkörperungen ihrer selbst unmöglich machen. Beide entwerfen ihr Theater in der Form einer analytischen Theatralität, welche ihre eigenen Voraussetzungen mittels Textualität hinterfragt. Dahinter steckt jeweils ein anti-theatraler Impuls, wobei sich dieser Impuls theoretisch und soziokulturell natürlich unterschiedlich begründet. Bei Kleist steht eine starke bürgerliche Kritik des naturalistischen Gaukelspiels und der Illusion (im Anschluss etwa an Rousseau und den frühen Schiller) sowie ein wirkungspoetisches Theaterverständnis, das sich von Lessing ableitet, im Vordergrund. Bei Jelinek ist es eine ganz allgemeine Medienkritik (im Anschluss an Marshall McLuhan, dann aber vor allem auch an die Semiologie Roland Barthes'), die sich im Theater – als Ort gesellschaftlicher Selbstverständigung – Raum verschafft. Innerlichkeiten als Äußerlichkeiten zu prozessieren, vermeintlich Tiefgründiges als Oberflächenphänomen lesbar zu machen, darin besteht das poetologische Programm, welches Kleist und Jelinek teilen.

Dass Kleist die Inszenierungsleistungen des Texts durch den Text selbst hinterfragt, mithin also Evidenzereignisse zur Disposition stellt (und in der paradoxen Schwebe lässt, ob diese Inszenierungen gelingen oder scheitern, emphatisch begangen oder de-emphatisch aufgelöst werden), ist eine an den Forschungsstand durchaus anschlussfähige Feststellung. Gerade in Penthesileas Selbstmord kulminiert Kleists sprachkritische Obsession für die aporetische Inszenierung von Sprache als einer autonomen Wirkmacht.[69] Jelinek knüpft daran an, wenn auch sie die diskursive Eigenlogik des Theatermediums ausgerechnet im (postdramatischen) Theater hinterfragt.

---

[69] Vgl. – nur exemplarisch – Wolf Kittler, O Aphrodite! Das unsichtbare Theater in Kleists ›Penthesilea‹. In: KJb 2007, S. 120–132, hier S. 132: »Was am Ende mit Penthesilea geschieht, kann nur von außen wie über die seit Homers ›Ilias‹ sprichwörtliche Mauer oder Kleists Hügel, nur als Botenbericht Penthesileas über sich selbst zur Sprache, nur indirekt zur Erscheinung kommen. In diesem Sinn sind wir alle Boten unserer selbst, indem wir es nämlich für nötig halten, unablässig Kunde zu geben über ein Inneres, einen Busen, den es nicht gibt. Man nennt das auch performative Sprechakte.«

Tomas Sommadossi

MEDIALE TRANSFORMATIONEN
VON KLEISTS ›MARQUISE VON O....‹
IN DER ITALIENISCHEN POPKULTUR

I. Einführung

Heinrich von Kleists Dramen und Prosa wurden bekanntlich vielfältig intermedial rezipiert, im deutschsprachigen Inland sowie im Ausland. Nur was Verfilmungen angeht – um ein Beispiel zu geben –, sind Werke wie Volker Schlöndorffs ›Michael Kohlhaas – Der Rebell‹ (Deutschland 1969), Eric Rohmers ›Die Marquise von O.‹ (Frankreich-Deutschland 1976), die zwei ›Prinz[en] von Homburg‹ von Gabriele Lavia (Italien 1983) und Marco Bellocchio (Italien 1997) der kanonischen medienübergreifenden Kleist-Rezeption zuzurechnen. Das Phänomen erledigt sich aber nicht in den engeren Schranken des Arthaus-Kinos. Auch die Populärkultur, die genauso wie die hohe Kultur intertextuell ausgerichtet und daher reich an textkonstituierenden Kontaminationen ist,[1] hat sich mit denselben Werken auseinandergesetzt und somit den Kleist-Import in den Mainstream gefördert. Fernsehverfilmungen,[2] vereinfachte und bebilderte Kinderausgaben,[3] allerlei Hörbücher und sogar Bearbeitungen in Dialekt[4] ergänzen heute das mehrsprachige und multimediale Kleist-Angebot.

Im vorliegenden Beitrag soll der Blick auf die neueste intermediale Rezeption von Kleists Novelle ›Marquise von O....‹ 1808) in der italienischen Popkultur gerichtet werden. Gegenstand der Analyse sind eine durch den Comiczeichner Guido Crepax illustrierte Ausgabe der Novelle von 1996[5] und eine ›freie‹ Verfilmung vom neapolitanischen Regisseur Pappi Corsicato mit dem Titel ›Il seme della

---

[1] Vgl. Umberto Eco, Innovation and Repetition. Between Modern and Post-Modern Aesthetics. In: Daedalus 114 (1985), H. 4, S. 161–184.

[2] Vgl. dazu die Kleist-Filmographie in der Internet Movie Database unter www.imdb.it/ name/nm0902535/ (7.8.2010).

[3] Vgl. u.a. Barbara Kindermann, Käthchen von Heilbronn. Nach Heinrich von Kleist, illustriert von Christa Unzner, Berlin 2006.

[4] Vgl. z.B. die vielleicht einmalige Übersetzung des ›Zerbrochnen Kruges‹ ins Venezianische Heinrich von Kleist, La broca rota. Commedia in un atto, übersetzt von Mario Andreis, Vicenza 1961.

[5] Vgl. Heinrich von Kleist, La Marchesa di O..., illustriert von Guido Crepax, Milano 1996. NB: Übersetzer nicht nachgewiesen, siehe Anm. 16.

discordia‹ (Italien 2008; dt. ›Der Samen der Zwietracht‹).[6] Eines vorneweg: Ange-strebt wird im Folgenden nicht der Nachweis einer besonderen These. Es soll vielmehr deskriptiv an die beiden ›Hypertexte‹ herangegangen werden,[7] um somit die Art und Weise der Rezeption zu rekonstruieren, Gemeinsamkeiten und Abwei-chungen im Hinblick auf die Vorlage festzustellen und ferner die Momente her-auszukristallisieren, an denen sich im Medienwechsel die Eigenständigkeit der Werke der beiden Italiener festmachen lässt. Der Leserfreundlichkeit halber soll allerdings begonnen werden mit einigen knappen bio- und biblio- bzw. filmografischen Angaben zu Crepax und Corsicato, die selbst dem Kleist-interes-sierten Publikum möglicherweise wenig bekannt sind.

II. Biografisches: Guido Crepax und Pappi Corsicato

Guido Crepax (1933–2003) gilt als einer der international bekanntesten und er-folgreichsten italienischen Comiczeichner. In Mailand geboren, begann er mit zwölf Jahren mit Comics zu experimentieren. Kurz nach Beginn eines Architek-turstudiums (1953) bekam er seinen ersten Auftrag für ein Schallplattencover – im Laufe seiner Karriere entwarf er mehr als zweihundert Stücke. Crepax' berufliche Tätigkeitsbereiche sind hauptsächlich Zeitschriftenillustrationen (er hat u.a. jahr-zehntelang an der medizinischen Wochenschrift ›Tempo medico‹ mitgearbeitet) und Werbekampagnen (u.a. für ›Shell‹ und ›Dunlop‹). Parallel dazu machte er eroti-sche Comics für Erwachsene zu seinem Spezialgebiet. Ansehen und Ruhm ver-dankt Crepax insbesondere der Figur der Valentina, die er im Juli 1965 entwarf und die später zur unbestrittenen Protagonistin seines Gesamtwerkes wurde. Seine kühle, dunkelhaarige Heldin sei, mit Crepax' Worten, »die Verkörperung von Louise Brooks, der masochistischen Träumerin, der überheblichen Fotografin, der romantischen Exhibitionistin, der schönen Androgynin, des zarten Mädchens mit dem schönsten Po der Welt«.[8] Valentina folgen weitere Frauenfiguren in Schwarz-weiß: Belinda, Giulia, Bianca, Anita, Francesca, alle mit beachtlichem erotischen

---

[6] Im Ausland wurde der Film nicht verliehen. Der hier angegebene deutsche Titel gilt nur als Gebrauchsübersetzung.

[7] Die Termini ›Hypertext‹ bzw. ›Hypotext‹ (s. unten) sind im Sinne Genettes zu verstehen. Vgl. Gérard Genette, Palimpseste. Die Literatur auf zweiter Stufe, übersetzt von Wolfram Bayer und Dieter Hornig, Frankfurt a.M. 1993, S. 14 f.: »Darunter [unter *Hypertextualität*] verstehe ich jede Beziehung zwischen einem Text B (den ich als *Hypertext* bezeichne) und einem Text A (den ich, wie zu erwarten, als *Hypotext* bezeichne), wobei Text B Text A auf eine Art und Weise überlagert, die nicht die des Kommentars ist. [...] Wir gehen vom allgemeinen Begriff eines Textes zweiten Grades [...], d. h. eines Textes aus, der von einem anderen, früheren Text abgeleitet ist. Diese Ableitung kann deskriptiver und intellektueller Art sein, wenn ein Metatext [...] von einem anderen Text [...] ›spricht‹. Sie kann aber auch ganz anders geartet sein, wenn B zwar nicht von A spricht, aber in dieser Form ohne A gar nicht existieren könnte, aus dem er mit Hilfe einer Operation entstanden ist, die ich [...] als *Transformation* bezeichnen möchte, und auf den er sich auf eine mehr oder weniger offen-sichtliche Weise bezieht, ohne ihn unbedingt zu erwähnen oder zu zitieren«.

[8] Guido Crepax, Autobiographie. In: Guido Crepax, hg. von Vincenzo Mollica und Mauro Paganelli, übersetzt von Dorian Ling, München 1982, S. 9–32, hier S. 19.

Potential. Wiederholt hat sich der Mailänder Zeichner ferner mit literarischen Texten auseinandergesetzt; auch in diesem Bereich ist die Sexualität bzw. allgemeiner die Körperlichkeit der rote Faden seiner Adaptionen in Panels, von der ›Justine‹ des Marquis de Sade und Dominique Aurys ›Histoire d'O‹ über Emmanuelle Arsans ›Emmanuelle‹ bis zu Robert Louis Stevensons ›Dr. Jekyll and Mr. Hyde‹, Henry James' ›The Turn of the Screw‹ und Mary Shelleys ›Frankenstein‹. Was die deutschsprachige Literatur anbelangt, liegen äußerst raffinierte Comic-Versionen von Franz Kafkas ›Prozeß‹ und der ›Venus im Pelz‹, frei nach Leopold von Sacher-Masoch, vor.[9] Die illustrierte Ausgabe der ›Marquise von O....‹ erschien 1996 beim Mailänder Kunstverlag Nuages in einer limitierten Auflage von zweitausend Exemplaren – es bleibt Crepax' einzige Leistung als Buchillustrator.

Um eine Generation jünger als Crepax ist der Regisseur Pappi Corsicato (*1960 in Neapel). Als Kind nahm er Tanzunterricht in seiner Heimatstadt. Mit dem Vorhaben, in die Fußstapfen seines Vaters, eines Bauunternehmers, zu treten, meldete er sich für ein Architekturstudium in Neapel an. Bald darauf zog er aber nach New York, wo er die Tanz- und Choreografieschule Alvin Aileys besuchte. Ein einfluss- und aufschlussreiches Ereignis für seine künftige Karriere in der Filmindustrie war die Mitwirkung bei den Dreharbeiten von Pedro Almodóvars ›¡Átame!‹ (Spanien 1990; dt. ›Fessle mich!‹) als (unbezahlter) Regieassistent. Wie von der Kritik immer wieder betont wird, hat die Zusammenarbeit mit dem spanischen Starregisseur Corsicatos filmisches Schaffen tief geprägt, insbesondere was die vielschichtige Profilierung von Frauenfiguren anbelangt. Sein erster Film ›Libera‹ wurde 1993 mit Erfolg auf der Berlinale gezeigt und 1994 als bestes Erstlingswerk mit dem Silbernen Band des italienischen Filmjournalistenverbandes ausgezeichnet. 1995 folgte ›I buchi neri‹, Corsicatos bisher größter Box-office-Erfolg, und 2001 der eher verunglückte ›Chimera‹, beide mit Iaia Forte in der Hauptrolle. ›Il seme della discordia‹ aus dem Jahre 2008 nahm am Wettbewerb der 65. Filmfestspiele in Venedig teil, gewann jedoch keine Preise.

III. Crepax' Illustrationen der ›Marquise von O....‹ (1996)

Die Arbeit an der ›Marquise von O....‹ nimmt im Rahmen des grafischen Schaffens von Crepax eine Sonderstelle ein. Im Gegensatz zu seinen eigenen Kreationen und den anderen intermedialen Versuchen mit literarischen Werken hat sich der Mailänder bei Kleist nicht des Mediums des Comics bedienen wollen und dementsprechend zur Buchillustration gewechselt. Comic- und illustrierte Adaption setzen eine verschiedene Herangehensweise an die literarische Vorlage voraus. Grundsätzlich unterschiedlich ist die Gewichtigkeit des im Rahmen der Ko-Autorschaft jeweils durch die beiden Urheber geleisteten Beitrags zur Narration, was

---

9 Vgl. Guido Crepax, Justine. Dal Marchese de Sade, Milano 1979; ders., L'histoire d'O, Milano 1976; ders., Emmanuelle, Milano 1978; ders., Dr. Jekyll e Mr. Hyde. Da Robert L. Stevenson, Milano 1987; ders., Giro di vite. Da Henry James, Milano 1989; ders., Frankenstein di Mary Shelley, Grumo Nevano 2002; ders., Il processo di Franz Kafka, Casale Monferrato 1999; ders., Venere in pelliccia. Da Leopold von Sacher-Masoch, Milano 2001.

sich unmittelbar auf das Verhältnis des Bildes zum sprachlichen Text nieder-schlägt. Was die Gattung der *graphic novel* ausmacht, sind die »Hybridisierung von Schrift- und Bildkomponenten«[10] und der sequentielle Charakter der Aneinander-reihung von sprachlich-ikonografischen Fragmenten zum Zwecke der Erzeugung der Diegese. Die grafische Inszenierung eines verbal fixierten Universums sowie die Verarbeitung des vorliegenden sprachlichen Materials in sprechblasengemä-ßem Format bedeuten einen dekonstruktiven, umkodierenden Umgang mit dem ›Hypotext‹. Den Autoren literarischer *graphic novels* geht es nicht zwangsläufig um eine wortgetreue Wiedergabe von vorhandenen Signifikaten:

> Vielmehr bestehen zwischen Literatur-Comics und ihren Hypotexten ähnlich vielfäl-tige und vielschichtige Beziehungen wie zwischen literarischen Texten. Ausgangstexte werden parodiert und travestiert, ganz oder partiell fragmentiert und manchmal fast bis zur Unkenntlichkeit verwandelt [...].[11]

Hiervon ist Crepax' ›Prozeß‹-Comicbuch ein sprechendes Beispiel. Laut Emilio Tadini hat Crepax das nicht einfache Problem der Kafkas Romanfragment zugrundeliegenden Spannung zwischen Instabilität des Textsinnes und Überfluss an Realismus, an Materialität dadurch gelöst, dass »er zunächst die labyrinthische Konstruktion des Romans zerlegt hat. Dann hat er die sich aus dem Zerlegen ergebenden Materialien – verändert und nahezu auf Fragmente reduziert – für eine andere, seine Konstruktion verwendet«.[12] Um zu erkennen, dass sich die Comics, wenn auch in Dialog mit ihr stehend, gegenüber der Vorlage Kafkas allmählich verselbständigen, mag ein Blick in eine beliebige Panelsequenz des Buches reichen (Abb. 1).

Anders bei der Illustration: Indem auf die Modi der »Kunst in Sequenz«,[13] bei der das Medium des Bildes und ferner die Dichte der Panels den Erzählduktus bestimmen, verzichtet wird, ändert sich die Hierarchie der Autoritäten. Der zu illustrierende literarische Text wird unversehrt abgedruckt; das Bild wird dadurch in seiner Dominanz eingeschränkt und erfüllt im Grunde eine Begleitfunktion. Was Crepax' Bilderserie zur ›Marquise‹ betrifft, so ließe sich in Bezug auf das Ver-hältnis von Bild zu Text mit Lessing feststellen: »Die Malerei kann in ihren coexistirenden Compositionen nur einen einzigen Augenblick der Handlung nut-zen, und muß daher den prägnantesten wählen, aus welchem das Vorhergehende und Folgende am begreiflichsten wird«.[14] Es steht außer Zweifel, dass es zuvor-derst Crepax' Bemühen in ›laokoonischem‹ Sinne gewesen ist, alternierend Mo-

---

[10] Stephan Packard, Anatomie des Comics. Psychosemiotische Medienanalyse, Göttingen 2006, S. 84.

[11] Monika Schmitz-Emans, Literatur-Comics zwischen Adaptation und kreativer Trans-formation. In: Comics. Zur Geschichte und Theorie eines populärkulturellen Mediums, hg. von Stephan Ditschke, Katerina Kroucheva und Daniel Stein, Bielefeld 2009, S. 281–308, hier S. 288.

[12] Emilio Tadini, Nota introduttiva. In: Crepax, Il processo (wie Anm. 8), S. 5–8, hier S. 5. Übersetzungen aus dem Italienischen stammen vom Verfasser (T.S.).

[13] Packard, Anatomie (wie Anm. 9), S. 71.

[14] Gotthold Ephraim Lessing, Laokoon oder über die Grenzen der Malerei und Poesie, Karlsruhe 1824, S. 169.

mentaufnahmen der in der Novelle beschriebenen Ereignisse und psychologisie-
rende Einblicke in die Intimität der Figuren zu liefern. Von der den Kleist'schen
Gestalten durch den Zeichner verliehenen Körperlichkeit, der genau durchdachten
Art der Inszenierung, den Details der Darstellung lässt sich allerdings darauf
schließen, dass die Bilder keineswegs ein sekundärer Bedeutungträger sind; obschon sie die Geschichte der Marquise nicht in eigentlichem Sinne nacherzählen
(den Kausalzusammenhängen wird nicht Genüge getan), erweitern sie dennoch
den Horizont der Erzählung, indem sie wichtige Textstellen intersemiotisch poin-
tieren und insbesondere die alles Sexuelle chiffrierenden »Diskurse des Geheimnisses«[15] weiterführen. Im Folgenden soll am Beispiel ausgewählter Tafeln darauf
eingegangen werden.

Abb. 1: Crepax, Il processo (wie Anm. 8), S. 23.

---

15 Adam Soboczynski, Das arcanum der ›Marquise von O….‹. Kleists preußische Novelle
zwischen Verstellungskunst und Gottesbegehren. In: KJb 2004, S. 62–87, hier S. 67.

Dass den Bildern besondere Bedeutsamkeit zukommt, bezeugt selbst die typografische Beschaffenheit der bimedialen Ausgabe. Crepax' grafischer Beitrag zum Kleist'schen Text (hier abgedruckt in italienischer Übersetzung)[16] besteht aus zwanzig seitengroßen Illustrationen in schwarzer Tinte und Farbe (die Originale sind in Chinatusche und Aquarellfarbe auf Papier). Das Buch ist in einem eher für Comics, weniger für Literaturklassiker verwendeten Großformat (195 x 265 mm) gehalten und gedruckt auf wertvollem, mattem Druckkarton. Die ersten beiden Bilder, die entsprechend der Vorlage die Geschichte der Marquise in die Umstände des Zweiten Koalitionskrieges einbetten, begleiten den kurzen einführenden Text von Ferruccio Giromini und nehmen zwei aufeinanderfolgende rechte Buchseiten ein. Ab dem Einsetzen der Novelle kommt den übrigen achtzehn Bildern jede zweite rechte Seite zu. Eine besondere Hervorhebung der Serie wird dadurch gewährleistet, dass alle Rückseiten der Illustrationen (mit Ausnahme der beiden ersten in der Einführung) ungedruckt gehalten werden, es sei denn, für jeweils ein sehr knappes Zitat aus der Novelle im Seitenfuß, das als eine Art Bildunterschrift fungiert.

Für Giromini hat Crepax mit seinen Bildern den »Satz« exemplifiziert, »dem zufolge, wenn Ästhetik als Ethik verstanden wird, sich die Tür zur Erotik unvermeidlich einen Spaltbreit öffnet«.[17] Man kann in der Tat geltend machen, Crepax habe die Figur der Marquise sexualisiert, was die Bebilderung unmittelbar zu einer explizierenden (wenn auch nicht simplifizierenden) Interpretation der Novelle macht. Denn Kleists und Crepax' Herangehensweise an Körperlichkeit und deren Auswirkungen sind nicht gleichsetzen. Wie u.a. Helga Gallas und Adam Soboczynski (hier in Anlehnung an Albrecht Koschorke) dargestellt haben, lässt sich die sich im familiären (= gesellschaftlichen) Umgang mit der Schwangerschaft widerspiegelnde Tabuisierung des Körperlichen bei Kleist vor dem Hintergrund einer im Aufklärungszeitalter stattfindenden »Veränderung der Zirkulationsweise sozialer Energien«[18] erklären: Um »Triebhaftigkeit und sexuelle Lust an der Quelle [zu] verstopfen«,[19] setzt sich ein entkörperlichtes, genauer: genitialenloses Sozialbewusstsein durch, in dessen Rahmen Moral(ismus) gegen Sinnlichkeit ausgespielt wird. Aus literarischer Perspektive kann an Figuren wie der Marquise »der Wandel von der Frau als einem sexuell begehrten *Objekt* in der vorbürgerlichen Literatur zur Frau als einem a-sexuellen oder sexuell nicht mehr interessierenden *Subjekt* in der bürgerlichen Literatur«[20] festgemacht werden. In diesem Sinne hat Kleist in

---

[16] Wenn auch im Buch nicht nachgewiesen, wurde für diese Ausgabe die Übersetzung von Ervino Pocar verwendet (vgl. Heinrich von Kleist, Tutti i racconti, hg. von Italo Alighiero Chiusano, übersetzt von Ervino Pocar, Firenze 1995).

[17] Ferruccio Giromini, Lo svenimento fatale. In: Kleist und Crepax, La Marchesa (wie Anm. 5), S. 5–10, hier S. 8.

[18] Albrecht Koschorke, Körperströme und Schriftverkehr. Mediologie des 18. Jahrhunderts, München 1999, zit. nach Soboczynski, Das arcanum (wie Anm. 14), S. 74.

[19] Soboczynski, Das arcanum (wie Anm. 14), S. 75.

[20] Helga Gallas, Begehren und Sexualität im Werk Heinrich von Kleists. In: Erotik und Sexualität im Werk Heinrich von Kleists. Internationales Kolloquium des Kleist-Archivs Sembdner, hg. von Günther Emig, Heilbronn 2000, S. 232–238, hier S. 236.

seiner Novelle mit einem geschickt platzierten Gedankenstrich den begehrenswerten Körper der Marquise aus dem phallischen Vergewaltigungsakt, somit aus der erzählten Welt ausgeklammert und durch den reizlosen, befruchteten Mutterleib ersetzt. Dennoch – wir werden im Folgenden mehrmals darauf Bezug nehmen – werden Trieb und Wollust bei Kleist nicht radikal getilgt; als bedrohliche Instanzen sind sie immer unterschwellig vorhanden.

Während das erotische Moment beim deutschen Autor einer (ambivalenten) Verklärung unterzogen wird und latent bleibt, taucht es bei Crepax aus der Tiefe des »epistemological suspense«[21] an die Oberfläche der Sinnlichkeit. Den Gedanken, dass Weiblichkeit sich nicht im asexuellen Gefühl der Mütterlichkeit aufheben lässt,[22] könnte man als Chiffre der Bebilderung der Novelle durch den Mailänder Künstler gelten lassen. Nach Barthes entwirft Crepax seine weiblichen Universen aus dem Bewusstsein heraus, »daß alles sofort erkannt werden muß (die Personen, die Gegenstände, die Absichten, die Gesten), damit die wollüstige Logik der Erzählung sich sofort und leicht beim Leser offenbaren kann«.[23] Crepax' Marquise ist hauptsächlich eine Chiffre zur Darstellung des erotischen Potentials weiblicher Körperlichkeit. Ihre Schönheit ist konkret, materiell, leiblich; ihre Attraktivität unmittelbar, präsent, greifbar. Nehmen wir zum Beispiel den »Trupp feindlicher Scharfschützen« (DKV III, 144), der die Marquise am Anfang der erzählten Zeitspanne misshandelt. An diesem einen Bild wird einleuchtend, was Barthes in Bezug auf Crepax meint, wenn er Erotik als »das Zusammentreffen der Begierde und eines Objekts«[24] bezeichnet. Zu dritt greifen die Männer nach der in einem leichten, grünen Gewand gekleideten Marquise, nach ihrem Körper, dem Objekt ihrer Lüsternheit. Der Erste, in der Mitte, drückt sie von hinten an seinen Körper und blickt gierig grinsend auf die vollkommenen Rundungen der entblößten Brust. Der Zweite, rechts, greift nach ihrem Geschlecht, während sich die wehrlose Frau mit beiden schmalen Händen zu verteidigen trachtet. Der Dritte, links, fasst sie am rechten Arm und scheint dabei den Betrachter komplizenhaft anzulächeln, was die Szene, unterstützt auch durch die frontale Ausrichtung der Komposition, mit einer voyeuristischen Nuance versieht (Abb. 2).

Der russische Graf F..., der (im folgenden Bild) mit dem Schwert in der Hand die drei Uniformierten überrascht und davonjagt, versperrt mit seinem Auftreten dem Zuschauer den freien Blick auf den Handlungsraum. Er nimmt den Vordergrund der Tafel ein und wendet dem Betrachter den Rücken zu. Er und die drei Soldaten befinden sich an den Enden eines imaginären Kreuzes. Die Figur der Marquise, auf dem Boden liegend, ist ganz im Hintergrund zu sehen. Der Stiefel eines Soldaten verbirgt ihr Gesicht; alles, was man von ihr erkennt, ist das grüne Kleid, das sich anschmiegendund leicht um ihre Hüfte windet, und ihre nackte

---

21 Curtis C. Bentzel, Knowledge in Narrative. The Significance of the Swan in Kleist's ›Die Marquise von O...‹. In: The German Quarterly 64 (1991), H. 3, S. 296–303, hier S. 296.

22 Vgl. Walter Müller-Seidel, Die Struktur des Widerspruchs in Kleists ›Marquise von O...‹. In: DVjs 28 (1954), S. 497–515, hier S. 503.

23 Roland Barthes, Die Große Metapher. In: Guido Crepax (wie Anm. 7), S. 117.

24 Barthes, Die Große Metapher (wie Anm. 22), S. 117.

Brust mit der markanten Brustwarze. Das Ausnutzen der ganzen Tiefe des Feldes und die perspektivische Gliederung des Bildes in drei Ebenen markiert die doppelgängerische *conditio* des Grafen, sein Pendeln zwischen militärischem Ethos und trieb- bzw. instinktgesteuertem Verhalten. Sein Eingreifen, um in dem die Marquise umgebenden Gedränge Ordnung zu schaffen, wirkt sich nachträglich in existentielle Unordnung aus. Der Zusammenhang von Ordnung und Chaos bzw. Moral und Sünde ist dem erotomanisch gefärbten Diskurs über Sexualität bei Crepax äußerst kongenial, denn, wie Fini erklärt, »[g]erade aus der Ordnung, aus dem Anstand und der Achtbarkeit wird der Wunsch nach Profanation geboren. [...] Je größer die Ordnung, der Anstand und die Achtbarkeit, desto tiefer der Wunsch, sie umzustoßen und sie zu profanieren«.[25] Und was ist eigentlich anders bei Kleist? Auch in der Novelle entpuppt sich die Annahme, alles könne nach der Schwängerung »nun in die alte Ordnung der Dinge zurück[kehren]« (DKV III, 148), als eine illusorische Einbildung. Es besteht eine geregelte Gegenwart, solange Sex und Begehren nicht ins Spiel kommen, solange also »die Dualität des Menschen als moralisches Vernunft- und Triebwesen [...] geleugnet [wird]«.[26] Andersherum: Macht sich Triebhaftigkeit – vertreten (wenn auch nicht unproblematisch) durch die männlichen Figuren – spürbar, droht das im »Zwang der Selbstverklärung«[27] errichtete, geordnete Selbst- und Sozialbewusstsein zu kollabieren.

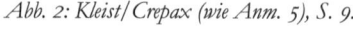

Abb. 2: Kleist/Crepax (wie Anm. 5), S. 9.   *Abb. 3: Kleist/Crepax (wie Anm. 5), S. 23.*

[25] Massimo Fini, Die ›Krankhaftigkeit‹ von Crepax. In: Guido Crepax (wie Anm. 7), S. 94–97, hier S. 96.
[26] Peggy Fiebich, Gefährten im Unglück. Die Protagonisten narrativer Texte von E.T.A. Hoffmann sowie von Novalis, Goethe und Kleist, Würzburg 2007, S. 182.
[27] Fiebich, Gefährten (wie Anm. 25), S. 182.

Dass der Graf F... in Hinblick auf die bestehende Ordnung der Dinge eine bedrohliche Gefahrenquelle bedeutet, signalisiert ferner die Illustration, die dem fatalen Gedankenstrich der Novelle entspricht (Abb. 3). Die hier skizzierte Situation bezieht sich auf den unmittelbaren Augenblick, als die Marquise, in dem »anderen, von der Flamme noch nicht ergriffenen, Flügel des Palastes« eingetroffen, »völlig bewusstlos niedersank« (DKV III, 145). Angesichts der Illustration von Crepax scheint es, als ob die unmittelbar vorhergehende Begegnung mit den Soldaten keinerlei Spur auf Juliettas Körper hinterlassen hätte. Selbst in bewusstlosem Zustand verliert ihr Leib nichts von der Faszination und Anziehungskraft, die er ausübt. Auf dem Fußboden liegend, nimmt ihr Körper eine aufreizende, ja provokante Pose ein: Der rechte Arm, leicht gebeugt, folgt in seiner Stellung der Linie des Körpers; der linke ist im Ellbogen hinter den Kopf gebeugt, so dass die Achselhöhle ganz zur Geltung kommt und ferner die linke Hand das perfekt gekämmte, schwarze Haar zu streicheln scheint. Die schöne grüne Drapierung des Kleides hebt den üppigen nackten Busen und den linken Oberschenkel hervor; der zarte Rosa-Ton der Haut auf der weiß gelassenen Fläche des Fußbodens betont das Scharlachrot von Lippen und Brustwarzen. Für einen schrillen Gegensatz mit dem nahezu manieristischen Porträt der Marquise sorgt die beunruhigende Präsenz des Grafen, angedeutet lediglich durch die beiden schwarzen Stiefel in der oberen linken Ecke der Tafel. Beachtlich ist dabei die Detailgenauigkeit des Zeichners. Um das der Handlung zugrundeliegende, verwirrende Spiel der Simulation und Dissimulation ikonografisch zu gewährleisten, wird diese Situation so konstruiert, als stünden die zwei miteinander konfrontierten Figuren trotz ihrer körperlichen Nähe in keinerlei Relation zueinander. Es entstehen Kontraste zwischen Farbflächen (schwarz vs. rosa-grün) und Darstellungsebenen (horizontal vs. vertikal; der Mann steht, die Frau liegt); selbst die zwei dargestellten Körper stehen in einem Komplementärverhältnis – vom Grafen bekommt der Zuschauer nur die Stiefel zu sehen, während im Gegensatz dazu Waden und Füße der Marquise außerhalb des Bildes bleiben. Was die zwei Pole der Handlung in eine fatale Verbindung bringt, erkennt man erst bei näherem Betrachten: Die Linien, die den Fußboden andeuten, verlaufen nicht parallel zueinander; die Abstände zwischen ihnen werden, von rechts nach links betrachtet, nach und nach kleiner und der Fluchtpunkt dieser diagonalen Perspektive ist nicht zufällig der ›schwarze Fleck‹ des Grafen. Er ist der Endpunkt, zu dem die Linien des Bildes sowie der Handlung den Blick bzw. die Aufmerksamkeit des Lesers/Betrachters führen.

Ein spezielles Augenmerk verdienen drei weitere Bilder, die den besonderen Zusammenhang der Reglementierung der Schwangerschaft im Rahmen der bestehenden Familien- und Sozialverhältnisse veranschaulichen. Dies sind das Bild vom Gespräch der Marquise mit der Mutter (unter dem Motto: »Ein reines Bewusstsein, und eine Hebamme!«; DKV III, 162f.), ferner, im Vergleich, die Bilder der Begegnung mit dem Grafen im Garten der Villa in V... und der Versöhnung mit dem Obristen.

Abb. 4: Kleist/Crepax (wie Anm. 5), S. 47.

Abb. 5: Kleist/Crepax (wie Anm. 5), S. 71.   Abb. 6: Kleist/Crepax (wie Anm. 5), S. 75.

Die Konfrontation zwischen Mutter und Tochter über die eingetretene »sonderbare[ ] Lage« (DKV III, 167) erfolgt für Crepax im Zeichen vollkommener formaler Symmetrie (Abb. 4). Zieht man eine vertikale Linie durch die Mitte der Tafel, so sind die beiden Hälften perfekt spiegelbildlich. Die Frauenfiguren sitzen auf einem hölzernen Diwan mit gelbem Damastbezug, die Obristin rechts in Lila, die Marquise links in Türkisblau; die Körperstellung der beiden, einander zugewandt sitzenden Frauen ist genau die gleiche. Dem stillen, intimen Gleichgewicht, das in der Komposition herrscht, verleiht ein Gemälde an der Wand hinter den Figuren eine besondere Konnotation. Es handelt sich um eine in groben Zügen angedeutete, ruhige Seelandschaft. Interessant und auffällig ist die Tatsache, dass Crepax an der unteren rechten Ecke des Bildes im Bild in Großbuchstaben den Namen ›William Turner‹ vermerkt. Wenn auch der Verfasser nicht feststellen konnte, ob hier Crepax ein reales Gemälde Turners in seinem Stil nachgemalt hat, braucht man sich einfach Turners Naturbegriff im Allgemeinen zu vergegenwärtigen, um den hier intertextuell codierten Zusammenhang zu deuten. Den Namen ›Turner‹ verbindet man nicht nur mit ruhigen Meeresidyllen, sondern vielmehr mit den Darstellungen von gewaltigen, höchst bewegten Wasserkulissen mit strömenden Fluten und beängstigenden, kolossalen Wellen. Wasser hat den Maler fasziniert, weil »it was such a potent emblem of his conviction that change, not stasis, was the ruling principle of the world«.[28] Vor diesem Hintergrund erscheint der indirekte Bezug auf Kleist in seiner ganzen Bedeutsamkeit: Der Verweis auf den Meister der englischen Romantik rückt erneut die Frage nach der Instabilität der »alten Ordnung« in den Vordergrund. In der Novelle dreht sich alles um das Zusammenprallen von *stasis* und *change*, d.h. von einer alten und einer neuen Ordnung, die unvereinbar zu sein scheinen – unvereinbar wie das angeblich reine Bewusstsein der Marquise mit dem Rekurs auf die Hebamme. Eine sich ändernde, werdende Natur der Dinge, die (sexuell konnotierte) Zwischenfälle des Schicksals zulässt, ist gerade der Horizont, dem im Rahmen konservativer, patriarchalischer Verhältnisse der Widerstand des Obristen gilt, weswegen die »Vergewaltigung [...] letztendlich eine Verletzung [ist und bleibt], die [...] der ›alten Ordnung der Dinge‹ *nicht* assimiliert werden kann«.[29] Auf diesen Sachverhalt im Spannungsfeld von Altem und Neuem zurückzuführen sind die temporäre Spaltung der Familie und der Rückzug der Marquise und ihrer Kinder in die ländliche Idylle in V..., wo die zweite Auseinandersetzung mit dem Grafen erfolgt.[30]

Die Besonderheit von Crepax' Darstellung der Begegnung der Marquise mit dem Grafen (Abb. 5) und darauffolgend der Wiedervereinigung mit dem Vater (Abb. 6) ist die, dass die zwei männlichen Figuren in ihrem Umgang mit der Protagonistin nahezu austauschbar zu sein scheinen. Dadurch, dass Liebhaber und männlicher Elternteil in ihrem Verhalten einander widerspiegeln bis zu dem Punkt, dass sie in ihrer Rolle kaum mehr unterscheidbar sind, will Crepax den Zuschauer an die brennende Schnittstelle zwischen Sexualität und Inzest führen. Zu diesem Zweck folgt er den ›Regieanweisungen‹ Kleists nahezu wortgetreu. Betrachten wir die Illustrationen nun genau. Als der Graf vor der Marquise erscheint, trägt er im Gegensatz zur ersten Begegnung anstelle der Uniform einen schwarzen Anzug und keinerlei Kopfbedeckung – nicht anders als der Obrist im folgenden Bild. Bei der Begegnung im Garten entscheidet sich Crepax für eine Frontalperspektive, bei der die Figur der Marquise die genaue Symmetrieachse der Tafel

---

[28] Andrew Graham-Dixon, A History of British Art, Berkeley und Los Angeles 1999, S. 155.

[29] Christine Künzel, Vergewaltigungslektüren. Zur Codierung sexueller Gewalt in Literatur und Recht, Frankfurt a.M. und New York 2003, S. 89.

[30] Die Szene wird von Crepax in zwei Illustrationen dargestellt. Ich beziehe mich hier auf das zweite Bild.

bildet; der schwarz gekleidete Graf füllt mit seinem Körper die linke Hälfte der Illustration, bringt somit das Gleichgewicht (des Bildes und, abstrahierend, der Marquise) aus der Balance. In der nächsten Tafel sind Vater und Tochter auf einem Sofa sitzend zu sehen. Zur Beschreibung bedarf es keiner anderen Formel als Kleists Worte:

> [D]ie Tochter [liegt] still, mit zurückgebeugtem Nacken, die Augen fest geschlossen, in des Vaters Armen [...]; indessen dieser [...] lange, heiße und lechzende Küsse, das große Auge voll glänzender Tränen, auf ihren Mund drückte: gerade wie ein Verliebter!« (DKV III, 181)

Das Bild weist eine diagonale Perspektive auf – ein formaler Verweis, der uns unmittelbar auf die die Vergewaltigung andeutende Szene zurückverweist, die oben beschrieben wurde.[31] Dies scheint zudem kein Zufall zu sein, wenn man bedenkt, dass auch in der Kleist-Forschung das Komplementärverhältnis der beiden phallischen Szenen (die erste mit dem Grafen und dann die mit dem Vater) mehrfach hervorgehoben wurde. Stellt Kleists Novelle an der zitierten Stelle »die traumatisierende Szene [...] nach, aktiviert sie, imitiert und iteriert sie«,[32] so macht Crepax die textinterne Parallele genauso deutlich durch die Wiederaufnahme formaler Eigenschaften.

Der Fokus der Darstellung liegt in beiden Momenten der Wiederbegegnung auf den Gesichtern der Figurenpaare. Der Graf, seitlich im Profil porträtiert, wird so dargestellt, als sei er im Begriffe, die Marquise auf die Lippen zu küssen. Die Fixierung dieses Augenblicks auf Papier, bei dem der Abstand zwischen den zwei Mündern zu einer unüberbrückbaren Kluft erstarrt, bewirkt – ganz in Einklang mit der Novelle – die Vertagung der intergeschlechtlichen ›Verhandlung‹ zur Legitimierung der thematisierten außerordentlichen Umstände. Erst der Obrist scheint in der familiären Szene das zur Vollendung zu bringen, was dem Grafen in der vorigen Situation misslang. Bei Crepax sowie bei Kleist ist hier Ambivalenz Programm. Im Finale findet die Protagonistin beim Vater Anerkennung für ihre Unschuld und die angebliche Tugendhaftigkeit der Empfängnis; was dabei auffällt, ist, dass die Normalisierung des Außerordentlichen wohl im Zeichen der konservativen, gesellschaftsgerechten Vaterliebe stattfindet, diese allerdings inzestuöse Züge annimmt und sich somit als ein »Signal für das Durchbrechen alter Verhaltensnormen und Konventionen«[33] deuten lässt. In anderen Worten: Die moralistische Entsexualisierung der Schwangerschaft im Rahmen bürgerlicher Familienverhältnisse erfolgt durch die Sexualisierung einer im Rahmen derselben Familienverhält-

---

[31] Mit der diagonalen Perspektive simuliert Crepax des Weiteren den voyeuristischen Gesichtspunkt der Obristin, die die Szene durch das Schlüsselloch betrachtet.

[32] Claudia Liebrand, Gravida. Kleists ›Marquise von O....‹ als Trauma-Text. In: Heinrich von Kleist, hg. von Ortrud Gutjahr, Würzburg 2008, S. 159–177, hier S. 174.

[33] Gerhard Schulz, Die deutsche Literatur zwischen Französischer Revolution und Restauration, Bd. 2: Das Zeitalter der Napoleonischen Kriege und der Restauration 1806–1830, München 1989, S. 383.

nisse sexualitätslosen Beziehung.[34] Eben deswegen erreicht die die Bilderserie kennzeichnende Erotik lediglich in diesem Augenblick den, sagen wir mal so, ›Höhepunkt‹ ihrer Wirkung und mündet in die Inszenierung eines sexuellen Aktes.

Die übrigen Illustrationen sollen in diesem Rahmen aus praktischen Gründen unbesprochen bleiben. Dieser Mangel sei dem interessierten Leser Ansporn, sich um die exklusive Crepax-Ausgabe zu bemühen, die Novelle dann nachzulesen und die gesamte suggestive Bilderserie zu genießen.

IV. Pappi Corsicatos ›Il seme della discordia‹ (2008)

Wenn man eine Neuverfilmung der ›Marquise von O….‹ zu untersuchen hat, kommt man nicht umhin, diese mit der, mit Lohmeier, »radikal werkgetreuen«[35] Übertragung des Kleist'schen Stoffes durch Éric Rohmer zu vergleichen. Obschon in der vorliegenden Analyse nicht komparativ vorgegangen werden soll, sei dennoch eines vorneweg gesagt: Während es Rohmer um die möglichst exakte »transformation of Kleist's remarkable language into the medium of film«[36] ging, hat sich der italienische Regisseur eher um eine aktualisierende Weiterschreibung des Stoffes bemüht. Die Kleist'sche Grundlage ist in ›Il seme della discordia‹ durchaus erkennbar, jedoch wird die ganze Filmhandlung (teilweise grotesk) umkodiert, beliebig ergänzt und auf die moderne Welt und die *conditio* der (post-)modernen Frau und Familie projiziert. Ein Verdienst Corsicatos ist, dass er anhand des ›Marquise‹-Stoffes mit distanzierter Ironie (bio-)ethisch, politisch und gesellschaftlich brisante Phänomene (Misshandlung der Frau, Sexualitätsstörungen, Unfruchtbarkeit, Abtreibung) anspricht, ganz ohne die Erzählung mit moralistischem bzw. rhetorischem Pathos zu überladen.[37] Es soll im Folgenden allerdings nicht um die

---

[34] Vgl. Irmela Marei Krüger-Fürhoff, Epistemological Asymmetries and Erotic Stagings. Father-Daughter Incest in Heinrich von Kleist's ›The Marquise of O…‹. In: Women in German Yearbook 12 (1996), S. 71–86, hier S. 83.

[35] Vgl. Anke-Marie Lohmeier, ›Die Marquise von O…‹ (Heinrich von Kleist – Eric Rohmer). Radikale Werktreue. In: Literaturverfilmungen, hg. von Anne Bohnenkamp, Stuttgart 2005, S. 86–92. Zu seiner Kleist-Verfilmung hat sich Rohmer folgendermaßen geäußert: »Dem Kleistschen Text Wort für Wort zu folgen, war das leitende Prinzip unserer Verfilmung. In diesem Fall zeigt es sich, daß die Novelle, ›Die Marquise von O…‹ nicht nur das ›Sujet‹ für einen ein-einhalbstündigen Film abgibt, sondern schon ein echtes ›Drehbuch‹ ist, auf das sich die Regiearbeit ohne Vermittlung einer sogenannten ›Bearbeitung‹ direkt stützen kann«; Eric Rohmer, Anmerkungen zur Inszenierung (1975). In: Heinrich von Kleist. ›Die Marquise von O…‹, mit Materialien und Bilder zu dem Film von Eric Rohmer, hg. von Werner Berthel, Frankfurt a.M. 1979, S. 111–114, hier S. 111. Vgl. dazu auch Mary Rhiel, The Author-Function as Security Agent in Rohmer's ›Die Marquise von O…‹. In: The German Quarterly 64 (1991), H. 1, S. 6–16.

[36] Hildburg Herbst, Coloring Word. Rohmer's Film Adaptation of Kleist's Novella ›The Marquise of O‹. In: Literature/Film Quarterly 16 (1988), H. 3, S. 201–209, hier S. 201.

[37] In einem Interview hat der Regisseur erklärt, er habe keinen Film mit einer starken These drehen wollen; es sei ihm eher darum gegangen, mitunter brisante Themen anzudeuten, allerdings mit der Leichtigkeit und Ironie, die das Genre der Komödie kennzeichnet (vgl. Emanuele Bigi, Pappi Corsicato. »Racconto la follia delle donne«. In: Il sole 24 ore,

Einblicke ins Soziale gehen, die der Film ermöglicht. Hervorgehoben werden soll im Gegenteil, was auf der Handlungsebene einerseits von der Vorlage übrig bleibt und welchen Transformationen diese andererseits unterzogen wurde. Zweitens wird die Symbolik zu beachten sein, die der Film der Novelle verdankt, jedoch für die eigenen Zwecke unter Rückgriff auf eigenständige stilistische Chiffren neu kontextualisiert und inszeniert. Zuletzt soll ausblickartig auf den mehrschichtig intertextuellen Charakter dieser Verfilmung eingegangen werden – der Regisseur beschränkt sich nicht nur auf die Aktualisierung der Novelle Kleists, sondern er sprengt immer wieder die Grenze des Prätextes, indem er in seiner Nacherzählung in der Form von multimedialen Zitaten (im Dialog, im Bild und in der Filmmusik) auf eine Fülle anderer Filme verweist.

Bevor die Transformationen der Handlung im Medienwechsel beschrieben werden, verdient die räumliche Einbettung des Geschehnisses eine Anmerkung. Während die rätselhafte Schwangerschaft bei Kleist topografisch an »M…, einer bedeutenden Stadt im oberen Italien« (DKV III, 143) gebunden ist, versetzt Corsicato seine Geschichte in eine gleichermaßen bedeutende Stadt im niederen Italien, und zwar in seine Heimatstadt Neapel. Trotz dieser geografischen Verschiebung in den Süden verbindet Novelle und Film die Tatsache, dass die Stadt an sich in beiden Texten anonym bleibt. Unterschiedlich ist allerdings die Funktion der Anonymität des Ortes. Wie Müller-Seidel festgestellt hat, werden bei Kleist Orts- sowie Eigennamen verschwiegen, um eine Art Rücksichtnahme auf die dargestellten Personen zu simulieren und dadurch einen Realitätseffekt zu erzeugen, der sich gut mit dem Stil der Chronik verträgt, für den sich der Autor entscheidet.[38] Corsicato geht es dahingegen keinesfalls um vorgetäuschten Realismus. Er ist eher um eine Projektion der Geschichte ins Abstrakte, in eine ätherische, teilweise surreale Dimension bemüht, deren Bedeutsamkeit weit über die Semantik des realen Raumes hinausgeht.[39] Aus diesem Grund ist im Film vom unverwechselbaren Lokalkolorit Neapels keinerlei Spur. Was man da zu sehen bekommt, sind keine Bilder der touristischen Highlights der Stadt, sondern nahezu ausschließlich Aufnahmen der strengen, senkrechten Geometrien des ›Centro Direzionale‹, eines äußerst modernen, in den 1990er-Jahren vom japanischen Architekten Kenzō Tange entworfenen Wolkenkratzerkomplexes.[40] Es wird weiter unten zu zeigen sein, wie die abstrakte Kälte der Stadtlandschaft die Gemütsverfassung und existentielle Verunsicherung der Protagonistin reflektiert.

---

25. September 2008, www.ilsole24ore.com/art/SoleOnLine4/Tempo libero e Cultura/2008/09/intervista-pappi-corsicato.shtml?uuid=3338e75e-7b44-11dd-9086-179d242361df&DocRulesView=Libero (21.7.2010).

[38] Vgl. Müller-Seidel, Die Struktur (wie Anm. 21), S. 499.

[39] Dazu der Regisseur: »Ich habe all meine Filme in Kampanien gedreht, wo ich immer spezielle Locations gefunden habe. Insbesondere das Centro Direzionale mit seinen Wolkenkratzern ist ein moderner, kühler Ort: es kommt einem so vor, als wäre man in einem Stadtviertel von Caracas«; zit. nach Antonio Tricomi, Corsicato lancia ›Il seme della discordia‹. In: La Repubblica 04.08.2008, Sezione Napoli, S. 11.

[40] Weitere Drehorte waren die Stadtviertel Mostra d'Oltremare, Gianturco, Fuorigrotta und Ottaviano.

Man kann leicht ahnen, dass auch von der sozial-historischen Kulisse des Krieges und des militärischen Angriffes auf die Zitadelle durch die russische Miliz im Film nicht die Rede ist. Protagonistin von Corsicatos Film ist die attraktive, etwa dreißigjährige Veronica (gespielt vom ehemaligen Bond-Girl Caterina Murino).[41] Sie teilt ihr Leben zwischen dem Modeladen, den sie leitet, und der Familie. Sie ist seit fünf Jahren mit dem an vorzeitiger Ejakulation leidenden Mario (Alessandro Gassman) verheiratet, der als Handelsvertreter für Düngemittel tätig ist. Dieser ist beruflich regelmäßig auf Geschäftsreisen unterwegs und vergnügt sich dabei mit den Lebensgefährtinnen seiner Kunden, ohne dass Veronica irgendetwas davon ahnt. Das Familien- und Sexualleben von Mario und Veronica ist ereignislos und lahm; Kinder haben sie nicht. Auf Drängen von Veronicas Mutter (Valeria Fabrizi), die sich leidenschaftlich Enkelkinder wünscht, unterziehen sich beide Eheleute einem Fruchtbarkeitstest. Eines Abends wird Veronica nach der Arbeit auf dem Heimweg von zwei Männern mit maskierten Gesichtern angegriffen. Der eine reißt ihr die Bluse auf. Sie versucht, sich loszuwinden, wird allerdings festgehalten. Durch einen Kopfstoß des Angreifers fällt sie ohnmächtig zu Boden. Als sie verwirrt wieder aufwacht, befindet sich Gabriele (Michele Venitucci), die Sicherheitskraft ihres eigenen Ladens, neben ihr und hilft ihr auf.[42] Veronica, die anscheinend mit lediglich einem blauen Augen davonkommt, verschweigt ihrem Ehemann, ihrer Familie und ihren Freunden, was an dem Abend passiert ist. Es vergehen einige Tage – und Veronica muss überrascht bemerken, dass sie keine Periode mehr hat; zugleich treffen Marios Testergebnisse ein. Tatsache ist, dass Veronica in dem Moment schwanger wird, als Mario durch seine Ärztin (Monica Guerritore) erfährt, dass er zeugungsunfähig sei. Veronica ist ratlos; sie ahnt nicht einmal, wie es dazu kommen konnte. Mario wirft ihr Ehebruch vor und verlässt sie. Erst im Laufe der Wochen begreift Veronica, dass sie an dem Abend, an dem sie angegriffen wurde, auch vergewaltigt worden sein muss. Aber durch wen? Fast wie ein Detektiv bemüht sie sich, die Wahrheit über die Umstände ihrer Schwängerung ausfindig zu machen. Sie verdächtigt zuerst den Sohn ihrer Freundin Monica (Isabella Ferrari), dann zwei Mitarbeiter eines Schreiners, bei dem sie Möbelstücke für ihre Boutique gekauft hat. Es stellt sich aber heraus, dass die zwei jungen Männer sie nur ausrauben wollten, aber durch einen dritten, hinzugekommenen Mann davongejagt wurden. Am Ende ist es Gabriele, welcher selbst einen Sohn von seiner Freundin erwartet, der das Geheimnis lüftet und Veronica bekennt, dass er in sie verliebt sei und sie durch ihn schwanger geworden sei (die Szene wird durch eine Rückblende dokumentiert, in der man Gabriele die ohnmächtige Veronica auf die Lippen küssen und ihr Haar streicheln sieht). Veronica will aber nicht daran glauben und gebietet ihm, ihre Wohnung zu verlassen und sich nie wieder blicken zu lassen. Mit dieser neuen Erkenntnis sucht Veronica eine Klinik auf, wo sie das Kind abzutreiben beabsichtigt. Während sie gedankenverloren auf einer Bank vor der Klinik sitzt, fährt Mario mit dem Auto zufällig vorbei.

---

[41] Der Film war ›Casino Royale‹ (Martin Campbell, USA 2006) mit Daniel Craig in der Rolle des James Bond.

[42] Man möge bedenken, dass Gabriele in Italien ein männlicher Personenname ist.

Er setzt sich zu ihr. Er hat seinerseits gerade erfahren, dass die Frau eines Kunden durch ihn doch schwanger geworden ist (genauer: Er erfährt dies direkt von dem Kunden und kommt nun selbst wortwörtlich mit einem blauen Auge davon). Nun spricht für ihn nichts mehr dagegen, dass das Kind, das Veronica empfangen wird, womöglich von ihm sein könnte. Im Finale, eingeleitet durch den Zwischentitel ›drei Jahre später‹, treffen die beiden Paare, Veronica und Mario sowie Gabriele und seine Freundin gleichzeitig in einem Kaufhaus ein. Die beiden Kinder, die an der betreuten Kinderkrippe abgegeben werden, tragen ein größeres Muttermal an der linken Wange – ebenso wie Gabriele!

Trotz der teilweise süßsauren, komödienhaften, teils banalisierenden Inszenierung des Stoffes wird im Film auch auf Themenkomplexe Bezug genommen, die unmittelbar einen Bogen zur Novelle Kleists schlagen. Dies soll nun am Beispiel des Wahrheitsbegriffes und der religiösen Symbolik veranschaulicht werden.

Wie Müller-Seidel in seinem unübertroffenen Aufsatz zur Struktur des Widerspruchs in Kleists ›Marquise von O....‹ erklärt hat, erfahren alle Handlungselemente der Novelle eine Doppelkodierung, so dass auf der Ebene der Bedeutungsvermittlung ein Spiel von Verweisen und Erscheinungen entsteht – ein Spiel, das unentschieden bleiben soll, denn es erschöpft sich in einem Pendeln zwischen »Sehen und Versehen« bzw. »Schein und Sein«.[43] Bekanntlich lässt sich diese für Kleists novellistisches Werk konstitutive Ambivalenz, welche sich in der »cognitive duplicity« der Marquise im Spannungsverhältnis zwischen Aufklärungswillen (siehe die zur Vatersuche eingeschaltete Anzeige) und »the shutting out of knowledge«[44] (»Ich *will nichts* wissen«, sagt die Marquise zum Grafen; DKV III, 171) niederschlägt, auf die erkenntnistheoretische Skepsis zurückbeziehen, die mit der Kant-Krise beim Autor einhergeht.[45]

Wenn sich auch die Verfilmung von Corsicato, was Tiefe und Umfang der dem literarischen Text zugrundeliegenden Reflexion um Hermeneutik und Wahrheitsbegriff angeht, nicht einmal vage mit der Vorlage vergleichen lässt, wird auch in der Geschichte von Veronica und Mario auf die Unzuverlässigkeit des sogenannten Wahren immer wieder angespielt. Dadurch kommt dort ein relativer, instabiler Wahrheitsbegriff zum Ausdruck, der den Horizont für die Deutung der gesamtfilmischen Kontrastsituation bildet. Kein Zufall, dass Veronica oft mit der Kurzform Vera angesprochen wird, was im Italienischen ›die Wahre‹ bedeutet. Wo liegt hier allerdings die Wahrheit? Veronica selbst ist ihrem Ehemann, ihrer Mutter und ihrer Freundin Monica gegenüber nicht ehrlich, sie lügt sie alle an, indem sie den erlittenen Angriff verschweigt. Mario ist seinerseits gleichfalls unehrlich. Seine Seitensprünge sind unzählig; selbst als er vom Ehemann der Kundin, die er geschwängert hat, geschlagen wird, rekurriert er vor Veronica auf dieselbe Ausrede, die sich diese vorher für *ihr* blaues Auge hatte einfallen lassen (beide behaupten, sie hätten sich den Kopf an irgendeinem Möbel gestoßen). Sogar medizinische

---

43 Müller-Seidel, Die Struktur (wie Anm. 21), S. 507.

44 Dorrit Cohn, Kleist's ›Marquise von O...‹. The Problem of Knowledge. In: Monatshefte 67 (1975), S. 129–144, hier S. 132.

45 Vgl. Müller-Seidel, Die Struktur (wie Anm. 21), S. 507.

Befunde scheinen in ihrem Wahrheitsgehalt zu versagen – und gerade auf diese wissenschaftliche ›Fehleinschätzung‹ ist das Auseinandergehen der beiden Eheleute zurückzuführen. In diesem Spannungsverhältnis von Wahrheit und Lüge wird auch das Einzige, was tatsächlich wahr ist, d.h., dass Veronica ignoriert, wessen Kind sie im Schoße trägt, von allen Seiten in Zweifel gestellt.

Die Ununterscheidbarkeit von Wahrem und Verlogenem, deren Opfer die Protagonistin aus mangelnder Kenntnis über den in der Folge der Aggression eingetretenen Zustand wird, wird auch auf der visuellen Ebene betont. An mehreren Stellen, insbesondere um den Übergang zwischen Szenen zu markieren, erfolgen Aufnahmen in verschiedenen Einstellungsgrößen und aus wechselnden Kameraperspektiven, in denen die Protagonistin völlig symmetrische, menschenleere Stadtkulissen durchquert bzw. mit ihrem Körper das Bild in zwei einander widerspiegelnde Hälften teilt (Abb. 7–10).[46]

Abb. 7 (46:51)

Abb. 8 (47:07)

Abb. 9 (47:29)

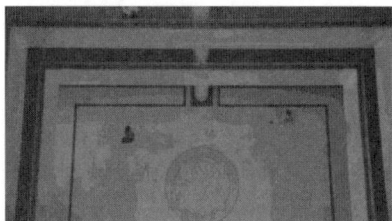

Abb. 10 (1:14:35)

Interessant ist diese eindrucksvolle Semantisierung des Raumes als Projektionsfläche jenes existentiellen Ausnahmezustands, in den die Hauptfigur aufgrund der erlittenen Gewalt hineingeschleudert wird. Diese Art spiegelbildlicher Verdoppelung von Veronicas Lebensraum markiert den konstitutiven Widerspruch ihrer, so könnte man mit Rückgriff auf die Kleist-Forschung sagen, »differenzstiftende[n] Befruchtung«.[47] Das formale Gleichgewicht der Komposition steht in einem kontrapunktischen Verhältnis zur innerlichen Unruhe der Protagonistin, die sich einsam, verlassen, ratlos und ohne Anhaltspunkte auf die Suche nach Antworten bzw. nach einer ›Lösung‹ begibt (Abb. 10 zeigt das Foyer der Privatklinik, wo die

---

[46] Filmstills aus der DVD, Medusa Home Entertainment 2009.
[47] Soboczynski, Das arcanum (wie Anm. 14), S. 79.

Abtreibung vorgenommen werden soll; die zwei aus der Vogelperspektive aufgenommenen Figuren sind Veronica links und ihre Ärztin rechts, die aufeinander zugehen).[48] Der Diskurs über die Labilität der Wahrheit wird in einer abschließenden, kleistisch anmutenden Bemerkung Veronicas pointiert. Als Mario am Ende zu ihr zurückkehrt und als Zeichen der Versöhnung vorschlägt, beide Eheleute sollten sich künftig gegenseitig zur Ehrlichkeit verpflichten, erwidert Veronica nachdenklich: »Die Wahrheit [sagen]? Manchmal frage ich mich, was an der Wahrheit überhaupt wahr ist«. Und ihre nächste Frage (woher Marios blaues Auge stamme) wird wie gewohnt gleich unehrlich beantwortet.

Ein weiterer Anknüpfungspunkt zur literarischen Vorlage sind die religiösen Bezüge. Was die Novelle in dieser Hinsicht angeht, kann hier kein breit angelegter Forschungsbericht angestrebt werden. Zum Zwecke der Filmbeschreibung werde ich kursorisch nur auf die Marienbezüge eingehen. Bekanntlich entstammen »zahlreiche Motive, Bilder und Stoffe der Kleistschen Texte einem religiösen Kontext«.[49] Mit der Frage nach der Objektivität von Wahrheit und Erkenntnis, die wir gerade angesprochen haben, geht bei Kleist im Beziehungsgeflecht von »Glaube[n] und dessen Verunsicherung« ein »spannungsreiches, die Handlung vorantreibendes Moment« einher: »Dieses konstituiert sich durch eine geschickte Kontrastierung unvollkommener Immanenz mit Allusionen auf göttliche Vollkommenheit und das Mysterium«.[50] Ausgehend von dieser These hat Friedrich gezeigt, dass z.B. die Ikonografie der Gartenlaube, wo der Graf die Marquise überrascht, als eine Variation des in der Kunstgeschichte vielfältig belegten Topos des *hortus conclusus*, eines »Symbol[s] für die Jungfräulichkeit der Muttergottes«,[51] zu deuten ist; selbst das Auftauchen des Grafen erinnert in diesem Rahmen an die Verkündigung Mariä. Darüber hinaus gilt der Schwan, der dem schwerverletzten Russen in einer traumhaften Vision bei hohem Fieber erscheint, als eine weitere bildhafte Kodierung der Jungfräulichkeit – in der christlichen Tradition ist das Tier mit der Madonna assoziiert.[52] Selbst der Name des Tieres, den der Graf im Traum gerufen

---

[48] Auch das Aussehen der immer perfekt gestylten Veronica gilt als Kontrastfolie, um ihre innerliche Verwirrung zu betonen. Auf diesen kontrastreichen Zusammenhang hat die Schauspielerin Murino in einer Pressekonferenz hingewiesen; vgl. Michele Anselmi, Pappi Corsicato non entusiasma ma la Murino vale l'intero film. In: Il Giornale, 06. September 2008, www.ilgiornale.it/spettacoli/pappi_corsicato_non_entusiasma__ma_murino_vale_lintero_film/06-09-2008/articolo-id=288456-page=0-comments=1 (27.7.2010).

[49] Thomas Friedrich, »Ein Scandalum durch Anspielung auf das Mysterium [...] erklären«. Zur Mariensymbolik in Heinrich von Kleists ›Die Marquise von O…‹. In: Beiträge zur Kleist-Forschung 16 (2002), S. 259–282, hier S. 260.

[50] Friedrich, Ein Scandalum (wie Anm. 48), S. 260.

[51] Friedrich, Ein Scandalum (wie Anm. 48), S. 263; vgl. dazu auch Cohn, Kleist's ›Marquise‹ (wie Anm. 43), S. 137.

[52] Zur Schwan-Symbolik in der ›Marquise von O….‹ vgl. u.a. Soboczynski, Das arcanum (wie Anm. 14) und Bentzel, Knowledge (wie Anm. 20).

habe, lässt sich marianisch einordnen: Zum semantischen Spektrum des Namen ›Thinka‹ gehört etymologisch betrachtet der Begriff der Reinheit.[53]

Was die Verfilmung angeht, bedient sich auch Corsicato wiederholt einer auf Religion anspielenden Symbolik. Der Vergewaltiger, der im Film den Grafen ersetzt, heißt nicht zufällig Gabriele, wie der Erzengel, der Maria verkündigt. Ähnlich wie in der Novelle, in der der Graf der Marquise bei seinem Auftreten in der Zitadelle als ein Engel erscheint, sich allerdings am Ende als Teufel entpuppt (vgl. DKV III, 186), konterkarieren sich auch im Film Liebe und Hass, Zuneigung und Übergriff gegenseitig. Durch Verschweigen der Wahrheit, geschicktes Lügen und dem Anschein nach selbstlose Hilfsbereitschaft gewinnt Gabriele Veronicas Vertrauen. Das ahnungslose Opfer (Veronicas Opferstatus ist auch durch ein weiteres religiöses Detail gekennzeichnet: Sie trägt während des ganzen Films eine Halskette, an der ein Kreuz hängt) lässt den Aggressor auch in ihr Zuhause ein und, um ihm Dankbarkeit entgegen zu bringen, merkt Veronica an, alle Männer sollten so sein wie er. Gabriele, der verlogene Scheinengel, verkündigt Veronica mehrmals seine Wahrheit in dem Sinne, dass er die ihn um Aufklärung bittende Veronica wiederholt anlügt, was den Abend der Aggression anbelangt. Dieses Verhalten trägt zu Veronicas Verzweiflung und Ratlosigkeit entschieden bei. Denn lediglich Gabriele könnte das Geheimnisvolle an der Schwangerschaft aus dem Wege räumen – was er allerdings erst dann tut, als er von Veronicas Entschluss, die Schwangerschaft abzubrechen, erfährt. Erst dann wechselt er unmittelbar in die Rolle des ›Teufels‹.

Gabrieles doppelzüngiges Verhalten dient in der Ökonomie des Films dazu, das Mysterium der Schwangerschaft aufrechtzuerhalten. Die Widersprüchlichkeit der Gesamtsituation subsumiert eine einprägsame Sequenz gerade am Anfang einer auf die Novelle zurückgehenden Szene, in der sich die Protagonistin nach der Möglichkeit einer unbefleckten Empfängnis erkundigt (im Film wird die Hebamme durch eine als Nonne verkleidete Kassiererin eines Devotionalienladens ersetzt) – und diese Pointierung erfolgt wiederum im Zeichen religiöser Symbolik. Veronica geht durch die Straße und muss plötzlich innehalten, als sie an dem Schaufenster des gerade erwähnten Geschäftes vorbeiläuft. Was ihre Aufmerksamkeit erregt, ist ein Linsenraster-Bild (sprich: Wackelbild) des bekannten florentinischen Verkündigungsfreskos des Fra Angelico im Kloster San Marco. Mit einer subjektiven Kamera und einem Schuss-Gegenschuss-Verfahren, bei dem der Zuschauer alternierend mal Veronica ins Fenster blicken und mal die beiden auf der ›dynamischen Tafel‹ im Dialog stehenden Bilder zu sehen bekommt, entsteht ein eindrucksvolles, optisch gelungenes metaphorisches Beziehungsgeflecht, das die im Film (sowie in der Novelle) thematisierte Konfliktsituation gerade auf den Punkt bringt. Das eine Bild zeigt Maria in der Loggia sitzend in Gesellschaft des Hl. Josef, dessen Figur die linke Seite einnimmt, außerhalb des mit Säulen umgrenzten Bereiches; die Position und Körperstellung der Maria entspricht hier der

---

[53] ›Thinka‹ ist eine Kurzform für den Namen ›Katharina‹, der ›die Reine‹ bedeutet (vgl. Hartmut Kircher, Heinrich von Kleist. ›Das Erdbeben in Chili‹, ›Die Marquise von O...‹. Interpretationen, München 1992, S. 119).

des florentinischen Originals (Abb. 11). Sobald Veronica ihren Blickwinkel ändert (Abb. 12), verschwindet Josef und es erscheint der Erzengel Gabriel(e), der nach dem Wortlaut des Lukasevangeliums die Überbringung der göttlichen Botschaft an die Erwählte vornimmt. Die Ikonografie der Madonna weicht nun von der des Originals ab. Die Muttergottes bekommt plötzlich in der Anwesenheit des Engels, obwohl sie »keinen Mann erkenne« (Luk. 1,34), einen üppigen Bauch, den sie mit beiden Händen an sich wie gedrückt hält. Verwirrt durch die Mehrdeutigkeit der wechselnden Figurenkonstellation betritt Veronica den Laden und bittet die im Nonnenkleid steckende Verkäuferin um Rat. Die Antwort, die sie bekommt, verdankt der Film ganz der Novelle: Hebamme und Verkäuferin stimmen miteinander überein, dass der Fall von Veronica sowie der Marquise sich nicht asexuell habe ereignen können. Der Marienbezug als Kontrastfolie ist in beiden Texten ausdrücklich vorhanden.

Abb. 11 (47:18)   *Abb. 12 (47:22)*

Eine Anmerkung gilt noch der eigentlichen Mariensymbolik. Hingewiesen wurde bereits auf die mit dem Bild des Schwans zusammenhängenden Konnotationen des Heiligen in der Novelle. Marianische Tiersymbolik bleibt im Film ganz ausgeklammert; als eine Art Ersatz wird dasselbe religiöse Substrat dennoch durch ein weiteres Symbol aufgenommen, und zwar durch die weiße Lilie, auch ein Attribut der Muttergottes als Metapher für ihre Unbeflecktheit. Genauso wie in Rohmers Adaption wird auch bei Corsicato das Einsetzen der Schwangerschaft infolge der Vergewaltigung durch eine onirische Szene markiert.[54] Während sich der französische Regisseur für die Art und Weise der Inszenierung des ›Aktes‹ an Füsslis Gemäldes ›Der Nachtmahr‹ orientiert,[55] zitiert Corsicato hier die Blumenszene des Films ›American Beauty‹ (R: Sam Mendes, USA 1999). Er zeigt uns die schlafende Veronica, die von sich selbst träumt, nackt im Bett liegend, mit weißen Lilien

---

[54] Genauer: Bei Rohmer wird die Marquise mit einem Schlafmittel betäubt. Danach wird sie im Bett liegend aufgenommen; ihre leichten Regungen evozieren die Vorstellung, die Marquise habe gerade einen erotischen Traum, der ihr einen Orgasmus verschafft. Künzel hat zu Recht beobachtet, dass die Einführung dieser Szene an die Stelle des den ›Akt‹ ausklammernden Gedankenstrichs Kleists einen kaum zu rechtfertigenden Eingriff in die narrative Struktur der Vorlage darstellt; vgl. Künzel, Vergewaltigungslektüren (wie Anm. 28), S. 90–107.

[55] Vgl. Künzel, Vergewaltigungslektüren (wie Anm. 28), S. 94.

bedeckt – in einem Gespräch mit der Freundin Monica wird darauf hingewiesen, dass es sich um einen erotischen Traum gehandelt habe (Abb. 13–14).

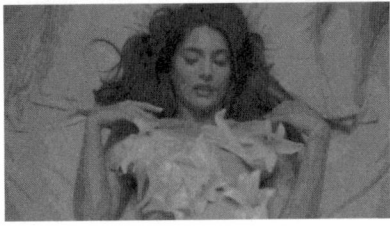 

Abb. 13 (30:02)　　　　　　　*Abb. 14 (American Beauty)*

Zum Thema Zitate lässt sich noch einiges hinzufügen. Was dem zugleich literatur- und filminteressierten Zuschauer unmittelbar ins Auge springt, ist der in zweierlei Hinsicht intertextuelle Charakter des Films, der ›Il seme della discordia‹ zu einem postmodern-pasticheartigen Pop-Werk macht. Es wird nicht nur immer wieder auf Kleist differenziert Bezug genommen und (oft ironisch) verwiesen; nach und nach vermehren sich auch die Déjà-vu-Erlebnisse auf akustischer und visueller Ebene. Das Zitat aus Mendes' Film ist kein Einzelfall. Ein paar weitere Beispiele, angefangen beim Filmvorspann: Die Aufnahmen von allerlei mit hohen Absätzen und Strumpfhosen veredelten, weiblichen Beinen erinnern unmittelbar an ›L'homme qui aimait les femmes‹ von François Truffaut (Frankreich 1977; dt. ›Der Mann, der die Frauen liebte‹) und ›Bianca‹ von Nanni Moretti (Italien 1983). Die Szene, in der Veronica den Kinderwagen, den ihre Mutter in Vorfreude besorgt hat, die Treppe hinunterstößt (Abb. 15), hat zwei Quellen: In Frage kommen erstens ›Bronenossez Potjomkin‹ von Sergei Eisenstein (UdSSR 1925; dt. ›Der Panzerkreuzer Potemkin‹; Abb. 16) und der in Italien äußerst populäre ›Il secondo tragico Fantozzi‹ von Luciano Salce (Italien 1976), in dem die dramatische Szene an der Freitreppe von Odessa grotesk parodiert wurde. Weitere Zitate sind auch im Filmdialog zu erkennen. Als Mario im Angesicht seiner eigenen Zeugungsunfähigkeit und Veronicas Schwangerschaft den Koffer packt und das Haus verlassen will, folgt ihm die Frau und fragt besorgt, was mit ihr sein wird (»Ma che farò ora, Mario?«), worauf er erwidert, es gehe ihn nichts an (»Francamente, non mi interessa«). Der italienische Zuschauer erkennt gleich in diesen Zeilen den weltberühmten Dialog zwischen Rhett und Scarlett im Finale von ›Gone with the Wind‹ (R: Victor Fleming, USA 1939; dt. ›Vom Winde verweht‹) nach dem Wortlaut der italienischen Synchronfassung.[56] Auch die gesamte Filmmusik ist bis auf wenige Ausnahmen eine Aneinanderreihung von Ausschnitten aus Filmmusiken älterer Filme (zu hören sind u.a. Kompositionen von Ennio Morricone, Luis Bacalov, Francesco de Masi).[57]

---

[56] Es lautet da folgendermaßen: Scarlett (in der Synchronfassung: Rossella): »Rhett, se te ne vai, che ne sarà di me, che farò?« / Rhett: »Francamente, me ne infischio.«

[57] Die vollständige Liste der Soundtracks ist dem Abspann zu entnehmen.

 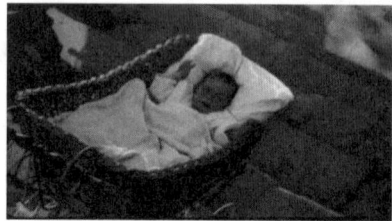

Abb. 15 (45:52)   *Abb. 16 (Der Panzerkreuzer Potemkin)*

Es sei abschließend noch eines angemerkt: Wenn es sich auch nicht um direkte Zitate handelt, scheint dieser Film die Wahlverwandtschaft zwischen Corsicato und Almodóvar, auf die eingangs hingewiesen wurde, zu bestätigen. Das brisante Thema des sexuellen Missbrauchs spielt eine wesentliche Rolle in den Filmen ›Hable con ella‹ (Spanien 2002; dt. ›Sprich mit ihr‹) und ›La mala educación‹ (Spanien 2004). Im ersteren ging es auch dem spanischen Filmemacher um die Vergewaltigung eines bewusstlosen, im Koma liegenden Opfers. Die dominierende weibliche Figurenkonstellation des Films Corsicatos erinnert des Weiteren unmittelbar an die in Cannes ausgezeichneten Frauen von ›Volver‹ (Spanien 2006; dt. ›Volver – Zurückkehren‹).

Es möge nun jeder Zuschauer für sich weitere Anspielungen und Zitate ausfindig machen. Ein Tipp: Man denke an Quentin Tarantinos ›Kill Bill‹ (USA 2003)!

Kai Köhler

LITERATUROPERN NACH KLEIST
Seine Werke im modernen Musiktheater

Heinrich von Kleist hat immer wieder Komponisten angeregt, sich mit seinen Werken auseinanderzusetzen. Die Liste der Kleist-Vertonungen in dem 1977 von Klaus Kanzog und Hans Joachim Kreutzer herausgegebenen Band ›Werke Kleists auf dem modernen Musiktheater‹ umfasst gut dreißig Seiten und könnte, nicht nur für die vergangenen drei Jahrzehnte, noch ergänzt werden.[1] Darunter finden sich natürlich zahlreiche Bühnenmusiken; aber auch Instrumentalwerke sind verzeichnet. Manche, wie die Konzert-Ouvertüren von Joseph Joachim (1856) und Richard Wetz (1899) haben das konflikthafte Leben des Autors zum Stoff. Ebenso finden sich Sinfonische Dichtungen. Unter ihnen ist ›Penthesilea‹, die umfangreichste Partitur des sonst vor allem als Liedkomponisten etablierten Hugo Wolf, heute die bekannteste; ein Jahrhundert später, 1985, stieß der koreanische Komponist Kang Sukhi (geb. 1934) mit seiner Computermusik zum gleichen Stoff am weitesten in den Bereich der Neuen Musik vor.

Neben diesem Drama sind fast alle anderen Theaterstücke und Erzählungen zur Grundlage von Opern geworden. Aber auch kleinere Formen fanden ihre Vertonungen. Mehrere Gedichte aus dem schmalen lyrischen Werk wurden zu Texten für Lied- oder Chorkompositionen, dabei im wilhelminischen Kaiserreich mit einem kaum überraschenden Schwerpunkt auf der nationalistischen Ode ›Germania an ihre Kinder‹. 1975 vertonte Gerhard Rosenfeld (1931–2003) Kleist-Briefe in einem Zyklus für Bariton und Orchester 1975. Im gleichen Jahr entstand für die Kleist-Gedenk- und Forschungsstätte Frankfurt (Oder) Gottfried Glöckners (geb. 1937) Vertonung der Anekdote ›Der Thüringer und der starke Jonas‹; offenbar gab es in der späteren DDR eine größere Offenheit gegenüber verschiedenen literarischen Traditionen als es das Klischee von klassizistischer Erstarrung suggeriert. 2007 setzte die Komponistin Cho Eun-Hwa (geb. 1973) ›Über die all-

---

[1] Klaus Kanzog, Heinrich von Kleist und die Musik. Eine Bibliographie. In: Werke Kleists auf dem modernen Musiktheater, hg. von Klaus Kanzog und Hans Joachim Kreutzer, Berlin 1977, S. 172–210. Genannt werden sollen an neueren Opern wenigstens ›Das Beben‹ (1984) von Avet Terterjan und ›St Jago – Musik und Bilder zu Kleist‹ (1989/91) von Dieter Schnebel, beide zu Kleists ›Das Erdbeben in Chili‹. Zu Terterjan vgl. Mascha Erbelding, Der Klang der Masse. Zur Uraufführung von Avet Terterjans Oper ›Das Beben‹ nach der Novelle ›Das Erdbeben in Chili‹ von Heinrich von Kleist im Staatstheater am Gärtnerplatz in München. In: Heilbronner Kleist-Blätter 14 (2003), S. 9–15.

mählige Verfertigung der Gedanken beim Reden‹ für Violine solo um, strich dabei allerdings instrumentenbedingt die letzten beiden Worte aus dem Werktitel.

Sind auf diese Weise auch alle Genres, mit denen sich Kleist als Schriftsteller beschäftigt hat, durch Vertonungen bedacht, so soll es hier doch ausschließlich um Kleist und das moderne Musiktheater gehen. Modernes Musiktheater wird von der traditionellen Oper durch seine Textgrundlage unterschieden. Neu ist nicht, das Literatur zur Grundlage für Opern wird. Verdi, um ein bekanntes Beispiel zu nehmen, schrieb ›Othello‹ und ›Falstaff‹ nach Shakespeare, ›Luisa Miller‹ und ›Don Carlos‹ nach Schiller. In all diesen Fällen schuf ein Librettist einen völlig neuen, für die Komposition bestimmten Text, der in seiner metrischen Anlage den Konventionen der italienischen Oper im mittleren und späteren 19. Jahrhundert entsprach und dramaturgisch mit den Vorlagen recht frei verfuhr. Zu Beginn des 20. Jahrhunderts aber vollzog sich die Wende zu dem, was ›Literaturoper‹ genannt wird. Nicht nur ein Stoff wird aufgegriffen, sondern der Wortlaut einer Dichtung selbst wird – mit gewissen Änderungen – zur Grundlage der Vertonung. Bahnbrechend wirkten hier Debussys ›Pelléas et Mélisande‹ (1902) sowie Richard Strauss' ›Salome‹ (1905) und ›Elektra‹ (1909). Ermöglicht ist der Wandel durch harmonische und rhythmische musikalische Neuerungen, die hier nicht im Einzelnen ausgeführt werden können, die es jedenfalls erst ermöglichten, jedweden Text unabhängig von seiner metrischen Gestalt zu komponieren.

Beiseite bleiben biographisch orientierte Kompositionen, von denen in neuerer Zeit mehrere entstanden sind. Zu nennen sind hier Winfried Radekes ›Die Nacht des Cherub. Eine Kleist-Oper‹ (1999), Rainer Rubberts ›Kleist‹ (2008) und, bezogen auf Kleist als literarische Figur, die Vertonung von Christa Wolfs ›Kein Ort. Nirgends‹ durch Arno Schreier (2006). Rubberts Oper ist zwar insofern ein Sonderfall, als die Kleist-Figur szenisch mit Figuren aus den Dramen und Erzählungen konfrontiert wird. Doch blieben diese Auftritte punktuell und dienen sie dazu, Kleists Lebensproblemen eine zusätzliche Dimension zu geben.[2] Infolgedessen wird die Dramaturgie einzelner literarischer Werke nirgends für die Dramaturgie der Oper relevant.

Ob es ein Besonderes von Kleist-Vertonungen gibt, soll in fünf Schritten betrachtet werden. In einem ersten Abschnitt soll es um Besonderheiten des Genres Literaturoper und die methodischen Prämissen ihrer Interpretation gehen,[3] im zweiten um eine Verortung des Themas im Überschneidungsfeld von traditionell-philologischer Gattungspoetik und der Analyse von Performativität. Unter diesen Voraussetzungen soll drittens gezeigt werden, warum zu bestimmten Zeiten welche Texte Kleists zur Grundlage von Literaturopern wurden (und auch, welche warum nicht). Der vierte und ausführlichste Teil wendet sich den Spezifika Kleistscher Dramaturgie und Sprache zu – und anhand konkreter Beispiele der Frage,

---

[2] Für einen Inhaltsüberblick vgl. Tanja Langer, Kleist. Oper von Rainer Rubbert. In: Heilbronner Kleist-Blätter 19 (2007), S. 15–18.

[3] Dieser Abschnitt folgt Carl Dahlhaus, Zur Dramaturgie der Literaturoper. In: Ders., Vom Musikdrama zur Literaturoper. München, überarbeitete Neuausgabe 1989, S. 294–312.

wie mit ihnen umgegangen wird.[4] Der Schlussabschnitt soll verdeutlichen, wie gerade jene Eigenheiten von Kleists Werken, die sich einer Vertonung zu sperren scheinen, produktiv wurden.

I.

Zu Beginn das Alleräußerlichste: Einen Text zu singen dauert deutlich länger als ihn zu sprechen. Das heißt: eine literarische Vorlage wird in aller Regel einschneidend gekürzt.[5] Zweitens: Das gesungene Wort, jedenfalls in der vorherrschenden Gesangstechnik der westlichen Oper, ist nur schwer zu verstehen. Das führte in früheren Libretti dazu, dass bestimmte Kennwörter wiederholt werden, nämlich jene, die die Emotion bezeichnen, um die es gerade geht. Eine solche Verdeutlichung braucht auch noch die Literaturoper, die sich der Wiederholung von Textpassagen zumeist verweigert. Dabei ist gleichgültig, ob sie sich durch modernisierte Arien, Rezitative und Ensembles auf ältere Opernformen bezieht oder die Wagnersche Form des Musikdramas aufgreift, die unterhalb des Aufzugs formale Unterteilungen nur selten kennt (und wenn, dann als Lied oder Ensemble fast stets durch die Handlung motiviert).

Kennwörter für Emotionen oder Handlungsstationen helfen im Gesang nur, wenn sie mit einer szenisch sinnfälligen Situation zusammenfallen. Das Sprechtheater kennt verdeckte Handlungsabläufe: Etwas, was nicht auf der Bühne geschieht, wird berichtet. Das kann der Fortschritt einer Gegenintrige sein, auf die die Figuren zu reagieren haben; im analytischen Drama ist es die Vorgeschichte, die mehr oder minder unentrinnbar die Gegenwart prägt. All das ist im Musiktheater nur schwer nachvollziehbar, denn es braucht, um zu wirken, szenische Präsenz. Man sieht und empfindet, was gerade geschieht; ein Zuviel an Vorwissen schadet, und die Möglichkeiten, ein solches Wissen singend nachzutragen, sind beschränkt.

Das Moment der Empfindung ist in gewissem Sinne zentral, gerade im Vergleich zum Sprechtheater: Im Drama (und noch im epischen Theater Brechts) sprechen die Figuren fast immer miteinander, und die Repliken haben meist auch eine pragmatische Funktion. Das Prinzip wird nur erstens in Monologen durchbrochen, in denen Figuren sich aber ebenfalls häufig verständig erklären, und zweitens im Beiseite-Sprechen, dessen allzu häufiger Gebrauch selbst in der Komödie als dramaturgische Schwäche gilt.

Das Prinzip einer in sich geschlossenen Welt, der die Zuschauer eben nur zuschauen, ist in der traditionellen Oper grundsätzlich durchbrochen. Die Arie als tragendes Formteil hat keine handlungsimmanente pragmatische Funktion, sondern ist Selbstausdruck einer Figur, ganz ans Publikum gerichtet. Auch in den

---

[4] Zu dieser Fragestellung vgl. schon Detlef Müller-Hennig, Vom Musikalischen in Kleists Dichtung. In: Werke Kleists auf dem modernen Musiktheater (wie Anm. 1), S. 45–59.

[5] So für Othmar Schoecks ›Penthesilea‹-Vertonung auf etwa 750 der 3043 Verse, für Henzes Homburg-Oper auf etwa 600 von 1858 Versen; die Angaben sind notwendig ungenau, da z.T. nur Teile von Kleists Versen verwendet wurden.

Ensembles kommunizieren die Personen nicht miteinander, sondern richten ihre Gefühle oder Gedanken oder Überlegungen an die Zuschauer.

Das gilt sogar noch für das Musikdrama, das doch ganz anderen Gesetzen gehorcht. Wagners spätere Werke, ab dem ›Rheingold‹, bedienen sich einer musikalischen Prosa, mittels derer die Personen miteinander sprechen. Das Orchester, vor allem durch Leitmotive kommentierend, nimmt eine Erzählerfunktion ein, so dass Wagners Überwältigungsästhetik paradox genug mit distanzierenden, epischen Elementen einhergeht. Dabei sind weite Teile (und gerade die populärsten) der Musikdramen immer noch eher Selbstausdruck als immanente Kommunikation: Man denke an die Textfassung des Walkürenritts und Wotans Beschwörung Loges im Schlussakt der ›Walküre‹ oder Brünnhildes Bericht am Ende der ›Götterdämmerung‹. Noch bei Strauss, im Nichtverstehen von Elektra und Chrysostemis in ›Elektra‹ oder bei Salomes Schlussmonolog, lässt sich das beobachten.

Bis hier sind gattungstypologisch die Probleme beim Übergang vom Sprechtheater zum Musiktheater jeglicher Prägung benannt worden. Die Literaturoper wirkt aus dieser Sicht wie ein Notbehelf. Doch gibt es auch Möglichkeiten eines ästhetischen Zugewinns. Da Gefühl im Gesungenen noch gewohnt ist, kann es zum Rückzugsraum für ein Pathos werden, das heutigem Sprachgefühl fremd geworden ist und von Regisseuren des Sprechtheaters häufig auch gekürzt, satirisch überzeichnet oder szenisch konterkariert wird. Als ohnehin stark formalisierte Gattung kann zweitens die Oper rituelle Elemente aufgreifen und in ihrer Sinnfälligkeit verstärken. Aufzüge, Feste, religiöse Feiern und die Darstellung des Todes waren seit je Gegenstand musiktheatralischer Umsetzung. Dem äußerlichen Pomp korrespondiert sein Gegenteil, das Verstummen, das Schweigen, das auf der Bühne des Sprechtheaters nur als bewusst gesetzte Lücke denkbar ist, das hingegen Musik auf verschiedenste Weisen füllen kann. Hinzu tritt, als Chance, gerade das gesungene dramenferne Ensemble, das die Trennung der Figuren anstelle einer Verständigung betont. Es ist offensichtlich, wie sich hier für die Umsetzung von Texten, die wie die Kleists von einer grundlegenden Sprachskepsis geprägt sind, ein besonderer Spielraum eröffnet.

II.

Unter dem Gesichtspunkt der Aufführung und ihrer Rezeption ist mehrerlei interessant. Im vorigen Abschnitt ist als Besonderes der Oper ein Ausdruck des Gefühls bezeichnet worden. Adressat ist, statt einer anderen Person auf der Bühne, das Publikum; doch ist jenes Publikum, stets bereit, sich beeindrucken zu lassen, widersprüchlich genug gleichzeitig auf die künstlerische Technik im alleräußerlichsten Sinne konzentriert. Das Opernrepertoire ist viel enger als das des Schauspiels; so wird auf das Wie der Ausführung, nicht auf das Was der Handlung geachtet. Die Frage, ob die Sängerin X gut gesungen hat, verdrängt die nach der Logik ihrer Rolle.

Auf der Ebene der Regie sind Abweichungen deutlich markiert. Das Musiktheater gibt viel mehr vor als das Sprechtheater. So ist das Tempo durch die Musik weitgehend festgelegt; und die Satzmelodie, die der Schauspieler vergleichsweise frei variieren kann, ist durch die Vertonung vorgegeben. Weil Kürzungen in den musikalischen Verlauf eingreifen, sind sie nur begrenzt möglich. Werden weitgehende Veränderungen im Sprechtheater leicht als produktive Ideen wahrgenommen, so zerstören sie im Musiktheater, indem sie mit den Vorgaben nicht übereinstimmen, häufig die ästhetische Faktur. Ihre destruktive Rolle ist aber auch Chance: Indem sie überhaupt erst wahrnehmbar sind (wohingegen Schauspielbesucher heute in ihrer Mehrheit kaum mehr zuverlässig zu sagen vermögen, was nun beim Autor stand und was hingegen nicht), können sie die provokative Rolle ausfüllen, die durch das Sprechtheater nach fast vier Jahrzehnten kommentierender Regie nicht mehr zu besetzen ist.

Kleist-Opern entsprechen diesem Schema nicht und doch. Sie entsprechen ihm nicht, indem keine von ihnen zu den Repertoirestücken gehört, die jeder Opernliebhaber kennt. Was ein Regisseur mit ihnen anstellt, wird darum in der Regel als Zutat der Inszenierung nicht bemerkt. Doch sind neben einigen Erzählungen mit dem ›Zerbrochnen Krug‹, dem ›Käthchen von Heilbronn‹ und ›Prinz Friedrich von Homburg‹ drei Dramen dem Opernpublikum möglicherweise über Lektüre oder Bühnenerfahrung bekannt und kann so das Besondere der Oper oder ihrer Aufführung bemerkt werden. Das Geschehen auf der Bühne ist deshalb gegebenenfalls doch als Deutung wahrnehmbar, auch wenn meist unklar bleibt, was dabei dem Werk und was der Inszenierung zuzurechnen ist.

III.

Damit zurück vom Allgemeinen zum Besonderen, also zu Kleist, und dabei zunächst zur Frage: Was wurde vertont? Geht man von der Liste aus, die im erwähnten Kanzog-Kreutzer-Band abgedruckt ist, so stößt man auf etwas, was nach dem eben Gesagten irritieren könnte. Unter den Dramen sind mit ›Das Käthchen von Heilbronn‹ (sieben Opern) und ›Der zerbrochne Krug‹ (sechs Opern) gerade jene beiden am häufigsten komponiert, bei denen die Vorgeschichte ein großes Gewicht hat. Das scheint dem musiktheatralischen Grundsatz einer szenischen Vergegenwärtigung zu widersprechen.

Doch löst sich das Problem zum Teil, wenn man die Entstehungszeit und damit den Operntyp einbezieht. Das ›Käthchen‹ wurde als damals populärstes Kleist-Stück mit einer Ausnahme vor 1900 vertont, vor dem Aufkommen der Literaturoper und deshalb mit sehr freien Umstellungen der Handlungselemente.[6] Die Ritterwelt, mehr noch aber die dem männlichen Helden so bestimmt wie demütig folgende, liebende Hauptfigur passt eher ins 19. Jahrhundert.

Für den ›Zerbrochnen Krug‹ trägt eine solche Antwort nur teilweise. Zwar handelt es sich auch hier um ein schon früh beliebtes Stück Kleists, doch sind vier der sechs Opern nach 1900 komponiert. Eine weitere ist aber als äußerst freie Umsetzung gekennzeichnet – Adolf Menzels ›Das Liebespfand. Komische Oper in 3

---

6 Zur freien Umformung der Handlung vgl. Lothar Heinle, Heinrich von Kleists ›Käthchen von Heilbronn‹ auf der Opernbühne. Ein Beitrag zur Rezeptionsgeschichte, Heilbronn 1994.

Akten. Dichtung mit teilweiser Benutzung der Fabel zu Kleists Lustspiel‹ und ist als ›unaufgeführt‹ als genauso erfolglos gekennzeichnet wie Armin Haags ›Heitere Spieloper‹ von 1920, die über die Uraufführung an der Volksbühne Grünberg nicht hinauskam. Das bezeichnet ein dramaturgisches Problem, dem erst neuere, gewichtigere Gattungsbeiträge, nämlich von Viktor Ullmann und Fritz Geißler, beikamen; dazu weiter unten.

Die gemessen am Käthchen aggressivere ›Penthesilea‹ kam erst spät, angesichts einer immer erfolgreicheren Frauenemanzipation, in Othmar Schoecks 1927 uraufgeführter Vertonung, auf die Opernbühne. Doch ist daran zu erinnern, dass auch das Drama erst 1876 gespielt wurde, und zwar nur in einer weitreichenden Bearbeitung, und dass Hugo Wolfs Symphonische Dichtung von 1883–85 erst einige Zeit nach ihrer Komposition rezipiert wurde.[7] Tatsächlich sind die szenischen Probleme im Sprech- wie im Musiktheater beträchtlich.

Dagegen wäre aus inhaltlichen Gründen zu erwarten, dass die beiden letzten, nationalen Stücke Kleists schon im Kaiserreich musikalisch Erfolg gehabt hätten. Doch existiert bis heute keine Oper nach der ›Herrmannsschlacht‹; neben einer ›szenischen Kantate‹ (1901) von Friedrich Kriegeskotten[8] wurde nur ein kleiner Ausschnitt, der Bardengesang, mehrfach vertont. Der Befund, mag er ideologiegeschichtlich irritieren, passt zu den gattungstheoretischen Überlegungen: Die Hauptfigur Herrmann ist Kleists kältester Held. Seine Gefühle drückt er mit Ausnahme ganz weniger Verse allenfalls ironisch aus. Soweit er überhaupt Emotionen zeigt, spielt er sie, und jede Äußerung ist darauf gerichtet, sein Gegenüber zu instrumentalisieren. Damit ist er ein beispielhafter Schauspielheld und denkbar ungeeignet für jede Art von Musiktheater.

›Prinz Friedrich von Homburg‹ gelangte erst spät auf die Opernbühne, in Paul Graeners (1872–1944) Vertonung von 1934. Das Werk des faschistisch engagierten Komponisten, der nach 1933 als Vorsitzender der Komponistensektion in der Reichsmusikkammer amtierte, wurde allerdings selbst von der gleichgeschalteten Presse skeptisch beurteilt und hatte trotz der repräsentativen Uraufführung an der

---

[7] Zu Wolfs ›Penthesilea‹ vgl. Hartmut Krones, »Er hatte sich gleichsam mit seinem ganzen Körper in das Wort des Dichters verwandelt!« Hugo Wolfs ›Penthesilea‹ als Musik gewordene Dichtung. In: Hamburger Jahrbuch für Musikwissenschaft 13 (1995), S. 201–221. Da instrumentale Musik keine Möglichkeit hat, eine Vorgeschichte nachzutragen, schildert Wolf in den ersten beiden der drei Sätze den »Aufbruch der Amazonen nach Troja« und den ›Traum Penthesileas vom Rosenfest‹. Der Schlusssatz, der weit über die Hälfte der Spieldauer beansprucht, bringt dann »Kämpfe, Leidenschaften, Wahnsinn, Vernichtung«, ohne dass klar würde, ob die vier Begriffe eine Einheit bilden oder eine zeitliche Abfolge bezeichnen.

[8] Vgl. dazu Hans-Günter Klein, Ideologisierung von Werken Kleists in Opern aus dem 20. Jahrhundert. In: Norddeutsche Beiträge 1 (1978), S. 44–63, hier S. 46–50. Klein erklärt, abweichend von der hier vertretenen These, das Fehlen von Opernversionen dadurch, dass die offensichtlichen politischen Implikationen der Vorlage dem Selbstverständnis der Künstler widersprachen, gerade als nicht-engagiert der als deutsch angesehenen Kunst der Musik zu dienen. Dieser Ansatz erklärt aber nicht der Fehlen von ›Herrmannsschlacht‹-Opern in den politisch konfrontativeren Phasen nach 1918/19 oder gar nach 1933.

Berliner Staatsoper 1935 nicht einmal einen bis 1945 andauernden Erfolg.[9] Erst mit Hans Werner Henze wandte sich ein bedeutender Komponist dem Werk zu; in Zusammenarbeit mit Ingeborg Bachmann entstand bis 1960 eine ideologiekritische Lesart, die jeden nationalen Gehalt demontiert, in der antipreußischen Darstellung des Prinzen als Opfer freilich Kleists Position auch enthistorisiert.[10]

Unter den Erzählungen wurde die Mehrzahl zum Gegenstand einer Literaturoper. Neben dem Fehlen vom ›Bettelweib von Locarno‹ und dem ›Zweikampf‹ fällt dabei allerdings auf, dass mit ›Die heilige Cäcilie oder Die Gewalt der Musik‹ ausgerechnet jener Text nicht komponiert wurde, in dem Musik eine tragende Rolle spielt. Auch hier aber ist eine Erklärung möglich. Es geht schließlich um ›gotteslästerliche‹ Protestanten, die in dem für den Katholiken Adam Müller geschriebenen Text eine Kirche entweihen wollen, doch durch eine geradezu überirdische Musik in reuigen Wahnsinn getrieben werden. Das lässt sich musiktheatralisch kaum darstellen: Jede tatsächliche Musik muss angesichts der göttlichen Wirkung der Tonkunst in Kleists Imagination defizitär erscheinen.[11]

Der überweltlichen Lücke sind zwei durchaus weltliche Konjunkturen ab 1950 gegenüberzustellen. So entstanden die drei beendeten Opern nach ›Amphitryon‹ in enger Folge 1950 (Robert Oboussier), 1958 (Hermann Heinrich) und 1961 (Giselher Klebe), was auf die Möglichkeit verweist, gerade dieses Stück mit existentialistischen Reflexionen über Ich-Konstitution und Handlungsfreiheit zu verknüpfen. Ähnliches gilt für die musikdramatischen Versionen der ›Verlobung in St. Domingo‹. Winfried Zillig setzte damals seinen seit den 1930er Jahren gehegten Plan einer Vertonung dieser Erzählung um. Seine Funkoper erlebte 1957 ihre

---

[9] Vgl. zu Graeners Version Klein, Ideologisierung von Werken Kleists in Opern aus dem 20. Jahrhundert (wie Anm. 8), S. 50–54.

[10] Zur Kritik vgl. Klein, Ideologisierung von Werken Kleists in Opern aus dem 20. Jahrhundert (wie Anm. 8), S. 55–57 und Hans Joachim Kreutzer, Libretto und Schauspiel. Zu Ingeborg Bachmanns Text für Henzes ›Der Prinz von Homburg‹. In: Werke Kleists auf dem modernen Musiktheater (wie Anm. 1), S. 60–100. Enthistorisierung bedeutet freilich nicht Entpolitisierung: Antje Thumat zeigt in ihrer Dissertation zur Oper von Bachmann und Henze auf, dass die militärmusikalische Schicht des Werks durchaus auf den zeitgenössischen Streit um die deutsche Wiederbewaffnung bezogen ist und die Hamburger Uraufführung von 1960 auch als politisch wahrgenommen wurde (vgl. Antje Thumat, Dichterin und Komponist. Ästhetik und Dramaturgie in Ingeborg Bachmanns und Hans Werner Henzes ›Prinz von Homburg‹, Kassel 2004, S. 203f., 328f.). Doch gerät, indem der Prinz als Opfer der Militärmaschinerie zur Identifikation einlädt, der von Kleist am Ende des Stücks propagierte Kampfstaat, der Gefühl und Gesetz vereint, aus dem Blick. Bachmann und Henze liefern in dieser Hinsicht ein eindimensionales Gegenmodell zur eindimensionalen nationalkonservativen Rezeption.

[11] So hat sich etwa Hans Pfitzner, der eine sehr erfolgreiche Bühnenmusik zum ›Käthchen von Heilbronn‹ komponiert hat, der ihm über Alma Mahler vermittelten Anregung Hugo von Hofmannsthals, er möge doch die ›Heilige Cäcilie‹ vertonen, verweigert; vgl. Wilhelm Killmayer, Kleist, Pfitzner und das ›Käthchen von Heilbronn‹. In: Pfitzner und das musikalische Theater, hg. von Rainer Franke, Wolfgang Osthoff, Tutzing 2008, S. 65–72, hier S. 72. – Rainer Rubbert greift in seiner biographisch akzentuierten ›Kleist‹-Oper die ›Heilige Cäcilie‹ zwar auf, doch komponiert er nicht die überirdische Musik in der Kirche, sondern das darauf folgende Wahnsinnsgeheul der blasphemischen Brüder.

Ursendung, eine dramaturgisch leicht geänderte Bühnenfassung 1961 ihre Uraufführung in Bielefeld. 1963 folgte mit Werner Egks ›Die Verlobung von San Domingo‹ ein weiterer Beitrag, und zwar die auf der Bühne vielleicht erfolgreichste
Kleist-Oper: Die Münchner Premiere zog etwa zwanzig weitere Inszenierungen
nach sich, eine für eine moderne Oper bemerkenswerte Zahl.

Kleist verarbeitet in seiner Erzählung einen zeitgenössischen Sklavenaufstand
auf Haiti, der zu erbarmungslosen Kämpfen zwischen Schwarz und Weiß führt.
Das Interesse an diesem Stoff um 1960 scheint durch die Entkolonialisierung und
die damit zusammenhängenden Kämpfe bedingt. Im Einklang mit der Kleist-
Forschung ihrer Zeit akzentuieren beide Komponisten die Liebesgeschichte der
beiden Hauptfiguren als tragisch scheiternden Versuch einer Verständigung über
Rassengrenzen hinweg. Beide fügen Kleists Erzählung ein eigenes Moment der
Versöhnung hinzu.[12] Bei Zillig geschieht das musikalisch: Ist zunächst die Welt der
Weißen harmonisch durch eine Zwölftonreihe, die Welt der Schwarzen hingegen
etwas stereotyp durch ein rhythmisch bestimmtes Trommelmodell definiert, so
fallen am Ende des Werks rhythmisches und harmonisches Grundmaterial zusammen. So will Zillig vermitteln, »daß alles, was Schwarz und Weiß trennt, nur ein
Wahn« sei.[13]

Während Zillig kaum mehr tut als Kleists Text zu kürzen (und dabei notwendig
interpretierend Akzente setzt), erlaubt sich Egk als sein eigener Librettist weitaus
mehr Freiheiten. Orientiert an der Opernform des 19. Jahrhunderts, ergänzt er
den Text durch Hinzufügungen, die Gelegenheit für Arien und Ensembles geben.
Auffälligste Zutat ist freilich ein Prolog, in dem ein Herr Schwarz und ein Herr
Weiß ihre je eigene Version des vergangenen Krieges formulieren. Die episch
verfremdende Lösung, den Verlauf mit einem geschichtspolitischen Streit um die
Deutung der Vergangenheit zu verknüpfen, verfolgt Egk jedoch nicht weiter.
Stattdessen werden die Schatten der Toten geweckt und führen noch einmal vor,
wie es wirklich gewesen sei – ein aus heutiger Sicht naiver Glaube an die unmittel-
bare Zugänglichkeit historischer Wahrheit. Während Zillig eine mögliche Versöhnung zwischen den Kriegsparteien nur innermusikalisch andeutet, formulieren
Egks Personen im – vom Komponisten neu gedichteten – Ensemble explizit einen
Appell an die Gegenwart: »Sie müssen lernen, / miteinander zu leben / sonst
werden sie aneinander sterben, / so wie wir.«

Neben einer effektvollen musikalischen Dramaturgie haben wir hier den zweiten Grund, weshalb das Werk etwa ein Jahrzehnt lang so erfolgreich war: Es legte

---

[12] Dramaturgisch und ideologiekritisch zu diesen beiden Vertonungen Christoph
Schmitz, Negerrevolution auf der Opernbühne – Winfried Zilligs und Werner Egks Vertonungen von Kleists ›Die Verlobung in St. Domingo‹. In: Jahrbuch für Geschichte von Staat,
Wirtschaft und Gesellschaft Lateinamerikas 28 (1991), S. 407–425; zu Egk auch Klein,
Ideologisierung von Werken Kleists in Opern aus dem 20. Jahrhundert (wie Anm. 8), S. 62–
64. Vgl. ebenfalls Almute Wedekind, ›Die Verlobung in St. Domingo‹. Kleist's Novelle in
translation and as a basis for opera and drama, Bern u.a. 1983, S. 89–103.
[13] Winfried Zillig, Vorwort des Komponisten anlässlich der szenischen Uraufführung.
Wieder abgedruckt in: Werke Kleists auf dem modernen Musiktheater (wie Anm. 1), S. 25–
28, hier S. 27.

einerseits eine gemäßigt kritische Haltung gegen rassistische Herrschaftsverhält-nisse nahe. Andererseits wollte es von den kriegerischen Konsequenzen, die bis-weilen für die Beseitigung von Herrschaft notwendig sind, nichts wissen. Das gilt auch für Zilligs Modell einer musikalischen Versöhnung über völkisch gesetzte Grenzen hinweg, das zur Zeit der ersten Konzeption der Oper während des Drit-ten Reichs von durchaus widerständigem Gehalt gewesen wäre, im Zuge der Ent-kolonialisierung zwanzig Jahre später hingegen politische Konflikte überdeckte.

IV.

Zillig hatte es in der Radiofassung seines Werks einfach: Eine Funkoper darf ge-rade szenischer Vergegenwärtigung keinen Wert zumessen, sondern muss Textver-ständlichkeit in den Mittelpunkt stellen. Die Anschauung Zilligs, der Text von Kleists Erzähler sei episch, die in direkter oder indirekter Rede wiedergegebenen Wortwechsel hingegen dramatisch, trifft zwar unter gattungstheoretischem Ge-sichtspunkt nicht zu, ermöglicht aber eine Kombination von Bericht, Gesang und Instrumentalmusik, die sich unter dem medienspezifischen Gesichtspunkt einer Radiosendung als tauglich erwies.[14]

Viel schwieriger war Egks Aufgabe, eine Lösung für die Opernbühne zu fin-den. Unter dramaturgischem Gesichtspunkt behält jener leider folgenlose Prolog seinen Wert, in dem Kleists spezifische Erzählstrategie beispielhaft auf der Bühne umgesetzt ist. Mit diesem Beginn ist Egk sogar klüger als die Kleist-Forschung seiner Zeit. Erst später ist gezeigt worden, dass Kleists Erzählern keineswegs zu trauen ist. Auch der Erzähler der ›Verlobung in St. Domingo‹ gehört in diese Ka-tegorie. So diffamiert er Congo Hoango als einen der Anführer des Aufstands als »fürchterliche[n] alte[n] Neger« (DKV III, 222) und lässt doch nebenbei Infor-mationen einfließen, die sein Handeln als gerechtfertigten Freiheitskampf zu deu-ten erlauben.[15] Das Ambivalente der Exposition, die die Erzählung eröffnet, ist im szenischen Streit zwischen Schwarz und Weiß aufgehoben und in die Nähe von Brechts epischem Theater gerückt, mit der die dann folgende veristische Opern-welt nichts mehr zu tun hat. Das Kurt Weill-nahe Jazz-Idiom, das das Vorspiel musikalisch prägt und zur Entstehungszeit der Oper eine prekäre Mitte zwischen der Musik der ehemaligen Sklaven und ihrer kulturindustriellen weißen Aneignung markierte, ist denn auch mit einer leicht modernisierten Mascagni-Nachfolge im Hauptteil schwer zu vereinbaren.

In der Erzählung exponiert Kleist auf eineinhalb Seiten eine Situation, deren Gegenwärtigkeit dann bis zum Schlussabschnitt nicht mehr durchbrochen wird. Anders ist es im ›Zerbrochnen Krug‹, in dem der Dorfrichter Adam über einen nächtlichen Vorfall urteilen muss, dessen Schuldiger er selber ist. So früh der

---

[14] Vgl. Zillig, Vorwort des Komponisten anlässlich der szenischen Uraufführung (wie Anm. 13).

[15] Vgl. Sigrid Weigel, Der Körper am Kreuzpunkt von Liebesgeschichte und Rassendis-kurs in Heinrich von Kleists Erzählung ›Die Verlobung in St. Domingo‹. In: KJb 1991, S. 202–217.

Zuschauer die Wahrheit ahnt: Hier sind Erzählungen über die Vergangenheit –
und damit, als Gerichtsszene, der Streit um Vergangenheit – zentrales dramaturgisches Element.

Fritz Geißler stellt genau das in den Mittelpunkt seiner Opernversion von 1969.
Er lässt sogar alle Vorgänge beiseite, die Kleist vor Beginn der Gerichtsverhandlung auf die Bühne bringt, und setzt gleich mit dem Streit ein, wer denn den Krug
zerbrochen habe. Notwendige Informationen aus der Vorgeschichte montiert er
um. Die gerade hier notwendige Textverständlichkeit ist gewährleistet, indem er
ein Kammerensemble von nur elf Instrumentalisten verwendet und zudem einen
Gesangsstil bevorzugt, der, so Frank Schneider, »einen syllabisch deklamierenden
Vortrag, der vom Sprechen über annäherungsweise fixiertes Sprachmelos, Rezita-
tiv bis hin zum kleinen Arioso flexible Möglichkeiten sängerischen Ausdrucks
nutzt.«[16]

Noch weitaus radikaler als Geißler hatte Viktor Ullmann 1942 seine Version
des ›Zerbrochnen Krugs‹ konzentriert. In der vorliegenden Einspielung[17] dauert
sie gerade einmal vierzig Minuten, von denen zudem sieben für die Ouvertüre
aufgewendet sind. Dennoch sind alle Handlungsstationen berücksichtigt. Ullmann
kann derart raffen, weil er den gesellschaftskritischen Akzent des Stoffes ganz
zurückdrängt und sich auf die theologische Sündenfall-Problematik, wie Kleist sie
in der Namensgebung Adam für den Dorfrichter und Eve für die von ihm ver-
folgte Frau angelegt hat, konzentriert. So bedenkt er die gegnerischen Parteien,
durch ein gemeinsames Los verbunden, mit einem einheitlichen musikalischen
Material: Der Fanfare, die die Ouvertüre eröffnet und im Hauptteil für turbulente
Konfrontationen steht, kontrastiert der nach älterer Operntradition langsame
Mittelteil des Vorspiels, der sich kaum überraschend als Thema der zuletzt gegen
alle Widerstände geretteten Liebe zwischen Eve und Ruprecht herausstellt. Das
Komödienende bei Kleist, das gattungstypisch sogar dem Verbrecher Adam die
Möglichkeit einer Wiederaufnahme in die Gemeinschaft andeutet, ist bei Ullmann
durch ein neu getextetes Schlussensemble ersetzt, das überhistorisch Adam und
Eve als Täter wie Opfer des Sündenfalls besingt und so Versöhnung in Aussicht
stellt:

> Adam und Eve, Adam und Eve, es ist ein alter Trug, immer doch neu: Sie brach den
> Apfel, er brach den Krug. Hätte einst Eve den Apfel nicht brochen, hätt' heut' der
> Adam nicht Unrecht gesprochen! Doch wer mag schuldig sein, ist er nicht gern allein,
> sie sind lieber zu zwein, zu zwein!

Eine andere Lösung für mehrere der hier diskutierten Probleme findet Othmar
Schoeck in seiner ›Penthesilea‹-Vertonung von 1923/25.[18] Auch Schoeck kürzt,

---

[16] Frank Schneider, Fritz Geissler. ›Der zerbrochene Krug‹. In: Werke Kleists auf dem
modernen Musiktheater (wie Anm. 1), S. 163–171, hier S. 167.
[17] Orfeo C 419 981 A (1998); im Beiheft ein nicht namentlich gekennzeichneter Kommentar, in dem abweichend von der hier vertretenen Deutung die Oper als ›Protest gegen
die Perversion des Rechts in jenen Jahren‹ gedeutet ist.
[18] Zu Schoecks Oper vgl. v.a. Stefan Kunze, Schoecks »Penthesilea-Stil« – Zur musikalischen Dramaturgie der ›Penthesilea‹. In: Auseinandersetzung mit Othmar Schoeck. Ein

auf etwa ein Viertel des Kleist'schen Textes; doch nicht allein, indem er ausdünnt. Er lässt die ersten sieben der 24 Auftritte ganz beiseite, mithin auch alles Berichtende der Exposition. Gleichzeitig verzichtet er darauf, das Weggelassene nachzutragen. Seine Version ist von radikaler szenischer Gegenwärtigkeit (und sogar die Szene, in der Penthesilea Achill mit ihren Hunden verfolgt und schließlich tötet, ist anders als bei Kleist nicht vollständig in Mauerschau wiedergegeben, sondern teilweise, durch die Gattung Musiktheater bestimmt, auf der Bühne sichtbar). Schoeck selbst sprach davon, dass er »eigentlich ein großes Finale« komponiert habe.[19]

Dramaturgisch funktioniert dies Finale ohne Exposition, weil die Musik in den Eingangstakten die Situation festlegt. Es handelt sich um eine primär klanglich bestimmte, statische Kriegsmusik. Sie ist geprägt durch ein dunkel grundiertes Orchester, durch Kampfrufe der Parteien und eine von Trompeten dominierte Bühnenmusik, die sich nähernd und sich entfernend durchs ganze Werk hindurch einen Schlachtraum konstituieren. Der Höreindruck ist zunächst gewollt diffus; das wird später im Werk, wenn Penthesilea »den ganzen Schreckenspomp des Krieges« aufruft, noch durch eine Donnermaschine gesteigert, die die Wahrnehmung motivischer Verarbeitungen überdeckt. Aber auch in ihren Ruhezonen ist Schoecks musikalische Welt statisch. Sogar im Mittelteil, der eine freilich auf Täuschung beruhende Annäherung zwischen Penthesilea und ihrem geliebten Kriegsgegner Achill zeigt, dominieren aneinandergereihte Motive und Ostinato-Bildungen, die sich einer Durchführungstechnik, wie sie noch die Leitmotive in Wagners Musikdramen unterworfen waren, verweigern.

Im Zentrum des Modernen steht etwas scheinbar Traditionelles: ein Liebesduett, das Schoeck kurz vor der Dresdner Uraufführung 1927 nachkomponiert hat.[20] Hier scheint das Besondere der Oper wiederhergestellt, nämlich dass zum Publikum hin gesungen wird und nicht innerhalb des Bühnenraums gesprochen. Die Zeit ist angehalten wie in einer überkommenen Opernnummer. Doch ist den Hörern das Täuschende dieser Ruhe stets bewusst; sie ist gleichsam infiziert von den sich überstürzenden Ereignissen, die unweigerlich kommen müssen. Und die Ereignisse müssen kommen, weil Lage und Personen im Umkreis des statischen Duetts ebenfalls als unveränderbar vorgestellt sind. Der Krieg ist musikalisch als conditio humana gezeigt (weshalb Schoeck Details, warum die Amazonen für ihre Reproduktion Männer rauben und sie deshalb stets kämpfen müssen, problemlos

---

Symposium, hg. von Stefan Kunze, Hans Jörg Lüthi, Zürich 1987, S. 103–139; Rainer Schönhaar, Penthesilea furens. Antiklassisches Musiktheater im Zeichen Kleists bei Othmar Schoeck. In: Europäische Mythen von Liebe, Leidenschaft, Untergang und Tod im (Musik-)Theater: Der trojanische Krieg, hg. von Peter Csobádi u.a., Anif/Salzburg 2002, S. 611–642; Hans-Joachim Hinrichsen, ›Das Wesentliche des Kleist'schen Dramas‹? Zur musikdramatischen Konzeption von Othmar Schoecks Operneinakter ›Penthesilea‹. In: Archiv für Musikwissenschaft 59 (2002), H. 4, S. 267–297.

[19] Zitiert nach Kunze, Schoecks »Penthesilea-Stil« (wie Anm. 18), S. 107.

[20] Zum Duett vgl. Chris Walton, Othmar Schoecks ›Penthesilea‹: Zur Entstehung seiner Kleist-Oper. In: Auseinandersetzung mit Othmar Schoeck (wie Anm. 18), S. 92–102, hier S. 97ff.

streichen konnte); Penthesilea wie Achill entwickeln sich nicht und lernen bis zum Ende nichts. Das Liebesduett als vollendeter Einklang ist deshalb zitiert, doch als Zitiertes umso gründlicher dementiert. Das negativ Gefühlige der Operngattung ist hier genutzt, um Gefühl als Täuschung herauszustellen.

Die Verwicklungen und das Verwickelte der Situation verdeutlicht Schoeck, indem er eine mehrfache Abstufung des Sprechens bis zum Singen verwendet. Das Spektrum reicht von einem Text, der nach einer Tempoangabe vorzutragen ist, über allein rhythmisch notierte Passagen und einer Art psalmodierenden Rezitativs bis hin zu melodisch bestimmten Bildungen. Das erlaubt Textverständnis, bei freilich der anspruchsvollen Vorrausetzung von Sängern, die gleichzeitig Verse wie die Kleists rezitieren können. Wichtiger aber sind vielleicht wirksame Kontrastbildungen. Das Sprechen kann für Ernüchterung nach heftiger Emphase stehen. Penthesilea, die von ihrer Vertrauten Prothoe getäuscht meint, Achill besiegt zu haben, singt: »Der Mensch kann groß, ein Held, im Leiden sein, / Doch göttlich ist er, wenn er selig ist!« (DKV II, Vs. 1696f.) Durch Streichung vieler Verse wird bei Schoeck Prothoes Kommentar »Die Unglückselige!« (DKV II, Vs. 1715) zu direkten Replik, die, gesprochen und nur rhythmisch notiert, das Realitätsprinzip wiedereinsetzt.[21]

Gerade komplizierte Metaphern Kleists, die entweder Wort für Wort oder gar nicht verstanden werden, sind in Gesang umgesetzt. Beispiel dafür ist etwa Prothoes Bild vom Gewölbe, das gerade deshalb hält, weil jeder einzelne Stein nach unten stürzen will (DKV II, Vs. 1349f.; K 28f.). Dies zeigt, dass es Schoeck in solchen Passagen vor allem um die Ausdrucksqualität von Gesang und Sprechen ging, weniger um Textverständlichkeit. Die Musik gewinnt so theatralische Qualität: Ihre Emphase zeichnet nach und vermittelt, was das sprachliche Bild in seiner vertrackt-paradoxen Logik zumindest in einer Aufführung auch nur als Ungefähres setzt.

Die Sing- oder Sprechstimme bezeichnet auch gestisch – bei fast stets abweichendem Orchestersatz – die zahlreichen Interjektionen und Fragen; hier ist für eine Aufführung eine Deutung der Passagen vorgegeben, die sich meist jedoch auch unmittelbar bei einer Lektüre ergäbe. Viel interessanter ist, wie die Musik Stellen ausfüllt, die Szenenanweisungen in einem Theaterstück notwendig leer lassen müssen. Die Kriegsmusik, die die Schlacht als Raum der Geschehnisse festlegt, wurde bereits erwähnt. Genauso statisch ist die Trauermusik, zu der die Leiche Achills auf die Bühne getragen wird und deren rhythmisches Grundmodell Schoeck im ganzen Rest der Schlussszene bis zu Penthesileas Tod immer wieder verwendet.

Doch sind das noch wie auch immer originale Szenenmusiken, die operntypisch mit Gesang verknüpft sind, die aber zum Teil wenig anders als Schauspielmusiken denkbar wären – der Grund liegt darin, dass Gesangslinie und Orchesterstimmen sich in diesem Werk Schoecks selten treffen. Anders liegt der Fall, wo

---

[21] Vgl. Othmar Schoeck, Penthesilea. Nach dem Trauerspiel von Heinrich von Kleist in einem Aufzug, Klavierauszug von Karl Krebs, Kassel u.a. 1984, S. 36f., im Folgenden mit dem Kürzel ›K‹ und Seitenangabe im Haupttext.

musikalische Füllung, gesanglich-sprachliche Formung und szenische Vorgabe unmittelbar ineinander greifen. Am eindrücklichsten ist dies vielleicht der Fall unmittelbar vor dem erwähnten Trauermarsch. Bei Schoeck stehen (anders als bei Kleist) die Verse, mit denen die Oberpriesterin Penthesilea aus der Gemeinschaft der Frauen ausschließt, am Ende des Berichts von Achills Tod: »O die gebar Otrere nicht! Die Gorgo / Hat im Palast der Hauptstadt sie gezeugt!« (DKV II, Vs. 2681f.; K 207) Das Schweigen, das hier folgt, ist im doppelten *pianissimo* auskomponiert. Dies erzwingt ein szenisches Verharren, das im Sprechtheater so kaum denkbar wäre. Was in der Oper dem Entsetzen Zeit gibt, würde auf der Schauspielbühne maniert, wenn nicht ratlos wirken. Die Musik kann Stillstand vermitteln, ohne tatsächlich stillzustehen – eine Möglichkeit, von der Schoeck in seiner über weite Strecken von Klangflächen bestimmten ›Penthesilea‹ reichen Gebrauch macht.

V.

Die herausragende Komposition Schoecks erlaubt den Schluss, dass performativ wirksam gerade das wird, was sich oberflächlich betrachtet musiktheatralischer Bearbeitung am meisten sperrt. Das wird deutlich an einem Gegenbeispiel, das eine eingehendere Betrachtung verdient hätte, hier jedoch auf eine grundsätzliche Problematik reduziert ist. Hans Werner Henze wollte sich für seine Komposition des ›Prinz von Homburg‹ in Abkehr vom Musikdrama auf die italienische Opernwelt des 19. Jahrhunderts beziehen. Das ist – zugunsten des Werks – misslungen. Ungeachtet der oben kritisierten existentialistischen Vereindeutigung: Wie geschickt Ingeborg Bachmann als Henzes Librettistin Kleists Drama konzentriert hat, in welcher Weise die Musik den Text produktiv deutet, ist überzeugend dargelegt worden.[22] Hier aber geht es darum, an einem Beispiel zu zeigen, wie gerade das Operngerechte einer Dramenszene in der Komposition an Brisanz verliert.

Die Szene I,5 im Drama bringt die Befehlsausgabe für die Schlacht bei Fehrbellin. Einmontiert ist der Aufbruch der Fürstenfamilie ins sichere Hinterland. Homburg träumt von kommendem Ruhm und von seiner Liebe zu Natalie und will deshalb kaum wissen, was seine Aufgabe in der Schlacht sein wird. Dramaturgisch ist das eine für die Entstehungszeit äußerst ungewöhnliche Lösung: Der Feldmarschall, der die Befehle gibt, verhält sich zwar ›dramengerecht‹, indem er mit den anderen Figuren auf der Bühne zu kommunizieren versucht. Homburg aber reagiert darauf nur mit Satzfetzen; sonst spricht er wie in Trance die abreisende Natalie an, formuliert aber vor allem sein Gefühl. Kurz: Er tendiert zur Opernfigur, die sich implizit ans Publikum richtet. Sprachlich realisiert das Kleist, indem er die Äußerungen der verschiedenen Ebenen ineinander schachtelt.

Bachmann und Henze steigern das Ineinander zum Gleichzeitigen. Doch Resultat der Steigerung ist eine Zurücknahme: ein Ensemble, wie es in der Oper seit langem konventionell ist. Henzes Musik erbringt zwar einen ästhetischen Mehr-

---

22 Vgl. Thumat, Dichterin und Komponist (wie Anm. 10), zur Ergänzung des Librettos durch die Musik insbesondere S. 279–323.

wert, indem eine schlagzeugdominierte Kriegsmusik und eine streicherdominierte Musik, die für die private Sphäre steht, sich allmählich durchdringen. Doch erweist sich, wie etwas, das zur Komposition geradezu einzuladen scheint, ästhetisch zur Gefahr für diese Vertonung wird.

Dass eine Umsetzung zu leicht gelingen kann, ist ein Gedanke, der erst bezogen auf die Neue Musik des 20. Jahrhunderts denkbar wird. Erst wo ein musiktheatralisches Werk nicht mehr Gattungskonventionen zu genügen hat, sondern wo im Gegenteil erwartet wird, dass jedes Opus seinen eigenen ästhetischen Regeln folgt, werden Widerstände des Texts interessant. Zeichen dafür ist die deshalb nicht nur inhaltlich bedingte Abwendung vom an sich schon opernhaften ›Käthchen‹, das, gemessen an den Vorlieben des 19. Jahrhunderts, auch auf der Theaterbühne zurückgetreten ist. Wichtiger sind die produktiven Lösungen, die gerade dann gefunden wurden, wenn die Vorlage, durch Kleists sprachliche oder szenische Gestaltung, sich einer Umsetzung zu sperren scheint. Wahrscheinlich sind es nicht zuletzt musikalisch-szenische Probleme bei der Umsetzung eines Textes, die eine Literaturoper davor bewahren, bloß klangliche Illustration eines Vorgegebenen zu sein. Kleist ist darum für Komponisten weniger da anregend, wo er ihnen entgegenzukommen scheint, sondern da, wo der musikalische Erzähler nach Tönen suchen muss wie Kleists Figuren so häufig nach Worten.

Sebastian Goth

KLEIST IN DEN USA
Ein Forschungsbericht

I. Kleist in den USA?

In einem Brief an Wilhelmine von Zenge vom 15. August 1801 behauptet Heinrich von Kleist gegenüber seiner Verlobten die Sinnlosigkeit des menschlichen Strebens nach Nachruhm und insistiert stattdessen auf dem konkreten Handeln in der Gegenwart und dem Genuss des Lebens im Augenblick. Denn »[w]er wird nach Jahrtausenden von uns und unserm Ruhme reden? Was wissen Asien, u Afrika u Amerika von unsern Genien?« (DKV IV, 263) Kleists rhetorische Fragen lassen sich als subtile »Strategien der Zukunftsvermeidung«[1] lesen, insofern sie zu verstehen geben, dass er es auf seiner ersten Paris-Reise 1801 – ein Jahr nach dem Abbruch seines Studiums und kurz nach der sogenannten ›Kant-Krise‹ – im Zweifel an sich und seiner Bestimmung vorzog, der Frage nach dem eigenen Nachruhm aus dem Wege zu gehen. Ein Blick auf die nachhaltige Rezeptions- und Wirkungsgeschichte seines Lebens und Werks im In- und Ausland veranschaulicht indes, dass diese kalkulierte Absage an das Verlangen nach überzeitlicher Geltung letztlich unnötig war – obgleich sich sein Ansehen als Dichter in der Tat erst posthum im 20. Jahrhundert einstellte. Im Wissen um Kleists (inter-)nationalen Nachruhm – wie er u.a. bei Helmut Sembdner dokumentiert ist[2] – wird der vorliegende Beitrag Kleists Fragen aufgreifen und sie fast 200 Jahre nach seinem Tode mit einem Fokus auf die US-amerikanische Kleist-Rezeption erneut stellen: Was weiß man also in den USA von Kleist? Und wer redet dort von ihm?

Zunächst steht fest, dass Kleist als Person selbst keine Spuren auf dem amerikanischen Kontinent hinterlassen hat. Denn trotz seines ausgeprägten Nomadismus, der ihn nie lange an einem Ort verweilen ließ und ihn von seiner Geburtsstadt Frankfurt/Oder quer durch Europa nach Berlin, Paris, Thun, Bern, Mailand, Königsberg, Prag usw. führte, hat Kleist nie amerikanischen Boden betreten. Auch sein schriftstellerisches Interesse an den USA hielt sich, gelinde gesagt, in Grenzen – obgleich man ihm als Nomaden und Dichter des Widerstands den Kaf-

---

[1] Martin Roussel, Zerstreuungen. Kleists Schrift ›Über das Marionettentheater‹ im ethologischen Kontext. In: KJb 2007, S. 61–93, hier S. 62. – Für Anregungen und produktive Kritik danke ich Martin Roussel, Ingo Breuer und Björn Moll.

[2] Siehe NR.

ka'schen ›Wunsch, Indianer zu werden‹ (mit all seinen ent-täuschenden Untertönen) nicht ganz absprechen möchte. Folglich muss man den Fokus vorerst ein wenig erweitern: Denn grundsätzlich übte der Kontinent jenseits des Atlantiks durchaus eine beachtliche Anziehungskraft auf Kleist aus, regte die Vorstellungskraft des jungen Dichters an. So spielen mit dem ›Erdbeben in Chili‹ und der ›Verlobung in St. Domingo‹ zwei seiner wohl eindrucksvollsten Erzählungen auf dem amerikanischen Kontinent. Daneben übersetzte und publizierte Kleist Anfang des Jahres 1811 in den ›Berliner Abendblättern‹ eine Abhandlung von Louis de Sevelinges ›Über den Zustand der Schwarzen in Amerika‹, die wiederum seine kolonialele Erzählung vom Sklavenaufstand auf Haiti anregte, an der er wenig später arbeitete. Nicht zu vergessen ist in diesem Kontext auch, dass Kleist während seiner Inhaftierung auf Fort de Joux im Jahre 1807 in ebenjener Zelle untergebracht war, in welcher vier Jahre zuvor der Anführer der haitianischen Unabhängigkeitsbewegung, Toussaint L'Ouverture, zu Tode gekommen war.

Umgekehrt dauerte es hingegen fast zwei Jahrhunderte, bevor Kleists Leben und Werk einen spürbaren Einfluss auf die Literatur, den Film und die Kunst in den USA ausübte[3] – und das, obwohl seine Erzählungen und Dramen noch bei weitem umtriebiger waren als er selbst: So erschienen bereits zur Mitte des 19. Jahrhunderts erste englischsprachige Übersetzungen seiner Werke auch in den USA.[4] Dennoch blieb Kleist noch bis zu Beginn der 1980er-Jahre ein der US-amerikanischen Öffentlichkeit weitgehend unbekannter Autor – wie Valentine C. Hubbs einleitend in einer der wenigen Arbeiten zur Kleist-Rezeption in Amerika feststellt.[5] An dieser relativ zögerlichen Aufnahme dürfte erst die produktive Rezeption, d.h. die kreative Fort- und Umschreibung seiner Werke in den letzten drei Jahrzehnten etwas geändert haben – zumindest teilweise: so etwa die mehr als 90 Arbeiten umfassende ›Heinrich von Kleist-Serie‹ (1996–2001) des amerikanischen Künstlers Frank Stella, welche neben ausladenden Wandreliefs und großformatigen Gemälden auch abstrakte Collagen und Skulpturen umfasst,[6] oder die beiden

---

[3] Siehe zur Rezeption und Wirkung Kleists in Mittel- und Südamerika Heidi Grünewald, Spanien, Mittel- und Südamerika [Art.]. In: Kleist-Handbuch. Leben – Werk – Wirkung, hg. von Ingo Breuer, Stuttgart und Weimar 2009, S. 440–444.

[4] John Oxenfords und C.A. Feilings weithin verbreitete Anthologie deutscher Erzählprosa mit dem Titel ›Tales from the German‹ aus dem Jahre 1844 enthielt erstmals eine Übersetzung von Kleists ›Michael Kohlhaas‹ und ›Die heilige Cäcilie oder die Gewalt der Musik‹. In der zeitgleich erschienenen amerikanischen Ausgabe wurde letztere Erzählung zwar ausgelassen, sie wurde aber zwölf Jahre später separat abgedruckt. Unabhängige amerikanische Kleist-Editionen gab es im 19. Jahrhundert nicht, so dass die eigenständige amerikanische Übersetzungsgeschichte Kleists erst 1913–15 mit der Ausgabe von Kuno Francke und W.G. Howard ›German Classics of the 19th and 20th Centuries‹ einsetzte; vgl. Valentine C. Hubbs, Heinrich von Kleist in America. A History of his Reception (with a Bibliography). In: KJb 1985, S. 143–165, hier S. 144–146 sowie Christiane K. Eydt-Beebe, Reception and Translation. Heinrich von Kleist's ›Der zerbrochne Krug‹ in English Translations, Diss. Pennsylvania State University 2002, S. 13.

[5] Vgl. Hubbs, Kleist in America (wie Anm. 4), S. 143.

[6] Vgl. Franz-Joachim Verspohl (Hg.), Heinrich von Kleist by Frank Stella, Werkverzeichnis der Heinrich von Kleist-Serie, Jena und Köln 2001 und Dorothea von Mücke, ›Prinz

filmischen Adaptionen von Kleists ›Michael Kohlhaas‹ (das im englischsprachigen Ausland ohnehin bekanntste Werk Kleists):[7] zum einen der Kino-Film ›Ragtime‹ (1981) von Miloš Forman nach dem gleichnamigen amerikanischen Bestseller-Roman von E.L. Doctorow, der mit der Figur des Coalhouse Walker Jr. Themen und Motive aus Kleists Novelle aufgreift; zum anderen der für das US-Fernsehen produzierte Western ›The Jack Bull‹ (1999) mit John Cusack, bei dem John Badham Regie führte.[8]

Im jüngst erschienen ›Kleist-Handbuch‹ weist Ingo Breuer zu Recht darauf hin, dass die internationale Rezeptions- und Wirkungsgeschichte von Kleists Leben und Werk eines der größten Desiderate der Kleist-Forschung darstellt – dies gilt besonders für die Rezeption von Kleist in den USA.[9] Denn anders als etwa zu seiner Aufnahme in Großbritannien, Frankreich und Russland gibt es zur amerikanischen Kleist-Rezeption bisher keine breit angelegte Studie.[10] Im Gegenteil: Es existieren lediglich einige kurze Beiträge und Einzelstudien (vor allem zu E.L. Doctorows Roman),[11] die überwiegend älteren Datums sind: so zum Beispiel der bereits erwähnte rezeptionshistorische Beitrag von Hubbs im ›Kleist-Jahrbuch‹ des Jahres 1985. Hubbs widmet sich hier der Rezeptions- und Wirkungsgeschichte Kleists in den USA, indem er zunächst die englischen Übersetzungen von Kleists Werken seit dem 19. Jahrhundert diskutiert: von den ersten Übersetzungen aus den 1840er-Jahren bis hin zur bisher wohl einflussreichsten Übersetzung aus dem Jahre 1960, dem Sammelband ›The Marquise of O– and Other Stories‹ von Martin Greenberg mit einem Vorwort von Thomas Mann, der 1981 auch im Penguin Classics-Verlag erschien.[12]

Friedrich von Homburg. Ein Schauspiel‹ oder Die Ästhetik der Verklärung. In: KJb 2002, S. 70–93, hier S. 70f.

[7] Als ›Spitzenreiter‹ unter Kleists Erzählungen hat die Novelle bis 2000 zehn Übersetzer gefunden; vgl. Eydt-Beebe, Reception and Translation (wie Anm. 4), S. 17.

[8] Während man Miloš Forman vor allem durch seinen Film ›One flew Over the Cuckoo's Nest‹ (1975) mit Jack Nicholson kennt, ist John Badham wohl besonders für seinen Film ›Saturday Night Fever‹ (1977) mit John Travolta bekannt. Stets bleibt allerdings zu fragen, ob die genannten Kleist-Adaptionen dem durchschnittlichen Rezipienten in den USA überhaupt als solche erkennbar sind. Vgl. Marjorie Gelus und Ruth Crowley, Kleis in Ragtime. Doctorow's Novel, Its German Source and Its Reviewers. In: The Journal of Popular Culture 14 (1980), H. 1, S. 20–26.

[9] Vgl. Ingo Breuer, Internationale Rezeption und Wirkung [Art.]. In: Kleist-Handbuch (wie Anm. 3), S. 436.

[10] Vgl. Mary Howard, Vom Sonderling zum Klassiker. Hundert Jahre Kleist-Rezeption in Großbritannien, Berlin 1990, Frank Charles Richardson, Kleist in France, Chapel Hill 1962 und Alexej Ugrinsky, Heinrich von Kleist in Russia. 1892–1976/77, Diss. New York University 1981.

[11] Siehe etwa Marion Faber, Michael Kohlhaas in New York. Kleist and E.L. Doctorow's ›Ragtime‹. In: Heinrich von Kleist Studies, hg. von Alexej Ugrinski, New York 1980, S. 147–156 und Robert E. Helbling, E.L. Doctorow's ›Ragtime‹. Kleist Revisited. In: Heinrich von Kleist Studies, hg. von Alexej Ugrinski, New York 1980, S. 157–167.

[12] Vgl. Heinrich von Kleist, The Marquise of O– and other Stories, übersetzt und eingeleitet von Martin Greenberg, mit einem Vorwort von Thomas Mann, New York 1960.

Die letztgenannte Ausgabe ist der erste Sammelband mit Kleists Erzählungen auf Englisch überhaupt. Mit dieser Veröffentlichung wurde Kleists Werk dem amerikanischen Leser erstmals selbstständig und mit einer breiten Auswahl an Texten präsentiert. Anders als bei den üblichen Anthologien zur deutschen Literatur stand Kleist hier nicht mehr im Schatten der deutschen Klassiker (z.B. Goethe, Schiller), so dass der Band die Grundlage dafür schaffen konnte, Kleists Bekanntheitsgrad in der amerikanischen Öffentlichkeit zu steigern. Und in der Tat entfaltete die Ausgabe Hubbs zufolge eine größere Breitenwirkung, als es die diversen englischsprachigen Anthologien zuvor vermochten. Die Ausgabe ist auch insofern bedeutend, als dass sie gleich drei Erzählungen Kleists erstmals ins Englische übersetzte und somit der breiten Öffentlichkeit zugänglich machte: nämlich ›Die Verlobung in St. Domingo‹, ›Der Findling‹ und ›Der Zweikampf‹.[13] Noch bis zur Mitte des 20. Jahrhunderts erschienen englischsprachige Übersetzungen von Kleists Werken gewöhnlich nicht selbstständig, sondern in breit angelegten Anthologien zur deutschen Literatur. Solche Sammelbände richteten sich überwiegend an ein breiteres Lesepublikum – nicht speziell an Kenner der deutschen Literatur – und waren darauf ausgelegt, auf begrenztem Raum einen möglichst repräsentativen Überblick über die deutsche Literatur zu geben. Entsprechend finden sich oft kurze einführende, biographische und literaturkritische Anmerkungen der Herausgeber bzw. Übersetzer zum Leben und Werk der jeweiligen Schriftsteller, welche dem Leser als Einstieg dienen sollten. Anhand solcher Sammelbände und ihrer jeweiligen Einführungen (sowie der entsprechenden Rezensionen) untersucht Hubbs das Ausmaß und die Form der kritischen Kleist-Rezeption sowie den allgemeinen Stellenwert von Kleist in den USA.[14]

Da solche Sammelbände das Produkt einer kritischen Auswahl, Anordnung, Gewichtung, Bewertung etc. von Literatur sind, lässt sich an ihnen recht eindrücklich die Bedeutung und Rolle von Kleist im Kontext der allgemeinen Rezeption deutscher Literatur in den USA ablesen. Dennoch ist es methodisch schwierig, die konkreten Rezeptionsprozesse sowie den tatsächlichen Bekanntheitsgrad Kleists in der amerikanischen Öffentlichkeit zu beurteilen. Es liegt daher nahe, verschiedene Formen der Rezeption in Betracht zu ziehen. Entsprechend untersucht Hubbs neben der übersetzerischen Rezeption Kleists in Anthologien auch seine produktive Rezeption in Form von Bühnenproduktionen der Kleist'schen Stücke in den USA. Er betrachtet dabei neben den Aufführungen vor allem deren kritische Rezeption in den Feuilletons bekannter Zeitungen. Sieht man einmal von kleineren Aufführungen an *German theaters* sowie an Schulen und Universitäten ab, die generell nur ein begrenztes Publikum erreichen, gab es in den USA jedoch bis ins Jahr 1985 insgesamt nur drei größere Inszenierungen von Kleists Dramen auf öffentlichen

---

[13] Vgl. Hubbs, Kleist in America (wie Anm. 4), S. 152–154 und Eydt-Beebe, Reception and Translation (wie Anm. 4), S. 17f.

[14] Hubbs ist sich durchaus der Grenzen dieser Vorgehensweise bewusst; denn noch bis zum Ersten Weltkrieg war Deutsch die am häufigsten gelernte moderne Fremdsprache in den USA und das Interesse an der deutschen Literatur entsprechend weit verbreitet; vgl Hubbs, Kleist in America (wie Anm. 4), S. 144.

Bühnen, die auch mit professionellen Schauspielern durchgeführt wurden: Zunächst wäre da die erste Aufführung eines Kleist'schen Dramas in englischer Übersetzung auf öffentlicher Bühne in den USA überhaupt zu nennen: die Inszenierung des ›Zerbrochnen Krugs‹ in New York im Jahre 1958. Darüber hinaus wurde Kleists ›Amphitryon‹ 1970 in New York gegeben; und schließlich wurde der ›Prinz Friedrich von Homburg‹ im Jahre 1976 am Broadway aufgeführt, nachdem das Stück zuvor bereits an der ›Brooklyn Academy of Music‹ gespielt worden war.[15]

Neben diesen Theateraufführungen erlangte Kleist in der amerikanischen Öffentlichkeit durch Eric Rohmers Verfilmung von Kleists Novelle ›Die Marquise von O….‹ einige Aufmerksamkeit. Nachdem Rohmers Film bei seiner Uraufführung in Cannes den ›Großen Preis der Jury‹ gewonnen hatte, erfuhr er eine lebhafte internationale Rezeption und wurde 1976 zeitgleich mit der letztgenannten Inszenierung in New Yorker Arthaus-Kinos gezeigt. Entsprechend euphorisch hieß es im New Yorker ›Staats-Zeitung und Herold‹: »Kleist erobert New York«.[16] Auf diesen glücklichen Zufall zweier Auf- bzw. Vorführungen von Kleists Werken vor breiterem Publikum konzentrieren sich Marjorie Gelus und Ruth Ann Crowley in ihrem Beitrag zur Kleist-Rezeption in den USA. Anhand von Rezensionen zur genannten Theateraufführung am Broadway sowie zu Rohmers Film in ausgewählten New Yorker Zeitungen und Magazinen versuchen sie, die Aufnahme Kleists beim amerikanischen Publikum zu beurteilen. Es mag zunächst problematisch erscheinen, von einer Reihe von Kritiken einen Rückschluss auf die allgemeine Reaktion des Publikums zu schließen, doch gehen Gelus und Crowley davon aus, dass eine Zusammenstellung von Rezensionen aus auflagenstarken Zeitungen und Magazinen (z.B. ›New York Times‹, ›Newsweek‹) zumindest annähernd auch die Meinung des Publikums repräsentiert, zumal die öffentliche Meinung selbst von diesen Medien geprägt wird. Durch die Fokussierung auf die kritische Kleist-Rezeption in New York im Jahre 1976 ist die Aussagekraft der Studie zwar im Hinblick auf die allgemeine Wirkung Kleists relativ begrenzt, doch bleibt ein Sachverhalt hervorzuheben: Schon ein flüchtiger Blick auf die Theater- und Filmkritiken zeigt, dass selbst die Rezensenten großer New Yorker Zeitungen und Magazine nicht mit Kleist vertraut sind – und sie machen daraus teils gar keinen Hehl.[17] Kleist scheint ein Autor zu sein, den man 1976 in den USA nicht unbedingt gelesen haben muss.

Dennoch begünstigte nicht zuletzt Rohmers Film die allgemeinen Rezeptionsbedingungen für Kleist. Denn neben dem Theater bietet gerade der Film ein Medium, das eine breitere Öffentlichkeit erreichen kann. Hinzu kommt die Resonanz

---

15 Vgl. Hubbs, Kleist in America (wie Anm. 4), S. 143, 154f. Die Aufführung am Broadway wurde zudem aufgezeichnet und im Rahmen der ›Theater in America‹-Serie des ›Public Broadcasting Service‹ (PBS) im US-Fernsehen gezeigt; vgl. Marjorie Gelus und Ruth Ann Crowley, ›Kleist Conquers New York‹. Kleist Reception in the U.S., 1975–76. In: Comparative Literature Studies 18 (1981), H. 4, S. 459–474, hier S. 459.

16 Zit. nach Gelus und Crowley, Kleist Reception in the U.S. (wie Anm. 15), S. 459. Vgl. Hubbs, Kleist in America (wie Anm. 4), S. 156.

17 Vgl. Gelus und Crowley, Kleist Reception in the U.S. (wie Anm. 15), S. 463f., 469–471.

in den Feuilletons bekannter Zeitungen und Zeitschriften, die solche größeren Film- und Theaterproduktionen mit sich bringen. Auf diese Weise erhielt Kleist zunehmend Einzug in die öffentlichen Medien und blieb nicht mehr nur den literaturwissenschaftlichen Fachzeitschriften vorbehalten. Entsprechend zuversichtlich schließen Gelus und Crowley ihren Beitrag: »[A] beginning has been made toward creating a new audience for Kleist.«[18] Und auch Hubbs kommt zu einem positiven Fazit, indem er abschließend drei Bücher aus dem Jahre 1983 nennt, die von der Präsenz Kleists in den USA zeugen – so etwa die Kleist-Biographie von Joachim Maass, die 1983 von Ralph Manheim erstmals ins Englische übersetzt wurde: »Recently Kleist has become a topic and a personality in books that are widely read in America. [...] [T]he structure of his future renown in America has been started. [...] Kleist is gradually becoming known.«[19] Zugegebenermaßen ist der durchschlagende Erfolg für Kleist in den USA trotz dieser Zunahme seines Bekanntheitsgrades jedoch bis heute ausgeblieben – gerade was seine Rezeption in der amerikanischen Populärkultur angeht.

Den aktuellsten Beitrag zur Rezeptions- und Wirkungsgeschichte Kleists in den USA stellt die Fallstudie von Christiane K. Eydt-Beebe zur übersetzerischen Rezeption von Kleists ›Der Zerbrochne Krug‹ im englischsprachigen Ausland (USA, Großbritannien, Irland) dar. Durch ihre Konzentration auf die Übersetzungsgeschichte von Kleists Lustspiel rückt sie ein in der traditionellen Rezeptionsforschung oft nur marginal behandeltes Thema in den Mittelpunkt. Denn die eingehende Untersuchung von Übersetzungen, von fremdsprachiger Aufnahme und übersetzerischer Interpretation wird in der rezeptionshistorischen Forschung oft vernachlässigt.[20] Davon zeugen auch die Beiträge von Hubbs sowie Gelus und Crowley, die eine solche nähere Untersuchung der englischsprachigen Übersetzungen ebenfalls vermeiden, indem sie sich vor allem auf die jeweiligen Rezensionen zu Übersetzungen und/oder Sammelbänden sowie auf Theater- und Filmkritiken als Formen der kritischen Kleist-Rezeption in den USA konzentrieren. Dahingegen arbeitet Eydt-Beebe die wichtigsten übersetzerischen Tendenzen sowie deren Voraussetzungen und Folgen heraus, indem sie u.a. die Übersetzungsgeschichte des ›Zerbrochnen Krugs‹ in den USA (mit insgesamt acht verschiedenen Übersetzungen) betrachtet: von John Krumpelmanns ungekürzter Übersetzung des Stücks im Jahre 1939 bis hin zu Carl Richard Muellers Übersetzung aus dem Jahre 2000.[21] Insgesamt kann Eydt-Beebe anhand einer vergleichenden Textanalyse nachweisen, dass die verschiedenen englischsprachigen Übersetzungen des ›Zerbrochnen Krugs‹ immer auch als Interpretationen der Vorlage durch den Übersetzer zu verstehen sind, was sich schon an der Pluralität verschiedener Übersetzungen (16 Übersetzungen in 60 Jahren) zeigt, aber auch an der jeweiligen Divergenz zwischen Ausgangs- und Zieltext. Als einer deskriptiven Übersetzungsstudie gelingt es der Arbeit durch ihr primäres Interesse am Einzelfall (komple-

---

18 Gelus und Crowley, Kleist Reception in the U.S. (wie Anm. 15), S. 473.
19 Hubbs, Kleist in America (wie Anm. 4), S. 159, 161f.
20 Vgl. Eydt-Beebe, Reception and Translation (wie Anm. 4), S. 1.
21 Vgl. Eydt-Beebe, Reception and Translation (wie Anm. 4), S. 16f.

mentär zur kritischen Kleist-Rezeption) eine neue Perspektive auf die übersetzeri-
sche Kleist-Rezeption zu eröffnen, doch bleibt die Aussagekraft im Hinblick auf
die generelle Wirkung Kleists in den USA auch in diesem Falle begrenzt.

Die vorliegenden Studien zur Kleist-Rezeption in den USA machen nicht nur
deutlich, dass Kleist noch bis weit in die zweite Hälfte des 20. Jahrhunderts relativ
unbekannt geblieben ist. Sie lassen auch die methodischen Schwierigkeiten bei der
Untersuchung der Rezeption und Wirkung Kleists in der amerikanischen Öffentlichkeit erkennen – vor allem, wenn es darum geht, Ergebnisse mit weiterreichen-
der Aussagekraft zu generieren. Man sieht sich hierbei zunächst vor ein prinzipiel-
les Problem gestellt: Denn Erkenntnisse zur öffentlichen Rezeption eines Autors
sind größtenteils nur indirekt zu haben. Bereits Gelus und Crowley stellen die be-
rechtigte Frage: »[H]ow to poll the American public?«[22] So bleibt in der Regel
nichts anderes übrig, als die äußeren Voraussetzungen der öffentlichen Rezeption
(d.h. Übersetzungen, Theateraufführungen, Verfilmungen, Rezensionen und The-
aterkritiken etc.) zu untersuchen. Eine Alternative dazu wäre es, sich der Methoden der empirischen Rezeptionsforschung zu bedienen und beispielsweise auch
das Verhalten und die Einstellung der amerikanischen Leser in Betracht zu ziehen.
Hier stellt sich allerdings eine Schwierigkeit ein, die eher praktischer Natur ist:
nämlich, dass man für eine solche Studie eine enorme Menge an Material zusam-
mentragen und auswerten müsste. Es gibt in diesem Bereich also sicherlich noch
einiges an Forschungsarbeit zu leisten – gerade im Hinblick auf die zeitgenössischen Formen der Kleist-Rezeption in den USA.

Der Forschungsbericht möchte einen solchen Beitrag zur Erforschung der
Kleist-Rezeption leisten. Dabei soll es allerdings nicht, wie in den vorgestellten Arbeiten, um die Aufnahme Kleists in der amerikanischen Öffentlichkeit, im amerikanischen Theater, in der Literatur oder im Film gehen, sondern um die zeitgenössische Kleist-Rezeption im Wissenschaftsbereich. Während Kleists Werke von der
amerikanischen Öffentlichkeit bis heute nur in geringem Maße wahrgenommen
wurden, übten sie auf die US-amerikanische Germanistik in den letzten 30 Jahren
eine erstaunliche Attraktion aus. Damit wäre der zeitliche Rahmen für den vorliegenden Beitrag gefunden – nicht bloß aus pragmatischen Gründen, sondern auch
aus der Sache selbst heraus: Denn gerade in den letzten drei Jahrzehnten ent-
wickelte sich innerhalb der US-Germanistik infolge der Forcierung eigenständiger
Theorieparadigmen und Lektüreverfahren eine zunehmend *amerikanische* Kleist-
Forschung mit distinktem Profil.

II. Kleist in der US-Germanistik

Bei dem folgenden Forschungsbericht zur literaturwissenschaftlichen Rezeption
von Kleist in der US-Germanistik der letzten 30 Jahre geht es mir vor allem um
einen Überblick über die wesentlichen Tendenzen, methodischen Ansätze und
theoretischen Impulse innerhalb der amerikanischen Kleist-Forschung. Zunächst
fallen zwei komplementäre Tendenzen auf, die es nachfolgend noch genauer zu

---

[22] Gelus und Crowley, Kleist Reception in the U.S. (wie Anm. 15), S. 459.

skizzieren gilt: Zum einen zeichnet sich in der US-Kleist-Forschung der letzten Jahrzehnte eine deutliche Tendenz zur methodischen Innovation ab. So sind den oftmals literaturtheoretisch inspirierten Re-Lektüren in der amerikanischen Kleist-Forschung zweifellos einige der originellsten Annäherungen an Kleist zu verdanken: z.B. in dekonstruktiven, feministischen und postkolonialen Lesarten. Gerade von solch methodisch innovativen und teils forciert betriebenen Einzelinterpretationen gingen in den letzten Jahren eine Reihe wichtiger literaturwissenschaftlicher Impulse für die Kleist-Forschung (und darüber hinaus) aus. Zum anderen zeichnet sich in der amerikanischen Kleist-Forschung aber auch eine klare Tendenz zur vermittelnden Integration ab. So war sie in Form von forschungsintegrativen Sammelbänden zu Kleist schon früh auch um die Vermittlung verschiedener literaturtheoretischer Positionen bzw. methodischer Ansätze bemüht: Dies zeigt sich wohl am deutlichsten an dem heute nicht mehr aus der Kleist-Forschung wie der Literaturwissenschaft insgesamt wegzudenkenden Herausgeberband von David E. Wellbery zu Kleists ›Das Erdbeben in Chili‹, der mittlerweile bereits in der fünften Auflage erschienen ist.[23]

Einer der wirkmächtigsten Beiträge zur Kleist-Forschung der letzten 30 Jahre war zweifellos der Aufsatz des belgisch-amerikanischen Dekonstruktivisten Paul de Man zur ästhetischen Formalisierung in Kleists ›Über das Marionettentheater‹ aus dem Jahre 1984.[24] In seiner Lektüre des ›Marionettentheaters‹ lässt de Man sich besonders auf die rhetorische Struktur des Kleist'schen Aufsatzes ein und liest die drei Erzählungen in der Erzählung – die Anekdoten von der tanzenden Marionette, dem jungen Mann und dem fechtenden Bären – als »agonale Szenen der Überzeugung, der Unterweisung und des Lesens«.[25] Mit der zentralen Frage nach dem ästhetischen Effekt zunehmender Formalisierung, die sich in den drei Anekdoten jeweils unterschiedlich ausgestaltet findet, thematisiert Kleists Aufsatz nicht zuletzt, welche Wirkung er selbst als Kunstwerk auf den Leser zu entfalten vermag – d.h., der Aufsatz reflektiert selbstreferentiell seinen eigenen Status als Text. Entsprechend verdeutlicht de Man, dass die drei Anekdoten drei verschiedenen Modellen von Text korrespondieren: dem Text als formalisiertes System von Tropen (Marionette), als Nachahmungsmodell (Jüngling) und als hermeneutisches Modell (Bär).[26]

Doch verhandelt Kleists Aufsatz diese Fragen nach dem Status und der Funktion von Text nicht, ohne sich dabei nicht performativ zu widersprechen, ohne die

---

[23] Vgl. David E. Wellbery (Hg.), Positionen der Literaturwissenschaft. Acht Modellanalysen am Beispiel von Kleists ›Das Erdbeben in Chili‹, München 52007 (1985). Vgl. den Modellcharakter des Wellbery-Bandes etwa für Oliver Jahraus und Stefan Neuhaus (Hg.), Kafkas ›Urteil‹ und die Literaturtheorie. Zehn Modellanalysen, Stuttgart 2002.

[24] Vgl. Paul de Man, Ästhetische Formalisierung. Kleists ›Über das Marionettentheater‹. In: Ders., Allegorien des Lesens, aus dem Amerikanischen übersetzt von Werner Hamacher und Peter Krumme, mit einer Einleitung von Werner Hamacher, Frankfurt a.M. 1988, S. 205–233; erstmals veröffentlicht als Paul de Man, Aesthetic Formalization. Kleist's ›Über das Marionettentheater‹. In: Ders., The Rhetoric of Romanticism, New York 1984, S. 263–290.

[25] De Man, Ästhetische Formalisierung (wie Anm. 24), S. 213.

[26] Vgl. de Man, Ästhetische Formalisierung (wie Anm. 24), S. 218.

eigenen Aussagen nicht unterschwellig ins Gegenteil zu verkehren und deren Geltung dadurch zu unterlaufen. Entsprechend versteht de Man die drei Anekdoten als selbstbezügliche »Allegorien vom schwankenden Status der Erzählung«.[27] Mit diesem Verständnis des Textes als Allegorie im Sinne eines ›Anders-Redens‹ (gr. *allegorein*, ›etwas anders ausdrücken‹) wendet sich de Man ausdrücklich gegen traditionelle hermeneutische Interpretationen des ›Marionettentheaters‹, die den Text auf ein zentrales Signifikat festzulegen versuchen, z.B. indem sie ihn als Schlüssel zum Verständnis des Gesamtwerks Kleists deuten.[28] Entgegen solcher hermeneutischer Vereinnahmungen des Textes in der Behauptung interpretatorischer Eindeutigkeit hebt de Man die aporetische Rhetorik des ›Marionettentheaters‹ hervor, welche den Prozess des Verstehens selbst problematisiert, indem sie Unbestimmtheiten und Unentscheidbarkeiten generiert. In diesem Sinne betont de Man gerade den gespaltenen, differentiellen Charakter des Textes: So schwankt die ironische Szene der Überzeugung zwischen Ich-Erzähler und Herrn C. nicht nur zwischen argumentativer Beweisführung (epistemologischem Diskurs) und anekdotischem Erzählen (ästhetischem Diskurs); sie entfaltet auch ein komplexes Wechselspiel von szenischer Mimesis im dialogischen Rahmen der Theaterszene und vermittelnder Diegesis der Erzählung. Ebenso oszilliert die Szene der ästhetischen Erziehung (im Sinne Schillers) zwischen dem sich bespiegelnden Jüngling und seinem Lehrer zwischen Grazie und Gewalt, behaupteter Harmonie und tatsächlicher Selbstentfremdung – und enthüllt somit »einiges von dem, was hinter Schillers Ideologie des Ästhetischen verborgen liegt.«[29] Schließlich kreist Kleists Aufsatz um eine Szene des Lesens, welche mit der Utopie des fechtenden Bären als ›Über-Leser‹ von der Aufspaltung der Sprache in eine eigentliche und eine uneigentliche Bedeutung zeugt: um eine Allegorie des Lesens, die angesichts des tatsächlich unauflösbaren Doppelcharakters der Sprache vor allem von der Unmöglichkeit des Lesens erzählt.[30]

De Mans Essay über das ›Marionettentheater‹ initiierte in den 1980er-Jahren eine bemerkenswerte Anzahl dekonstruktiver Textanalysen in den USA, bei denen Kleists Erzählungen und Dramen – vor allem aber seine kleinen Schriften und Anekdoten – zunehmend als selbstbezügliche Allegorien des Lesens und Lehrens, des Erzählens und Überzeugens in den Mittelpunkt des Erkenntnisinteresses rückten, wenn auch mit stets unterschiedlicher Gewichtung. Entsprechend kann man mit Helmut J. Schneider von einer ›dekonstruktiven Wende‹ der Kleist-Forschung in der Nachfolge de Mans sprechen. Dabei avancierte das ›Marionetten-

---

[27] De Man, Ästhetische Formalisierung (wie Anm. 24), S. 218.

[28] Vgl. Peter Kahrs, »Aug' in Auge, als ob er meine Seele darin lesen könnte«. Heinrich von Kleists Aufsatz ›Über das Marionettentheater‹ aus der dekonstruktiven Sicht Paul de Mans. In: Kulturphilosophen als Leser. Porträts literarischer Lektüren, hg. von Heinz-Peter Preußer und Matthias Wilde, Göttingen 2006, S. 322–339, hier S. 323 und Harro Müller, Hermeneutik oder Dekonstruktion? Zum Widerstreit zweier Interpretationsweisen. In: Ästhetik und Rhetorik. Lektüren zu Paul de Man, hg. von Karl Heinz Bohrer, Frankfurt a.M. 1993, S. 98–116, hier S. 101.

[29] De Man, Ästhetische Formalisierung (wie Anm. 24), S.207.

[30] Vgl. de Man, Allegorien des Lesens (wie Anm. 24), S. 111, 223f.

theater‹ neben anderen kleineren Schriften und Anekdoten Kleists zu *dem* Referenztext der Dekonstruktion schlechthin.[31] Zu dieser Wende hat zweifellos die noch im selben Jahr wie de Mans Aufsatz erschienene dekonstruktive Kleist-Lektüre von Cynthia Chase beigetragen. Chases Essay orientiert sich stark an de Mans Ansatz – was nicht verwundert, erwarb sie ihren Doktortitel doch 1981 im Umfeld der amerikanischen Dekonstruktivisten (u.a. de Man, J. Hillis Miller) an der Yale University –, indem sie Kleists Erzählungen als Allegorien des Lesens und Erzählens versteht und sich besonders auf das Ineinander von ästhetischem und epistemologischem Diskurs konzentriert.[32] Chase überträgt de Mans Lektüreverfahren dabei auf Kleists ›Unwahrscheinliche Wahrhaftigkeiten‹; denn sowohl die letztgenannte Anekdote als auch das ›Marionettentheater‹ könne als selbstbezügliche Erzählung über das Erzählen von Geschichten, über die Effekte des Erzählens sowie den Status und die Funktion von Texten verstanden werden.[33] Dabei stellen die beiden Erzählungen nach Chase komplementäre Textmodelle vor: Während das ›Marionettentheater‹ vor allem von der ästhetischen Funktion von Texten handelt (von den Bedingungen der Erzeugung ästhetischer Effekte, wie Grazie und Anmut), handelt ›Unwahrscheinliche Wahrhaftigkeiten‹ vor allem von der referenziellen und epistemologischen Funktion von Texten (von den Bedingungen der Erzeugung von Wahrheit).[34]

Ausgehend von dieser Unterscheidung differenziert Chase im Hinblick auf die epistemologische Funktion der Sprache in Kleists ›Unwahrscheinliche Wahrhaftigkeiten‹ wiederum zwischen einer kognitiven und einer performativen Funktion. Vor dem Hintergrund dieser doppelten Aufspaltung liest Chase Kleists ›Unwahrscheinliche Wahrhaftigkeiten‹ als eine Allegorie der performativen Kraft von Sprache, indem sie überdies eine Analogie herstellt zwischen der physischen Kraft und ihrer unberechenbaren Auswirkung auf materielle Gegenstände, von der ja die drei Anekdoten erzählen (Pistolenkugel, Felsblock, Kanonenkugel), und der performativen Überzeugungskraft der Erzählung im Hinblick auf ihre Rezipienten.[35] Letztlich zeigt sich, dass es in Kleists Text ebenso um die Unberechenbarkeit der kognitiven Funktion der Sprache geht (infolge der Verunsicherung des Verhältnisses von Wahrheit und Wahrscheinlichkeit) wie um die Unberechenbarkeit der performativen Funktion der Sprache (in Analogie zur Verunsicherung der

---

[31] Vgl. Helmut J. Schneider, Dekonstruktion des hermeneutischen Körpers. Kleists Aufsatz ›Über das Marionettentheater‹ und der Diskurs der klassischen Ästhetik. In: KJb 1998, S. 153–175, hier S. 155; erstmals veröffentlicht als Helmut J. Schneider, Deconstruction of the Hermeneutical Body. Kleist and the Discourse of Classical Aesthetics. In: Body & Text in the Eighteenth Century, hg. von Veronica Kelly und Dorothea von Mücke, Stanford 1994, S. 209–226; siehe auch Kahrs, Aug' in Auge (wie Anm. 28), S. 323.

[32] Vgl. Cynthia Chase, Mechanical Doll, Exploding Machine. Kleist's Models of Narrative. In: Dies., Decomposing Figures. Rhetorical Readings in the Romantic Tradition, Baltimore und London 1986, S. 141–156, hier S. 141; erstmals veröffentlicht als Cynthia Chase, Models of Narrative. Mechanical Doll, Exploding Machine. In: Oxford Literary Review 6 (1984), H. 2, S. 57–69.

[33] Vgl. Chase, Mechanical Doll (wie Anm. 32), S. 141.

[34] Vgl. Chase, Mechanical Doll (wie Anm. 32), S. 141.

[35] Vgl. Chase, Mechanical Doll (wie Anm. 32), S. 149.

Kausalität der physischen Kraft in den drei Anekdoten), d.h. um die potentielle Störung ihrer Funktionsweise aufgrund ihrer Anfälligkeit für Ablenkungen.[36] Es verwundert daher nicht, dass diese beiden Funktionen der Sprache – i.e. Kognition und Performanz – gerade in jenem Moment, in dem sich der Rezipient abschließend für bzw. gegen die Wahrheit des Erzählten zu entscheiden versucht, in ein paradoxes Verhältnis der Unentscheidbarkeit und damit Unlesbarkeit eintreten: So lässt die Anekdote den Rezipienten in einer Deutungsaporie zurück.[37]

Es sind solche Krisen des Verstehens und Interpretierens in Kleists Werk, um die es auch Carol Jacobs in ihrer Studie ›Uncontainable Romanticism‹ aus dem Jahre 1989 geht.[38] Ausgehend von der titelgebenden Metapher der ›Uneindämmbarkeit‹ romantischer Literatur, nähert sich Jacobs einigen ausgewählten Dramen und Erzählungen Kleists und betrachtet diese als Texte, die sich gleichsam unkontrollierbar über die gängigen Formen binären Denkens hinwegsetzen. Mit ihrer wohlgewählten Metapher erfasst Jacobs den unabschließbaren Charakter der Kleist'schen Texte, die in der Darstellung einer ›gebrechlichen Einrichtung der Welt‹ jedweden Versuch der interpretatorischen Eindämmung – um im Bilde zu bleiben – untergraben. Jacobs beginnt ihre dekonstruktiven Lektüren mit einer Untersuchung der aporetischen Rhetorik von Kleists ›Penthesilea‹ im Spannungsfeld von literaler und figuraler Bedeutung. In der Unentscheidbarkeit von wörtlicher und metaphorischer Rede inszeniert Kleists Drama nach Jacobs den problematischen Status von Deutung. Dies zeigt sich vor allem am fatalen Missverständnis zwischen Penthesilea und Achilles: Während Achilles das erneute Zusammentreffen der beiden für einen bloß inszenierten Schaukampf hält, liest Penthesilea Achilles' Auftritt als tatsächlichen: »What Penthesilea speaks as a language of metaphor the Greeks can understand only literally, and, of course, the other way around.«[39] Bezeichnenderweise durchziehen solche Krisen des Verstehens das gesamte Werk Kleists: So geht es laut Jacobs im ›Prinz Friedrich von Homburg‹ um die Verunsicherung der eindeutigen Differenz von Realität und Traum – ausgelöst durch das initiale Spiel im Spiel und den Prinzen selbst, der bereits zu Beginn des Stücks schlafend und wachend zugleich erscheint. Es geht also von Anfang an nicht um klare Oppositionen, sondern um die Ineinanderführung gegensätzlicher Sphären: »[I]t is […] difficult to find the line of demarcation between the play and the actual, dream and reality, the joke and the serious, as between life and death.«[40] Darüber hinaus rückt Jacobs die von der älteren Kleist-Forschung noch oft vernachlässigte Zigeunerin-Episode in Kleists ›Michael Kohlhaas‹ in den Mittelpunkt ihrer Lektüre – insbesondere den geheimnisvollen Text in der Kapsel, die Kohlhaas um den Hals trägt. Paradoxerweise entfaltet dieser Zettel seine Kraft gerade

---

[36] Vgl. Chase, Mechanical Doll (wie Anm. 32), S. 150.

[37] Ist man z.B. von der Wahrheit der Anekdoten überzeugt, dürfte man nicht von ihnen überzeugt sein; ist man hingegen nicht von ihrer Wahrheit überzeugt, bestätigt dies nur ihren Wahrheitsgehalt; vgl. Chase, Mechanical Doll (wie Anm. 32), S. 155f.

[38] Vgl. Carol Jacobs, Uncontainable Romanticism. Shelley, Brontë, Kleist, Baltimore und London 1989.

[39] Jacobs, Uncontainable Romanticism (wie Anm. 38), S. 98.

[40] Jacobs, Uncontainable Romanticism (wie Anm. 38), S. 134.

als ungelesener und verweist so wiederum auf ein kritisches Moment der Interpretation, das den Text selbst affiziert: Der Zettel steht für den Entzug des Wissens und die Negation von Bedeutung und stellt sich damit dem für die Novelle so zentralen Gesetzestext diametral entgegen.[41] Ferner wird auch in Kleists Novelle ›Der Zweikampf‹ eine Krise des Verstehens inszeniert, indem sie veranschaulicht, dass es im Aufschub der unmittelbaren Präsenz der göttlichen Wahrheit stets einer Re-Lektüre bedarf, welche die jeweils vorhergehende Lektüre revidiert und so weiter *ad infinitum*.[42] Letztlich geht es Jacobs in ihren Lektüren um Kleists Subversion einer zweiwertigen Logik vermittels der erzählerischen und dramatischen Darstellung von textueller Unentscheidbarkeit und Unbestimmtheit – weshalb Kleists Texte bei Jacobs wiederum als Allegorien des Lesens gleichsam unlesbarer Zeichen (Rede, Zettel, Wunde etc.) figurieren.

Anders als die bisher vorgestellten dekonstruktiven Kleist-Lektüren interessiert sich J. Hillis Miller – neben de Man *die* Leitfigur der amerikanischen Dekonstruktion – stärker für Kleists Allegorien des Lehrens, wie man sie etwa in dessen ›Allerneuestem Erziehungsplan‹ antrifft. Vor dem Hintergrund seines Konzepts einer ›Ethik der Lektüre‹[43] steht bei Miller neben dem Akt des Lesens immer auch der des Lehrens sowie die Verantwortlichkeit des Lehrers im Mittelpunkt. So skizziert Miller das Anliegen seiner Studie ›Versions of Pygmalion‹ im Vorwort wie folgt: »The book continues my investigation of the ethical side of writing, reading, and teaching literature.«[44] Es geht Miller nicht eigentlich um Krisen des Verstehens als vielmehr um die konkrete Praxis eines *just reading* – wie es im Titel seines Aufsatzes zu Kleist heißt.[45] Ausgehend von der Doppeldeutigkeit dieses Wortspiels verfolgt Miller in seinen Kleist-Lektüren stets zwei distinkte Erkenntnisinteressen: Zum einen geht es ihm um ein Insistieren auf dem Akt des genauen, wirklichen und textnahen Lesens im Sinne von ›nur lesen‹; zum anderen ist ihm an dem Entwurf einer ›Ethik der Lektüre‹ und des Lehrens im Sinne von ›gerecht lesen‹ gelegen – d.h. daran, dem Kleist'schen Text in der Lektüre gerecht zu werden. Kleists Texte kommen diesem Anliegen freilich entgegen, verhandeln sie doch immer wieder sowohl Fragen des Rechts und der Gerechtigkeit als auch solche der Verantwortlichkeit und Urteilsfähigkeit des Lesers und des Lehrers. Für Miller sind dies letztlich auch Fragen nach der Rolle des Gesetzes in Kleists Texten – nicht nur nach dem Gesetz im juristischen Sinne, sondern auch nach dem narrativen Gesetz der Literatur.[46]

---

[41] Vgl. Jacobs, Uncontainable Romanticism (wie Anm. 38), S. 148f.

[42] Vgl. Jacobs, Uncontainable Romanticism (wie Anm. 38), S. 161f.

[43] Vgl. J. Hillis Miller, The Ethics of Reading. Kant, de Man, Eliot, Trollope, James, and Benjamin, New York 1987.

[44] Vgl. J. Hillis Miller, Preface. In: Ders., Versions of Pygmalion, Cambridge, Mass. und London 1990, S. VII–IX, hier S. VII.

[45] Vgl. J. Hillis Miller, Just Reading. Kleist's ›Der Findling‹. In: Ders., Versions of Pygmalion (wie Anm. 44), S. 82–140.

[46] Vgl. J. Hillis Miller, Laying Down the Law in Literature. Kleist, In: Ders., Topographies, Stanford 1995, S. 80–104; erstmals veröffentlicht als J. Hillis Miller, Laying Down the Law in Literature. In: Cardozo Law Review 11 (1990), H. 5–6, S. 1491–1514.

Ein weiteres, nicht minder distinktes und theoretisch akzentuiertes Lektüreverfahren führt Bianca Theisen mit ihrer Kleist-Studie aus dem Jahre 1996 erstmals in die Kleist-Forschung ein. Theisen kann in ihrem differenztheoretischen Blick auf die Paradoxien und Tautologien des Lesens in Kleists Werk zwar an die dekonstruktiven Kleist-Lektüren der vorangegangenen Jahre anschließen;[47] sie setzt aber theoretisch einen anderen Akzent – und markiert damit gleichsam die thematische Öffnung und theoretische Fortführung der dekonstruktiven Lektüren der 1980er- und frühen 1990er-Jahre. Es geht Theisen aus systemtheoretischer Perspektive um die ›Formalisierung‹[48] der in Kleists Texten angelegten Leerstellen und Unentscheidbarkeiten, um die Entfaltung der Kleist'schen Paradoxien des Lesens – d.h. gerade nicht um die Semantisierung solcher Leerstellen, etwa als Allegorien des Lesens. Anders als die von de Man inspirierten frühen Lesarten versteht Theisen die Unentscheidbarkeiten in Kleists Werk – sei es die Leerstelle des kleinen Fingers in ›Die Familie Schroffenstein‹ als buchstäblich fehlendes Glied in der Kette der Beweisführung, die Figur des Doppelgängers im ›Amphitryon‹ oder die verstörende Identität der Differenz von Engel und Teufel in ›Die Marquise von O....‹ – als die paradoxe Einheit der beiden Seiten einer Unterscheidung, welche den Leser mithin auf die Voraussetzungen der eigenen differenzgeleiteten Lektüre verweist. Während solche Leerstellen auf der Ebene der Beobachtung erster Ordnung Kleists Figuren (ebenso wie den Leser) wiederholt vor unentscheidbare Rätsel stellen – d.h. auf die blinden Flecke der eigenen Lektüre festlegen –, können sie auf einer Ebene der Beobachtung zweiter Ordnung als der paradoxe Zusammenfall einer Unterscheidung formalisiert werden. Schon Niklas Luhmanns Überlegungen zur ›Dekonstruktion als Beobachtung zweiter Ordnung‹ lassen erkennen, dass es der Systemtheorie in ihrem komplexitätsreduzierenden Formalismus gerade um die Entfaltung von Paradoxien durch Ebenendifferenzierung geht, während dekonstruktive Textanalysen auf der prinzipiell unentscheidbaren, irreduziblen Rhetorik der Kleist'schen Texte und damit auf einer Komplizierung der Lektüre insistieren (nicht umsonst rät Luhmann der Dekonstruktion die Reduzierung von Komplexität).[49] Laut Theisen hat die traditionelle Kleist-Forschung in ihren vornehmlich thematisch ausgerichteten Interpretationen die Paradoxien und Aporien des Kleist'schen Werks zwar längst als ein zentrales Thema erkannt, jedoch ohne

---

[47] Vgl. Bianca Theisen, Bogenschluß. Kleists Formalisierung des Lesens, Freiburg i.Br. 1996, S. 15f. Siehe auch ihre weiteren Arbeiten zu Kleist Bianca Theisen, Der Bewunderer des Shakespeare. Kleists Skeptizismus. In: KJb 1999, S. 87–108; dies., Gerahmte Rahmen. Kommunikation und Metakommunikation in Kleists ›Marquise von O....‹. In: Kleist und die Aufklärung, hg. von Tim Mehigan, New York 2001, S. 158–168; dies., Strange News. Kleist's Novellas. In: A Companion to the Works of Heinrich von Kleist, hg. von Bernd Fischer, New York 2003, S. 81–102; dies., »Helden und Köter und Fraun«. Kleists Hundekomödie. In: Beiträge zur Kleistforschung 17 (2004), S. 129–142.

[48] Bereits im Titel ihrer Studie schließt Theisen an de Mans Begriff der Formalisierung an.

[49] Vgl. Niklas Luhmann, Dekonstruktion als Beobachtung zweiter Ordnung. In: Ders., Aufsätze und Reden, hg. von Oliver Jahraus, Stuttgart 2001, S. 262–296, hier S. 291.

sie auch als formales Strukturprinzip seiner Texte in den Blick zu nehmen.[50] Darauf macht Theisen schon im Titel ihrer Studie aufmerksam, indem sie das Kleist'sche Bild vom römischen Bogenschluss aufgreift: der Bogenschluss als paradoxes Formprinzip der Dramen und Erzählungen Kleists. Gleichwohl nutzt Theisen das Potential dieser heuristischen Metapher gegenüber einer rein begrifflichen Formalisierung nur bedingt für die produktive Vertiefung ihrer Kleist-Lektüre; denn trotz ihres Anschlusses an Kleists Metaphorisierung vermag sie das Problem einer dem Text äußerlich bleibenden Formalisierung im vorgefertigten Begriff letztlich nicht zu umgehen. Wie schon der de Man'schen droht damit auch der systemtheoretischen Formalisierung die Gefahr eines redundanten, schematisch wirkenden Formalismus – eine Gefahr, auf die im Übrigen Kleists Anekdote vom Jüngling im ›Marionettentheater‹ hinweist.[51] Dass sich Theisens Arbeit im Gegensatz zu den außerordentlich fruchtbaren dekonstruktiven Kleist-Lektüren als nur in geringem Maße anschlussfähig an die amerikanische Germanistik erwiesen hat, liegt wohl an dem spezifisch deutschen Theoriefundament ihrer Studie. Denn Luhmann gewann in den USA nie die Bedeutung, die ihm in den 1990er-Jahren in Deutschland zukam.

Abgesehen von diesen stark theoretisch akzentuierten Arbeiten sind aus der US-Kleist-Forschung der 1980er-Jahre aber auch eine Reihe einflussreicher Studien hervorgegangen, die sich eher traditionell-konservativer Methoden der Textarbeit bedienen: so zum Beispiel die quellenorientierte Arbeit von Hermann F. Weiss zu ›Funden und Studien zu Heinrich von Kleist‹, in der es nicht um rhetorische Spitzfindigkeiten oder textuelle Unbestimmtheitsstellen geht. Im Gegenteil: Es geht klassisch positivistisch um das Auffüllen von Leerstellen mit Quellenmaterial und Faktenwissen, mit direkten und indirekten Quellen zu Leben und Werk Heinrich von Kleists.[52] Weiss konnte in den späten 1970er- und frühen 1980er-Jahren wiederholt mit sensationellen Funden zu Kleist aufwarten und sich dadurch einen Namen in der Kleist-Forschung machen: 1978 entdeckte er beispielsweise in der Universitätsbibliothek von Uppsala einen unbekannten Kleist-Brief an Marie von Kleist aus dem Jahre 1805. Zudem machte er 1981 eine neue Originalhandschrift von Kleists ›Was gilt es in diesem Kriege?‹ ausfindig.[53] Und so trumpfte er

---

[50] Vgl. Theisen, Bogenschluß (wie Anm. 47), S. 19.

[51] Gerade auf diese Grenze der methodischen Formalisierung macht Werner Hamacher aufmerksam, wenn sein Aufsatz als einziger Beitrag in Wellberys Methodenband in seinem Titel keine übergeordnete Kategorie ausweist, sondern auf einer Leerstelle insistiert, d.h. auf eine begriffliche Formalisierung verzichtet; vgl. Werner Hamacher, Das Beben der Darstellung. In: Wellbery, Positionen der Literaturwissenschaft (wie Anm. 23), S. 149–173. Es sind vielleicht solche dekonstruktiven Lektüren, die sich stärker an Jacques Derridas Konzeption der Dekonstruktion als an der de Mans orientieren und sich dabei dem Label ›Dekonstruktion‹ schon frühzeitig entzogen, die heute weniger redundant und überlebt wirken als einige der von de Man inspirierten frühen Lektüren.

[52] Vgl. Hermann Weiss, Funde und Studien zu Heinrich von Kleist, Tübingen 1984.

[53] Vgl. Hermann Weiss, Ein unbekannter Brief Heinrich von Kleists an Marie von Kleist. In: Jahrbuch der deutschen Schillergesellschaft 22 (1978), S. 79–109; ders., Heinrich von Kleists politisches Wirken in den Jahren 1808 und 1809. Mit einer neuentdeckten Original-

auch in seiner Quellenstudie von 1984 mit einer Sensation auf: der Entdeckung der unbekannten politischen Schrift ›Über die Abreise des Königs von Sachsen aus Dreßden‹, die Kleist 1809 verfasste, im Staatlichen Regionalarchiv Brno.[54]

Neben diesem Fund liefert Weiss zahlreiche weitere Quellen zu Leben und Werk Kleists sowie zu dessen Umfeld und Bekanntenkreis im Zeitraum von Kleists erstem Pariser Aufenthalt im Jahre 1801 bis hin zu seinem politischen Wirken in den Jahren 1808/09, die für eine kontextualisierende und auf Fakten ausgerichtete Betrachtung von Kleists Werken sicherlich unverzichtbar sind. Die große Anzahl an neuem Quellenmaterial, die Weiss präsentierte, war das Ergebnis langjähriger Recherchen und mühsamer Archivarbeit und trug in den frühen 1980er-Jahren wesentlich zu einem generellen Trend der Kleist-Forschung hin zur Quellenforschung bei. Man denke in diesem Zusammenhang nur an die Studie von Richard H. Samuel und Hilda M. Brown zu Kleists Pariser Aufenthalt in den Jahren 1803/1804,[55] die Weiss im Übrigen durch weiteres Quellenmaterial ergänzte – vor allem, um weitere Nachforschungen dieser Art anzuregen: »Vielleicht können so doch noch eines Tages Materialien zutage gefördert werden, welche der Überprüfung der Thesen Samuels und Browns zu Kleists zweitem Aufenthalt in Paris dienlich sind.«[56] Und in der Tat: Ein aktueller Beitrag von Klaus Müller-Salget im ›Kleist-Jahrbuch‹ 2008/09 zeigt, wie lebendig diese Fragen nach Kleists Pariser Zeit bzw. danach, ob Kleist tatsächlich im Frühjahr 1804 mehrfach aus Mainz nach Paris gereist ist, noch bis heute geführt werden.[57] Zugleich werden solche biographischen Fragen (z.B. auch das Rätsel um Kleists Würzburger Reise) in den umfangreicheren Kleist-Biographien der letzten Jahre deutlich entspannter bewertet.[58]

Als ein weiteres Beispiel für eine klassische Annäherung an Kleist innerhalb der US-Germanistik darf zweifellos die editionsphilologische Arbeit von Hinrich C. Seeba gelten: Seeba ist Mitherausgeber der beiden Dramenbände (Bd. 1: 1991, Bd. 2: 1987) der vierbändigen Studienausgabe zu Kleists Werk im Deutschen Klassiker Verlag (DKV) und zeichnet für den kritischen Kommentar u.a. zu Entstehung, Überlieferung und Wirkung der Kleist'schen Stücke verantwortlich. Die DKV-Ausgabe hat sich mittlerweile – etwa zwei Jahrzehnte nach dem Erscheinen

---

handschrift von ›Was gilt es in diesem Kriege?‹ In: Jahrbuch der deutschen Schillergesellschaft 25 (1981), S. 9–40.

[54] Vgl. Weiss, Funde und Studien (wie Anm. 52), S. 236. Dabei ist zu bedenken, dass seit 1876 keine Originalhandschrift eines Prosatextes von Kleist mehr entdeckt worden war.

[55] Vgl. Richard H. Samuel und Hilda M. Brown, Kleist's Lost Year and the Quest for ›Robert Guiskard‹, Leamington Spa 1981.

[56] Weiss, Funde und Studien (wie Anm. 50), S. 74.

[57] Vgl. Klaus Müller-Salget, Kleist im Frühjahr 1804. Eine Aufklärung. In: KJb 2008/09, S. 251–253. Müller-Salget kann anhand einer in der ›Vossischen Zeitung‹ vom 5. Mai 1804 veröffentlichten Fremdenliste nachweisen, dass Kleist am 3. Mai 1804 nach Berlin zurückgekehrt ist. Der in Carl Bertuchs Pariser Tagebuch am 10. Mai 1804 erwähnte Kleist kann folglich nicht Heinrich von Kleist gewesen sein (und daher wahrscheinlich auch nicht jener zuvor erwähnte vom 4. Februar und 18. April 1804).

[58] Vgl. Jens Bisky, Kleist. Eine Biographie, Berlin 2007; Gerhard Schulz, Kleist. Eine Biographie, München 2007; Herbert Kraft, Kleist. Leben und Werk, Münster 2007.

der ersten beiden Bände – neben der wichtigen zweibändigen Werk- und Briefausgabe von Helmut Sembdner als klassische Studienausgabe etabliert.[59] Nichtsdestotrotz waren von Beginn an auch kritische Stimmen zu hören – gerade in Bezug auf die beiden Dramenbände. Die Vorbehalte gegenüber der DKV-Ausgabe bezogen sich dabei nicht nur auf deren editionsphilologische Mängel, was etwa die z.T. vom Verlag vorgegebene Praxis der orthographischen Modernisierung und die Richtlinien der Textgestaltung angeht, sondern sie galten auch den ausführlichen literaturkritischen Kommentaren Seebas. Diese stellen aufgrund ihres beachtlichen Umfangs zwar ein Spezifikum der DKV-Ausgabe dar; doch fallen sie mit ihren dezidiert hermeneutischen Interpretationen auch hinter einiges zurück, was in der Kleist-Forschung der 1980er-Jahre an methodischer Reflexion und Innovation geleistet wurde.[60] So betont Seeba etwa in den Kapiteln zu Struktur und Gehalt der vier Dramen des zweiten Bandes jeweils das »hermeneutische[ ] Grundmodell, das – nach seinen geschichtsphilosophischen, epistemologischen, sprachphilosophischen und poetologischen Dimensionen differenziert – allen Werken Kleists zugrunde zu liegen scheint.«[61] Diese Festlegung Kleists auf ein ›hermeneutisches Grundmodell‹ dient vor allem dazu, eine prinzipielle Kohärenz und sinnvolle Einheit seiner Dramen (gerade im Hinblick auf sein Gesamtwerk) zu verbürgen. Dass Seeba damit ebenjenes hermeneutische Textmodell wieder einführt, das Kleist in seiner Anekdote vom fechtenden Bären – folgt man der dekonstruktiven Lektüre de Mans – selbst suspendiert, reflektiert er nicht. Dementsprechend merkt auch Bernd Hamacher an, dass Seeba mit seinen Kommentaren »etwa gleichzeitig mit dem Anschwellen der diskursanalytischen und dekonstruktivistischen Kleist-Forschung noch einmal ein in sich konsistentes und geschlossenes Gesamtbild zu geben versucht.«[62]

---

[59] Vgl. Bernd Hamacher, Kleist-Editionen. In: Editionen zu deutschsprachigen Autoren als Spiegel der Editionsgeschichte, hg. von Rüdiger Nutt-Kofoth und Bodo Plachta, Tübingen 2005, S. 263–283, hier S. 279; ders., Editionsgeschichte [Art.]. In: Kleist-Handbuch (wie Anm. 3), S. 11–13, hier S. 12. Als Nachfolger der Sembdner-Ausgabe ist 2010 die Münchner Ausgabe (MA) auf Grundlage der BKA erschienen, die im Bereich der Studienausgaben die beste Textgrundlage liefert.

[60] Vgl. Hamacher, Kleist-Editionen (wie Anm. 59), S. 274f.

[61] DKV II, S. 766 (zu ›Penthesilea‹); vgl. DKV II, S. 954 (zu ›Das Käthchen von Heilbronn‹), DKV II, S. 1108 (zu ›Herrmannsschlacht‹) und DKV II, S. 1231 (zu ›Prinz Friedrich von Homburg‹).

[62] Hamacher, Kleist-Editionen (wie Anm. 59), S. 275. Dieses Problem stellt sich bei der Leseausgabe zu Kleists Dramen von Walter Hinderer nicht, denn sie kommt ohne kritischen Kommentar aus: Fünf Jahre vor dem ersten Band der DKV-Ausgabe gab Hinderer im Jahre 1982 den ersten amerikanischen Sammelband mit Kleists Dramen heraus. Während sich die kommentierte Studienausgabe des Deutschen Klassiker Verlags eher an ein wissenschaftliches Publikum in Deutschland richtet, versucht Hinderers englischsprachige Leseausgabe auch den literaturinteressierten Leser in den USA an Kleists Werk heranzuführen. Dazu dient neben der repräsentativen Auswahl von vier dramatischen Texten Kleists auch das Vorwort von E.L. Doctorow sowie die kurze Einführung von Hinderer zu Leben und Werk Kleists (vgl. Heinrich von Kleist, Plays, hg. von Walter Hinderer, mit einem Vorwort von E.L. Doctorow, New York 1982).

Doch kommen wir von diesen editionsphilologischen Fragen zurück zu den amerikanischen Kleist-Lektüren der letzten Jahrzehnte und damit zu einem zentralen Vertreter der traditionellen Kleist-Forschung in den USA: zu Bernd Fischer, der mit seinen beiden Studien zu Kleist sowie mit dem von ihm herausgegebenen ›Companion to the Works of Heinrich von Kleist‹ einen unverzichtbaren Beitrag zur jüngeren Kleist-Forschung geleistet hat.[63] Gerade mit seiner breit angelegten Monographie zu Kleists ›ironischer Metaphysik‹ bzw. mit seinen textnahen *close readings* und seinem ausdrücklichen Interesse an der Ironie als zentraler narrativer Technik in Kleists Erzählwerk steht Fischer in der langen Tradition des *New Criticism* in den USA. Kombiniert mit der hermeneutischen Grundhaltung Fischers – wenn er etwa im Hinblick auf ›Das Erdbeben in Chili‹ von einer »tiefer liegenden Erzählintention des Textes«[64] spricht – liegt der Arbeit ein methodisch eher konservatives Lektüreverfahren zugrunde. Dies bedeutet konkret vor allem detailgenaue, werkimmanente Interpretationen mit erläuternder Nacherzählung von Kleists Texten unter Einbezug ergänzender, historisch fundierter Kontextargumente. Obgleich die Studie sich methodisch nicht sonderlich originell präsentiert, vermag sie maßgebliche Ergebnisse im Hinblick auf Kleists ironische Erzähltechnik und die Rolle des Erzählers zu erbringen – aber auch hinsichtlich des Verhältnisses Kleists zur Metaphysik des deutschen Idealismus. Denn Fischer kann in seinen zahlreichen Einzelanalysen herausarbeiten, dass Kleists Erzählungen mittels ihrer ironischen Erzählhaltung die religiösen, ethischen, philosophischen und literarischen Leitkonzepte und Sinnangebote seiner Zeit immer wieder kritisch und spielerisch-subtil unterminieren.[65] Zuletzt geht es Fischer noch einmal um die Bestimmung der spezifisch Kleist'schen Form von Ironie – insbesondere in Abgrenzung zur romantischen Ironie. Entgegen Wolfgang Wittkowski, der Kleist noch stärker in der Tradition Friedrich Schlegels und Adam Müllers sah, behauptet Fischer, dass Kleists Ironie sich gerade durch ihre Radikalität auszeichnet: Es geht bei Kleist nicht mehr um die Transzendierung der kritisierten Welt auf ein utopisches Unendliches hin.[66] Diese Abgrenzung ist sicherlich eines der wesentlichen Ergebnisse der Studie; zu fragen bleibt, ob Fischers Suche nach einem sämtlichen Erzählungen zugrunde liegenden Ironiekonzept es auch zulässt, sich auf deren unhintergehbar offenen Status einzulassen.

Trotz der offensichtlichen Unterschiede zwischen den bisher vorgestellten Positionen und Impulsen in der amerikanischen Kleist-Forschung (Dekonstruktion, Systemtheorie, Quellenforschung, Textphilologie, Hermeneutik, *close reading*) kann man diese als grundsätzlich textorientierte Ansätze, d.h. als ›intensive‹ Lektüren

---

[63] Vgl. Bernd Fischer, Ironische Metaphysik. Die Erzählungen Heinrich von Kleists, München 1988; ders., Das Eigene und das Eigentliche. Klopstock, Herder, Fichte, Kleist. Episoden aus der Konstruktionsgeschichte nationaler Intentionalitäten, Berlin 1995; ders. (Hg.), A Companion to Kleist (wie Anm. 47).

[64] Fischer, Ironische Metaphysik (wie Anm. 63), S. 24.

[65] Vgl. Fischer, Ironische Metaphysik (wie Anm. 63), S. 12.

[66] Vgl. Fischer, Ironische Metaphysik (wie Anm. 63), S. 37, 136–145 und Wolfgang Wittkowski, ›Die heilige Cäcilie‹ und ›Der Zweikampf‹. Kleists Legenden und die romantische Ironie. In: Colloquia Germanica 6 (1972), S. 17–58.

verstehen und sie entsprechend von einer anderen Gruppe von ›extensiven‹ Kleist-Lektüren in den USA abgrenzen.[67] Diese Gegenüberstellung macht deutlich, dass die literaturwissenschaftliche Rezeption von Kleists Werken in den USA während der letzten drei Jahrzehnte im Wesentlichen zwei Linien folgte. Bei aller Differenz zwischen den individuellen literaturtheoretischen Positionen innerhalb der Gruppe intensiver Lektüren steht doch deren grundsätzliches Interesse am Text im Mittelpunkt: sei es infolge eines dekonstruktiven Interesses an den sprachlich-rhetorischen Strukturen einer Kleist'schen Anekdote, eines formalistisch-systemtheoretischen Interesses an den textuellen Leerstellen in einem Kleist'schen Drama, eines textwissenschaftlichen Interesses an einer Originalhandschrift Kleists in der Quellenforschung oder infolge eines werkimmanenten Interesses an den ironischen Techniken eines Kleist'schen Erzähltextes im *close reading*.

Von einer solchen Vereinbarkeit der unterschiedlichen intensiven Lektüreverfahren zeugt nicht zuletzt die Nähe von dekonstruktiv beeinflussten Interpretationen zum traditionellen *New Criticism* in den USA – und umgekehrt. So blieb gerade die amerikanische Dekonstruktion mit ihren *rhetorical* oder *just readings* vielfach an die ältere Lektürepraxis des *close reading* anschließbar. Trotz ihrer unleugbaren Differenzen – denn letztlich liegt ihnen ein unterschiedliches Verständnis von Text zugrunde – finden literarische Dekonstruktion und *New Criticism* in ihrer rigorosen Textnähe und ihren detailgenauen Analysen, in ihrem grundsätzlichen Interesse an sprachlichen Texturen einen gemeinsamen Nenner.[68] Innerhalb der amerikanischen Kleist-Forschung zeigt sich dies wohl am deutlichsten an den Arbeiten von David E. Wellbery – nicht nur an seinem ›Erdbeben‹-Band, der augenscheinlich unterschiedliche Forschungspositionen vereint, sondern auch an Wellberys eigenen interpretatorischen Streifzügen, bei denen er sich oft geschickt zwischen verschiedenen literaturwissenschaftlichen Ansätzen (z.B. Poststrukturalismus, *New Criticism*, Semiotik) bewegt.[69] Dies kann in geringerem Maße – weil er weniger radi-

---

[67] Vgl. Rüdiger Campe, Intensiv und Extensiv. Kleists ›Penthesilea‹ und falsche Alternativen der Literaturtheorie. In: Penthesileas Versprechen. Exemplarische Studien über die literarische Referenz, hg. von Rüdiger Campe, Freiburg i.Br. 2008, S. 7–15. Rüdiger Campe führt die Unterscheidung von ›intensiver‹ und ›extensiver‹ Lektüre im Hinblick auf die unterschiedlichen literaturwissenschaftlichen Interpretationen zu Kleists ›Penthesilea‹ in den letzten 25 Jahren ein.

[68] Vgl. Michael Weitz, Zur Karriere des Close Reading. New Criticism, Werkästhetik und Dekonstruktion. In: Einführung in die Literaturwissenschaft, hg. von Miltos Pechlivanos u.a., Stuttgart und Weimar 1995, S. 354–365, hier S. 356. Vgl. Campe, Intensiv und Extensiv (wie Anm. 67), S. 10.

[69] Vgl. David E. Wellbery, Semiotische Anmerkungen zu Kleists ›Das Erbeben in Chili‹. In: Positionen der Literaturwissenschaft (wie Anm. 23), S. 69–87; ders., ›Der zerbrochne Krug‹. Das Spiel der Geschlechterdifferenz. In: Interpretationen. Kleists Dramen, hg. von Walter Hinderer, Stuttgart 1997, S. 11–32; siehe auch zuletzt seine Lektüre des ›Bettelweibs von Locarno‹: David E. Wellbery, Bewegung und Handlung. Narratologische Beobachtungen zu einem Text von Kleist. In: KJb 2007, S. 94–101.

kal und methodisch reflektiert arbeitet – auch für Bernd Fischers textnahe Lektüren gelten, in denen er wiederholt von *close reading* und Dekonstruktion spricht.[70] Diesen Spielarten intensiver Kleist-Lektüren stellt sich eine Gruppe von extensiven Kleist-Lektüren gegenüber. Mit letzteren sind vor allem die Interpretationen der letzten 30 Jahre gemeint, die sich vorwiegend mit den diskursiven, realhistorischen und kulturellen Bezügen von Kleists Werken beschäftigt haben: von feministischen über postkoloniale bis hin zu kulturwissenschaftlichen Studien. Das Aufkommen solcher kontextorientierten Lektüren hängt vornehmlich mit der spezifischen Entwicklung des Fachs ›Germanistik‹ (und der Literaturwissenschaft generell) in den USA während der letzten 30 Jahre zusammen: Zunächst manifestierte sich in der amerikanischen Germanistik frühzeitig ein gesellschaftspolitisch motiviertes Interesse an Außenseiter- und Minderheitendiskursen (z.B. Juden, Frauen, Homosexuelle) sowie an den sie betreffenden Problemen. Darüber hinaus kam es infolge der disziplinären Öffnung der US-Germanistik gegenüber den *Cultural Studies* zu einem Paradigmenwechsel: So versteht sich die amerikanische Germanistik seit den 1980er-Jahren zunehmend als *German Studies* – d.h. im Sinne einer Kulturwissenschaft.[71]

Begünstigt von dieser spezifisch amerikanischen Fachentwicklung konnten von der US-Germanistik schon früh Impulse für eine feministisch orientierte Lektürearbeit ausgehen, die auch die Kleist-Forschung der 1980er- und 1990er-Jahre anregten. Das Hauptaugenmerk solcher frühen feministischen Kleist-Lektüren lag auf Kleists literarischer Darstellung von weiblichen Figuren und problematischen Geschlechterverhältnissen. Diese Umperspektivierung ermöglichte eine Reihe produktiver Re-Lektüren von Kleists Werk aus geschlechterspezifischer Sicht. Dabei übte gerade Kleists ›Penthesilea‹ eine außergewöhnliche Anziehungskraft auf die feministische Germanistik in den USA aus – das Stück wurde gewissermaßen selbst zum Schlachtfeld geschlechtsspezifischer Diskurse.[72] Dementsprechend präsentierte Ruth Klüger im Jahre 1982 eine der ersten feministischen Lesarten der ›Penthesilea‹, in welcher sie auf das prekäre Ineinander von leidenschaftlicher Sexualität (Privatem) und kriegerischer Gewalt (Politischem) im dynamischen Geschlechterverhältnis zwischen Penthesilea und Achilles aufmerksam macht. Kleist lässt sexuelle Erfüllung und Gräueltaten auf dem Schlachtfeld ineinsfallen (wie die ›Küsse‹ und ›Bisse‹ im berühmten Versprecher) und die Amazonenkönigin so gegen die strikten Regeln der Geschlechterordnung ihres Frauenstaates verstoßen[73]

---

[70] Vgl. Fischer, Ironische Metaphysik (wie Anm. 63), S. 12, 18, 55, 59, 64 81f., 111, 124, 146.

[71] Vgl. Campe, Intensiv und Extensiv (wie Anm. 67), S. 10f. und Jost Hermand, Zur Situation der Germanistik in den USA. Eine historische Bilanz. In: Zeitschrift für Germanistik 11 (2001), H. 3, S. 578–589, hier S. 583.

[72] Vgl. Jost Hermand, Kleists ›Penthesilea‹ im Kreuzfeuer geschlechtsspezifischer Diskurse. In: Monatshefte 87 (1995), H. 1, S. 34–47; eine leicht überarbeitete, englischsprachige Version wurde veröffentlicht als Jost Hermand, Kleist's ›Penthesilea‹. Battleground of Gendered Discourses. In: A Companion to Kleist (wie Anm. 47), S. 43–60.

[73] Vgl. Ruth Klüger, Die Hündin im Frauenstaat. Kleists Penthesilea. In: Dies., Frauen lesen anders. Essays, München 1996, S. 129–155; erstmals veröffentlicht als Ruth Angress,

Auch Carol Jacobs befasst sich aus feministischer Perspektive mit Kleist, wenn sie dessen ›Rhetorics of Feminism‹ dekonstruktiv analysiert.[74] In ihrer rhetorischen Lektüre der ›Penthesilea‹ kommt der Figur der Amazonenkönigin eine zentrale Rolle zu, denn als rätselhafte Figur des Dritten suspendiert sie die dichotome Aufteilung der männlich dominierten Welt des Trojanischen Krieges, in der es »nichts Drittes« (DKV II, Vs. 126) zu geben scheint. Jüngst näherte sich Kathrin Pahl dem Stück, indem sie das Amazonenreich ausgehend von Judith Butlers Analyse des ›kinship trouble‹ als den Entwurf einer homoerotischen, nicht-ödipalen Frauengemeinschaft liest, die sich in Abgrenzung zur symbolischen Ordnung der heterosexuellen, patriarchalisch-bürgerlichen Familie konstituiert.[75] Eine solche Zusammenschau feministischer Kleist-Lektüren aus den letzten 30 Jahren illustriert recht eindrücklich den zunehmenden Einfluss poststrukturalistischer Theorien (z.B. Lacan, Derrida, Butler) auf die feministische Literaturwissenschaft in den USA und damit auch den Paradigmenwechsel vom frühen klassischen Feminismus der 1970er- und 1980er-Jahre zu den stärker theoretisch reflektierten *Gender Studies* der 1990er-Jahre, welcher sich wiederum fruchtbar auf die Kleist-Forschung ausgewirkt hat.[76]

Ähnlich wie bei der feministischen verhält es sich auch bei der postkolonialen Kleist-Rezeption – doch zeigen sich die Tendenzen hier noch ausgeprägter: Zum einen ist die postkoloniale Theorie noch stärker als der Feminismus im angloamerikanischen Kontext (z.B. Edward Said, Homi Bhabha, Gayatri Spivak) verwurzelt; zum anderen nimmt Kleists ›Die Verlobung in St. Domingo‹ für postkoloniale Lektüren nicht nur eine zentrale Stellung ein (wie die ›Penthesilea‹ für den Feminismus), sondern die Erzählung ist tatsächlich der einzige Kleist'sche Text, der sich für spezifisch postkoloniale Fragestellungen als geeignet erwiesen hat. Schon Mitte der 1970er-Jahre entstanden in den USA Lektüren, die erstmals die kolonialen Aspekte des von Kleist dargestellten Rassenkonflikts auf Haiti – wie *blackness* und *imperialism* – in den Vordergrund stellten: Noch im selben Jahr, in dem der südafrikanische Dichter Peter Horn in seinem Aufsatz zur ›Verlobung in St. Domingo‹ die Frage stellte: ›Hatte Kleist Rassenvorurteile?‹,[77] untersuchte Sander L. Gilman Kleists ›Aesthetics of Blackness‹ in derselben Erzählung, indem er dessen stereotype Darstellung der revolutionären Rassebeziehungen auf Haiti als kritischen

---

Kleist's Nation of Amazons. In: Beyond the Eternal Feminine. Critical Essays on Women and German Literature, hg. von Susan L. Cocalis und Kay Goodman, Stuttgart 1982, S. 99–134.

[74] Vgl. Jacobs, The Rhetorics of Feminism. In: Dies., Uncontainable Romanticism (wie Anm. 38), S. 85–114.

[75] Kathrin Pahl, »Geliebte, sprich!« – wenn Frauen sich haben. In: Penthesileas Versprechen (wie Anm. 67), S. 165–187, hier S. 166.

[76] Für weitere feministisch-orientierte Kleist-Lektüren aus den USA siehe Ruth Klüger, Die andere Hündin. Kleists Käthchen In: Dies., Frauen lesen anders (wie Anm. 73), S. 157–176 und Marjorie Gelus, Josephe und die Männer. Klassen- und Geschlechteridentität in Kleists ›Erdbeben in Chili‹. In: KJb 1994, S. 118–140.

[77] Vgl. Peter Horn, Hatte Kleist Rassenvorurteile? Eine kritische Auseinandersetzung mit der Literatur zur ›Verlobung in St. Domingo‹. In: Monatshefte 67 (1975), H. 2, S. 117–128.

Beitrag zur zeitgenössischen Theorie der ästhetischen Wahrnehmung von
›Schwarzheit‹ um 1800 begreift.[78] Zwei Jahre später widmete sich auch Ruth Klüger – in ihrem generell minderheitenorientierten Interesse an Kleist – den imperia-
len Herrschaftsverhältnissen in der ›Verlobung in St. Domingo‹ und der ›Herrmannsschlacht‹; sie versteht die beiden Texte (auch unter Bezug auf die frühe anti-
koloniale Theorie Frantz Fanons) als komplementäre Inszenierungen eines erfolg-
reichen anti-imperialen Kampfes, der letztlich als Kleists imaginierter Sieg über
Napoleon gelesen werden könne.[79] Eine größere Breitenwirkung auch auf die
deutsche Germanistik konnte erst Susanne Zantop mit ihrer umfassenden Studie
zu kolonialen Phantasien im vorkolonialen Deutschland entfalten, die auch eine
Interpretation der ›Verlobung in St. Domingo‹ enthält.[80] Neben Russel Bermans
einflussreicher Arbeit zum deutschen Kolonialdiskurs kann Zantops Studie als
richtungsweisend gelten, was die Betrachtung deutschsprachiger Literatur aus
(vor-)kolonialer Zeit betrifft – nicht zuletzt, weil ihr Ansatz bereits stärker von den
neueren postkolonialen Theorien (vor allem Said und Bhabha) geprägt ist.[81] Ohnehin gingen die entscheidenden Impulse für eine Anwendung der postkolonialen
Theorie in der deutschen Germanistik von ihrem amerikanischen Pendant aus.[82]
Dies belegen auch die Arbeiten von Paul Michael Lützeler, der als ein weiterer
wichtiger Vertreter der US-Kleist-Forschung zu gelten hat: Lützeler konnte nicht
nur aufgrund seines generellen Interesses an der Einordnung deutschsprachiger
Literatur in die realgeschichtlichen Kontexte von Kolonialpolitik und Globali-
sierung unter Einnahme eines ›postkolonialen Blicks‹,[83] sondern auch speziell mit
seinen kulturgeschichtlich ausgerichteten Kleist-Lektüren die postkoloniale Aus-

---

[78] Vgl. Sander L. Gilman, The Aesthetics of Blackness in Heinrich von Kleist's ›Die Verlobung in St. Domingo‹. In: Modern Language Notes 90 (1975), H. 5, S. 661–672; siehe für
eine weitere frühe Kleist-Lektüre Gilmans auch Sander L. Gilman, Seeing the Insane.
Mackenzie, Kleist, William James. In: Modern Language Notes 93 (1978), H. 5, S. 871–887.

[79] Vgl. Ruth K. Angress, Kleist's Treatment of Imperialism. ›Die Hermannsschlacht‹ and
›Die Verlobung in St. Domingo‹. In: Monatshefte 69 (1977), H. 1, S. 17–33.

[80] Vgl. Susanne Zantop, Colonial Fantasies. Conquest, Family and Nation in Precolonial
Germany, 1770–1870, Durham 1997; dies., Verlobung, Hochzeit und Scheidung in St. Domingo. Die Haitianische Revolution in zeitgenössischer deutscher Literatur (1792–1817). In:
»Neue Welt«/»Dritte Welt«. Interkulturelle Beziehungen Deutschlands zu Lateinamerika
und der Karibik, hg. von Sigrid Bauschinger und Susan L. Cocalis, Tübingen 1994, S. 29–
52; dies., Changing Color. Kleist's ›Verlobung in St. Domingo‹ and the Discourses of Mis-
cegenation. In: A Companion to Kleist (wie Anm. 47), S. 191–208.

[81] Vgl. Russell A. Berman, Enlightenment or Empire. Colonial Discourse in German Culture, Lincoln 1998.

[82] Vgl. Axel Dunker, Einleitung. In: (Post-)Kolonialismus und deutsche Literatur. Impulse der angloamerikanischen Literatur- und Kulturtheorie, hg. von Axel Dunker, Bielefeld
2005, S. 7–16, hier S. 7f.; Dirk Göttsche, Postkolonialismus als Herausforderung und Chance germanistischer Literaturwissenschaft. In: Grenzen der Germanistik. Rephilologisierung
oder Erweiterung? Hg. von Walter Erhart, Stuttgart 2004, S. 558–576, hier S. 558f.

[83] Vgl. Paul Michael Lützeler, Einleitung. Postkolonialer Diskurs und deutsche Literatur.
In: Ders. (Hg.), Schriftsteller und ›Dritte Welt‹. Studien zum postkolonialen Blick, Tübingen
1998, S. 7–30.

einandersetzung mit Kleists ›Verlobung in St. Domingo‹ entscheidend vorantreiben.[84]

Zuletzt wirkte sich auch die seit den frühen 1990er-Jahren zunehmende kulturwissenschaftliche Ausrichtung der US-Germanistik produktiv auf die Kleist-Forschung aus. Bereits René Girards kulturanthropologische Lesart zu Kleists ›Das Erdbeben in Chili‹ zielte in diese Richtung.[85] Zuletzt ist sie prominent in Rüdiger Campes Studie zu Literatur und mathematischer Berechnung zwischen Pascal und Kleist zu finden. Campe rückt hier Kleists Anekdote ›Unwahrscheinliche Wahrhaftigkeiten‹ in für kulturwissenschaftliche Ansätze typischer Weise über disziplinäre und nationale Grenzen hinweg in den Kontext nicht-literarischer Wissensbereiche (wie der zeitgenössischen mathematischen Theorie der Wahrscheinlichkeit) sowie der Literatur anderer Kulturen (z.B. Daniel Defoe, Henry Fielding).[86]

Zu Beginn war von zwei komplementären Tendenzen in der amerikanischen Kleist-Forschung der letzten drei Jahrzehnte die Rede: Neben den wichtigen literaturwissenschaftlichen Impulsen in Form intensiver und extensiver Einzellektüren zeichnet sich die amerikanische Kleist-Forschung durch eine deutliche Tendenz zur vermittelnden Synthese verschiedener methodischer Ansätze in Form forschungsintegrativer Kleist-Sammelbände aus. Die amerikanische Kleist-Forschung reagierte schon frühzeitig sehr reflektiert und produktiv auf das Problem der literaturwissenschaftlichen Methodenvielfalt, indem sie Kleists Texte als an dieses Problem anschließbar erkannten. Gerade die Herausgeberbände von David E. Wellbery und Rüdiger Campe (mitkonzipiert von Barbara Theisen) zeugen von einer solch produktiven Wechselbeziehung zwischen Kleists Texten und der methodologischen Fachdiskussion, insofern sie verschiedene Forschungsbeiträge um einen ausgewählten Kleist-Text anordnen. Einleitend verhandeln dabei beide mehr oder minder programmatisch die Frage nach der Möglichkeit der Integration unterschiedlicher, exemplarischer Positionen der Literaturwissenschaft mithilfe eines literarischen Textes – d.h. die Frage nach der Bedeutung bzw. der zentrierenden und integrativen Kraft des literarischen Textes.

In der kurzen aber wichtigen ›Vorbemerkung‹ zu seinem Methodenband zu Kleists ›Das Erdbeben in Chili‹ beweist Wellbery ein hohes Problembewusstsein für die Pluralität literaturwissenschaftlicher Methoden. Er erläutert die Konzeption seines Bandes und umreißt dazu zunächst das Problem, mit dem sich die Literaturwissenschaft der frühen 1980er-Jahre konfrontiert sah: Infolge der Methodendiskussion der späten 1960er- und frühen 1970er-Jahre war das Fach durch eine zunehmende methodische Pluralität und Heterogenität bei gleichzeitiger »institutio-

---

[84] Vgl. Paul Michael Lützeler, Napoleons Kolonialtraum und Kleists ›Die Verlobung in St. Domingo‹, Wiesbaden 2000; ders., Europa oder Amerika? Napoleons Kolonialkrieg in Santo Domingo und Kleists literarischer Widerstand. In: ders., Kontinentalisierung. Das Europa der Schriftsteller, Bielefeld 2007, S. 121–141.

[85] Vgl. René Girard, Mythos und Gegenmythos. Zu Kleists ›Das Erdbeben in Chili‹. In: Positionen der Literaturwissenschaft (wie Anm. 23), S. 130–148.

[86] Vgl. Rüdiger Campe, Spiel der Wahrscheinlichkeit. Literatur und Berechnung zwischen Pascal und Kleist, Göttingen 2002.

neller Homogenität«[87] geprägt. Dabei versteht Wellbery nicht diese Vielfalt der Methoden als das eigentliche Problem, sondern die Art und Weise, wie mit dieser Vielfalt umgegangen wird. Er sieht das Problem in der Tatsache begründet, dass keine Vermittlung zwischen den unterschiedlichen methodischen Ansätzen stattfände. Der Band tritt nun an, zur Lösung dieses Problems fehlender »kommunikativer Vermittlung«[88] beizutragen. Bemerkenswert ist, wie Wellbery dies angeht: Statt das Problem der methodischen Pluralität durch die systematische Formalisierung in einer vermittelnden Meta-Methode bloß zu potenzieren, setzt er auf den literarischen Text selbst als einem ›konkreten Anlass‹ und gemeinsamen Ausgangspunkt für das literaturwissenschaftliche Arbeiten mit Methoden.[89] Wellbery stellt der Pluralität der Methoden sowie dem Versuch einer Potenzierung des Problems damit die Singularität und Konkretheit des Textes gegenüber bzw. ihm gelingt das Kunststück, die Singularität des Kleist'schen Textes mit der Vielfalt klassischer und innovativer Lektüren zu verbinden. Die Tatsache, dass der Band heute zu einem Schlüsselband der Kleist-Forschung und der Vermittlung literaturwissenschaftlicher Positionen geworden ist, spricht für das Gelingen dieses ambitionierten Projekts.

Entsprechend können die beiden von Walter Hinderer herausgegebenen Reclambände zu ›Kleists Dramen‹ und zu ›Kleists Erzählungen‹ als Ausdruck des produktiven Aufgriffs bzw. der Fortführung von Wellberys Methodenband in den 1990er-Jahren verstanden werden. Die beiden Bände folgen im Versuch der Vermittlung unterschiedlicher Lesarten an konkreten Kleist-Texten grundsätzlich der Programmatik von Wellberys Band.[90] Hinderer erkannte das Problem einer sich zunehmend unübersichtlich gestaltenden Kleist-Forschung, und seine Bände bilden diese Vielfalt ab; sie trugen aber auch entscheidend dazu bei, dass methodisch innovative Kleist-Interpretationen breiter rezipiert und so allmählich konsensfähig wurden: So entfalteten die Bände schon aufgrund ihrer Veröffentlichung im Reclam-Verlag eine gewisse Breitenwirkung (gerade unter Studierenden). Ferner gelang es Hinderer neben Autoren der jüngeren Generation auch große Namen der Kleist-Forschung aus dem In- und Ausland für seine Bände zu gewinnen. So eröffneten die individuellen Beiträge neue Zugänge zu Kleist, reflektierten aber auch den damals aktuellen Forschungsstand. Insofern erfüllen die Bände –

---

[87] David E. Wellbery, Vorbemerkung. In: Positionen der Literaturwissenschaft (wie Anm. 23), S. 7.

[88] David E. Wellbery, Vorbemerkung. In: Positionen der Literaturwissenschaft (wie Anm. 23), S. 7.

[89] Vgl. David E. Wellbery, Vorbemerkung. In: Positionen der Literaturwissenschaft (wie Anm. 23), S. 8.

[90] Walter Hinderer (Hg.), Interpretationen. Kleists Dramen, Stuttgart 1997; ders. (Hg.), Interpretationen. Kleists Erzählungen, Stuttgart 1998; siehe aber auch den älteren und inzwischen vergriffenen Band Walter Hinderer, Kleists Dramen. Neue Interpretationen, Stuttgart 1981.

ähnlich wie Bernd Fischers aktueller ›Companion to the Works of Heinrich von Kleist‹[91] – auch eine Überblicksfunktion (vor allem aus heutiger Sicht).

Zuletzt findet Rüdiger Campe in seinem Herausgeberband zu Kleists ›Penthesilea‹ eine innovative Art des Umgangs mit der Frage nach dem Verhältnis von literarischem Text und Methode, indem er dieses umkehrt: Nicht mehr die Beiträge zu Kleist gelten in seinem Band als exemplarisch (für eine bestimmte Methode der Interpretation), sondern der Text selbst gilt als exemplarisch (für die Methodendiskussion): »Exemplarisch können die Studien nur sein, weil sie einem exemplarischen Text gelten.«[92] Zwar ist auch der exemplarische Text, um den Campes Sammelband kreist, noch als der Methode vorgängig konzipiert, ganz im Sinne eines konkreten ›Anlasses‹ für die literaturwissenschaftliche Tätigkeit (nach Wellbery); doch erscheint seine Auswahl weniger arbiträr als die Entscheidung für Kleists ›Das Erdbeben in Chili‹ in Wellberys Methodenband. Wellbery nennt als Auswahlkriterium allein die Kürze, Dichte und Vielschichtigkeit der Kleist'schen Erzählung. Kleists ›Penthesilea‹ hingegen kann als paradigmatisch gelten für die literaturwissenschaftliche Methodendebatte.[93] Und so verhält es sich auch mit Kleists Werk generell, zumindest im Hinblick auf seine literaturwissenschaftliche Rezeption in den USA der letzten drei Jahrzehnte.

III. Kleist … zum Beispiel

Kehren wir zu Kleists Frage zurück: Was weiß Amerika von Kleist? Wer redet dort von ihm? Die amerikanische Öffentlichkeit weiß bis heute sicherlich nicht allzu viel von Kleist; die anfangs besprochenen Arbeiten zur Kleist-Rezeption in den USA belegen, dass Kleist noch bis in die Mitte der 1980er-Jahre in der amerikanischen Öffentlichkeit weitgehend unbekannt geblieben ist. Anders sieht es freilich mit seiner literaturwissenschaftlichen Rezeption in der amerikanischen Germanistik aus: Hier weiß man sehr viel über Kleist, denn er stand vor dem Hintergrund der literaturtheoretischen Debatten der letzten 30 Jahre im Zentrum eines vielgestaltigen Interesses von Seiten der US-Germanistik. Doch erfährt die amerikanische Germanistik dabei nicht nur etwas über Kleist, sie kann auch etwas über sich selbst erfahren: Denn Kleist ist paradigmatisch für die amerikanische Literaturwissenschaft der letzten Jahre. Das hat der vorliegende Forschungsbericht zu zeigen vermocht: Kleists Werk stand in den USA in den letzten drei Jahrzehnten am Kreuzungspunkt der großen literaturtheoretischen Diskussionen – d.h. an der Schnittstelle von methodischer Innovation und vermittelnder Integration sowie von intensiven und extensiven Lektüren. Es kristallisiert sich ein spezifisch

---

[91] Vgl. A Companion to Kleist (wie Anm. 47); vgl. für einen weiteren aktuellen Herausgeberband zu Kleist auch den folgenden Tagungsband Paul Michael Lützeler und David Pan (Hg.), Kleists Erzählungen und Dramen. Neue Studien, Würzburg 2001.

[92] Vgl. Campe, Intensiv und Extensiv (wie Anm. 67), S. 7.

[93] Kleists ›Penthesilea‹ kann somit etwa 20 Jahre nach Wellberys Band als paradigmatisch gelten für ebenjene literaturwissenschaftliche Methodendebatte, die der Band mitgetragen, wenn nicht initiiert hat (und die insofern nicht Wellberys Auswahl des literarischen Textes hätte bestimmen können); vgl. Campe, Intensiv und Extensiv (wie Anm. 67), S. 10.

amerikanisches Kleist-Bild heraus: Zum einen figuriert Kleist in extensiven Lektüren, d.h. vor allem aus der Perspektive der minderheitenorientierten Lesarten, als Dichter des Widerstands und des Konflikts zwischen den Kulturen und Geschlechtern; zum anderen wird in intensiven Lektüren ein Schwerpunkt auf Fragen des Lesens von und in Kleist gesetzt. Kleists Werk figuriert damit selbst jene Frage der Lektüre und des Verstehens, die den literaturwissenschaftlichen Debatten in den USA in den letzten Jahren zugrunde liegt: Wie Kleist lesen?[94]

---

[94] Der Titel des Herausgeberbandes zu Kleist von Marianne Schuller und Nikolaus Müller-Schöll formuliert dieses Moment sehr treffend; vgl. Marianne Schuller und Nikolaus Müller-Schöll (Hg.), Kleist lesen, Bielefeld 2003.

Jeffrey Champlin

BOMBENPOST 2011
Zur Rezeption von Kleists Briefen

Von der Erfindung einer einfachen Form des Telegraphen inspiriert, verfasste Kleist eine Reihe kurzer Texte, die in den ›Berliner Abendblättern‹ erschienen. Diese Beiträge nehmen den Drang zu immer höherer Effizienz der Kommunikation zur Kenntnis, gleichzeitig aber offenbaren sie die Neigung dieses Drangs zu unvorhergesehenen Umwegen, Verdunklungen und Verschiebungen. Mit verschrobenem Humor schlägt er eine noch bessere Methode für die rasche Zustellung von Briefen zuerst vor, um sie kurz danach zu verspotten. Während Samuel Thomas Sömmerings Gerät jeden Buchstaben durch einen separaten Draht übermitteln musste, regte Kleist eine »Bombenpost« an, die ganze Pakete mit einer Kanone von einem Teil des Landes in einen anderen schießen würde (DKV IV, 592–595). Die erste Stadt sollte die Lieferung so weit wie möglich schleudern, die nächste die Kanonenkugel vom Ort ihres Aufschlags bergen, »falls es kein Morastgrund ist« (DKV IV, 593), und sie dann weiterschießen. Kleist argumentiert mit wirtschaftlichen Berechnungen, dass man die Zustellung von Paketen auf diese Weise um das Zehnfache beschleunigen könne. Vier Tage später bewies allerdings ein anonymer Brief (wiederum von Kleist selbst verfasst), dass die vorgeschlagene Erfindung, zumindest für einen Leser, im Morast gelandet war. Dieser Leser spricht sich stattdessen für ein Postwesen aus, das nicht die Geschwindigkeit des Versands ändern würde, sondern die Qualität der versendeten Nachrichten, indem schlechte Neuigkeiten durch gute ersetzt würden. In einer letzten Erwiderung antwortet der Herausgeber Kleist dem Leser Kleist kurz, dass er dessen Traum von einem »moralischen und publizistischen Eldorado« (DKV IV, 595) nicht verstehen könne und er zum Wohle der Menschheit bei seiner ökonomischen Position bleibe. Während der Autor des Bombenpost-Projekts ein Ideal der Effizienz hochhält, vollzieht die gesamte Serie der drei kurzen Texte eine harsche Kritik dieses Ideals. Der Vorschlag erreicht den Verstand des Lesers nicht, während »[d]ie Redaktion« (DKV IV, 595) (scheinbar unbelehrt durch den Austausch mit dem Leser) mit der Ankündigung schließt, dass Aktien des Unternehmens in der nächsten Ausgabe angeboten würden.

Kleist selbst demonstriert also seine intensive Sorge um die Unberechenbarkeit des Briefes, indem er ihn im Rahmen eines Experiments (»Entwurf«) diskutiert, das einerseits die totalisierende Macht des Militärs aufruft, andererseits die Grenze zwischen dem Ökonomischen und dem Moralischen nicht sichern kann.[1] Diese kurzen Texte präfigurieren die jüngere Forschungsarbeit zu seinen Briefen, die in ihnen zunehmend nicht ein monologisches Ich sehen, sondern einen entschlossenen Kampf um Kommunikation trotz der entschlossenen Analyse von linguistischen und epistemologischen Blockaden. Dabei liefern sie eine Allegorie der wissenschaftlichen Arbeit zu den Briefen als Ganzem, die immer stärker auf die hermeneutische Herausforderung eingeht, Bedeutung zu produzieren, und die gleichzeitig den unleserlichen Flecken im Zentrum dieses Unternehmens anerkennt. In diesem kurzen Artikel möchte ich einige der wichtigsten Forschungsbeiträge aus den letzten dreißig Jahren besprechen, die es gewagt haben, sich in dieses Schlachtfeld zu stürzen.

Allgemein gesprochen ist die wichtigste Innovation der Forschung zu Kleists Briefen in den vergangenen Jahren ihre Tendenz, diese Texte von der untergeordneten Stellung des biographischen Zeugnisses emporzuheben. Diese Änderung hat sich vor allem als Verschiebung, nicht als Gegensatz vollzogen: Literaturwissenschaftler argumentieren nicht explizit für den Status der Briefe als Literatur, sondern behandeln sie vielmehr implizit einfach wie literarische Texte, indem sie die Quellen ihrer Rhetorik kategorisieren und Techniken des ›close reading‹ anwenden, um strukturellen Paradoxien und linguistischen Verworrenheiten nachzuspüren, die die Grenzen des Erfahrbaren auf die Probe stellen. Während die vielfältige Forschung das gesamte Corpus der Briefe umfasst, beschäftigt sich die Mehrzahl der Arbeiten weiterhin mit der Phase, bevor Kleist begann, seine Erzählungen und Dramen zu verfassen. In dieser Periode, in die die meisten der existierenden Briefe fallen, etabliert sich das Abhängigkeitsverhältnis von seiner Schwester Ulrike und seine oft emotional distanzierte und ihn doch quälende Beziehung zu seiner Verlobten Wilhelmine von Zenge. Ebenso ereignet sich sein berühmter Zusammenprall mit der Kantischen Philosophie in dieser Zeit.

Literaturwissenschaftler verwenden noch manchmal den Ausdruck ›vordichterisch‹, um diesen Lebensabschnitt Kleists zu beschreiben, aber sie tun es vorsichtig, häufig in Anführungszeichen, die die Grenze zwischen Literatur und Biographie in Frage stellen. Kleist selbst betrachtete seine Briefe als »*Ideenmagazin*«, und Klaus Müller-Salgets Eintrag im Kleist-Handbuch weist auf die Bilder aus den Briefen hin, die später in den Dramen Verwendung finden, wie etwa die Eiche im Sturm oder der Torbogen.[2] Dennoch geben sich Literaturwissenschaftler nicht damit zufrieden, die Briefe zu einer vorläufigen Quellensammlung abzuwerten, son-

---

[1] Mit seinem Versuch, neue Verbindungen im Angesicht von potentiellen Fehlschlägen zu schaffen, nimmt sich Kleists Experiment einer Aufgabe an, die Avital Ronell mit den Grundvoraussetzungen der Ethik in Verbindung setzt: »Essentially relational and not static, testing admits of no divine principle of intelligibility, no first word of grace or truth, no final meaning, no privileged signified. [...] There is something on the order of absolute risk that compels our attention, something that, risking the knowable, requires extreme vigilance and establishes the condition of responsibility and decision.« (Avital Ronell, Test Drive, Urbana 2005, S. 9)

[2] Klaus Müller-Salget, Briefe [Art.]. In: Kleist-Handbuch. Leben – Werk – Wirkung, hg. von Ingo Breuer, Stuttgart und Weimar 2009, S. 180–183, hier S. 180.

dern nehmen ihre gestalterische Bedeutung zur Kenntnis, während sie ihre rhetorischen Strategien analysieren und sich an die Lektüre des biographischen Texts wagen.

Von Anfang an verwendet Kleist den Brief nicht einfach in seiner vorgegebenen Form, sondern erweitert vielmehr das Genre. Hans-Jürgen Schrader legt die Basis für zeitgenössische Interpretationen dieses Eingriffs, indem er Kleists Liebesbriefe an Wilhelmine von Zenge im Kontrast zu traditionellen Formen der Korrespondenz beschreibt. Diese frühen Briefe, mit einer unerwarteten Distanz und Formalität geschrieben, lassen sich am ehesten als eine Ablehnung des ›natürlichen Briefs‹ verstehen, der, wohl etabliert in der Zeit der Frühromantik um 1800, darauf zielt, spezifisch subjektive Gefühle und Standpunkte mitzuteilen. Gleichzeitig verwendet Kleist aber auch nicht das Genre, das er zeitlebens für offizielle Korrespondenzen einsetzte, die »Form geschäftlicher oder amtlicher Schreiben«.[3] Stattdessen pfropft er der privaten Form des Liebesbriefs den »frühaufklärerische[n] Typ des Briefs als Abhandlung«[4] auf, der danach strebte, die Öffentlichkeit über ein Thema zu unterrichten und schlussendlich die Richtigkeit einer Position zu beweisen. Schrader ordnet diesen als »bloß post-versandtes Analogon zur schulmäßigen Chrie oder Diatribe«[5] ein, in anderen Worten als Übung in argumentativer Rhetorik.

Joachim Knape hat einen spezifischeren Schwerpunkt, untersucht jedoch ebenfalls die scheinbar widersprüchlichen Elemente in Kleists Korrespondenz. In einem frühen (25. Februar 1795) Dankesbrief an Ulrike beruft Kleist sich auf die Unmittelbarkeit des Gefühls (»Herz des Empfängers«; DKV IV, 17) und verwendet gleichzeitig eine strenge Folge überzeugender Argumente, um seine Position zu vertreten. Knape beschreibt diese doppelte Bewegung folgendermaßen: »Die eingestreuten Emotionswörter bleiben deklamatorisch aufgesetzt, weil sie durch den angestrengt logischen Kontext performativ zurückgenommen werden«.[6] Er bemerkt die Schwierigkeit, die psychologische Bedeutung dieses Widerspruchs zu beurteilen und endet bescheiden mit einem Hinweis auf das steigende Ironieniveau der Briefe.

Rolf-Peter Janz ortet ein Moment der Synthese, wo ein ähnlicher Gegensatz zwischen Form und Subjekt zu klaffen scheint. Er analysiert Briefe an Ulrike und von Zenge aus den Jahren 1800 und 1801, um den Einfluss der bildenden Kunst (im Besonderen der Gemälde von Claude Lorrain) auf die Sprache von Kleists

---

[3] Hans-Jürgen Schrader, Unsägliche Liebesbriefe. Heinrich von Kleist an Wilhelmine von Zenge. In: KJb 1981/82, S. 86–96, hier S. 92. Zusätzlich zu seiner formalen Analyse unternimmt dieser Artikel vorbereitende Arbeit zu Kleists Versuch, seine Briefe zur Zuschreibung von Rollen (vom Mentor zum Mitleidbedürftigen) zu benutzen, den Schrader im Detail an anderer Stelle untersucht (vgl. Hans-Jürgen Schrader, »Denke du wärest in das Schiff meines Glückes gestiegen.« Widerrufene Rollenentwürfe in Kleists Briefen an die Braut. In: KJb 1983, S. 122–179).

[4] Schrader, Unsägliche Liebesbriefe (wie Anm. 3), S. 92.

[5] Schrader, Unsägliche Liebesbriefe (wie Anm. 3), S. 92.

[6] Joachim Knape, Zur Struktur des Jungendbriefs an die Schwester im 18. Jahrhundert. Goethe, Mozart, Brentano, Kleist. In: KJb 1996, S. 91–105, hier S. 97.

Reisebeschreibungen zu untersuchen. Im Kontrast zu seinem späteren Text ›Empfindungen vor Friedrichs Seelandschaft‹, der der Natur ihre Autonomie zugesteht, macht Kleist in seinen frühen Briefen von verschiedenen Modellen Gebrauch, die auf sein Inneres fokussiert sind: »[E]r imaginiert Landschaft als gerahmtes Bild [...] und in jedem Falle erweist sie sich als privilegierter Ort zumeist hochtemperierter Selbstaffizierung«.[7]

Während die bisher besprochenen Studien zeigen, dass sich Kleist in Diskussionen, die einen (jedenfalls andeutungsweise) privaten Charakter haben, auf vorgegebene Formen der Rhetorik verlässt, untersuchen die Monographien von Karl Heinz Bohrer und Elke Clauss Differenz ganz im Innern des Subjekts. Beide nähern sich dieser Bedrohung der Identität ausgehend von einer Sprachtheorie, die sich auf Lücken, Missverständnisse und Verzerrungen konzentriert. Bohrer vollzieht Kleists Wende von einer aufklärerischen zu einer ästhetischen Rhetorik in seinem Brief an Ulrike vom 12. November 1799 nach: »Nunmehr wird nicht mehr eine Frage, eine These, eine Überzeugungsabsicht argumentativ verfolgt, sondern das Ich besingt sich selbst in seiner Kondition in variierenden Beschreibungen«.[8] Die Aufmerksamkeit, die Bohrer den Feinheiten der nach-fichtianischen Reflexion widmet, ist auch eine der Voraussetzungen für Elke Clauss' dialogisch und rhetorisch ausgerichtete Studie. In einer umfassenden Analyse von Kleists Briefwechsel mit von Zenge akzeptiert sie Schraders formale Beschreibung; soweit es um die Neubestimmung des Genres des Liebesbriefs geht, bezieht sie sich jedoch auf philosophische Reflexionen und nicht auf psychologische Überlegungen. Statt diese Briefform als wiederholten Versuch zu sehen, mit den Mitteln der Rhetorik soziale Rollen zuzuschreiben, der eine fundamentale, letztlich unüberwindbare Unsicherheit enthüllt, betont Clauss den kreativen und experimentellen Charakter der Briefe, ihre Suche nach Verbindungen zu den Fragmenten alter Methoden in einer neuen Zeit.[9] Weil sie die Briefe explizit als Schauplätze hermeneutischen Widerstands beachtet, sieht sie in ihnen »die Suche des schreibenden Ich nach einer Lesbarkeit und einer Mitteilbarkeit der Liebe: Sprechversuche, Versuche der Entzifferung«.[10] Die ästhetische Qualität der Briefe, ihre »inhärente Mehrdeutigkeit«,[11] liefert das Rohmaterial für Experimente der Selbsterschaffung. Zum Schluss verbindet Clauss »die Freuden und Leiden der Imagination«[12] von Kleists Briefen mit

---

[7] Rolf-Peter Janz, Der gerahmte Blick. Landschaftsbilder bei Kleist. In: Beiträge zur Kleist-Forschung 2008, S. 35–44, hier S. 43.

[8] Karl Heinz Bohrer, Der romantische Brief. Die Entstehung ästhetischer Subjektivität, Frankfurt a.M. 1989, S. 55f. Gabriele Knapp sieht Kleists Sprachtheorie als den Wegbereiter der Entwicklung von Kleists Deskription der Welt in den Briefen zum späteren Stil und zu den Themen der literarischen Werke (vgl. Gabriele Knapp, »Des Gedanken Senkblei«. Studien zur Sprachauffassung Heinrich von Kleists 1799–1806, Stuttgart 2000).

[9] Vgl. Elke Clauss, Liebeskunst. Der Liebesbrief im 18. Jahrhundert, Stuttgart und Weimar 1993, S. 203.

[10] Clauss, Liebeskunst (wie Anm. 9), S. 209.

[11] Clauss, Liebeskunst (wie Anm. 9), S. 270.

[12] Clauss, Liebeskunst (wie Anm. 9), S. 274.

Roland Barthes' Konzept des expressiven Charakters des Liebesbriefs, der die Kreation einer einzigartigen Sprache der Liebe ermöglicht.

»Sprechversuche« könnte auch als Titel für Thomas Schestags fokussierte Lektüre der drei Briefe vom 31. Januar, 5. Februar und 22. März des Jahres 1801 dienen. Im ersten dieser Briefe lobt Kleist seinen Freund Ludwig von Brockes als den einzigen Menschen, der ihn wirklich versteht, nur um im zweiten dieselbe Auszeichnung seiner Schwester zuteil werden zu lassen. In seiner Beschreibung von Brockes spricht Kleist von dessen ›Uneigennützigkeit‹. Zusammen mit einem anderen Teil dieses Briefs, in dem Kleist sich mit der notwendig fragmentarischen Natur der Kommunikation auseinandersetzt, führt dieser Terminus Schestag zur Feststellung der »nonselfservingness of language«.[13] Der Freund ist für Kleist nicht derjenige, der den Ausdruck des inneren Selbst verstehen kann, sondern »[t]rue friends share precisely this: the nonselfservingness, the unfitness of communication.«[14] Darüber hinaus gelingt es der Sprache nicht, eine stabile Identifikation zu garantieren, wenn sie sich nicht auf eine Totalität berufen kann. Sie führt so zu wiederholten Begegnungen mit dem Freund in seiner Nicht-Identität. Schestag bezieht diesen Aspekt der Wiederholung auch auf die Philologie im kleistschen Sinne, da Texte ebenso wenig ihre Identität bewahren und bei jeder Lektüre neu entdeckt werden müssen.

In einer anderen Studie, die für ein *close reading* von Kleists Briefen von hoher Bedeutung ist, analysiert Cécil-Eugéne Clot die Briefe mithilfe der *critique génétique*, einer Methode, die die Entwicklung von Texten über die Zeit in den Mittelpunkt stellt, statt ihre endgültige Form zum Maßstab zu machen. Im Rahmen dieses Projekts widmet sie das vielleicht faszinierendste Kapitel einer Klassifikation derjenigen Aspekte in Kleists handschriftlichen Briefen, die sich standardisierten Kodifikationen entziehen und dem Lesen dabei ein neues Terrain im Bereich der Streichungen, Korrekturen und nicht systematisierten Grapheme erschließen. Besonders muss hier ihre Beschäftigung mit Kleists Gebrauch des Gedankenstrichs hervorgehoben werden. So unterscheidet sie beispielsweise zwischen den Gedankenstrichen, die sich auf ein bestimmtes und (im Prinzip) identifizierbares Objekt beziehen, und denen, die sich der Symbolisierung widersetzen. Für letztere Markierungen, die aus dem Manuskript hervorstechen, indem sie sich stark in die Länge ziehen oder andere Unregelmäßigkeiten aufweisen, verwendet sie den Terminus »dessin« (Zeichnung) anstelle von »tiret« (Gedankenstrich).[15] Da sie weder akzeptierte Schriftsymbole noch Repräsentationen verbaler Äußerungen sind, konstituieren sie »un mode de language particulier, exclusivement graphique, l'on peut qualifier de métascripturale ou de paralangagière«.[16] Clots Hinweis auf diese andere Sprache, die diskret neben den Standardsignifikanten existiert, enthüllt eine faszinierende neue Schicht textueller Komplexität.

---

[13] Thomas Schestag, Friend … Brockes: Heinrich von Kleist in Letters. In: Eighteenth-Century Studies (Winter 1998/1999), S. 261–277, hier S. 273.

[14] Schestag, Friend (wie Anm. 13), S. 273.

[15] Cécil-Eugéne Clot, Kleist épistolier. Le geste, l'object, l'écriture, Bern 2008, S. 136.

[16] Clot, Kleist épistolier (wie Anm. 15), S. 136.

Fragen nach den Schranken der Erkenntnis, wie sie in der sogenannten Kant-Krise zum Ausbruch kommen, spielen für Bettina Schulte und Dieter Heimböckel eine zentrale Rolle. Beide arbeiten gewissermaßen rückwärts von Kleists zwei berüchtigten Briefen aus dem Jahr 1801. Dabei vertreten sie überzeugend die These, dass Kleist bereits ein scharfes Bewusstsein von Problemen des Wissens besessen habe, ehe er sie explizit artikulierte. Außerdem gehen beide davon aus, dass Kleist in seinem späteren literarischen Werk die Krise nicht überwindet, sondern sie vielmehr produktiv einsetzt, in Heimböckels Worten »am Saum des Unsagbaren«.[17] Schulte geht genauer auf die provisorische Rolle der Kant-Krise ein, indem sie ihre Funktion anstatt ihre Bedeutung untersucht. Sie beschreibt die Krise als »Freisetzung zur Dichtung« durch »Amtsverweigerung auf pragmatischer« Ebene und durch den »Verlust absolut beglaubigter Wahrheit auf geistiger Ebene«.[18] Die Kollision mit Kant warf Kleist epistemologisch aus der Bahn, aber manövrierte ihn durch die Hindernisse eines bürgerlichen Lebens, das drohte, in Hinblick auf Arbeit und Glauben auf Grund zu laufen.

Dass Kleists Berufung als Dichter ihm nur eine zeitweilige Zuflucht bot, ist bekannt. Günter Blamberger lenkt unsere Aufmerksamkeit auf die Briefe, die dem *close reading* vielleicht am meisten Widerstand entgegensetzen: den kurz vor seinem Selbstmord geschriebenen, die traditionell als getränkt mit Verzweiflung gelten und dazu beitrugen, das Bild von Kleist als unerkanntes Genie für kommende Generationen zu formen. Nachdem er den historischen Hintergrund der literarischen Rezeption offengelegt hat (zu dem auch ein seltsamer Nachahmungsselbstmord im 20. Jahrhundert zählt), setzt Blamberger den Schwerpunkt seiner Studie auf die einzelnen rhetorischen Mittel der letzten Briefe, die den Weg für Kleists zukünftigen Ruf ebneten. In seinem Brief an Marie von Kleist vom 10. November 1811 steuert Kleist auf einen »Perspektivenwechsel von der Pathologisierung zur Legitimierung des Opfers«[19] zu. Diese Änderung der Blickrichtung hat große Erfolge gezeigt, als Autoren des 20. Jahrhunderts sich von dieser Tradition abwendeten. Blamberger wendet sich dann einer komplexen Analyse der letzten Aufzeichnungen Kleists und Henriette Vogels zu, die aus einer langen Folge von Anreden bestehen. Er verwendet August Sauers Ausdruck ›Todeslitanei‹ für diese Briefe, und zwar nicht um ihre formale Struktur, sondern um ihre rhetorische Logik als »eine dringliche Ansprache eines entfernten Gegenübers«[20] zu beschreiben. Blamberger sieht jenseits der todgeweihten Geliebten Kleists zukünftiges Ansehen als ultimativ Angesprochenem. Tatsächlich lautet eine der Anreden »m. Nachruhm« (DKV IV, 519).[21]

---

[17] Dieter Heimböckel, Emphatische Unaussprechlichkeit. Sprachkritik im Werk Heinrich von Kleists, Göttingen 2003, S. 44–75.

[18] Bettina Schulte, Unmittelbarkeit und Vermittlung im Werk Heinrich von Kleists, Göttingen und Zürich 1988, S. 66.

[19] Günter Blamberger, Ökonomie des Opfers. Kleists Todes-Briefe. In: Adressat. Nachwelt. Briefkultur und Ruhmbildung, hg. von Detlev Schöttker, München 2008, S. 145–160, hier S. 152.

[20] Blamberger, Ökonomie des Opfers (wie Anm. 19), S. 158.

[21] Vgl. Blamberger, Ökonomie des Opfers (wie Anm. 19), S. 160.

Die Intensität, mit der die bisher genannten Literaturwissenschaftler Kleists Briefe behandeln, deutet darauf, dass sich ihre Themen und Methoden fruchtbar in der zukünftigen Forschung anwenden lassen. Jüngere Arbeiten, die die biographischen mit den literarischen Briefen aus Kleists Werk verbinden, weisen in eine andere besonders vielversprechende Forschungsrichtung. Justus Fetscher nimmt diesen Weg, indem er zunächst darlegt, dass Briefe im 18. Jahrhundert in einer »Halböffentlichkeit« zirkulierten, und Passagen zitiert, in denen Kleist verlangt, einige Briefe mögen an andere weitergeleitet werden, nachdem der offizielle Adressat sie gelesen hat.[22] Vor diesem Hintergrund schlägt Fetscher die Formel ›Zwei plus X‹ vor, um die Beziehung des Briefes zur Öffentlichkeit zu beschreiben, wobei das ›X‹ einen Dritten markiert, der stets impliziert wird, im weitesten Sinne im Medium der Sprache, aber auch in der unberechenbaren Verführung der porösen Grenze zwischen dem Öffentlichen und dem Privaten. Fetscher liest dann den Text in der Kapsel aus ›Michael Kohlhaas‹ als die letale Inversion dieser Beziehung, als Text, der Macht aus seiner Exklusivität schöpft. Er endet mit der Untersuchung eines, wie er es nennt, »fast nur für Kleist spezifische[n] Genre[s]: der fiktive Offene Brief«[23] und seiner Verwendung in den ›Berliner Abendblättern‹. Fetschers paradoxe Beschreibung (ein Genre sollte auf Gemeinsamkeiten hindeuten, eine Familie anstelle eines Individuums bezeichnen) führt uns zurück auf die Spur eines rätselhaft fesselnden literarischen Phänomens, das den öffentlichen Bereich von Kommunikation und Vernunft mit dem Heimlichen, dem Privaten, dem Fiktionalen konfrontiert.

Zwei neue Ausgaben von Kleists Briefen, beide mit einer originären Editionsphilosophie, legen eine feste Basis für zukünftige wissenschaftliche Arbeit. Die ›Berlin-Brandenburger Ausgabe‹ (BKA), im Jahr 2010 mit dem dritten und letzten Band fertiggestellt, bietet farbige Faksimiles der handschriftlichen Briefe, die von sorgfältigen Transkriptionen begleitet werden.[24] Die Ausgabe des Deutschen Klassiker Verlages (DKV) enthält dagegen einen ausführlichen Stellenkommentar und Anmerkungen, die eine klare und präzise Einführung zu den Briefen im Kontext von Kleists Leben und Werk geben.[25] Literaturwissenschaftler werden von den

---

[22] Justus Fetscher, Schrift verkehrt. Über Kleists Briefwerk. In: Beiträge zur Kleist-Forschung 2006, S. 105–128, hier S. 112.

[23] Fetscher, Schrift verkehrt (wie Anm. 22), S. 126.

[24] Peter Staengle besteht in einem Artikel, der sich mit generellen Fragen der Briefedition auseinandersetzt, auf der Handschrift: »Der Bandaufbau opponiert durch Zäsuren, die von Gegenstand selbst gesetzt sind, jener äußerlichen, gewissermaßen mechanischen Synthetisierung, wie sie das Medium Buch zwangsläufig mit sich führt« (Peter Staengle, »noch ein Blättchen Papier für Dich«. Zu Heinrich v. Kleists Brief an Wilhelmine v. Zenge vom 20./21. August 1800. In: Modern Language Notes (April 2002), S. 576–583, hier S. 579). Die ›Brandenburger Kleist-Blätter‹, die die ›Berlin-Brandenburger Ausgabe‹ begleiten, stellen ebenfalls eine wichtige Quelle dar.

[25] Klaus Müller-Salget erklärt die Genese der Prinzipien, die die Edition des vierten Bandes der DKV-Ausgabe leiten und vergleicht sie mit denen der ›Berlin-Brandenburger Ausgabe‹ (vgl. Klaus Müller-Salget, Heinrich von Kleists Briefwerk. Probleme der Edition eines mehrfach fragmentierten Torsos. In: »Ich an Dich«. Edition, Rezeption und Kommentie-

sich ergänzenden Stärken dieser Ausgaben profitieren, wenn sie es unternehmen, das verworfene Terrain zwischen den fragmentarischen und entzifferungsbedürftigen Primärtexten und ihrem größeren literarischen Kontext zu kartieren. Als Wächter von Kleists Nachruhm begegnen Literaturwissenschaftler der schwierigen und doch bereichernden Aufgabe, Kleists Briefe wieder und wieder zu öffnen, sie mit höchster philologischer Sorgfalt zu zergliedern, um gleichzeitig ihren Inhalt zu offenbaren, sie wieder zu versiegeln und sie ihrem nächsten Bestimmungsort entgegen zu schießen.

---

rung von Briefen, hg. von Werner M. Bauer, Johannes John und Wolfgang Weismüller, Innsbruck 2001, S. 115–131).

ABHANDLUNGEN

Marcus Twellmann

WAS DAS VOLK NICHT WEISS ...
Politische Agnotologie nach Kleist

I. Kleist – ein Aufklärer?

Selten wird mit Blick auf Kleists Stellung zur Aufklärung gefragt,[1] wie er es mit der Forderung nach ›Publizität‹ hielt. Die »*Freyheit der Presse*«, hatte Christoph Martin Wieland erklärt, sei »Angelegenheit und Interesse des ganzen Menschengeschlechtes«,[2] weil dessen Vervollkommnung sie erfordere. Eben darum handele es sich auch um ein natürliches Recht: »Alles was wir wissen *können*, das *dürfen* wir auch wissen.«[3] Dieser Satz richtet sich gegen jede Art der Vorenthaltung von Wissen einschließlich der absolutistischen Arkanpolitik. Publizität wurde auch in Staatsgeschäften gefordert. Solange »Politik das anmaßliche Geheimnis der Höfe und Kabinette ist«, musste sie sich nach Wielands Überzeugung als Werkzeug der

> Täuschung und Unterdrückung mißbrauchen lassen. [...] Nicht so, wenn die Vernunft sich ihrer ewigen unverjährbaren Rechte wieder bemächtigt hat, um alle Wahrheiten, an deren Erkenntnis allen alles gelegen ist, wieder ans Licht hervorzuziehen, und ihnen mit Hilfe aller Musenkünste, unter allen nur ersinnlichen Gestalten und Einkleidungen, die möglichste Popularität zu verschaffen.[4]

Solcher Popularisierung politischer Wahrheiten schrieb man eine kritische Funktion zu: Wie Urteile und Meinungen waren auch Verordnungen und Gesetze einer öffentlichen Prüfung zu unterziehen. Publizität sollte ein »Probirstein der Rechtmäßigkeit«[5] sein; darum erklärte Kant die Freiheit der Feder zum »einzige[n] Palladium der Volksrechte«.[6] Was sich dagegen der Kritik zu entziehen suche, errege

---

[1] Siehe etwa die Beiträge in Marie Haller-Nevermann und Dieter Rehwinkel (Hg.), Kleist – ein moderner Aufklärer? Göttingen 2005.

[2] Christoph Martin Wieland, Über die Pflichten und Rechte der Schriftsteller. In: Absicht ihrer Nachrichten und Urtheile über Nazionen, Regierungen und andere öffentliche Gegenstände (1785). In: C.M. Wielands sämmtliche Werke, Bd. 30, Leipzig 1857, S. 379–393, hier S. 381.

[3] Wieland, Über die Pflichten und Rechte der Schriftsteller (wie Anm. 2), S. 383.

[4] Christoph Martin Wieland, Gespräche unter vier Augen (1799). In: C. M. Wielands sämmtliche Werke, Bd. 32, Leipzig 1857, S. 209.

[5] Immanuel Kant, Über den Gemeinspruch: Das mag in der Theorie richtig sein, taugt aber nicht für die Praxis. In: Kant's gesammelte Schriften, hg. von der Königlich Preußischen Akademie der Wissenschaften, Berlin 1917, Bd. VIII, S. 273–314, hier S. 297.

[6] Kant, Über den Gemeinspruch (wie Anm. 5), S. 304.

»gerechten Verdacht wider sich« und könne »auf unverstellte Achtung nicht Anspruch machen«.[7]

Die Frage, ob Kleist die Forderung nach Publizität teilte, scheint sich zu erübrigen, ist er doch nicht nur als Dichter bekannt, sondern auch als Publizist und Herausgeber von Zeitschriften und Zeitungen: Nachdem der ›Phöbus‹ Ende 1808 sein Erscheinen eingestellt hatte, fasste Kleist im Sommer des Folgejahres den Plan zu einem ›Germania‹ betitelten Wochenblatt, bevor er ab Oktober 1810 die ›Berliner Abendblätter‹ herausgab. Über das Zeitungswesen geäußert hat er sich zu dieser Zeit in seinem ›Lehrbuch der französischen Journalistik‹. Nach Hermann F. Weiss' Datierung der politischen Schriften könnte es noch in Dresden, also vor April 1809 entstanden sein.[8] Richard Samuel vermutet, dass es für die ›Germania‹ bestimmt war.[9]

Die ersten Sätze des ›Lehrbuchs‹ scheinen Kleists Auffassung in aller Klarheit zum Ausdruck zu bringen:

> Die Journalistik überhaupt, ist die treuherzige und unverfängliche Kunst, das Volk von dem zu unterrichten, was in der Welt vorfällt. Sie ist eine gänzliche Privatsache, und alle Zwecke der Regierung, sie mögen heißen, wie man wolle, sind ihr fremd. (DKV III, 462)

Man konnte darum die Auffassung vertreten, Kleists Schrift enthalte, »abgesehen von der darin ausgesprochenen Kritik, eine klare Darlegung seiner Vorstellungen von den Aufgaben und Zielen der Presse als einem Organ der öffentlichen Meinung«,[10] verbunden mit der »Forderung nach absoluter Freiheit und Unabhängigkeit der Presse«.[11]

Die weiteren Sätze des ›Lehrbuchs‹ folgen einer anderen Logik. In der Forschung besteht Einigkeit darüber, dass es sich um eine Satire handelt, um die destruierende Darstellung eines *mundus perversus*. Tatsächlich scheint der Text die eingangs positiv formulierte Bestimmung der »Journalistik überhaupt« im Folgenden *ex negativo* zu bestätigen, indem er von deren Verkehrung handelt. Dass er die verkehrte Journalistik als ›französische‹ jenseits des Rheins verortet, könnte den Eindruck entstehen lassen, in Preußen, Österreich oder Sachsen hätten die Dinge anders gelegen. Doch war die Forderung der Aufklärung nach Pressefreiheit in den Territorien des zerfallenen Reichs deutscher Nation so wenig erfüllt wie Frankreich. Wenn das Nachrichtenwesen auch hier wie dort Sache der Regierung war, so ließe sich der eingangs exponierte Journalistik-Begriff doch als eine Idealbildung verstehen, die allein die ›deutsche‹ Publizistik, die Kleistsche zumindest,

---

[7] Immanuel Kant, Kritik der reinen Vernunft, 1. Auflage. In: Kant's gesammelte Schriften (wie Anm. 5), Bd. IV, S. 1–252, hier S. 9.

[8] Vgl. Hermann F. Weiss, Zur Datierung von Heinrich von Kleists politischen Schriften des Jahres 1809. In: Neophilologus 67 (1983), S. 568–574, hier S. 568.

[9] Vgl. Richard Samuel, Heinrich von Kleists Teilnahme an den politischen Bewegungen der Jahre 1805–1809, Frankfurt/Oder 1995 (1938), S. 243.

[10] Samuel, Heinrich von Kleists Teilnahme an den politischen Bewegungen (wie Anm. 9), S. 246.

[11] Samuel, Heinrich von Kleists Teilnahme an den politischen Bewegungen (wie Anm. 9), S. 243.

auch nach der Aufklärung noch aufrechterhält. Unter deren Fahne scheint der Satiriker seine Attacke auf das feindliche Pressewesen zu reiten.

Kleists Zeitungskunde ist unübersehbar durch den historischen Zusammenhang ihrer Entstehung geprägt, das heißt vor allem: durch den Zustand des Krieges. Sie geht grundsätzlich von einer agonalen Situation aus, in der sich zunächst verfeindete Staaten gegenüber stehen. Der Verfasser des ›Lehrbuchs‹ beobachtet diese Auseinandersetzung nicht aus der Distanz. Er ist Partei. Feindschaft bestimmt die negative, satirische Form dieser Journalistik, die selbst einen Gegenangriff auf die Presse des Gegners vollzieht. Als ein agonales wird dabei jedoch auch das Verhältnis von Regierung und Volk begriffen – und zwar nicht allein auf der Seite des Feindes. Während Kants am Ideal der Volkssouveränität orientierte Theorie der Publizität idealisierend unterstellt, dass der Regent »den allgemeinen Volkswillen repräsentirt«,[12] geht Kleist von einer Differenz zwischen den Zwecken der Regierung und denen der Privatleute aus. Leitend mag dabei die liberale Vorstellung gewesen sein, die Freiheit des Zeitungsmarktes ermögliche eine Selbstregulierung der öffentlichen Meinung.[13] Dass die Presse eine »Privat-Unternehmung« (DKV III, 464) sein soll, fordert Kleist generell. Dass sie von der Regierung instrumentalisiert wird, um das Volk zu täuschen, stellt er mit Blick auf die französischen Verhältnisse fest. Tatsächlich war die öffentliche Meinung hier zum Gegenstand neuartiger Regierungstechniken geworden.

II. Das napoleonische Presseregime

Seit der Erfindung des Buchdrucks haben die Regenten der öffentlichen Verbreitung von Schriften ihre besondere Aufmerksamkeit gewidmet. Mit der Geschichte der Presse beginnt auch die der Pressepolitik. Um 1800 sind auf diesem Feld zwei unterschiedliche Politiken zu beobachten: eine negative, repressive Reaktion auf die sich herausbildende Öffentlichkeit, die sich vor allem der Zensur bedient, und eine positive Öffentlichkeitsarbeit, die bestrebt ist, die Presse aktiv zu lenken und ihre Arbeit auf die Zwecke der Regierung auszurichten. Nachdem die ›Bill of Rights‹ für das nordamerikanische Virginia 1776 zum ersten Mal die Freiheit zur Mitteilung von Gedanken und Meinungen verfassungsrechtlich garantiert hatte, folgte ihr darin 1789 die französische ›Déclaration des droits de l'homme et du citoyen‹.[14] Im ›Allgemeinen Landrecht‹ wurde dieser Grundsatz nicht aufgenommen. Doch hatten die Forderungen der politischen Aufklärung auch in den preußischen Staaten eine Umkehrung vorbereitet, die sich im revolutionären Frankreich nur sehr viel deutlicher vollzog: Nicht die Pressefreiheit, sondern die Zensur bedurfte nun der ausdrücklichen Begründung und Rechtfertigung. Die Revolu-

---

12 Kant, Über den Gemeinspruch (wie Anm. 5), S. 304.

13 Dass die Presse von der 1810 in Preußen verkündeten Gewerbefreiheit ausgenommen war, hatte auch für Kleists ›Berliner Abendblätter‹ weitreichende Folgen.

14 Artikel 11: »La libre communication des pensées et des opinions est un des droits les plus précieux de l'homme; tout citoyen peut donc parler, écrire, imprimer librement, sauf à répondre de l'abus de cette liberté dans les cas déterminés par la loi.«

tionsregierung sah sich damit auf eine aktive Öffentlichkeitsarbeit verwiesen und war dementsprechend bestrebt, die Techniken der politischen Propaganda zu vervielfältigen und zu verbessern. Als er 1799 zum ersten Konsul der Französischen Republik ernannt wurde, stand dem zukünftigen Kaiser ein umfangreiches Arsenal solcher Techniken zur Verfügung.

Napoleon hatte gesehen, wie die revolutionäre Bewegung durch Flugschriften und Zeitungen gesteuert worden war, und die Notwendigkeit einer aktiven Lenkung der ›opinion publique‹ auch für die eigene Regierung erkannt. Von ihm stammt das Wort: »La force est fondée sur l'opinion. Qu'est-ce que le gouvernement? Rien, s'il n'a pas l'opinion«.[15] Die Presse begriff er als eines der wichtigsten Mittel, sich der öffentlichen Meinung zu vergewissern. Um sie unter seine Kontrolle zu bringen, wurde am 28. Dezember 1799 der ›Moniteur Universel‹ zur Staatszeitung erhoben. Der erste Schritt zur Errichtung eines Nachrichtenmonopols für das ganze verbündete und eroberte Europa war damit getan. Hauptaufgabe des Regierungsorgans war die Veröffentlichung von offiziellen Bekanntmachungen, Verordnungen und Artikeln, die damit anderen, dem ›Moniteur‹ in Regierungsangelegenheiten grundsätzlich nachgeordneten Journalen für den Nachdruck zur Verfügung gestellt wurden.[16] Um auch die Peripherie des französischen Nachrichtenwesens kontrollierbar zu machen, wurde die große Zahl der in den Revolutionsjahren erschienenen Zeitungen in den Departments wie in Paris stark verringert. Durch ein Dekret vom 17. Januar 1800 wurden 60 der 73 im Seine-Departement erscheinenden politischen Journale unterdrückt.[17] 1811 erschienen neben dem ›Moniteur‹ in der Hauptstadt nur noch die ›Gazette de France‹, das ›Journal de l'Empire‹ und das ›Journal de Paris‹ – damit war der vorrevolutionäre Zustand von 1788 wieder hergestellt.[18] Zur Überwachung aller periodischen Publikationen wurde 1800 ein *Bureau de la Presse* unter der Leitung des Polizeiministers Fouché eingerichtet. Persönliche Referenten unterrichteten den Kaiser laufend über französische und ausländische Zeitungen. Napoleon fungierte gleichsam als oberster Chefredakteur: Er beobachtete nicht nur, er gab auch direkte Weisungen an Redakteure und Journalisten aus und kontrollierte, ob seine Anordnungen befolgt wurden. Außerdem verfasste er eigenhändig Artikel, die im ›Moniteur‹, aber auch in kleineren Blättern erschienen.

Zwar bediente sich das napoleonische Regime auch der Zensur, es vermied dabei jedoch aufsehenerregende Maßnahmen. Offiziell blieb das Menschenrecht auf Publikationsfreiheit garantiert. 1806 verkündete das Regierungsblatt: »Il n'existe pas de censure en France. […] La liberté de la presse est la première conquête du siècle: l'empereur veut qu'elle soit conservée«.[19] Erst mit dem Pressegesetz vom 5. Februar 1810 sollte die Zensur in Frankreich formell wieder eingeführt werden. Kleist schrieb sein ›Lehrbuch‹ also zu einer Zeit, als die französische Regierung

---

[15] Zit. nach Jacques Ellul, Histoire de la propagande, Paris 1967, S. 86.

[16] Vgl. Robert B. Holtman, Napoleonic Propaganda, Baton Rouge 1950, S. 60.

[17] Vgl. Jacques Godechot u.a. (Hg.), Histoire générale de la Presse française, Bd. l, Paris 1969, S. 550.

[18] Vgl. Goedechot u.a. (Hg.), Histoire générale (wie Anm. 17), S. 554.

[19] Zit. nach Ellul, Histoire de la propagande (wie Anm. 155), S. 89.

sich zu bestimmten Mitteln ihrer Pressepolitik nicht bekannte. Um vorerst den Schein von Freiheit zu wahren, protestierte Napoleon gelegentlich selbst in der Öffentlichkeit gegen allzu strenge Zensurmaßnahmen. Zudem war er bemüht, den privaten Charakter der Presse aufrecht zu erhalten.[20] Dass die regierungsunabhängigen Journale mehr Leser fanden, lässt ihre Auflage vermuten: 1810 hatte das ›Journal de l'Empire‹, das seine Unabhängigkeit länger bewahren konnte als andere Blätter, 20855 Abonnenten, der ›Moniteur‹ dagegen nicht mehr als ungefähr 6000.[21] Das französische Zeitungsregime zielte darauf, Regierungskontrolle nach Möglichkeit mit Publikumsakzeptanz zu vereinbaren.

Kleist hat das klar erkannt und das Prinzip an den Tag gelegt, nach dem das Regierungsblatt mit den anderen Zeitungen der Hauptstadt zusammenarbeitete. Sein ›Lehrbuch‹ sieht nicht ein einzelnes, sondern »zwei Blätter« (DKV III, 463) vor. Eines solle »in offizieller Form« (DKV III, 464) unter dem Titel »*Moniteur*« (DKV III, 463) erscheinen, ein anderes unter dem Titel »*Journal de l'Empire*« oder »*Journal de Paris*« in Form einer »bloßen Privat-Unternehmung« (DKV III, 464) – die optative Form dieser Anweisungen verdeutlicht, dass Kleist einen der tatsächlichen Gründung dieser Zeitungen vorausgegangenen »Entwurf« (DKV III, 462) fingiert. In der projektierten »Verbindung von Journalen« (DKV III, 463) erkennt der Lehrbuchverfasser die französische Antwort auf die Frage: Wie können Zeitungen, obwohl sie »[a]lles[,] was in der Welt vorfällt, entstellen, und gleichwohl […] ziemliches Vertrauen haben« (DKV III, 463)? Fragen dieser Art waren Kleist nicht fremd. Um Glauben und Vertrauen, Misstrauen, Betrug und Enttäuschung kreisen seine Dramen und Erzählungen. Die Crux einer »Kunst, das Volk glauben zu machen, was die Regierung für gut findet« (DKV III, 462), konnte ihm nicht verborgen bleiben – die »Glaubwürdigkeit der Zeitungen« (DKV III, 467). Wenn nämlich allgemein bekannt ist, dass eine Zeitung von der Regierung kontrolliert wird, und wenn man weiterhin weiß, dass sie ihre Leser nicht wahrheitsgemäß von Vorfällen unterrichtet, sondern diese entstellt: Wer wird diese Zeitung dann lesen und ihren Nachrichten Glauben schenken?

Nach Kleist beruht die französische Kunst des Glaubenmachens auf einem bestimmten »*Modus der Verbreitung*« (DKV III, 464), den er einer genauen Analyse unterzieht. Die Verbindung zweier Zeitungen erlaube es, die beiden Forderungen, denen die »Journalistik überhaupt« unterstellt ist, nämlich erstens die Wahrheit zu sagen und zweitens nicht zu lügen, von einander zu lösen und zu verteilen: Das offizielle Regierungsblatt lüge nicht, verschweige aber, was wahr ist, das private Blatt sage die Wahrheit, setze aber Lügen hinzu. Wie »falsche[ ]« erforderten auch »wahrhaftige[ ]« (DKV III, 464) Nachrichten einen bestimmten Verbreitungsmodus, sind sie doch zu unterscheiden in »gute« und »schlechte«, erstere wiederum in solche »von außerordentlichem und entscheidenden« und solche von »untergeordnetem« (DKV III, 465) Wert und »schlechte Nachrichten« in solche von der »erträglichen« und solche von der »gefährlichen und verzweifelten« (DKV III, 466) Art. So habe sich das offizielle Organ bei der Meldung von guten Nachrich-

---

[20] Vgl. Ellul, Histoire de la propagande (wie Anm. 15), S. 90.
[21] Holtman, Napoleonic Propaganda (wie Anm. 16), S. 57, 67, 74.

ten, von einem errungenen Sieg etwa, zurückzuhalten, während das private Blatt »mit vollen Backen in die Posaune stoßen« (DKV III, 465) darf.

III. Strukturwandel der Herrschaftsgeheimnisse

Verkehrt ist die »französische[ ] Journalistik« zunächst also, weil ihre Prinzipien im Widerspruch stehen zu denen einer treuherzigen und unverfänglichen Kunst, das Volk von allen Vorfällen zu unterrichten. Verkehrt ist sie zudem, weil nicht nur politisch relevante Informationen, sondern auch diese Prinzipien selbst »im geheimen Archiv zu Paris« (DKV III, 462) dem Volk vorenthalten werden. Kleists Satire handelt von den Geheimnissen eines Presseimperiums, das nach dem Grundsatz verfährt: »Was das Volk nicht weiß, macht das Volk nicht heiß« (DKV III, 462). Man kann diese Schrift als Ansatz zu einer politischen ›Agnotologie‹[22] lesen. Zu den aufklärerischen Belehrungen über das Recht, alles zu wissen, ist die Kunde vom tatsächlichen Nichtwissen und seiner Erzeugung ein bedenkenswertes Komplement. Dass sie den Zustand des Krieges und die Herrschaft eines Despoten zur Voraussetzung hat, schränkt ihre Geltung nicht unbedingt ein. Kleist hat in dieser offen agonalen Situation wissenspolitische Techniken analysiert, die den Krieg überdauern sollten. Sein ›Lehrbuch der französischen Journalistik‹ eröffnet, so gelesen, einen anderen Blick auf den ›Strukturwandel der Öffentlichkeit‹[23] um 1800.

Die historische Forschung vermittelt den Eindruck, die *arcana imperii*, »jener ganze durch Macchiavell inaugurierte Katalog geheimer Praktiken, die die Erhaltung der Herrschaft über das unmündige Volk sichern sollen«,[24] hätten »mit der völligen Diskreditierung des Geheimnisses [...] an der Wende vom 18. zum 19 Jahrhundert«[25] ihr Ende gefunden. Zwar war auch Kleist bewusst, dass ein Anspruch auf Geheimhaltung nicht länger zu rechtfertigen war. Wie sein ›Lehrbuch‹ zeigt, zwang der Ruf nach Publizität in Staatsgeschäften die Regierenden jedoch nicht, ihr Wissen und Handeln tatsächlich offen zu legen. Die Öffentlichkeit, mit deren Entstehung die Arkanpolitik des *ancien régime* ihr Ende gefunden zu haben schien, schloss vielmehr ein Herrschaftsgeheimnis eigener Art ein: vorenthaltene Prinzipien, nach denen die vermeintlich sich selbst bildende Meinung von regierungsabhängigen Meinungsmachern verfertigt wurde. Anders als jüngere Historiker der Öffentlichkeit, die sich – teils in normativer Absicht – an den Forderungen und Idealbildungen der Aufklärung orientieren und die Jahrhundertwende als Zäsur setzen, analysiert Kleist eine realpolitische Fortsetzung der Arkanpraxis unter veränderten Bedingungen. Seine Zeitungskunde entschlüsselt den Wandel der

---

[22] Siehe dazu Robert N. Proctor, Agnotology: A Missing Term to Describe the Cultural Production of Ignorance (and Its Study). In: Agnotology. The Making and Unmaking of Ignorance, hg. von dems. und Londa Schiebinger, Stanford 2008, S. 1–33.

[23] Vgl. Jürgen Habermas, Strukturwandel der Öffentlichkeit. Untersuchungen zu einer Kategorie der bürgerlichen Gesellschaft, Frankfurt a.M. 1990.

[24] Habermas, Strukturwandel der Öffentlichkeit (wie Anm. 23), S. 117.

[25] Andreas Gestrich, Absolutismus und Öffentlichkeit. Politische Kommunikation in Deutschland zu Beginn des 18. Jahrhunderts, Göttingen 1994, S. 36.

Öffentlichkeit als Übergang von einfacher zu reflexiver Geheimhaltung:[26] Das Bedürfnis der Bürger nach Information und Räsonnement *in politicis* veranlaßte die Regierenden, den Bestand von Herrschaftsgeheimnissen zu verbergen.

Längst vorbei waren die Zeiten, als der Herrscher durch die zeremonielle Ausstellung von Geheimnissen seine Macht sichern konnte, weil sie ihn als Ebenbild eines *deus absconditus* erscheinen ließ.[27] Doch hatte das einfache Geheimnis noch in der höfischen Gesellschaft der frühen Neuzeit neben einer taktischen jene »schmückende« Funktion, deren soziologische Analyse Georg Simmel vorgelegt hat:[28] Wie der Schmuck vermittelt auch das ausgestellte Geheimnis Prestige. »Geheimhaltung«, heißt es in einer Übersetzung des ›Oráculo manual‹ aus dem 18. Jahrhundert, »erwecket die hochachtung der menschen«.[29] Für den sozialen Wert ist auch hier konstitutiv, dass andere ihn wahrnehmen. Diese müssen sich der eigenen Nicht-Teilhabe am Wissen und damit seiner Exklusivität bewußt werden. Daraus resultieren die Faszination des Geheimen und das Prestige des Geheimnisträgers. Zu Respekt- und Machtgewinn kann Geheimhaltung also nur dann führen, wenn sie für andere kenntlich gemacht wird. Reflexive Geheimhaltung ist dagegen bestrebt, auch die Tatsache geheim zu halten, dass Wissen vorenthalten wird. Diese Arkantechnik ist vor allem dort zu beobachten, wo die Sekretierung von Wissen missbilligt wird oder verboten ist.[30] Zwar kann der Wissende durch sie nicht die Wertschätzung der Nichtwissenden gewinnen; er kann sich aber vor negativen Reaktionen schützen und damit eine bestehende Machtposition festigen. Nicht zuletzt verringert reflexive Geheimhaltung die Gefahr einer Auskundschaftung und Aufdeckung des Vorenthaltenen. »Was das Volk nicht weiß, macht das Volk nicht heiß«, gilt nicht zuletzt für die Tatsache des eigenen Nichtwissens.

Kleist war in der Lage, den Strukturwandel der Herrschaftsgeheimnisse zu entschlüsseln, weil er mit den Listen der politischen Klugheit – davon zeugen auch seine literarischen Texte – vertraut war. Nicht die Anthropologie der Aufklärung, sondern das Menschenbild der Moralistik liegt seiner Poetologie zugrunde.[31] Dem verdankt sich ein Blick für agonale Situationen, der sich auch in Kleists Journalistik mit einem Interesse an Praktiken der Geheimhaltung verbindet. Die frühneuzeitliche Klugheitslehre begriff den Hof als sozialen Kampfplatz, auf dem sich divergierende Privatinteressen begegneten, die es taktisch zu verbergen galt. In der

---

[26] Zur Unterscheidung von einfacher und reflexiver Geheimhaltung siehe zusammenfassend Claudia Schirrmeister, Geheimnisse. Über die Ambivalenz von Wissen und Nicht-Wissen, Wiesbaden 2004, S. 55–61.

[27] Diesen Zusammenhang stellt Gestrich, Absolutismus und Öffentlichkeit (wie Anm. 24), S. 41–45 her.

[28] Georg Simmel, Soziologie. Untersuchungen über die Formen der Vergesellschaftung, Frankfurt a.M. 1992, S. 383–455, v.a. S. 414–421.

[29] Balthasar Gracians Oracul, das man mit sich führen, und stets bey der hand haben kan. Das ist: Kunstregeln der Klugheit […], übersetzt und kommentiert von August Friedrich Müller, Leipzig 1715, 3. Maxime, S. 23.

[30] Vgl. Schirrmeister, Geheimnisse (wie Anm. 26), S. 58.

[31] Siehe dazu Günter Blamberger, Agonalität und Theatralität. Kleists Gedankenfigur des Duells im Kontext der europäischen Moralistik. In: KJb 1999, S. 27–40, sowie Adam Soboczynski, Versuch über Kleist. Die Kunst des Geheimnisses um 1800, Berlin 2007.

Lehrtradition der *prudentia civilis* wurden Verstellung und Verheimlichung als unverzichtbare Künste des gesellschaftlichen Umgangs empfohlen. Hier berührten sich Staats- und Privatklugheit: Die Höflinge hatten im Umgang miteinander jene Lehre von den *arcana* zu befolgen,[32] auf der lange Zeit auch die Selbstdarstellung des Fürsten gegenüber seinen Untertanen beruhte. Gracián empfiehlt »offenherzigkeit« zu vermeiden: »Behutsame verschwiegenheit ist das geheime cabinet der klugheit«.[33] Dass geheime Absichten »von klugen leuten niemahls ohne raison geheim gehalten« werden, zeigt sich nach einer Bemerkung seines Kommentators »sonderlich in staats- und kriegs-sachen, als in welchen mehr, als sonst ie, viele geheime dessins geschmiedet werden«.[34] Wie der Fürst hatten die Höflinge sich auch im alltäglichen Privatkrieg bei der Weitergabe oder Vorenthaltung von Wissen taktisch zu verhalten. Die »klugheit, sein herz geheim zu halten«[35] rief Gegenkünste der »kardiagnostischen«[36] Erkundung auf den Plan, die den Schluß vom Sichtbaren auf das Unsichtbare ermöglichen sollten: Die Mienen des andern, sein Gang, seine Kopf- und Körperhaltung waren zu deuten, um die Geheimnisse des Herzens zu entdecken. Kleist ließ nicht nur das Personal seiner Erzählwelten solche Künste praktizieren. Auch seine Erzähler enthalten dem Leser taktisch Wissen vor und fordern ihn auf, Zeichen zu entziffern, um die Geheimnisse seiner Texte zu ergründen. Im Krieg gegen Napoleon waren eben diese Künste gefragt: Wie ein für Österreich schreibender Kriegspublizist bemerkte, war die Sprache der feindlichen Zeitungen als »eine Art Ziffersprache« zu lesen, »deren eigentlicher Sinn erraten werden muß«.[37]

IV. Die Ambivalenz der Propaganda-Analyse

Schon Ludwig Tieck meinte bei der Sichtung von Kleists politischen Schriften, ein doppeltes Bestreben erkennen zu können, »die Deutschen zu begeistern und zu vereinigen, sowie die Machinationen und Lügenkünste des Feindes in Blöße hinzustellen«.[38] Kleists nationalistische Propaganda ist vielfach dargestellt worden und findet sich bekanntlich in literarischen Texten wie der ›Herrmannsschlacht‹ auch reflektiert. Das ›Lehrbuch‹ scheint sich diesem Unternehmen als ein Versuch einzufügen, Feindpropaganda abzuwehren. Ein öffentliches Bekenntnis zum Ideal

---

[32] Im Zuge der Machiavelli- und Tacitus-Diskussion des 17. Jahrhunderts war die Lehre von den *arcana* in die politische Ratgeberliteratur eingegangen war. Siehe dazu Michael Stolleis, Arcana imperii und Ratio statuts. Bemerkungen zur politischen Theorie des frühen 17. Jahrhunderts, Göttingen 1980.

[33] Balthasar Gracians Oracul (wie Anm. 29), 3. Maxime, S. 23.

[34] Balthasar Gracians Oracul (wie Anm. 29), 55. Maxime, Anmerkung Müllers, S. 426.

[35] Balthasar Gracians Oracul (wie Anm. 29), 98. Maxime, S. 757.

[36] Ursula Geitner, Die Sprache der Verstellung. Studien zum rhetorischen und anthropologischen Wissen im 17. und 18. Jahrhundert, Tübingen 1992, S. 127.

[37] Anon., Bemerkungen eines österreichischen Patrioten über verschiedene, in fremde Zeitungen eingerückte Artikel, o.O. 1809, S. 3.

[38] Ludwig Tieck, Vorrede. In: Heinrich von Kleists ausgewählte Schriften, hg. von dems., Berlin 1846, S. XVII.

der Pressefreiheit allein hätte in dieser Auseinandersetzung wenig Wirkung gehabt – zu diesem Ideal bekannte sich auch Napoleon. Die Raffinesse der Kleist'schen Zeitungskunde besteht in einer besonderen Weise, die politischen Künste der Verstellung und der Verbergung mit der neuen Tatsache in Verbindung zu bringen, dass diese vom aufstrebenden Bürgertum weder im Privaten noch im Bereich der politischen Kommunikation mehr akzeptiert wurden. Kleist hat das aus der Hofkritik hervorgegangene Aufrichtigkeitsideal der Aufklärung und das damit verbundene Wissensbegehren berücksichtigt,[39] ohne seine Analyse daran auszurichten – die neuen Leitvorstellungen waren lediglich in das Kalkül der politischen Klugheit einzubeziehen.

Das hatten auch andere begriffen. Nachdem Napoleon die Zensur in Frankreich 1810 formell wieder eingeführt und sich damit öffentlich zu einer Politik bekannt hatte, die zuvor insgeheim betrieben worden war, bezeichnete Gentz das neue Pressegesetz gegenüber Metternich als ein »sehr unpolitische[s] Statut«, das »besonders in Deutschland eine für Napoleon sehr ungünstige Sensation machen« werde.[40] Im Vorjahr konnte Kleist darauf hoffen, unter Berufung auf das Ideal der Pressefreiheit eine solche »Sensation« durch den öffentlichen Hinweis auf die noch uneingestandene Praxis der Presselenkung und -unterdrückung zu erzeugen. An diesem Punkt war das militärisch überlegene *Empire* angreifbar.

In diesem Sinne hat Gustave Mathieu das ›Lehrbuch‹ als »Elementarbuch der Propaganda-Analyse«[41] dargestellt und auf dem neuesten Stand des historischen Wissens – die Geheimarchive waren inzwischen aufgeschlossen – gezeigt, dass Kleists Mutmaßungen vielfach zutrafen. Die nahe liegende Deutung, der Analytiker habe die geheimen Prinzipien der französischen Pressepolitik publik machen wollen, um deren Organe zu diskreditieren und damit wirkungslos zu machen, ist indes nicht die einzig mögliche. Die didaktische Form seiner Ausführungen läßt eine andere Wirkungsabsicht erahnen: Das ›Lehrbuch‹ umfasst 25, ursprünglich wohl 27,[42] Paragraphen, die in Kapitel und Artikel gegliedert sind. Auf eine Einleitung folgen Erklärungen, Lehrsätze, Anmerkungen, Einteilungen, Aufgaben, Auflösungen, Beweise und Korollarien. Die zeitgenössischen Leser hatten diese Darstellungsform im Allgemeinen im Schulunterricht kennen gelernt, Kleist insbesondere in seiner Studienzeit: Sein Text ist Euklids ›Στοιχεῖα‹ (Stoicheia) nachgebildet, einer Schrift über die Anfangsgründe, Prinzipien oder Elemente der Mathematik. Dem Griechen wird ein Franzose zur Seite gestellt: Charles-Marurice de

---

[39] Zum Zusammenhang des Aufrichtigkeitsideals mit dem Ruf nach Öffentlichkeit im politischen Leben siehe Gestrich, Absolutismus und Öffentlichkeit, S. 68–74.

[40] Als kluge Reaktion empfiehlt Gentz »ein neues, möglichst mildes, möglichst liberales Zensurreglement«, das den »moralischen Kredit der österreichischen Regierung ungeheuer heben« werde (Friedrich von Gentz, Brief an Metternich vom 24. Februar 1810. In: Briefe von und an Friedrich von Gentz, hg. von Friedrich Carl Wittichen und Ernst Salzer, Bd. 3, Teil l, München u. Berlin 1919, S. 77).

[41] Gustave Mathieu, Heinrich von Kleist's Primer for Propaganda Analysis. In: Monatshefte 46 (1954), S. 375–382.

[42] Diese Zahl wird von Tieck in der Vorrede zu den ›Hinterlassenen Schriften‹ genannt; vgl. DKV III, 1054.

Talleyrand, Napoleons Außenminister und Leiter des ›Moniteur‹. Der habe die »Grundsätze« der französischen Journalistik als erster »für ein bestimmtes und schlußgerechtes System, in Anwendung gebracht« (DKV III, 463). Nicht das französische Regierungsblatt wird also mit der Schrift Euklids verglichen, sondern der »Entwurf« eines Systems von Grundsätzen, wie er in Paris verwahrt liegen mochte.

Anders als die Historiker späterer Zeiten, davon muss eine Interpretation seines Textes ausgehen, hatte der preußische Kriegspublizist zum Archiv der ›opinion publique‹ keinen Zugang. Für die Beobachtungsform seiner Zeitungskunde ist das eine entscheidende Voraussetzung. Kleist beobachtet mutmaßliche Geheimhandlungen. In jüngerer Zeit sind Beobachtungen dieser Art vorwiegend mit einem stigmatisierenden Begriff als »Verschwörungstheorie[ ]« erfasst worden.[43] Zumeist deutet man solche Theorien methodisch mangelhafte oder gar wahnhafte Versuche, in einer unüberschaubaren Welt missbilligte Sachverhalte durch die Projektion einer Akteurslogik auf Intentionen zurechenbar zu machen. Berücksichtigt werden dabei in der Regel solche Verschwörungstheorien, die hoch unwahrscheinlich sind oder bereits als falsch erwiesen wurden. Die Anfänge der Konspirologie fallen mit denen der ›Propaganda‹ zusammen. Bevor der Begriff im Zuge der Französischen Revolution eine politische Bedeutung annahm, wurde er von der katholischen Kirche zur Bezeichnung ihrer Missionstätigkeit gebraucht. Nachdem protestantische Aufklärer sich gegen jesuitische ›Proselytenmacherei‹ gewandt hatten, vermutete man auch hinter der revolutionären Propaganda eine geheime Organisation.[44] Gegen eine generelle Stigmatisierung von Geheimhandlungsbeobachtungen spricht jedoch, dass sie sich in einigen Fällen als wahr erwiesen haben. Dazu zählt die Instrumentalisierung eines vermeintlich freien Nachrichtenwesens durch Napoleon. Aus seinem Geheimarchiv konnten inzwischen Dokumente zutage gefördert werden, die eine gezielte Manipulation der öffentlichen Meinung belegen. In den Pariser Zensurakten fand sich eine Unmenge kleiner Zettel, durch die genaue Anweisungen des Kaisers an die Redakteure übermittelt wurden.[45]

Kleist konnte solche Vorgänge nur behaupten, nicht dokumentieren. Eine solche Mutmaßung geheimer Handlungen, für deren Überprüfung gegenwärtig die Erkenntnismittel fehlen, ist als eine ›Spekulation‹ zu begreifen, die sich der Unterscheidung von wahr und falsch zunächst entzieht. Es handelt sich um den riskanten Versuch, in einer Situation allgemeinen Nichtwissens ein fehlendes Wissen zu erzeugen, das zukünftig vielleicht validierbar sein wird. Dafür sind Anhaltspunkte erforderlich. Kleist, der zum geheimen Schriftverkehr der französischen Regierung

---

[43] Siehe zum folgenden Oliver Kuhn, Spekulative Kommunikation und ihre Stigmatisierung – am Beispiel der Verschwörungstheorien. Ein Beitrag zur Soziologie des Nichtwissens. In: Zeitschrift für Soziologie 39 (2010), S. 106–123.

[44] Vgl. Wolfgang Schieder und Christof Dipper, Propaganda [Art.]. In: Geschichtliche Grundbegriffe. Historisches Lexikon zur politisch-sozialen Sprache in Deutschland, hg. von Otto Brunner, Werner Conze und Reinhart Koselleck, Bd. 5, Stuttgart 2004, S. 69–112.

[45] Vgl. Otto Groth, Die Zeitung. Ein System der Zeitungskunde (Journalistik), Bd. II, Mannheim, Berlin und Leipzig 1929, S. 45.

keinen Zugang hat, kann sich nur auf deren Publikationen stützen. Er wendet ein Verfahren an, dessen sich auch die neuere Propaganda-Analyse bedient:[46] Dem, der »die französischen Journale mit Aufmerksamkeit liest« (DKV III, 462), erschließen sich die Grundsätze ihrer Verfertigung auf dem Wege der Induktion. Diese logische Operation aber verbindet er mit einer poetischen. Im Medium der Fiktion eignet er sich das Geheimwissen des Feindes an. Kleist schreibt ein *more geometrico* deduktiv verfahrendes Lehrbuch, wie es von einem napoleonischen Minister und Schriftleiter hätte verfasst sein können, eigenhändig, um es in Österreich und Preußen zu publizieren. Die Fiktion ermöglicht eine Dokumentation des Nichtdokumentierbaren.

5. ›Deutsche‹ Zeitungsprojekte

Es ist jedoch fraglich, ob das ›Lehrbuch der französischen Journalistik‹ dieser Fiktion gemäß als ein französisches gelesen werden sollte. Dass es faktisch in deutscher Sprache abgefasst ist, wäre immerhin zu bedenken. Der Gestus der logischen Beweisführung behauptet, dass die Geltung der darin systematisierten Grundsätze sprachunabhängig in der Vernunft begründet ist. Ausdrücklich wird festgestellt, Talleyrand habe die Grundsätze der Journalistik so wenig erfunden wie Euklid die Elemente der Mathematik (vgl. DKV III, 463). Demnach sind die vermeintlich französischen, hier auf Deutsch vorgetragenen Sätze von grenzübergreifender Gültigkeit. Nichts spricht dafür, die zwei obersten Grundsätze allein auf das französische Volk zu beziehen: »Was das Volk nicht weiß, macht das Volk nicht heiß«, und »[w]as man dem Volk dreimal sagt, hält das Volk für wahr« (DKV III, 463), sind universelle Prinzipien – andernfalls würde die französische Propaganda auf andere Völker keine Wirkung tun und alle Abwehrbemühungen wären unnötig. Kleists Buch ist folglich nicht allein dazu geeignet, das ›deutsche‹ Volk gegen Feindpropaganda zu schützen. Es setzt auch die preußische, die sächsische und die österreichische Regierung in Stand, die Prinzipien einer verkehrten Journalistik selbst in Anwendung zu bringen.

Das napoleonische Regime hatte zum Zeitungswesen ein anderes Verhältnis als die noch immer zur Arkanhaltung neigende Kabinettspolitik der deutschen Regierungen.[47] Die noch lange Zeit vorherrschende Haltung des Misstrauens gegenüber

---

[46] Vgl. Mathieu, Kleist's Primer for Propaganda Analysis (wie Anm. 41), S. 376.

[47] Franz Schneider, Pressefreiheit und politische Öffentlichkeit. Studien zur politischen Geschichte Deutschlands bis 1848, Neuwied und Berlin 1966, S. 173. Der in der älteren Forschung vorherrschenden Auffassung, dass die absolutistischen Regierungen gegenüber jeder Veröffentlichung negativ eingestellt waren, hat vor allem Gestrich, Absolutismus und Öffentlichkeit (wie Anm. 25), S. 17, widersprochen. Tatsächlich sind seit dem 17. Jahrhundert und vor allem in Kriegszeiten auch im Deutschen Reich Versuche zu beobachten, die öffentliche Meinung zu steuern; siehe dazu etwa Sonja Schultheiß-Heinz, Politik in der europäischen Publizistik. Eine historische Inhaltsanalyse von Zeitungen des 17. Jahrhunderts, Stuttgart 2004; Manfred Schort, Politik und Propaganda. Der Siebenjährige Krieg in den zeitgenössischen Flugschriften, Frankfurt a.M. 2006. Trotz dieser notwendigen Korrektur bleiben im Vergleich zu Frankreich deutliche Unterschiede festzustellen.

der Öffentlichkeit wurde mit den Karlsbader Beschlüsse von 1819 offiziell ratifiziert. Dass es während der Kriege gegen Frankreich Ansätze zu einer aktiven Pressepolitik gab, ist auf die französische Herausforderung zurückzuführen: Napoleon brachte das gesamte europäische Zeitungswesen in Bewegung und zwang seine Gegner, sich auch auf dem Feld der Pressepolitik mit ihm zu messen. Erst die Not der militärischen Bedrängnis führte außerhalb Frankreichs zu einer positiven Einstellung gegenüber der öffentlichen Meinung.[48] Als Faktor der politischen Strategie erfuhr sie nun eine starke Aufwertung. Mit seinen spektakulären Erfolgen lieferte der Franzose den deutschen Regenten einen unübersehbaren Beweis für die Richtigkeit seiner publizistischen Prinzipien. Auch im Bereich der Presseführung nahm man sich darum den Feind zum Vorbild.

Schriftsteller und Gelehrte wie August Wilhelm Schlegel, Paul Johann Anselm von Feuerbach, Achim von Arnim, Johann Gottlieb Fichte und Friedrich Daniel Ernst Schleiermacher stellten sich in großer Zahl für den publizistischen Gegenangriff zur Verfügung. Aus diesen Kreisen, nicht aus Regierungskreisen gingen vielfach die Initiativen zu einer aktiven Pressepolitik hervor. Diese Vorschläge wurden nicht öffentlich vorgetragen und diskutiert. Sie wurden regierungsnahen Funktionsträgern auf dem Wege der privaten Korrespondenz übermittelt, oder in Form von Eingaben direkt an den König oder den Kaiser gerichtet. Viele der publizistischen Projektemacher verfolgten dabei nicht zuletzt eigene Interessen. Solange auch im Bereich des Pressewesens keine allgemeine Gewerbefreiheit bestand, mussten Zeitungsmacher sich bei den Regierenden um Konzessionen bewerben. Welche Bedeutung zudem die Zuteilung von offiziellen Nachrichten und Verlautbarungen für den Erfolg eines solchen Unternehmens hatte, sollte auch der Herausgeber der ›Berliner Abendblätter‹ erfahren. Mit der Gründung eines offiziellen Regierungsblatts, wie sie in diesen Jahren von verschiedenen Seiten vorgeschlagen wurde, suchten die Presseunternehmer sich eine aussichtsreiche Position am Zeitungsmarkt oder auch eine Beamtenstelle und damit eine sichere Existenzgrundlage zu schaffen.

Viele dieser Projekte waren am überragenden Beispiel des ›Moniteur‹ orientiert. Da einige im direkten Umfeld Heinrich von Kleists entstanden, lohnt es sich, diese genauer zu betrachten. Am 16. Oktober 1804 legte der von Hardenberg protegierte Karl Julius Lange seinen Plan für eine historisch-politische Staatszeitung vor: Der ›Preußische Merkur‹ sollte der Regierung als ein »Vehikel« dienen, »wodurch sie ihre Lieblingsmaximen und alles was ihre Ehre, ihren Ruhm und ihren Nutzen befördere, im Innern des ganzen Reichs sowohl als im Auslande fortwährend verbreiten kann«.[49] Gestattet wurde dem Antragsteller die Herausgabe einer Zeitschrift, die unter dem Titel ›Nordischer Merkur‹ bis Oktober 1805 erschien. Am 4. November dieses Jahres reichte der Schweizer Historiker Johannes von

---

[48] So mit Blick auf die Entwicklung in Preußen ab 1806 Paul Czygan, Zur Geschichte der Tagesliteratur während der Freiheitskriege, 2 Bde., Leipzig 1909–1911, Bd. I, S. 7.
[49] GStA Merseburg, Rep. 9 F 2 a l, Fase. 22, Bl. 1ff. zit. nach Andrea Hofmeister-Hunger, Pressepolitik und Staatsreform. Die Institutionalisierung staatlicher Öffentlichkeitsarbeit bei Karl August von Hardenberg (1792–1822), Göttingen 1994, S. 166.

Müller bei Stein die Skizze zu einer Denkschrift ein, die unter anderem eine zwei-
sprachige Zeitschrift »nach der Art, aber im Gegensatz des Moniteur« vorsah, »um
der öffentlichen Meinung endlich einen vaterländischen Umschwung zu geben«.[50]
»Einen Moniteur sollten *wir* schreiben, er würde viel umschaffen«,[51] hatte Müller
wenige Tage zuvor an den inzwischen in österreichischen Diensten stehenden
Friedrich Gentz geschrieben. Für die deutsche Ausgabe war Garlieb Merkel, der
Herausgeber des ›Freimüthigen‹, vorgesehen, der diese Idee zuvor an Müller herangetragen hatte.[52] Merkel machte sich das gesamte Projekt zu eigen und schlug in
einer Eingabe vom 18. November eine preußische Staatszeitung mit dem Titel
›Der Zuschauer‹ vor, die gleich der französischen zweimal wöchentlich in Folio
erscheinen sollte:[53]

> Täglich argumentiert im Moniteur eine laute Stimme für Frankreichs Interesse und
> seine Weltherrschaft, und die deutsche Presse ist demgegenüber entweder stumm
> oder das Echo der französischen Artikel. Diesen gefährlichen Einfluß kann nur ein
> deutsches Blatt eindämmen, das mit ebenso konsequentem Patriotismus, wie der Mo-
> niteur für Frankreichs, für Preußens Interesse kräftig, würdevoll, aber zugleich popu-
> lär rechtet. Soll ein solches Blatt Wert haben und im Geiste der Regierung sprechen,
> so muß es Aufträge und Instruktion von dem Kabinett erhalten, und um diese bittet
> der Herausgeber, der der Unterstützung der ausgezeichnetsten Schriftsteller Berlins
> gewiß ist.[54]

In Briefen der folgenden Zeit versichert Merkel, er wolle nicht den philosophischen Messias oder den Volksprediger auf eigene Faust spielen, da Privatmänner
es sich nicht herausnehmen dürften, dem Volk durch Zeitungen ihre Privatansich-
ten aufzudrängen. Vielmehr wolle er Deutschland ein offizielles Blatt geben und
damit der Regierung ein Mittel, die öffentliche Meinung zu lenken.[55] Doch glaubte
man in Preußen zunächst, sich weiterhin mit der ›Vossischen‹ und der
›Spenerschen‹ Zeitung begnügen zu können. Beide waren mit einem Privileg zur
Veröffentlichung offizieller Verlautbarungen ausgestattet und wurden streng
beaufsichtigt.

Weniger konventionell dachte in diesen Dingen Clemens Fürst von Metternich,
der maßgeblich zum »gänzliche[n] Umschwung im Verhältnisse des österreichi-

---

[50] Johannes von Müller, Von dem Krieg an die Preußen 1805, zit. nach Matthias Pape,
Johannes von Müller. Seine geistige und politische Umwelt in Wien und Berlin 1793–1806,
Bern und Stuttgart 1989, S. 239.

[51] Johannes von Müller, Brief an Friedrich Gentz vom 30. September 1805. In: Briefwechsel zwischen Gentz und Johannes v. Müller, Mannheim 1840 (Schriften von Friedrich
von Gentz. Ein Denkmal, 4. Teil), hg. von G. Schlesier, S. 106–100, hier S. 108.

[52] Vgl. Garlieb Merkel, Darstellungen and Charakteristiken aus meinem Leben, Leipzig
u.a. 1839, Bd. I, S. 259–269.

[53] Groth, Die Zeitung (wie Anm. 45), Bd. II, S. 62f.

[54] Garlieb Merkel, Schreiben an den Geheimen Kabinettsrat Beyme vom 18. November
1805, zit. nach Otto Tschirch, Geschichte der öffentlichen Meinung in Preußen vom Base-
ler Frieden bis zum Zusammenbruch des Staates (1795–1806), Weimar 1934, Bd. II, S. 209.

[55] Vgl. Tschirch, Geschichte der öffentlichen Meinung in Preußen (wie Anm. 53), Bd. II,
S. 210.

schen Kabinetts zur Presse der Jahre 1808 und 1809«[56] beigetragen hat. In Österreich hatte Napoleon 1805 seine neuartige Öffentlichkeitsarbeit selbst vorgeführt, als er nach dem Einmarsch in der Hauptstadt die ›Wiener Zeitung‹ seiner Leitung unterstellte.[57] Eingehend konnte Metternich die Funktionsweise des französischen Presseapparats bei einem Aufenthalt in Paris studieren: »Daß sie es als unnütz, als ihrer und der guten Sache unwürdig, ja als eine Gefahr betrachtet haben, mit dem Publikum zu sprechen«, schreibt er am 23. Juni 1808 an den Grafen Stadion, sei »ein großer Fehler, den alle Regierungen und insbesondere die unsere seit dem Ausbruch der französischen Revolution begangen haben«. Dass Österreich »im Zeitalter der vielen Worte« das »Stillschweigen für eine wirksame Waffe gegenüber den Schreiern der feindlichen Partei« habe halten können, werde die Nachwelt kaum glauben wollen. Die »öffentliche Meinung« sei »das wichtigste der Mittel, ein Mittel, das wie die Religion in die verborgensten Tiefen dringt, wo administrative Maßregeln keinen Einfluß mehr haben«. Darum erfordere sie »besondere Beachtung, konsequente und ausdauernde Pflege«.[58]

Metternich hat nicht nur die Abkehr vom Prinzip der Arkanhaltung und die Hinwendung zu einer Politik der aktiven Meinungslenkung vollzogen, er hat außerdem erkannt, das diese andere Öffentlichkeitspolitik einer Geheimhaltung neuer Art bedurfte. Die seit 1703, anfangs unter dem Titel ›Wienerisches Diarium‹ erscheinende ›Wiener Zeitung‹ war zwar in Privatbesitz, 1722 war sie jedoch durch einen besonderen Vertrag zum offiziösen Organ der österreichischen Regierung erhoben worden. Dementsprechend war sie einer strengen Zensur unterstellt;[59] seit 1805 wurde sie unmittelbar von der Polizeihofstelle geleitet.[60] Ihre Treue zur Regierung war damit gesichert. Dass dies allgemein bekannt war, schmälerte jedoch ihre Wirkung. Darum plante man seit 1804 eine Neugründung. In einem für den Kaiser erstellten Gutachten beurteilt Metternich die ›Wiener Zeitung‹ als »nicht hinlänglich, weder das Bedürfnis nach Neuigkeiten in einem Zeitpunkte zu befriedigen, wo jeder Tag eine Katastrophe mit sich bringt«. Noch könne dieses Regierungsblatt, »eben weil es die offiziellen Artikel der Regierung liefert, mit der Unbefangenheit geschrieben werden, wie eine dem Anscheine nach von offiziellen

---

[56] Karl Wagner, Die Wiener Zeitungen und Zeitschriften der 1808 und 1809, Wien 1914, S. 40.

[57] Nach dem Sieg der Engländer bei Trafalgar wies er die französische Redaktion an, für einen raschen Friedensschluss Stimmung zu machen. Vgl. Johann W. Nagl, Jakob Zeidler und Eduard Castle (Hg.), Deutsch-Österreichische Literaturgeschichte. Ein Handbuch zur Geschichte der deutschen Dichtung in Österreich-Ungarn, Bd. II.1, Wien 1914, S. 856.

[58] Klemens Wenzel Nepomuk Lothar von Metternich, Brief an Graf Stadion vom 23. Juni 1808. In: Aus Metternich's nachgelassenen Papieren, hg. von Richard Metternich-Winneburg, Bd. 2, Wien 1880, S. 192 (eigene Übersetzung).

[59] »Ganz im Dienste der Regierung stehend, mußte sie sich jedes objektiven Urteiles enthalten; sie brachte einfach ohne jedes kritische Beiwort die Verordnungen der verschiedenen Behörden, teilte dem Publikum noch etliche Hof- und Personalnachrichten mit und berichtete über die auswärtigen Begebenheiten ganz im Sinne der Regierung«; Wagner, Die Wiener Zeitungen und Zeitschriften (wie Anm. 56), S. 36.

[60] Vgl. Helmut Hammer, Österreichs Propaganda zum Feldzug 1809. Ein Beitrag zur Geschichte der politischen Propaganda, München 1935, S. 33.

Einflüssen getrennte periodische Schrift«.[61] Nach französischem Vorbild wollte man Regierungskontrolle und Publikumsakzeptanz verbinden. Nach Piereth war das Bemühen, zwar Einfluß auf die öffentliche Meinung zu nehmen, dies jedoch so weit als möglich zu kaschieren, ein Grundzug der Pressepolitik Metternichs.[62] Von regierungsfreundlichen Publikationen, die scheinbar privat herausgegeben wurden, versprach man sich eine höhere Glaubwürdigkeit und Wirksamkeit.[63] Im amtlichen Schriftverkehr wurde das Prinzip dieser neuen Form von Öffentlichkeitsarbeit auch artikuliert. So heißt es in einem Rundschreiben der k.k. Polizeihofstelle vom Januar 1809 über die seit dem April des Vorjahres erscheinenden ›Vaterländischen Blätter für den österreichischen Kaiserstaat‹, der Zweck dieser neuen Zeitung sei es, »mit Entfernung des Scheines von offizieller Tendenz Tatsachen und Ideen, deren Verbreitung Wunsch und Wille der Staatsverwaltung ist, in Umlauf zu bringen« und so einer

> von der Hand der Staatsverwaltung selbst im Stillen geleiteten Publizität der öffentlichen Meinung unvermerkt, die gehörige Richtung zu geben, zugleich aber durch eine bescheidene Freimütigkeit das Vertrauen auf die Wahrheit dessen, was dort gesagt wird, zu gründen und zu befestigen.[64]

Kleist bewegte sich seit dem Sommer 1808 im Umfeld des österreichischen Geschäftsträgers in Dresden, Joseph von Buol-Mühlingen, und ließ sich für die antinapoleonische Politik Österreichs gewinnen. 1807 hatte er in Teplitz Friedrich Gentz kennen gelernt,[65] der neben Metternich maßgeblich an der »Eröffnung der neuen Wiener Zeitungsperiode«[66] beteiligt sein sollte. In einem Brief vom 14. November 1810 hat Gentz seine Entwürfe zusammengefasst: Nach französischem Vorbild sollten »an die Stelle der bisherigen Wiener Zeitung nur zwei, in Stoff und Form ganz voneinander geschiedene Blätter treten«: Neben einer »Hofzeitung im eigentlichen Sinn des Wortes« plante Gentz »ein politisches Blatt nach dem Modell der besten politischen Zeitungen geordnet, unter einem einfachen, anspruchslosen

---

[61] Wolfgang Piereth, Propaganda im 19. Jahrhundert. Die Anfänge aktiver staatlicher Pressepolitik in Deutschland (1800–1871). In: Propaganda. Meinungskampf, Verführung und politische Sinnstiftung 1789–1989, hg. von Ute Daniel und Wolfram Siemann, Frankfurt a.M. 1994, S. 21–43, hier S. 24.

[62] Joseph Schreyvogel hatte bereits 1800 den Entwurf einer Hof- und Staatszeitung vorgelegt. Das Blatt sollte »eine Nationalzeitung unter dem Schutze und unter der Leitung der öffentlichen Verwaltung sein und bei der strengsten Abhängigkeit von den Grundsätzen der Regierung den Anschein eines freien Institutes für den Dienst des Publikums behalten«; zit. nach Nagl, Zeidler und Castle (Hg.), Deutsch-Österreichische Literaturgeschichte (wie Anm. 56), S. 854.

[63] Vgl. Piereth, Propaganda im 19. Jahrhundert (wie Anm. 61), S. 24.

[64] Zit nach Hammer, Österreichs Propaganda (wie Anm. 60), S. 35.

[65] Nach Weiss' Einschätzung ist Kleists Politisierung in seiner Dresdner Zeit nicht zuletzt auf den Einfluss von Buol und Gentz zurückzuführen; vgl. Hermann F. Weiss, Funde und Studien zu Heinrich von Kleist, Tübingen 1984, S. 196f.

[66] Friedrich von Gentz, Brief an Metternich vom 4. November 1810. In: Briefe von und an Friedrich von Gentz, hg. von Friedrich Carl Wittichen und Ernst Salzer, Bd. 3, Teil 1, München u. Berlin 1919, S. 79–82, hier S. 82.

Titel«. Dieses zweite Blatt sollte »von der Regierung befördert, kontrolliert und geleitet [werden], ohne daß sie sich öffentlich dazu bekennen dürfte«.[67]

Ähnliche Projekte legte der aus Dresden geflohene Adam Müller, der mit Kleist gemeinsam den ›Phöbus‹ herausgegeben hatte und im Folgejahr auch für die ›Berliner Abendblätter‹ schreiben sollte, im Sommer 1809 – Kleist hielt sich in Prag auf und projektierte seine ›Germania‹ – in Berlin vor. Mit Rücksicht auf die noch immer dominierende Arkanpolitik versuchte Müller, seine neu gewonnenen Einsichten in die Prinzipien erfolgreicher Presseführung dem preußischen König zu vermitteln: Zwar sei es unter der Würde eines Souveräns, seine Befehle und Beschlüsse öffentlich zu begründen, doch verlange »der Zeitgeist und eine immer weiter sich verbreitende politische Geschwätzigkeit der Nationen, die von ihren Fortschritten in der Cultur unzertrennlich ist, die Motive der Regierung zu wissen«.[68] Diese könne darum »die öffentliche politische Meinung nicht verachten« und das »Gespräch mit ihren Unterthanen [...] nicht ganz zurückweisen«.[69] In seinem Memoire vom 22. September schlägt Müller die Gründung einer Zeitung vor, die unter dem Titel ›Preußische Chronik‹ oder ›Preußische Hof-und National-Zeitung‹ erscheinen und »das erste wahre Amtsblatt einer deutschen Regierung«[70] sein sollte. Dabei hat er vor allem innenpolitische Zwecke im Blick: Das Blatt soll die laufende Staatsreform unterstützen. Für die Stelle des Herausgebers, der nach französischem Vorbild als »Wortredner[ ] des Staatsraths«[71] fungieren soll, empfiehlt er sich selbst.

> Ich getraue mir 1.) öffentlich und unter der Autorität des Staatsrats ein Regierungsblatt, 2.) anonym und unter der bloßen Connivenz desselbigen ein Volksblatt, mit anderen Worten, eine Ministerial- und Oppositionszeitung zugleich zu schreiben,[72]

hatte er bereits am 29. August 1809 den Finanzrat Stägemann wissen lassen.[73] Zwar vergisst Müller nicht, dem König zu versichern, das »Beispiel von Frankreich« solle seinen Plan lediglich »erklären«, ohne »eine innere Institution zu begründen«,[74] doch sind seine Ausführungen durchgehend an der napoleonischen

---

[67] Friedrich von Gentz, Brief an Metternich vom 4. November 1810 (wie Anm. 66), S. 81.

[68] Dass Müller damit die Bereitschaft der Reformbeamten unterschätzt, die öffentliche Meinung zu würdigen, betont Hofmeister-Hunger, Pressepolitik und Staatsreform (wie Anm. 49), S. 203–209.

[69] Adam Müller, Allerunterthänigstes Memoire überreicht Sr. Majestät dem Könige betreffend die Redaction eines Preußischen Regierungsblattes, unter dem Titel: Preußische Chronik oder Preußische Hof- und National-Zeitung. In: Adam Müllers Lebenszeugnisse, hg. von Jakob Baxa, München, Paderborn und Wien 1966, S. 488–495, hier S. 488.

[70] Müller, Allerunterthänigstes Memoire (wie Anm. 69), S. 493.

[71] Müller, Allerunterthänigstes Memoire (wie Anm. 69), S. 489.

[72] Adam Müller, Brief an den Finanzrat Stägemann vom 21. August 1809. In: Adam Müllers Lebenszeugnisse, hg. von Jakob Baxa, München, Paderborn und Wien 1966, S. 482–484, hier S. 483.

[73] Aus Müllers Gegensatzphilosphie erklärt diese Konzeption Benedikt Köhler, Ästhetik der Politik. Adam Müller und die politische Romantik, Stuttgart 1980, S. 120.

[74] Müller, Allerunterthänigstes Memoire (wie Anm. 69), S. 489.

Pressearbeit orientiert. Kleist war nicht der einzige, der die Zeitungen aufmerksam las. Stägemann gegenüber erklärt Müller ausdrücklich, dass »ein beinahe zehnjähriges ununterbrochenes Studium des Verfahrens der französischen Regierung bey *Unterjochung* der öffentlichen Meinung« ihm bei diesem Unternehmen zu Gute komme.[75] Angesichts der »*allzustillen zu wenig ruhmredigen Weisheit*«[76] der preußischen Regierung schwärmt er im Memoire von der »Lebendigkeit und der communikativen Betriebsamkeit […], welche die französischen Publikationen so furchtbar und wirksam, gemacht hat«.[77] Wie in Frankreich der ›Moniteur‹ neben halboffiziellen Journalen, so soll auch in Preußen das amtliche Blatt neben anderen erscheinen, die weniger offensichtlich im Dienst der Regierung stehen. Ein »Privat-Schriftsteller«, das räumt Müller ein, »scheint unparteiischer, wenn er die Regierungs-Beschlüsse vertheidigt«.[78] Ohnehin voraussetzend, dass Pressefreiheit in Preußen »durchaus unzulässig«[79] sei und auch das Regierungsblatt eine »eigene Censur«[80] haben müsse, schlägt er gleichwohl vor, den Herausgeber des Regierungsblatts »dem Staatsrathe zu annectiren« und damit in den Beamtenstand zu erheben.[81] Von einem oppositionellen Volksblatt ist im Memoire nicht mehr die Rede. Doch soll das amtliche Regierungsblatt einen offiziellen Teil und einen halboffiziellen, »raisonnierende[n]« Teil umfassen. In dem letzteren könne der Wortredner der Regierung die Gegner ihrer Reformvorhaben zu Wort kommen lassen, indem er »selbst eine Opposition fingierte, die dann mit Kraft, Vorsicht und Überlegenheit des Urtheils niedergeschlagen würde«.[82] Abermals verweist der Projektemacher ausdrücklich auf das Vorbild seines Entwurfs: »Der ähnliche Vortheil der französischen halboffiziellen Communikation ist allgemein anerkannt.«[83]

VI. Kleist – ein ›deutscher‹ Journalist?

Ob Lange oder Merkel, ob Gentz oder Müller: Die anti-napoleonischen Zeitungsmacher empfahlen ihren Regierungen die Gründung eines Anti-›Moniteur‹, der nichts anderes sein sollte als ein ›Moniteur‹. Sie alle wollten die ›französische Journalistik‹ in Preußen einführen. Neben den beiden erläuterten Deutungsmöglichkeiten scheint vor diesem Hintergrund eine dritte auf: Kleists Analyse hätte zum einen, wie ausgeführt, das lesende Publikum über die Wirkungsabsichten und -strategien der Feindpropaganda unterrichten können, um diese damit wirkungslos zu machen. Zum anderen hätte das ›Lehrbuch‹ ähnlich den zitierten Memoranden

---

75 Allerdings hat er sich bei dieser Gelegenheit zu einem »*Ideal sanfter Beherrschung*« bekannt. Adam Müller, Brief an den Finanzrat Stägemann vom 22. September 1809. In: Adam Müllers Lebenszeugnisse (wie Anm. 72), S. 486–488, hier S. 486.
76 Müller, Allerunterthänigstes Memoire (wie Anm. 69), S. 492.
77 Müller, Allerunterthänigstes Memoire (wie Anm. 69), S. 493.
78 Müller, Allerunterthänigstes Memoire (wie Anm. 69), S. 490.
79 Müller, Allerunterthänigstes Memoire (wie Anm. 69), S. 489.
80 Müller, Allerunterthänigstes Memoire (wie Anm. 69), S. 495.
81 Müller, Allerunterthänigstes Memoire (wie Anm. 69), S. 490.
82 Müller, Allerunterthänigstes Memoire (wie Anm. 69), S. 492.
83 Müller, Allerunterthänigstes Memoire (wie Anm. 69), S. 492.

und Eingaben die ›deutschen‹ Regierungsbeamten und Redakteure der zu gründenden Staatszeitungen didaktisch dazu anleiten können, den überlegenen Feind nachzuahmen. Drittens könnte nun eben solche Nachahmung der Franzosen der eigentliche Gegenstand der Kleist'schen Satire sein. Mit der zuerst erwogenen Möglichkeit ließe letztere sich zwanglos vereinbaren: Mit dem ›Lehrbuch der französischen Journalistik‹, so wäre dann zu vermuten, wollte Kleist in seiner ›Germania‹ auch die geheimen, in Regierungskreisen ventilierten Projekte publik machen, um dagegen an die wahren Prinzipien der Journalistik zu erinnern. Also doch: Kleist ein Aufklärer?

Darauf weist hin, was in andere Deutungen schwer zu integrieren wäre: dass die Prätentionen eines Elementarbuchs der Journalistik am Ende lächerlich gemacht werden. Es scheint zunächst, als werde den ›Grundsätzen‹ Talleyrands eine fraglose Geltung zugeschrieben, wie wohl auch Kleist sie den Prinzipien der euklidischen Mathematik zugebilligt hat. Doch sind die hier aufgestellten Evidenzbehauptungen durchaus fragwürdig. Wo es in einer »Anmerkung« heißt, ein Satz sei »so klar, daß er nur erst verworren werden würde, wenn man ihn beweisen wollte, daher wir uns nicht darauf einlassen, sondern sogleich zur Anwendung schreiten wollen« (DKV III, 467), werden Zweifel wach. Wohlgemerkt handelt es sich dabei nicht um einen ›Grundsatz‹, sondern um einen ›Lehrsatz‹: »Der Teufel läßt keinen Schelmen im Stich« (DKV III, 467). Offenkundig sind dieser und andere Sätze wie »*Das Werk lobt seinen Meister*« (DKV III, 464) Sentenzen und Spruchweisheiten, die zwar aller Welt geläufig sind, deren Geltungsgrund aber doch allenfalls ein empirischer ist. Gleichwohl – oder eben darum – kann über den Satz »Zeit gewonnen, Alles gewonnen« (DKV III, 465) gesagt werden, er sei »so klar, daß er, wie die Grundsätze, keines Beweises bedarf, daher ihn der Kaiser der Franzosen auch unter die Grundsätze aufgenommen« (DKV III, 466). Solche Verfügungsgewalt verwundert: Offenbar bestimmt über den logischen Status eines Satzes der *Empereur*. Schließlich erfasst die Ridikülisierung vermeintlicher Augenfälligkeit auch die induktive Schlußweise der Zeitungsanalyse selbst: Dass sich das französische Verfahren, dem Volk eine schlechte Nachricht vorzutragen, auf den Lehrsatz »[w]enn man dem Kinde ein Licht zeigt, so weint es nicht« stütze, müsse nicht ausgeführt werden, da »es von selbst in die Augen springt« (DKV III, 468).

Steht Kleists ›Lehrbuch‹ also in der langen Reihe jener Schriften, die den Deutschen die Nachahmung der Franzosen austreiben wollen? Die destruierende Darstellung der verkehrten, französischen Verhältnisse scheint wie die positive Bestimmung der Journalistik eine Aufrichtigkeit zu bejahen, deren nationale Codierung auf die ›Germania‹ des Tacitus zurückgeht. Das ganze Volk der Germanen, heißt es da, sei »ohne Falsch und Trug [*non astuta nec callida*]« und zeige seine »Gesinnung unverhüllt und offen [*detecta et nuda*]«.[84] Auf dieser Grundlage konnten frühneuzeitliche Autoren ›teutsche‹ Redlichkeit ›welscher‹ Untreue entgegenset-

---

[84] Publius Cornelius Tacitus, Germania, Lateinisch/Deutsch, übersetzt, erläutert und mit einem Nachwort hg. von Manfred Fuhrmann, Stuttgart 1972, I, 22, S. 35.

zen.[85] Wie die ›Herrmannsschlacht‹ die Germanenmythologie, so nimmt das ›Lehrbuch‹ diese Nationalstereotypie auf. Und wenn Kleist in der ›Einleitung‹ zu seiner ›Germania‹ erklärt, die neue Zeitung solle »der erste Atemzug der deutschen Freiheit« sein und »[a]lles aussprechen was, während der drei letzten, unter dem Druck der Franzosen verseufzten, Jahre, in den Brüsten wackerer Deutschen, hat verschwiegen bleiben müssen« (DKV III, 492), dann verbindet sich auch hier die Forderung nach Publikationsfreiheit mit dem Topos der ›deutschen‹ Aufrichtigkeit.

Zu bedenken bleibt allerdings der Selbstbezug dieser Journalistik. Da es sich bei der vermutlich für die ›Germania‹ bestimmten Schrift selbst um eine journalistische handelt, ist zu fragen, ob ihr Verfasser diese Kunst bestimmungsgemäß praktiziert. In Frage steht damit das Verhältnis von Lehre und Vollzug: Sind Kleists sämtliche Sätze von jener ›Treuherzigkeit‹ und ›Unverfänglichkeit‹, die eingangs der »Journalistik überhaupt« positiv zugeschrieben wird? Wird hier also eine Position greifbar, an der eine Auslegung des Textes Halt finden kann? Oder sind umgekehrt die beiden ersten Sätze im Lichte der folgenden zu lesen, diese Schrift also als ein Stück ›französische‹ Journalistik?

Bekanntlich hat Kleist Techniken der Verstellung und Täuschung durchaus nicht generell abgelehnt. Für den zwischenstaatlichen Verkehr zumindest im Kriegszustand hat er sie ausdrücklich empfohlen.[86] Mit dem Cheruskerfürsten Herrmann hat er einen militärischen Befehlshaber auf die Bühne gebracht, der in der Kunst der Verstellung ein Meister ist. Tacitus' Charakterisierung der Germanen wird im Drama zitiert: Die Römer glauben Herrmann einem deutschen Volk

---

[85] Siehe dazu mit Beleg bei Johann Michael Moscherosch: Ingo Stöckmann, Deutsche Aufrichtigkeit. Rhetorik, Nation und politische Inklusion im 17. Jahrhundert. In: Deutsche Vierteljahrsschrift für Literaturwissenschaft und Geistesgeschichte 78 (2004), S. 373–398.

[86] Ein 1809 für die Rückkehr des preußischen Königs nach Berlin geschriebenes Gedicht spielt darauf an, dass Friedrich Wilhelm III. es 1806 abgelehnt hatte, die Franzosen vor Ablauf eines Ultimatums anzugreifen, was Napoleon die Zeit gab, seine Truppen für die Entscheidungsschlacht zu sammeln; vgl. Samuel, Heinrich von Kleists Teilnahme an den politischen Bewegungen (wie Anm. 10), S. 194. Der Dichter versteht es, seinem König nach den Regeln des Herrscherlobs vorzuhalten, dass die Niederlage auf dem Schlachtfeld seiner Wahrheitsliebe geschuldet ist: »Die schönste Tugend, (laß mich's kühn dir sagen!) / Hat mit dem Glück des Krieges dich entzweit: / Du brauchtest Wahrheit weniger zu lieben, / Und Sieger wärst du auf dem Schlachtfeld blieben« (DKV III, 437). Deutlicher rechtfertigt ein Epigramm von 1810 die Täuschung des Feindes als ›Notwehr‹: »Wahrheit gegen den Feind? Vergib mir! Ich lege zuweilen / Seine Bind um den Hals, um in sein Lager zu gehn« (DKV III, 445). Martin Dönike hat ausgehend von diesem Distichon Kleists Praktiken der Täuschungs- und Verstellungskunst in den ›Berliner Abendblättern‹ behandelt; siehe Martin Dönike, »… durch List und den ganzen Inbegriff jener Künste, die die Notwehr dem Schwachen in die Hände gibt«. Zur Gedankenfigur der Notwehr bei Kleist. In: KJb 1999, S. 53–66.

zugehörig, dem »Lug und Trug« fremd ist.[87] Tatsächlich aber gleicht der sich listig dem römischen Germanenbild an und täuscht die erwartete Ehrlichkeit vor.[88]

Mit Hermanns Simulation wird ein Kunstgriff vorgeführt, den die Klugheitslehre von der antiken Rhetorik übernommen hatte:[89] Die höchste Kunst besteht nach Quintilian darin, ihre Sichtbarkeit zu vermeiden.[90] Wie dem Redner wurde auch dem Privatpolitiker empfohlen, sich kunstlos zu stellen – Aufrichtigkeit war eine unter anderen Formen höfischer Selbstpräsentation, die es situationsangemessen einzusetzen galt. Kleist hat die unaufrichtig simulierte Aufrichtigkeit nicht nur im Drama als für den Befreiungskampf nützlich empfohlen, wie er auch in seinen Erzählungen Dissimulationspraktiken vorgeführt hat. Er hat die Klugheitslehre in der eigenen Praxis als »Erzählstrategie« umgesetzt.[91] Seine notorisch unzuverlässigen Erzähler lassen den Leser nur begrenzt an ihrem Wissen teilhaben. Und wo sie ihm von den Vorfällen in der Erzählwelt Mitteilung machen, kann er nie wissen, ob er wahrheitsgemäß unterrichtet wird. Kleists Darstellungsweise macht dieses Nichtwissen als ein nicht reduzierbares erfahrbar und regt den Lesenden zu einer agnotologischen Reflexion auf die eigene Situation an. Wer trotz solcher epistemologischen Verunsicherung verstehen will, sieht sich jenseits der Unterscheidung von wahr und falsch – davon zeugen viele Kleist-Interpretationen – auf den Bereich des Spekulativen verwiesen.

Eine ähnliche Wirkungsstrategie verfolgt das ›Lehrbuch‹. Rhetorisch kunstvoll verfertigt wie seine Propaganda ist Kleists Propaganda-Analyse. Solchen Kunstaufwand zu verbergen, empfiehlt Quintilian vor allem in seiner Behandlung des Proömiums, der Vorrede oder Einleitung zu einer Rede, als dem Ort, wo es Sympathie und Vertrauen des Zuhörers zu gewinnen gelte.[92] Eben dies bezwecken die ersten Sätze des ›Lehrbuchs‹. Die folgenden haben jedoch eine gegenläufige Wirkung. Eine journalistische Schrift, die ausführlich von der Verderbnis des Zeitungswesens handelt, zieht die beim Leser geweckten Zweifel am Ende auf sich. Dem wachsam Gewordenen muss rückblickend gerade die zunächst vertrauenerweckende Rede von ›Treuherzigkeit‹ und ›Unverfänglichkeit‹ verdächtig erscheinen.

Die auf den ersten Blick ›deutsch‹ anmutende Schrift ist insofern ein Stück ›französische‹ Journalistik; ein solches aber, das Widerstand gegen sich selbst schürt, ohne damit den Phantasmen der unverstellten Rede und des vollständigen

---

[87] »Er ist ein Deutscher. / In einem Hämmling ist, der an der Tiber graset, / Mehr Lug und Trug, muß ich dir sagen, / Als in dem ganzen Volk, dem er gehört« (DKV II, 495, Vs. 1250–1253).

[88] Vgl. dazu Gesa von Essen, Hermannsschlachten. Germanen- und Römerbilder in der Literatur des 18. und 19. Jahrhunderts, Göttingen 1998, S. 183–194.

[89] Vgl. Karl-Heinz Göttert, Kommunikationsideale. Untersuchungen zur europäischen Konversationstheorie, München 1988, S. 25–31.

[90] Vgl. Marcus Fabius Quintilianus, Institutiones oratoriae libri XII. Ausbildung des Redners. 12 Bücher, hg. und übersetzt von Helmut Rahn. 2 Bde., Darmstadt 1988, IV, 1, 57, S. 427.

[91] Vgl. Adam Soboczynski, Moralistik [Art.]. In: Kleist-Handbuch. Leben – Werk – Wirkung, hg. von Ingo Breuer, Stuttgart und Weimar 2009, S. 260–262, hier S. 261.

[92] Vgl. Quintilian, Ausbildung des Redners (wie Anm. 90), IV, 1, 12, S. 411.

Wissens Auftrieb zu geben. Kleists Stellung zu den politischen Tendenzen im ›Deutschland‹ seiner Zeit ist singulär. Die ältere Kritik an den höfischen Umgangsformen hatte noch implizit ein alternative Form der politischen Vergemeinschaftung mitgedacht,[93] die von den Denkern der Aufklärung zu einer Theorie der herrschaftsfreien Kommunikation entfaltet wurde. Als deren weltbürgerlicher Horizont sich nach 1806 nationalistisch verengte, gab Kleist der sich im Krieg gegen Frankreich formierenden Gemeinschaft von Aufrichtigen zu lesen, was ihr Selbstbild sie nicht sehen ließ. Lesenswert bleibt seine politische Agnotologie auch im Hinblick auf spätere Theorien herrschaftsfreier Kommunikation, die trotz ihres wieder gewonnenen Universalismus an den Besonderheiten einer deutschen Überlieferung und deren Abschattungen teilhat.

---

[93] Siehe dazu Stöckmann, Deutsche Aufrichtigkeit (wie Anm. 85), v.a. S. 392–397.

Christine Kanz

GENERATION – *GENERATIO* – VERWANDTSCHAFT
Kleists ›Der Findling‹ in Kontexten der zeitgenössischen Literatur und Wissenschaften

Der Begriff ›Generation‹ hat gegenwärtig Konjunktur. Waren es vormals Differenzkategorien wie ›Stand‹ oder ›Klasse‹, später auch ›Geschlecht‹, die die Gesellschaft strukturierten, »so hat mittlerweile der Begriff der ›Generation‹ mindestens einen ebenbürtigen Rang erhalten.«[1] Schlagworte wie ›Generation@com‹, ›Generation Golf‹ oder ›Generation X‹ verweisen dabei auf ein Verständnis von Generation, das auf ›Gleichzeitigkeit im selben historisch-sozialen Raum‹ zielt und somit im Sinne von Karl Mannheims soziologischer Konzeption von Altersgenossenschaft und Erfahrungseinheit verwendet wird.[2] Neben diesem synchronen Generationen-Modell ist mit dem diachronen historiographischen Konzept, wie es etwa mit dem ebenfalls kursierenden Begriff des ›Generationenvertrags‹[3] erfasst wird, eine weitere Bedeutungsvariante von ›Generation‹ im Umlauf. Eine dritte wichtige Bedeutungsebene des Wortes ›Generation‹ ist heute hingegen in den Hintergrund getreten. Sie leitet sich von der ursprünglichen lateinischen Fachbedeutung *generatio* her: ›Erzeugung‹. Sie betrifft also die biologische Generativität. Ihr kam im 18. Jahrhundert eine weitaus größere Bedeutung zu als heute. Um zu verstehen, wie es zu dieser Entwicklung gekommen ist, hilft ein Blick in die Vergangenheit.

Das Generationenkonzept hielt bereits im 18. Jahrhundert Einzug ins deutsche Lexikon – just zu dem Zeitpunkt also, als die Wissenschaft begann, vermehrt bio-

---

[1] Ulrike Jureit und Michael Wildt, Generationen. In: Generationen. Zur Relevanz eines wissenschaftlichen Grundbegriffs, hg. von Ulrike Jureit und Michael Wildt, Hamburg 2005, S. 7–26, hier S. 8. – Dieser Beitrag geht auf einen öffentlichen Vortrag am 25.6.2008 an der Universität Marburg zurück.

[2] Vgl. Karl Mannheim, Das Problem der Generation. In: Ders., Wissenssoziologie. Auswahl aus dem Werk, eingeleitet und hg. von Kurt H. Wolff, Berlin, Neuwied 1964 (1928), S. 509–565.

[3] Die Etablierung der Wortschöpfung ›Generationenvertrag‹ beruht auf der Unterstellung eines gesamtgesellschaftlichen Konsenses, meint die Solidarität zwischen den Generationen und zielt auf die Verantwortung der zukünftigen Generation ab, d.h. letztlich auf die finanziellen Versorgungsleistungen (Renten-, Pflege-, Krankenversicherung) für die immer älter werdenden älteren Generationen. Alle sozialversicherungspflichtigen Personen, die solche Beiträge leisten, sollen dabei die Sicherheit haben, im Alter selbst abgesichert zu sein.

logische Zeugungs- und Vererbungstheorien zu entwickeln und zu diskutieren. Das heißt, dass der ursprüngliche Fachbegriff für Zeugung, *generatio*, genau dann andere Bedeutungsaspekte auf sich zog, als er Gegenstand intensiv geführter wissenschaftlicher Debatten wurde.[4] Mit dem Begriff der Generation »als Kategorie historischer Darstellungen«[5] beispielsweise war nun entweder die Dauer einer Generation gemeint, oder es wurden »verschiedene Generationen gegeneinander abgegrenzt: die ältere von der jüngeren oder die erste, zweite, dritte und so fort«.[6] Neben dieser diachronen Dimension des Begriffs ›Generation‹, die uns heute – neben der synchronen der Altersgenossenschaft – vor allem vertraut ist, entstanden weitere Bedeutungsvarianten: physiologisch-sexuelle, politische, erbrechtliche, soziale und pädagogische. Der Begriff ›Generation‹ wurde folglich immer stärker ausdifferenziert und mithin vieldeutiger – und das alles in einer Zeit grundlegender gesellschaftlicher und epistemischer Umbrüche: Aus der Gesamtheit der Naturgeschichtsschreibung begann sich die Biologie als einzelne Disziplin herauszubilden. In Frankreich wurden im Kontext der Französischen Revolution die Dynastien des *ancien régime* mit ihrer traditionellen, sich auf den Stammbaum berufenden Erbfolge attackiert. Zur selben Zeit wurde eine neue Ordnung propagiert, die sich auf ›Jugend‹ und ›Zukunft‹ stützte.[7]

Vor diesem Hintergrund wurde unlängst die These formuliert, dass die im Kontext der Französischen Revolution ausgetragenen Debatten um Jugend und Fortschritt zu einer um 1800 einsetzenden »Futurisierung ›der Geschichte‹ selbst« führten und daran gebunden auch »die Vorstellung von einem in die Zukunft gerichteten gesamtgesellschaftlichen Fortschrittsprojekt, das von der jeweiligen jungen Generation entscheidend befördert und vorangetrieben werden soll«.[8] Die jeweils junge Generation wurde dieser Ansicht nach von da an zunehmend als eine Art »Triebkraft des Fortschritts«[9] gedacht. Diese, einen länderübergreifenden ›epo-

---

[4] Vgl. Sigrid Weigel, Vorwort. In: Generation. Zur Genealogie des Konzepts – Konzepte von Genealogie, hg. von Sigrid Weigel u.a., München 2005, S. 7–10, hier S. 8.

[5] Weigel, Vorwort (wie Anm. 4), S. 8.

[6] Weigel, Vorwort (wie Anm. 4), S. 8.

[7] Neben der ›Nation‹ ist daher die ›Familie‹ dasjenige Feld, an dem sich Veränderungen und Brüche im Denken über Genealogie, Generation und Erbe am deutlichsten ablesen lassen. Sie hängen mit der Entwicklung der modernen Familie »als einer durch Blutsverwandtschaft gestifteten Einheit« eng zusammen; Weigel, Vorwort (wie Anm. 4), S. 8. – Nation und Familie nähern sich insofern an, als die Nation als eine Familie naturalisiert wird: Wenn alle Menschen Brüder werden, dann werden sie zu Kindern, deren gemeinsame Eltern die Nation ist (vgl. Ulrike Vedder, Natur und Unnatur: die Familie als literarischer Schauplatz der Generationen im 19. Jahrhundert. In: Ohad Parnes, Ulrike Vedder und Stefan Willer, Das Konzept der Generation, Frankfurt a.M. 2008, Kap. 7, S. 150–187, hier S. 161) Dieser künstlichen Herstellung von Verwandtschaft korrespondiert eine zunehmende Kulturalisierung bzw. Diskursivierung der Familie durch rechtliche, medizinische, soziologische, pädagogische und andere Diskurse.

[8] Ohad Parnes, Ulrike Vedder, Stefan Willer, Das Konzept der Generation (wie Anm. 7), Kap. I, S. 12f.

[9] Stefan Willer und Ulrike Vedder, Genealogie. In: Metzler Lexikon Literatur- und Kulturtheorie. Ansätze – Personen – Grundbegriffe, 4., aktualisierte und erweiterte Auflage, hg.

chalen Denkumbruch‹ suggerierende These, die sich vor allem auf den Kontext der Französischen Revolution und die auf Frankreich bezogenen Untersuchungen Pierre Noras stützt,[10] ist sicherlich bedenkenswert, nicht zuletzt auch in Anbetracht der noch bis zum Ende des 20. Jahrhunderts (bis zum ›Generationenvertrag‹) auch in Deutschland geltenden Favorisierung von Jugend im Gegensatz zum Alter. Es stellt sich jedoch die Frage, ob sie auch für den Generationenbegriff in der deutschsprachigen Literatur und Kultur um 1800 gelten kann. Um es gleich vorweg zu sagen: Der Futurisierungs-These soll in diesem Beitrag die Beobachtung entgegenhalten werden, dass es, zumindest in Deutschland, trotz der durchaus vorhandenen Tendenzen eines gewissen Jugendkultes in der Sturm-und-Drang-Literatur und auch in der Romantik, doch viel eher die familiären Generationskonflikte und die Diskussionen um Genealogie und biologische *generatio*, also um Abstammung, Blutsverwandtschaft und Zeugung sind, die die zentralen Themen auf der fiktionalen Gedankenbühne um 1800 ausmachten.

Was die vermehrte Problematisierung der Generationsverhältnisse angeht, so ist hier zum einen auf das bekannte *sozial*historische Erklärungsmuster zu verweisen, nach dem sich die private und die öffentlich-berufliche Sphäre im letzten Drittel des 18. Jahrhunderts zunehmend dissoziierten. Es mussten neue Leitbilder formuliert werden, die unter anderem die Arbeitstaufteilung zwischen Mann und Frau und damit auch das Verhältnis der Familienmitglieder und der Generationen untereinander betrafen. Literatur und Theater boten die geeigneten Foren, die daraus resultierenden Konsequenzen und möglichen Probleme durchzuspielen.[11] Zum anderen ist die vermehrte Thematisierung von Generationsverhältnissen allerdings auch – und das betrifft eine bisher eher vernachlässigte Verortung der Generationsproblematik – im *wissenschafts*historischen Kontext zu situieren, der vor allem durch die die biologische Kategorie der *generatio* betreffenden Diskussionen um Präformation und Epigenese gekennzeichnet ist. Diese wissenschaftlichen Diskussionen – so eine weitere These, auf die ich im Laufe meines Beitrags zurückkommen werde – hatten Rückwirkungen nicht nur auf literarische Themen, sondern auch auf die Ästhetik und Poetik um 1800.

Wenn ich mich hier der Zeit zuwende, in der sich das moderne Kernfamilienmodell herauszubilden begann und mich dabei auf die Begriffe ›Generation‹ und

von Ansgar Nünning, Stuttgart 2008, s.v. ›Genealogie‹, S. 247–249, hier S. 248. – Erwähnt wird diese Verknüpfung von Generation mit Fortschritt bereits von Mannheim: »Für den Liberalen, Positivisten, im erwähnten Sinne idealtypischen Franzosen ist das Generationsproblem zumeist ein Beleg für die *geradlinige Fortschrittskonzeption*«; Mannheim, Das Problem der Generation (wie Anm. 2), S. 515.

[10] Vgl. dazu Sigrid Weigel, Generation, Genealogie, Geschlecht. Zur Geschichte des Generationskonzepts und seiner wissenschaftlichen Konzeptualisierung seit Ende des 18. Jahrhunderts. In: Kulturwissenschaften. Forschung – Praxis – Positionen, hg. von Lutz Musner und Gothart Wunberg, Wien 2002, S. 161–190, hier S. 167ff. sowie Pierre Nora, Generation: In: Realms of Memory. Bd. 1: Conflicts and Divisions, hg. von Pierre Nora, New York 1996, S. 499–531.

[11] Zahlreiche Beispiele werden analysiert in: Christine Kanz (Hg.), Zerreissproben/ Double Bind. Familie und Geschlecht in der deutschen Literatur des 18. und des 19. Jahrhunderts, Bern und Wettingen 2007 (gender wissen; 10).

›Verwandtschaft‹ konzentriere, so geht es mir um Generationskonflikte[12] sowie um Herausforderungen der biologischen Kategorie *generatio*, wie sie etwa der Inzest, die Geburt des Bastards oder der Zwillinge, der Kindsmord oder die Adoption darstellen, mithin um solche Ereignisse, die die als ›natürlich‹ konstruierte Generationsabfolge, die Genealogie, stören. Zu den literarischen Texten, die solche Normabweichungen problematisieren, gehören Friedrich Maximilian Klingers Trauerspiel ›Die Zwillinge‹ von 1776, Gotthold Ephraim Lessings dramatisches Gedicht ›Nathan der Weise‹ von 1779, Johann Wolfgang von Goethes im selben Jahr uraufgeführtes Schauspiel ›Iphigenie‹, das 1786 in endgültiger Fassung erschien, sowie Heinrich von Kleists Novelle ›Der Findling‹ (1811). Die auf die Literatur angewandte These vom Futurisierungsimpetus des Konzepts ›Generation‹,[13] die bisher ohne eine zureichende Anzahl literarischer Belege auskommt, soll anhand dieser Texte mit überprüft werden.

An dieser Stelle sei nur soviel vorweggenommen: Auch wenn sozialkritische Untertöne, insbesondere was die Standesunterschiede zwischen Adel und Bürgertum angeht, vor allem in zahlreichen Sturm-und-Drang-Texten anklingen und die deutsche Literatur maßgeblich von den die Französische Revolution intellektuell bestimmenden französischen Denkern und Schriftstellern mitgeprägt wurde – es sei hier nur auf Rousseau, Montesquieu, Voltaire oder Diderot verwiesen – und obgleich die Französische Revolution auf zahlreiche deutsche Philosophen und Schriftsteller eine große Wirkung hatte,[14] so stehen die Interessen der auf Zukunft und Fortschritt gerichteten ›jungen‹ Generation eher in einigen wenigen Texten im Zentrum, die sich explizit um Vater-Sohn-Konflikte drehen, wie etwa recht offensichtlich in Friedrich Schillers Schauspiel ›Die Räuber‹. Die hier literarisierten

---

12 Damit sind hier die Konflikte zwischen Vätern und Söhnen oder Müttern und Töchtern gemeint. Vgl. dagegen den ›Zeit‹-Artikel von Ulrich Greiner vom 16. September 1994, in dem er dem ›Konflikt zwischen den Generationen‹ eine neue Wortbedeutung verleiht, zielt doch sein Artikel auf den Konflikt zwischen der 68er- und der 89er-Generation, d.h. die gegenseitigen Abgrenzungsversuche recht nahe beieinander liegender Jahrgangsgruppen ab (vgl. Sigrid Weigel, Familienbande, Phantome und die Vergangenheitspolitik des Generations-Diskurses: Abwehr von und Sehnsucht nach Herkunft. In: Die Kunst des Lebens, hg. von Dietmar Schulte, München 2004, S. 133–152, hier S. 140). – Weigel kritisiert den Generationenbegriff Mannheims als »das Produkt eines ›romantisch-historisch fundierten deutschen Denkens, das eine Soziologie geisteswissenschaftlicher Provenience intendiert, die sich auf Dilthey beruft‹. Es verbindet die Idee ›einer nicht meßbaren, rein qualitativ erfaßbaren inneren Zeit‹, einer ›bloß durch das Verstehen erfaßbaren Innerzeitlichkeit‹, mit dem Phänomen von Gleichzeitigkeit und daraus abgeleiteter ›Gleichartigkeit der vorhandenen Einwirkungen‹.« (S. 144) Sie konstatiert zudem, dass Mannheim bzw. Dilthey keineswegs ein neues Konzept einführte, sondern lediglich den »(in Deutschland) um 1800 eingeführte[n] Begriff radikal umformuliert« hätten (S. 146).

13 Willer, Parnes und Vedder sprechen von ›dem‹ »seit dem späten 18. Jahrhundert programmatisch auf Fortschritt und Futurisierung ausgerichtete[n] Konzept der Generation«; Parnes, Vedder, Willer, Das Konzept der Generation (wie Anm. 8), S. 16 – sowie von der »Generation als Zukunftsmodell um 1800« (S. 82ff.).

14 Nicht wenige begrüßten bekanntlich die Revolution, vor allem anfangs, manche sogar geradezu enthusiastisch, wie Gottsched, Herder oder Schiller; einige reflektierten intensiv über Vor- und Nachteile, wie Goethe.

Vater-Sohn-Konflikte sind durchaus auf die politisch-gesellschaftliche Ebene zu übertragen und können damit im Sinne einer ›Ablösung von veralteten, überkommenen politischen Verhältnissen‹ gelesen werden, für die die Eltern-Generation einsteht (so auch der Vater-Sohn-Konflikt in Friedrich Maximilian Klingers ›Die Zwillinge‹). Wollte man die Zukunftsmodell-These also anhand literarisierter Generationsmodelle untermauern, so sollte man hier, in der Sturm-und-Drang-Bewegung, ansetzen.[15]

Zu erinnern ist in diesem Kontext frelich auch an die Bürgerlichen Trauerspiele, in denen die biologische Kategorie der *generatio* dann tangiert wird, wenn die zu bewahrende Unschuld der im Zentrum stehenden Töchter verhandelt wird. Wird der tugendhaften Tochter ›tatsächlich‹ die ›Unschuld‹ geraubt, meist durch einen Angehörigen des Adels, dann kommt es hier oft zur verheimlichten Schwangerschaft mit anschließendem Kindsmord. Die Dramen thematisieren dann sowohl familiale Generationskonflikte, die sich vor allem an den hier problematisch gewordenen Tugendidealen entzünden, als auch die biologische Kategorie der *generatio*, geht es doch um die zu verheimlichende Zeugung und Geburt des unehelichen Kindes, des ›Bastards‹[16], der immer auch eine Bedrohung der linearen *genealogischen* Ordnung und damit der Zukunft der Generationen darstellt.

Gegen den Strich gelesen, enthüllen die auffällig zahlreichen zeitgenössischen Kindsmordtexte neben der oppressiven damaligen Gesetzeslage, durch die die Not lediger Mütter ganz wesentlich mitverursacht wurde, auch die tradierten genealogischen Normen und angeblich natürlichen Geschlechtscharaktere als soziale und kulturelle Konstrukte. Ein besonders interessantes Phänomen stellt dabei die in den Kindsmordtexten mit dem Mord am Bastard desavouierte, vermeintlich angeborene Mutterliebe dar, deren angeblich instinkthafte Natürlichkeit

---

[15] Auch nach Ansicht Mark Rosemans lässt sich in der Literatur des Sturm und Drang eine solche markante zukunftsorientierte Ausrichtung feststellen, denn von da an »spielten deutsche Schriftsteller mit der Vorstellung von Jugend als einer geistigen Kraft, die unabhängig von der Gesellschaft der Erwachsenen und mit einer besonderen Sendung der gesellschaftlichen Erlösung ausgestattet war. Die Mission der Jugend war hauptsächlich eine ästhetische; sie sollte Ästhetik in die Welt des ›Philistertums‹ und Nihilismus bringen. Aber diese Sendung konnte durchaus auch politische Gestalt annehmen. Die Idee, daß Jugend unabhängig sei und eine ästhetisch wie moralisch überlegene Alternative verkörperte, die die gegenwärtige Gesellschaft erlösen könnte, sollte sich bis ins 20. Jahrhundert als ein anhaltender und bedeutsamer Begleitumstand der politischen Entwicklung Deutschlands fortsetzen«; Mark Roseman: Generationen als »Imagined Communities«. Mythen, generationelle Identitäten und Generationenkonflikte in Deutschland vom 18. bis zum 20. Jahrhundert. In: Generationen. Zur Relevanz eines wissenschaftlichen Grundbegriffs (wie Anm. 1), S. 183f. – Obgleich der Generationenbegriff in Deutschland Ende des 18. Jahrhunderts zumindest im Kontext der Sturm-und-Drang-Bewegung mit Jugend, Revolte und Fortschritt konnotierbar ist, ist gerade hier auch auf den dominierenden Geniekult zu verweisen, der doch den Einzelnen und nicht etwa eine ganze Generation und deren Ausrichtung auf die Zukunft ins Zentrum stellt.

[16] Zur Diskursivierung des Bastards im 18. Jahrhundert, v.a. im Diskurs der Natur (Hybridisierung) und im Diskurs des Rechts vgl. Vedder, Natur und Unnatur (wie Anm. 7), S. 159ff.

insbesondere zeitgenössische Kindsmordtexte wie Heinrich Leopold Wagners Trauerspiel ›Die Kindermörderin‹ (1776) oder Jakob Michael Reinhold Lenz' Erzählung ›Zerbin‹ (1776) in Frage stellen. Durch den Kindsmord der Mutter als fiktives Ideal demaskiert, zieht das Konzept der Mutterliebe die an dieses Konstrukt unweigerlich gebundene vermeintliche Natürlichkeit der Generationenabfolge bzw. Genealogie in Zweifel.[17] Denn mit dem Mord an dem ›Bastard‹, durch den die ledige Mutter, die zumeist Opfer eines adeligen Verführeres und selbst von niederem Stand ist, ihre ›Unschuld‹ künstlich zu restituieren versucht, sowie der dann meist unmittelbar folgenden Hinrichtung der Kindsmörderin reißt die auf ›Blutsverwandtschaft‹ beruhende Generationenkette. Allerdings wäre sie auch im Falle des Überlebens des ›Bastards‹ brüchig geworden, der nach adeligen und christlich-kirchlichen Vorstellungen schließlich unreinen Blutes war und damit explizit die Ordnung der zukünftigen Generationenabfolge bedrohte.[18] Auch sonst ist in all den Bürgerlichen Trauerspielen bekanntlich weder Fortschrittsoptimismus noch ein auf die Zukunft der jungen Generationen gerichtetes Denken das zentrale Thema, sondern viel eher die Kluft zwischen (intrigantem) Adel und (moralisch überlegenem) Bürgertum, welches seinen Stolz in der Gegenwart gerade an der Tugend- und Engelhaftigkeit der Töchter festmacht.

Die deutlich zu verzeichnende sozialkritische Tendenz der Kindsmordtexte, die neben der inhumanen Gesetzeslage die als unüberbrückbar geschilderten Standesunterschiede der Liebenden anprangern, geht mit einer moralischen Funktion einher, wie sie etwa Wagner im Zusammenhang der 1778 überarbeiteten Fassung seiner ›Kindermörderin‹ schließlich ausdrücklich vermerkte, als er den Text in ›Evchen Humbrecht oder Ihr Mütter, merkts Euch!‹ umbenannte. Der Text, in

---

17 Die mit Mutterschaft angeblich unhintergehbar verknüpfte ›Mutterliebe‹ stellte Elisabeth Badinter 1980 anhand von reichhaltigem Quellenmaterial als historisch nachvollziehbares, kulturelles Konstrukt und gesellschaftlich notwendige Erfindung heraus. Die Existenz eines naturgegebenen Mutterinstinkts wurde damit endgültig als Mythos entlarvt (vgl. Elisabeth Badinter, Die Mutterliebe. Geschichte eines Gefühls vom 17. Jahrhundert bis heute, aus dem Französischen von Friedrich Giese, München [4]1980).

18 Was Goethes sozial-politische Haltung gegenüber Kindsmörderinnen anbelangt, so ist folgender Hinweis auf seine Handlungen während der Zeit, als er an der Staatsführung beteiligt war, vielleicht nicht unbedeutend: »Am 4. November 1783 gibt der Geheimrat Goethe seine Meinung zu den Akten, daß es für das Verbrechen des Kindsmords ›räthlicher seyn mögte die Todtesstrafe beyzubehalten‹. Von dieser Entscheidung des Geheimen Consiliums – des obersten Beratungsorgans des Herzogs, das Goethe einmal ›die letzte Instanz‹ nannte, ›wohin alle Dinge gelangen, wohin alle Arten von Geschäften gebracht werden‹ – und vom Votum des wichtigsten Mitglieds Goethe wissen die wenigsten Leser und Interpreten von *Faust*, in dessen früher Fassung (*Urfaust*) Goethe einen Fall von Kindsmord mit beeindruckender Einfühlung in die Lage der Täterin Gretchen dargestellt hatte. Aber noch weniger Interpreten wissen von der Tatsache, daß während der Entscheidung des Geheimen Consiliums eine zum Tode verurteilte Kindsmörderin im Gefängnis in Weimar saß, deren Schicksal durch den Beschluß der Geheimräte besiegelt wurde – Goethes Votum war also nicht im theoretischen Leerraum verfaßt, sondern es hatte Hände und Füße, es hatte auch einen Kopf, der am 28. November 1783 in aller Öffentlichkeit durch das Schwert des Henkers vom Körper getrennt wurde« (W. Daniel Wilson, Das Goethe-Tabu. Protest und Menschenrechte im klassischen Weimar, München [2]1999, S. 7).

dem der ›Bastard‹ von der ledigen Mutter in einem verzweifelten Wahnsinnsanfall gleich nach der Geburt umgebracht wird, diente seiner offiziellen Intention nach vor allem der moralischen Ermahnung, und zwar insbesondere der Mütter, die ihre Töchter in wandelnde Tugendmodelle zu erziehen hatten.[19] Die Texte sollten damit auch der Erhaltung einer als natürlich deklarierten Generationenabfolge das Wort reden. Auf die Möglichkeit einer Infragestellung von Ordnungskategorien wie der linearen Genealogie, der Mutterliebe usf. wird zwar implizit verwiesen, am Ende jedoch wird jeder Verstoß gegen diese Ordnung als unmoralische und naturwidrige Normabweichung geahndet. Neue Impulse einer jüngeren Generation und damit verbundene Fortschrittsaspekte hingegen haben hier, wie gesehen, kaum Platz.

Auch in den Texten, die andere Aspekte der biologischen *generatio* problematisieren, ist das nicht der Fall. So steht zum Beispiel die Problematik des Erbrechts in Klingers Trauerspiel ›Die Zwillinge‹ zur Debatte.[20] Der generationsinterne Konflikt zwischen den beiden Zwillingsbrüdern und der intergenerationelle Konflikt zwischen Vater und Sohn entzünden sich gerade an der *vergangenheits*orientierten Frage, welcher der beiden Zwillingsbrüder wohl ein paar Minuten eher auf die Welt gekommen ist und damit das Erstgeburtsrecht besitzt. Anstatt, dass die jüngere Generation hier sämtliche Erbrechtsfragen zurückweisen würde, um mit diesem ›Bruch‹ einen ganz neuen Anfang zu konzipieren, wird hier allein die an Stammbaum und Blutsverwandtschaft orientierte genealogische Problematik von Herkunft und Erbrecht fokussiert.

Gleichzeitig werden in Klingers Text auch Fragen thematisiert, die den eigentlichen *Zeugungs*-Vorgang betreffen, und zwar die sogenannte ›Superfötation‹. Der zweitgeborene Zwilling Guelfo, eine stolze ›kolossale Kraftnatur‹, der an der Erstgeburt seines schwächlichen Zwillingsbruders zweifelt, sich bei der Vermögensaufteilung übervorteilt und auch sonst zurückgesetzt fühlt, flüchtet sich nämlich in die Vorstellung, möglicherweise von einem *anderen* Vater gezeugt worden zu sein als sein Zwillingsbruder. Dies geschieht, als Guelfo durch den Freund Grimaldi nahegelegt wird, er sei der ›Bastard‹ eines anderen Vaters: »Du bist des alten Guelfos Sohn nicht. Du bist ausser dem Bette gezeugt«,[21] d.h. er und sein Bruder wären Zwillinge verschiedener Herkunft, gezeugt durch zwei Väter. Danach wäre

---

[19] Die im Bürgerlichen Trauerspiel des ausgehenden 18. Jahrhunderts vorgeführten Familiendesaster sollten belehrend wirken. Sie sollten, im Sinne Lessings, Mitleid für die Familienmitglieder erregen, vor allem für die doch eigentlich engelhaft unschuldigen und daher schuldlos verführten Töchter. Und sie sollten die Furcht davor erzeugen, insbesondere bei den zeitgenössischen Bürgermädchen, ein ähnliches Schicksal zu erleiden (vgl. Gottfried Ephraim Lessing, Hamburgische Dramaturgie. In: Ders., Werke, Vierter Band, hg. von Herbert G. Göpfert, Darmstadt 1995, Vierundsiebzigstes Stück, S. 574–578).

[20] Dies, insofern im Kontext der Französischen Revolution das tradierte Erbfolgerecht des *ancien régime* abgeschafft werden sollte, dem die Rechte einer ganzen Generation entgegengehalten wurden, die damit fast mit Menschenrechten gleichgesetzt wurden; vgl. Nora, Generation (wie Anm. 10), S. 501f. und Weigel, Generation, Genealogie, Geschlecht (wie Anm. 10) S. 167.

[21] Friedrich Maximilian Klinger, Die Zwillinge, Stuttgart 1972 (1776), I,2, S. 13.

er also das Produkt einer ›Superfötation‹,[22] einer zweimaligen Befruchtung seiner Mutter durch zwei verschiedene Männer innerhalb einer sehr kurzen Zeitspanne.

Neben diesem Kampf gegen die Positionszuweisung in der genealogischen Ordnung und dem Zweifel an der Herkunft werden in Klingers Drama weitere Herausforderungen der linearen Generationenabfolge problematisiert: Es ist nämlich hier der Vater, der sich am Ende ›verwaist‹ fühlt durch den Verlust der Zwillinge, und nicht etwa umgekehrt: Der neidische Sohn Guelfo erschlägt seinen Bruder schließlich an dessen Hochzeitsmorgen, worauf er selbst von seinem Vater, dem alten Guelfo, getötet wird. Die als natürlich wahrgenommene Generationenabfolge wird hier also umgekehrt: Die Kinder sterben vor dem Vater. Und nicht nur das: Da es keine weiteren Nachkommen gibt, bricht der »Stammbaum« damit endgültig ab.[23] Das letzte Wort des Stücks ist »verwaist«.[24] Und es ist der alte, um seine beiden Söhne und damit um seine gesamte Nachkommenschaft ärmere *Vater*, der alte Guelfo, der es ausspricht, nachdem er den jungen Guelfo erdolcht hat: »Rächen will ich Vater Guelfos Sohn! erretten von der Schande Guelfos Sohn! leben im Jammer verwaist«.[25] An die Jugend-Generation gebundene Konzepte von Zukunft oder gar Fortschritt werden auch hier, und hier sogar explizit, verabschie-

---

[22] Ende des 19. Jahrhunderts wird der Begriff im Konversationslexikon wie folgt definiert: »Superfötation, Überschwängerung, nennt man eine bei schon bestehender Schwangerschaft wiederholt eintretende Befruchtung, deren Möglichkeit indeß noch immer sehr bezweifelt wird, indem die zum Beweise angeführten Fälle leicht auch Verwechslungen mit Zwillingsschwangerschaften gewesen sein können, wobei die eine Frucht in der Entwickelung hinter der andern zurückblieb.« (Herders Conversations-Lexikon, Freiburg i.Br. 1857, Bd. 5, S. 380) – Der Begriff ›Superfötation‹ fällt nicht explizit in ›Die Zwillinge‹, wohl aber in einem anderen, späteren Text Klingers, in seinen 1803–05 verfassten ›Betrachtungen‹, wo er ihn als Metapher einsetzt: »Der Optimism und Pessimism sind Zwillingsbrüder. Ob der letzte ehebrecherisch durch Superfötation hinzugepfuscht sei, ist jetzt, da man die Mutter vor kein geistliches Gericht ziehen kann und der Vater immer schweigen wird, schwer auszumachen. Mir scheinen sie beide in ehrlicher Geburt, keiner älter als der andre, und, um allem Streit über Erbfolge und Erbrecht zuvorzukommen, in einem nicht zu unterscheidenden Wurf ans Licht der Welt geworfen zu sein.« (Friedrich Maximilian Klinger, Betrachtungen und Gedanken über verschiedene Gegenstände der Welt und der Literatur. Erster Theil. In: Ders., Werke. Neue wohlfeile Ausgabe, Leipzig 1832, Bd. 11, S. 3; vgl. dazu Cornelia Blasberg, Ein »kopierendes Original«. F. M. Klingers Trauerspiel ›Die Zwillinge‹ zwischen Geniekult und Traditionsbindung. In: Jahrbuch der Deutschen Schillergesellschaft (1994), S. 39–64, hier S. 59; Vedder, Natur und Unnatur (wie Anm. 7), S. 153f. – Vedder, die sich auf den Aufsatz Cornelia Blasbergs beruft, erwähnt die Superfötation in Bezug auf den Text, verzichtet dabei jedoch auf eine begriffs- oder/und wissenschaftshistorische Situierung. Ihr Befund, der die Relevanz der biologischen *generatio* als Thema unterstreichen würde, reichte offenbar nicht aus, um innerhalb der ›Wissenschafts- und Kulturgeschichte‹ des Konzepts der Generation gegen die Futurisierungsthese gehalten zu werden.

[23] Klinger, Die Zwillinge (wie Anm. 21), I,1, S. 7. Vgl. Ulrike Vedder, Zwillinge und Bastarde. Reproduktion, Erbe und Literatur um 1800. In: Techniken der Reproduktion, hg. von Ulrike Bergermann, Claudia Breger und Tanja Nusser, Königstein i.Ts. 2002, S. 167–180, hier S. 169f.

[24] Klinger, Zwillinge (wie Anm. 21), V,2, S. 66.

[25] Klinger, Zwillinge (wie Anm. 21), V,2, S. 66.

det, mehr noch: Der Racheakt des um Selbstbehauptung kämpfenden *Vaters* führte sogar dazu, dass das seinerzeit ungeheuer populäre Stück als *Ab*wendung vom schrankenlosen Jugend- und Subjektkult der Sturm-und-Drang-Bewegung und damit als ein Wendepunkt wahrgenommen wurde.

Tradierte Vorstellungen von Blutsverwandtschaft stehen auch in Lessings Drama ›Nathan der Weise‹ zur Disposition, in dem der Jude Nathan das christlich getaufte Waisenmädchen Recha als sein eigenes Kind aufzieht. Ausdrücklich heißt es hier, dass der sich selbst zum Vater wählende bzw. der sich durch seine Handlungen bewährende Vater der ›wahre‹ Vater sei.[26] Der sich bewährende Vater aber ist hier eben nicht der ›biologische‹ Vater, sondern der Adoptivvater, dessen Rolle als Resultat einer Störung der ›natürlichen‹ Familienordnung wahrgenommen werden kann.

In diesen Textbeispielen steht also vor allem die ursprüngliche biologische Bedeutung von Generation, Zeugung, zur Diskussion. Das korreliert mit den wissenschaftshistorisch bedeutsamen Entwicklungen jener Zeit, die zu dem Eindruck führen mussten, um es untertrieben zu formulieren, dass die in der biologischen *generatio* verankerten Ordnungskategorien gefährdet schienen. Worauf ich anspiele, ist die zeitgenössische Diskussion um Präformation und Epigenese. Bevor ich jedoch auf diesen wissenschaftshistorischen Kontext und dessen Konsequenzen näher eingehe, möchte ich auf Kleists im frühen 19. Jahrhundert publizierten Text vorgreifen, um von dort aus weiter deutlich zu machen, welch großes Diskussionspotential der ›biologischen‹ *generatio* um 1800 zukam.

In Kleists rasanter Novelle ›Der Findling‹ werden sämtliche grundlegende, die Begriffe ›Genealogie‹ und ›Generation‹ betreffenden Kategorien und Normen verhandelt: Ein verwaister, nicht mehr zeugungsfähiger Vater adoptiert einen aufgefundenen, gerade elternlos gewordenen Jungen, »und zwar nicht nur formaljuristisch an Sohnes statt, sondern tatsächlich anstelle seines einzigen Sohnes«,[27] dessen Tod der Findling durch Ansteckung mit einer »pestartige[n] Krankheit« verursacht hat (BKA II/5, 19). Nun übernimmt der Fremdling nach und nach die Kleidung, das Bett und schließlich die gesamte Familienposition des leiblichen Sohnes.

Der Text kreist, wie so viele Texte Kleists, um Alter, Adoption, Ähnlichkeit, Wiedererkennen, Herkunft, Blutsverwandtschaft und Generationenkonflikte.[28] Fragen der Genealogie und, damit zusammenhängend, des Erbrechts, werden aufgegriffen und in ihrer Normiertheit hinterfragt. Der Adoptivsohn jagt den Vater am Ende aus dem Haus und bestimmt über dessen Erbschaft, nicht etwa umgekehrt. Dabei geht es um die Zurückweisung der vom Vater geforderten Rückerstattung der vom Sohn vorzeitig gemachten Erbschaft. Die Adoptivmutter,

---

[26] Vgl. Gotthold Ephraim Lessing, Nathan der Weise. Ein dramatisches Gedicht in fünf Aufzügen, Anmerkungen von Peter von Düffel, Stuttgart 1964 (1779), V,7, Vs. 3662–3666.

[27] Vedder, Natur und Unnatur (wie Anm. 7), S. 159.

[28] Zum augenfälligen Fokus auf Geburt und Adoption im Werk Kleists vgl. auch Helmut J. Schneider, Geburt und Adoption bei Lessing und Kleist. In: KJb 2002, S. 21–41. – Zu Familienkonstellationen bei Kleist vgl. u.a. Anthony Stephens, Kleists Familienmodelle. In: KJb 1988/89, S. 222–237.

so scheint es, begehrt den ›Findling‹.[29] Doch, wie um tradierte ödipale Verwandt-schafts-Konstellationen durchzuspielen, ist es umgekehrt auch der Ziehsohn, der ein amouröses Interesse an ihr entwickelt – aus welch niederen Motiven auch immer. Aber nicht der Adoptivsohn tötet am Ende den Vater, sondern umgekehrt: Der Vater tötet den Sohn. Zentrale Mythen und Regeln der Verwandtschaftsbezie-hungen scheinen also aus den Angeln gehoben – und zwar auch die moralischen Regeln der gewählten, sozialen Verwandtschaft.

Die für die Bestimmung von Blutsverwandtschaft grundlegende Frage der Ähnlichkeit wird über die zu Beginn der Erzählung beiläufig fallende Anmerkung stimuliert, dass der aufgegriffene Ziehsohn »schwarze[ ] Haare«[30] habe sowie »fremd« oder zumindest »besonder[s]« aussähe (BKA II/5, 24). Denn im Verlaufe der Lektüre muss man sich fragen, ob er, der Findling und adoptierte Sohn na-mens Nicolo, nicht ein gemeinsamer und also verschwiegener Sohn seiner Adoptivmutter Elvire und Colinos sein könnte.[31]

Colino war der sich selbst aufopfernde, grundanständige Ritter gewesen, der sich bei der Rettung der damals dreizehnjährigen Elvire aus deren brennendem Elternhaus schwere, am Ende tödliche Kopfverletzungen zugezogen hatte. Elvire hatte ihn daraufhin drei Jahre lang aufopferungsvoll gepflegt, und sie war »wäh-rend dessen«, wie es doppeldeutig heißt, »nicht von seiner Seite« gewichen (BKA II/5, 29). Bereits die knapp geschilderte Rettung über feuchte, zu einem Strick gebundene Tücher und einem anschließenden gemeinsamen Fall in den Ozean ist sexuell konnotiert, und zwar recht unverschlüsselt – zumal vor dem bekannten Hintergrund, dass Kleist in zahlreichen seiner Texte Geschlechtsver-kehr und Vergewaltigung lediglich angedeutet hat, sei es durch harmlos klingende Wendungen (wie im ›Erdbeben in Chili‹) oder durch einen Gedankenstrich (wie in der ›Marquise von O....‹).

Mit dem früh verstorbenen Ritter soll der Findling angeblich eine auffallende Ähnlichkeit haben. Die mit den Namen Nicolo und Colino eingeführte Ana-gramm-Thematik – im Text selbst ist von der »logographische[n] Eigenschaft

---

[29] Nicolo ist, was den eigentlichen Wortsinn angeht, gar kein Findling, da er seine an der »pestartige[n] Krankheit« gestorbenen Eltern bis kurz vor seiner Adoption schließlich noch gehabt zu haben scheint: ›Findling‹ bzw. ›Findelkind‹ oder ›Fundkind‹ ist eine ältere Bezeich-nung für ein aufgefundenes Kind, meist im Säuglingsalter, das zuvor von den Eltern oder der Mutter ausgesetzt worden ist. Verbunden mit dieser Aussetzung ist meist die Hoffnung, dass es jemand finden und aufnehmen möge. Ryder hat zu Recht darauf hingewiesen, dass Nicolo ein Waisen- und kein Findelkind ist, sofern der Erzählung Glauben zu schenken ist, dass seine beiden Eltern an der Pest gestorben sind; vgl. Frank G. Ryder, Kleist's Findling: Oedipus Manqué. In: Modern Language Notes 92 (1977), H. 3: German Issue, S. 509–524, hier S. 510. Ein Findling bezeichnet aber auch einen zufällig gefundenen Stein und evoziert damit eine Bedeutung, die zur beschriebenen Starrheit und Versteinerung des Jungen passen.

[30] »Er war von einer besondern, etwas starren Schönheit, seine schwarzen Haare hingen ihm, in schlichten Spitzen, von der Stirn herab, ein Gesicht beschattend, das, ernst und klug, seine Mienen niemals veränderte.« (BKA II/5, 23)

[31] Dieser Vermutung ist meines Wissens bisher lediglich Ryder ausführlicher nachgegan-gen: Ryder, Kleist's Findling (wie Anm. 26), v.a. S. 510ff.

seines Namens« (BKA II/5, 46) die Rede – lässt die Frage nach Vererbung von Merkmalen und Eigenschaften um so berechtigter erscheinen. Die Vertauschung der Lettern bzw. die *Um*-Schreibung der Namen Colino und Nicolo provoziert, ganz im Sinne der tradierten künstlerischen Funktion des Anagramms, die Frage nach neuen verwandtschaftlichen Kombinationsmöglichkeiten.

Die hier stimulierte Suche nach weiteren Ähnlichkeiten und damit stillschweigend einhergehend auch der Verdacht auf Blutsverwandtschaft von Colino und Nicolo hat sich freilich allein auf äußere Merkmale zu beschränken, hält man sich die höchst unterschiedlichen oder geradezu gegensätzlichen moralischen Eigenschaften und Mentalitäten der beiden vor Augen. Denn ganz anders als der engelhafte Colino erscheint der Findling Nicolo mit fortschreitender Erzählhandlung geradezu als eine Ausgeburt des Teufels: Er ist untreu, unehrlich, listig, verschlagen, heimtückisch und nur auf seinen eigenen Vorteil bedacht. Der Findling kommt dem Stereotyp des Unheil bringenden, bösen Fremden also sehr nahe.[32] Äußerlich aber scheint er, wie erwähnt – zumindest in seiner karnevalesken Rittermaskierung, die er ein zweites Mal wählt, um sich der begehrten Adoptivmutter Elvire mit diesem Trick anzunähern – dem von Elvire lebenslang betrauerten Colino zu gleichen. So wenigstens wird das durch die Intensität der Reaktion Elvires nahegelegt, die beim Anblick des Verstorbenen jeweils derart erschüttert wird – sie fällt jedes Mal in Ohnmacht[33] –, dass sie schließlich an der wiederholten – durch vermeintliches Wiedererkennen bewirkten – Erschütterung stirbt.

Am Ende der Erzählung wird freilich offengelegt, wie viele Jahre der Tod Colinos erst zurückliegt. Alles Rätselraten um mögliche Blutsverwandtschaften sollte damit ein Ende finden: Nicolo kann nicht sehr viel jünger sein als seine junge Stiefmutter, wie sich nach ein wenig Rechnen schnell ergibt. Er kann also unmöglich deren *biologischer* Sohn sein – sofern man Xavièra tatsächlich Glauben schenken will.[34] Doch gerade sie ist als eine unglaubwürdige Person von zweifelhaftem Charakter gezeichnet. Die Unwahrheit sagt sie vermutlich noch einmal im Text. »[N]ach einer sonderbaren schalkhaften Begrüßung«, wenn sie Nicolo eröffnet,

> daß der Gegenstand von Elvirens Liebe ein, schon seit zwölf Jahren, im Grabe schlummerner Todter sei. – Aloysius, Marquis von Montferrat, dem ein Oheim zu Paris bei dem er erzogen worden war, den Zunamen *Collin*, späterhin in Italien scherzhafter Weise in *Colino* umgewandelt, gegeben hatte, war das Original des Bildes, das er

---

[32] Zum Bösen im ›Findling‹ vgl. Peter-André Alt, Poetische Logik verwickelter Verhältnisse. Kleist und die Register des Bösen. In: KJb 2008/09, S. 63–81.

[33] Zur Ohnmacht als physikalischem Prinzip, beruhend auf der Elektrizitätslehre Benjamin Franklins vgl. Herminio Schmidt, Heinrich von Kleist. Naturwissenschaft als Dichtungsprinzip, Bern, Stuttgart 1978 sowie Sigrid Weigel, Der ›Findling‹ als ›gefährliches Supplement‹. Der Schrecken der Bilder und die physikalische Affekttheorie in Kleists Inszenierung diskursiver Übergänge um 1800. In: KJb 2001, S. 120–134.

[34] Elvire kann erst um die achtzehn, vielleicht etwas jünger, gewesen sein, als Piacchi sie zwei Jahre nach dem schrecklichen Geschehen geheiratet hatte; sie wäre zwölf Jahre später also dreißig Jahre alt; vgl. zu dieser Frage des Alters und der möglichen Blutsverwandtschaft von Elvire und Nicolo auch ausführlich Ryder, Kleist's Findling (wie Anm. 26), S. 511ff.

in der Nische, hinter dem rothseidenen Vorhang, in Elvirens Zimmer entdeckt hatte; der junge, genuesische Ritter, der sie, in ihrer Kindheit, auf so edelmüthige Weise aus dem Feuer gerettet und an den Wunden, die er dabei empfangen hatte, gestorben war. (BKA II/5, 49)

Diese Angaben zur Herkunft (und womöglich auch zum Stand) des edlen Colino widersprechen denen des Erzählers zu Beginn der Erzählung, wo vom Vater des »jungen Genueser[s]«, einem »Marquis«, die Rede ist, in dessen »Hotel« in Genua der Sohn nach dem Unfall gebracht wird (BKA II/5, 28). Diese Angabe verunklärt, ob der »junge genuesische Ritter« nun von einem Oheim in Paris erzogen worden oder ob er in Genua bei seinem Vater aufgewachsen ist. Dass der zuvor als Ritter eingeführte Colino hier als Marquis bezeichnet wird, macht die ›schalkhaft‹ vorgetragene Erzählung nur noch unglaubwürdiger, denn es ist unklar, ob der Sohn den Titel ›Marquis‹ überhaupt von seinem Vater geerbt haben kann, wenn dieser doch selbst bereits ein Marquis ist, und wenn dem so ist, ob er ihn geerbt haben kann, bevor dieser verstorben ist (offenbar war dies in Italien zu bestimmten Zeiten möglich, doch die Situierung des Textgeschehens in der historischen Wirklichkeit ist bekanntlich nicht eindeutig gegeben). Die Geliebte Nicolos hat damit spätestens nach dieser Passage das Vertrauen der Leserschaft erschüttert. Dass freilich auch der Erzähler bei Kleist keine sichere Instanz darstellt, ist bekannt. Auch seine Information ließe sich also bezweifeln. So oder so muss bei den Lesenden an dieser Stelle ein umso stärkeres Rätselraten, die Suche nach der ›wahren‹ Herkunft Nicolos betreffend, einsetzen. Dass das Rätsel gelöst werden kann, ist eigentlich unmöglich angesichts eines Textes, der so deutlich mit Erkennungs- und Verkennungsmustern spielt wie ›Der Findling‹.[35]

Elvire jedenfalls erliegt ihrem vermeintlichen Wiedererkennen, dem jedoch ein Verkennungsmuster zugrunde liegt. Nur dadurch, dass die äußere Ähnlichkeit von Colino und Nicolo durch die anagrammmatische Namensverwandtschaft nochmals untermauert wird, ist dieses Verkennungsmuster überhaupt durchsetzungsfähig.[36]

Dass und wie die Thematik des Wiedererkennens bzw. der »Erkennbarkeit der Generationen für die Literatur des 18. Jahrhunderts von fundamentaler Bedeutung« gewesen war, hat Helmut Müller-Sievers plausibel herausgestellt, und zwar anhand von Christian Fürchtegott Gellerts Roman ›Das Leben der schwedischen Gräfin von G***‹ (1750), in dem in zwei Szenen mit dem Erkennen von Verwandtschaft gespielt wird.[37]

---

[35] Diese Verwirrungstaktik, wenn es denn eine ist, müsste näher untersucht werden in Bezug auf ihre biologisch-genealogische Funktion, die der These vom Fortschritts- und Futurisierungsimpetus der jüngeren Generation diametral entgegensteht.

[36] Dass es allein äußere Merkmale sind und dass die anagrammatische Eigenschaften der Namen zugleich Eigenschaften der Vertauschung also die Voraussetzung von Verkennung sind, indiziert natürlich zugleich auch die Gefährdetheit dieses Musters.

[37] In einer Szene »begegnet die Titelheldin auf den Gütern ihres neuen, jedoch schon in Geschäften abwesenden Ehemannes der Witwe eines Pächters. Die schwedische Gräfin verlangt, den Sohn der Witwe zu sehen, der ihr auffällig vorenthalten wird, und als sie ihn zu Gesicht bekommt, wissen wir warum: ›ich ließ nicht nach, bis man ihn vor mich brachte.

Dreißig Jahre nach Uraufführung von Mozarts, ebenfalls um Wiedererkennen kreisender Oper ›Die Hochzeit des Figaro‹ (1784 in Paris, 1786 in Wien) aber – in der ein Muttermal an Figaros rechtem Arm zum Wiedererkennen von Mutter und Sohn und damit, zu Figaros Glück, gerade noch zur Verhinderung einer fast erzwungenen Hochzeit führt –, also im frühen 19. Jahrhundert, sei es, so die These Müller-Sievers', mit den »agnostischen Tollheiten der Kindesaussetzung, des vollzogenen oder knapp vermiedenen inter- oder intragenerationellen Inzests, der Verkleidung, des unerkannt einem anderen Beischlafens« so gut wie vorbei gewesen.[38] Müller-Sievers sieht einen der dafür verantwortlichen Faktoren in den zeitgenössischen Diskussionen über Zeugungstheorien, nämlich im »Umschwung in der Erklärung der natürlichen Ähnlichkeit und ihrer Zeichen um 1800«.[39] Mit »Umschwung« meint er dabei die Wende von präformationistischen Zeugungsmodellen zu epigenetischen Hervorbringungskonzepten, man könnte auch sagen von gottgewollten, notwendigen zu intrabiologischen oder generationsinhärenten.

Zur Erinnerung: Die Präformationisten gingen davon aus, dass das künftige Lebewesen in seiner Gesamtheit bereits im Spermium oder, je nach Auslegung, in der Eizelle vorgebildet – präformiert – sei. Man kennt die Abbildungen von dem Spermium-Tropfen, in dem ein kleines, vollausgebildetes Menschlein sitzt.

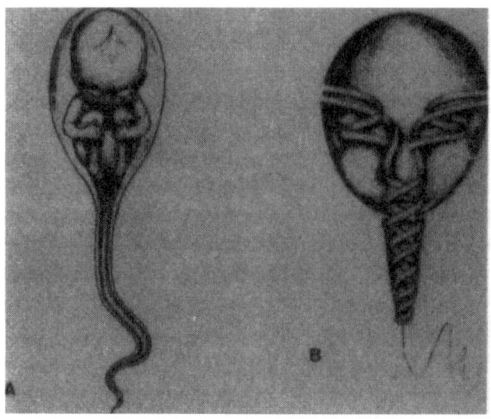

Abb.: Lauri Saxén, Der Homunkulus, früher und heute (DNA). Cartoon. In: Clara Pinto-Correia,
The Ovary of Eve. Egg and Sperm and Preformation, Chicago und London 1997 (1973), S. 305.

Hilf Himmel! Wie entsetzte ich mich, als ich in seinem Gesichte das lebendige Ebenbild meines Gemahls antraf«; Helmut Müller-Sievers, Ahnen ahnen. Formen der Generationenerkennung in der Literatur um 1800. In: Generation. Zur Genealogie des Konzepts – Konzepte von Genealogie (wie Anm. 4), S. 157. Viel später, in einer zweiten Erkennungsszene wird dieser als unehelicher Sohn des Ehemanns entdeckte Sohn ein Mädchen heiraten, das unerkannterweise ein weiteres uneheliches Kind des Gemahls ist, so dass damit nun ein ungewusster Geschwisterinzest aufgedeckt ist; vgl. Müller-Sievers, Ahnen ahnen, S. 157, sowie Christian Fürchtegott Gellert, Leben der schwedischen Gräfin von G***. In: Ders., Sämmtliche Schriften, Leipzig 1769 (1750), Ndr. Hildesheim 1968, Vierter Theil, S. 257.

[38] Müller-Sievers, Ahnen ahnen (wie Anm. 37), S. 162.
[39] Müller-Sievers, Ahnen ahnen (wie Anm. 37), S. 162.

Im Gegensatz dazu verlagerten die Epigenisten den Entwicklungsprozess in den einzelnen Organismus selbst: Der Organismus erzeugt sich nach diesem Modell selbst, wobei er von einem inneren Selbstorganisationstrieb geleitet wird. Im Gegensatz zum präformationistischen Modell, das von einer göttlich vorbestimmten Entstehung des Menschen ausging, haben im epigenetischen Modell beide Elternteile insofern einen gewissen Anteil daran, als sie *beide* ihre Anlagen in die Nachkommen mit hinein reproduzieren. Ob Präformation oder Epigenese – »jede Theorie der Generation muß eine Theorie der Ähnlichkeit beinhalten«,[40] denn diese ist schließlich eines der Hauptkriterien von Verwandtschaft.[41] Bei der Präformation sind die Zeichen der Ähnlichkeit das Resultat *äußerer* und daher im weitesten Sinne *zufälliger* Krafteinwirkungen, bei der Epigenese sind sie Resultat von Blutsverwandtschaft und der durch den »Bildungs*trieb*«[42] des *jeweiligen* Organismus in Gang gehaltenen Kraftanstrengung.

Der Umschwung von präformationistischen zu epigenetischen Erklärungsmustern ist vor allem durch eine Erklärungslücke bzw. »Begründungskrise«[43] gekennzeichnet. Während die Präformationisten behaupteten, die »Mechanismen der Generation und Reproduktion [könnten] *noch nicht* sichtbar gemacht werden«, mein-

---

40 Müller-Sievers, Ahnen ahnen (wie Anm. 37), S. 162.

41 Selbst im Präformationismus spielt Ähnlichkeit eine Rolle, werden etwa das Alter des Mannes und die chemische Qualität seiner Spermien in Rechnung gezogen, die sich in besonderen verwandtschaftlichen Ähnlichkeiten bei dem Embryo auswirken: »Entscheidend ist, daß diese Prägungen Signaturen oder Einschreibungen äußerlich und darum im weitesten Sinne zufällig sind – der Präformationismus ist somit die Festschrift des alten Diktums *pater semper incertus*, dem die innere Unverwechselbarkeit, die später dem Begriff des Individuums zugesprochen wird, gleichgültig ist. In ihrer Kontingenz können diese Ähnlichkeitsmerkmale denn auch erkannt oder nicht erkannt werden«; Müller-Sievers, Ahnen ahnen (wie Anm. 37), S. 163. Ein Beispiel für eine amüsante Darstellung der Oberflächlichkeit der Generationenähnlichkeit stellt wiederum ›Figaro‹ dar: Die Mutter Marceline begehrt den unerkannten Sohn so lange, bis dieser einige Zeichen seiner Geburt erwähnt, u.a. ein Mal auf seinem Arm (vgl. S. 163). Ein anderes Beispiel ist Lessings ›Nathan der Weise‹, wo »der Geschwisterinzest nicht durch die Ahnung der Verwandtschaft bei den Liebenden verhindert [wird], sondern durch zufällige oder höchstens strategische Nachforschungen Außenstehender« (S. 163).

42 Der ›Bildungstrieb‹ ist ein biologisches Konzept von der fortschreitenden Selbstorganisation jedes Lebewesens. Der Darstellung Johann Friedrich Blumenbachs in seiner Schrift ›Über den Bildungstrieb und das Zeugungsgeschäfte‹ (Göttingen 1781) folgend, ist es umgangssprachlich am kürzesten wohl als der postulierte Drang eines jeden Lebewesens nach Vervollkommnung zu beschreiben. Blumenbachs Thesen beeinflussten Dichter und Denker bis ins frühe 19. Jahrhundert hinein, unter anderem Alexander von Humboldt oder Goethe, mit dem er gemeinsam anatomische Forschungen betrieb, und sie begeisterten Kant, der Blumenbach für einen der größten Biologen hielt; vgl. Timothy Lenoir, Morphotypes and the Historical-Genetic Method in Romantic Biology. In: Romanticism and the Sciences, hg. von Andrew Cunningham und Nicholas Jardine, Cambridge, New York u.a. 1990, S. 119–129 oder, ausführlicher: Timothy Lenoir, Kant, Blumenbach, and Vital Materialism in German Biology. In: Isis 71 (1980), S. 77–108. Vgl. allerdings die Kritik an Lenoirs Darstellung in: Robert J. Richards, The Romantic Conception of Life. Science and Philosophy in the Age of Goethe, Chicago, London 2002, S. 216ff.

43 Müller-Sievers, Ahnen ahnen (wie Anm. 37), S. 165.

ten die Epigenetiker, »daß diese Suche selbst fehlgeleitet« sei, man müsse einfach akzeptieren, dass die Mechanismen der *generatio*, die zu so vielfältigen Individuen führe, einen »unsichtbaren, geistigen Grund« hätten.[44]

Beide Modelle also konnten oder wollten das Phänomen der verwandtschaftlichen ›Ähnlichkeit‹ und ihrer Zeichen nicht eigentlich erklären. Diese Erklärungslücke füllte die Literatur, so die These Müller-Sievers, und zwar mit einer vermehrten Thematisierung von Inzest: Das Werk des Mediziners und Naturforschers Johann Friedrich Blumenbach über den ›Bildungstrieb‹ des Organismus, das auf den Thesen des Epigenetikers Caspar Friedrich Wolff aufbaute und die Epigenese in Deutschland letztlich durchsetzen sollte, war 1781 erschienen – und tatsächlich lässt sich von genau diesem Jahr an eine dramatische Zunahme von literarischen Werken feststellen, in denen »ungewußter Inzest« (Titzmann) und damit

> die Möglichkeit der Verkennung von Generationenverhältnissen, eine zentrale Rolle spielt. Erst in der zweiten Dekade nach der Jahrhundertwende, als auch die Epigenese keine ernstzunehmenden Gegner mehr hatte, senkt sich diese Kurve wieder auf ein unauffälliges Maß ab.[45]

Die rasante Zunahme dieser Thematisierung

> ist umso bemerkenswerter, als zur gleichen Zeit die Strafwürdigkeit inzestuöser Vergehen radikal herabgesenkt wurde, von körperlichen und Zuchthausstrafen zu einigen Jahren Gefängnis. Darüber hinaus gibt es keine Hinweise darauf, daß in dem statistisch auffälligen Zeitraum der Inzest in der sogenannten Wirklichkeit epidemisch grassierte.[46]

Auf diesem Hintergrund baut die These Müller-Sievers' auf, dass die »Obsession der Inzestszenarien« eine Reaktion der Literatur »auf die Begründungskrise des Generationenverhältnisses« gewesen sei.[47] Was nun Texte wie Lessings ›Nathan der Weise‹ angehe, die die Inzestgefahr zwischen *Geschwistern* thematisieren, so stelle sich die

> Frage der Erkennung von Familienähnlichkeit […] hier gewissermaßen in ihrer reinsten Form: Der Unwahrscheinlichkeitsgrad in der Konstruktion der Trennung von Geschwistern ist gering wie auch der in der Erklärung des Begehrens füreinander, und anstatt daß wie im transgenerationellen Inzest sich Fortpflanzer und Fortgepflanztes

---

[44] Müller-Sievers, Ahnen ahnen (wie Anm. 37), S. 165.

[45] Müller-Sievers, Ahnen ahnen (wie Anm. 37), S. 165f. – Hingewiesen sei hier mit Müller-Sievers auf die Befunde Michael Titzmanns, der unzählige Inzest-Dramen für diesen Zeitraum ausgemacht hat, v.a. den ›ungewussten Inzest‹ zwischen Geschwistern, die von ihrer Blutsverwandtschaft nichts wissen; vgl. Michael Titzmann, Literarische Strukturen und kulturelles Wissen: Das Beispiel inzestuöser Situationen in der Erzählliteratur der Goethezeit und ihrer Funktionen im Denksystem der Epoche. In: Erzählte Kriminalität. Zur Typologie und Funktion von narrativen Darstellungen in Strafrechtspflege, Publizistik und Literatur zwischen 1770 und 1920, hg. von Jörg Schönert, Tübingen 1991, S. 229–282.

[46] Müller-Sievers, Ahnen ahnen (wie Anm. 37), S. 165f.

[47] Müller-Sievers, Ahnen ahnen (wie Anm. 37), S. 166.

begegnen, sieht sich beim Geschwisterinzest die Generation gewissermaßen selbst ins Auge.[48]

Die damit aufgeworfene Frage nach dem Gemeinsamen der verhandelten biologischen Thesen und der Literatur dieser Zeit führt weiter zu der Frage, ob die Prinzipien der Epigenese oder die der Präformation sich jeweils ästhetisch abbilden können.[49] Grundlegend ist hier der Versuch Müller-Sievers', dies am *Anagnorisis*-Motiv in Lessings ›Nathan der Weise‹ sowie Goethes ›Iphigenie‹ durchzuspielen. Beide Texte drehen sich um Wiedererkennung (*Anagnorisis*), bringen sie jedoch aufgrund ihrer »gegensätzlichen Haltungen« dazu »in unterschiedlicher Form zur Erscheinung«.[50] Während Lessings Text eher dem präformationistischem *Anagnorisis*-Muster gehorcht, folgt Goethes Text eher dem epigenetischem Wiedererkennungsmuster: Nach dem Modell von der göttlichen Präformation des Menschen im Spermium oder der Eizelle ist ein ›Erkennen‹ schließlich aufgrund von bloß äußeren materialen Zeichen möglich. In Lessings ›Nathan‹ geschieht die

> Verhinderung des Inzests [...] nicht durch eine Vorahnung der Liebenden, sondern nach bewährtem Muster durch aufbewahrte materiale Zeichen (in diesem Fall Nathans Brevier), die die Wahrheit der neu etablierten Verhältnisse garantieren müssen.[51]

In ähnlicher Weise lässt sich darstellen, inwiefern Goethes ›Iphigenie‹ eher der Lehre der Epigenese folgt. Die Annahme der Epigenetiker, dass sich die Anteile *beider* Elternteile im Nachkömmling fortpflanzen, bedeutet vor allem, dass ein ›inneres‹ Band – das nicht zu näher zu erklären ist – einfach ›da‹ ist: »Es zeigt sich«.[52] Blutsverwandtschaft lässt sich also geistig erahnen bzw. mit dem Herzen erfühlen, so wie in dem ›teuflisch humanen‹ Text Goethes, wo es in der entscheidenden Wiedererkennungsszene der beiden Geschwister, Iphigenie und Orest, heißt, dass es die »*Stimme*« Iphigenies ist, die Orest »entsetzlich / Das *Innerste* in seinen Tiefen wendet« und seine nun erkannte Schwester ihm erklärt: »Es zeigt sich dir im tiefsten *Herzen* an: Orest, ich bin's! Sieh Iphigenien!«[53] Die eigentliche Wiedererkennung bleibt hier also »zeichenlos«. Sie findet ihren unwiderlegbaren »Beweis in der Introspektion der Geschwister«, nicht im gegenseitigen Vorzeigen von Muttermalen oder Brevieren.[54]

Während es in Goethes ›Iphigenie‹ letztlich die Blutsbande sind, die endlich ›sprechen‹, hat die Darstellung des Übergangs vom Nicht-Wissen zum Wissen in

---

[48] Müller-Sievers, Ahnen ahnen (wie Anm. 37), S. 166.

[49] Im Gegensatz etwa zu einem Text Denis Diderots über Geschwisterinzest, der sich auf die Legitimität des Geschwisterinzests auf Tahiti beruft, also ein ethnohistorisches Argument verwendet, und dies in polemischer Absicht. Vgl. Denis Diderots ›Supplément au voyage de Bougainville‹ (Ms. 1772, Druck 1796), Ausgabe hg. von Herbert Dieckmann, Genf 1955.

[50] Müller-Sievers, Ahnen ahnen (wie Anm. 37), S. 167.

[51] Müller-Sievers, Ahnen ahnen (wie Anm. 37), S. 167.

[52] Johann Wolfgang von Goethe, Iphigenie auf Tauris. In: Ders., Gesamtausgabe der Werke und Schriften, Stuttgart 1950–1963 (Cotta-Ausgabe), Bd. 5, III,1, S. 802.

[53] Goethe, Iphigenie auf Tauris (wie Anm. 52), S. 802.

[54] Müller-Sievers, Ahnen ahnen (wie Anm. 37), S. 168.

Lessings ›Nathan der Weise‹ eine ›didaktische Funktion‹ oder, in den treffenden Worten Müller-Sievers':

> Beinahe die Schwester gefreit, beinahe den Neffen hingerichtet zu haben, lehrt uns etwas, und zwar nicht, daß man seine Verwanden nicht beschlafen oder hinrichten soll, sondern daß potentiell, weil man sie ja nicht anders als durch äußere, zufällige Zeichen erkennen kann, alle Menschen Verwandte sind und als solche behandelt werden sollen. Verwandtschaft ist eine soziale und dann moralische Kategorie, die ausdrücklich nicht mit Blut und Ahnen zu begründen ist.[55]

In Lessings ›Nathan der Weise‹ spricht Saladin emphatisch folgende Worte:

> Ja wohl: das Blut, das Blut allein
> Macht lange noch den Vater nicht! Macht kaum
> Den Vater eines Tieres! Giebt zum höchsten
> Das erste Recht, sich diesen Namen zu
> Erwerben![56]

Diese Worte sind zugleich das Erkenntnisziel des Stückes: Nathan wird vom christlichen wie vom muslimischen Verwandtschaftsdiskurs ausgenommen und einfach als Vater akzeptiert.[57]

Kleists ›Der Findling‹ spitzt die Problematiken dieser beiden Texte zu: Wie gesehen, thematisiert die Novelle den Übergang von *vermeintlichem* Wissen bzw. Vermutungen, die sich an äußeren Zeichen entzündeten, zum vermeintlich *sicheren* Wissen, dass es *keine* Verwandtschaft zwischen Colino und Nicolo gibt. Das durch zufällig ausgestreute, äußere Zeichen initiierte Rätseln um eine vermutete Verwandtschaft, wird am Ende *ad absurdum* geführt. Das Wissen um die *Nicht*-Verwandtschaft ist oder scheint aufgrund der zuletzt offengelegten Daten so sicher, dass es in seiner Zielgerichtetheit und da es eben allein auf äußeren Zeichen beruht (und will man dem Erklärungsmodell Müller-Sievers' folgen) dem präformationistischen *Anagnorisis*-Prinzip entspräche. Dasselbe gälte allerdings auch für die Umkehrlösung: die Feststellung einer biologischen Verwandtschaft. Damit wird dem präformationistischen Erklärungsmuster, das allein auf äußeren und darum im weitesten Sinne zufälligen Daten beruht, der Boden entzogen – ebenso dem epigenetischen: Ob Elvire Nicolo womöglich als ihren eigenen Sohn und damit als Blutsverwandten wiedererkennt oder ob sie ihn aufgrund seiner Ähnlichkeit mit dem verstorbenen Geliebten begehrt, bleibt im Dunkeln.

Anders als bei Lessing wird bei Kleist die Gefährdung betont, die in moralisch hergestellter, auf Menschlichkeit beruhender, sozialer Verwandtschaft liegt. Bei Kleist durchkreuzt vor allem das aufgrund gegenseitiger Täuschungen entfachte Rachegefühl – zunächst des Fremdlings und später dann auch Piachis – jede Moral und Humanität und auch jede Fortsetzung der Familie, d.h. auch einer Zukunft der familiären Generationen. Ähnlich wie in Klingers ›Die Zwillinge‹ stirbt die Generation der Söhne hier vor der Vatergeneration – der alte Piachi ermordet den ›gewählten‹ Sohn Nicolo, der ihn zunächst um den leiblichen Sohn, später auch die

---

55 Müller-Sievers, Ahnen ahnen (wie Anm. 37), S. 167f.
56 Lessing, Nathan der Weise (wie Anm. 26), S. 9.
57 Vgl. Müller-Sievers, Ahnen ahnen (wie Anm. 37), S. 168.

Frau und den gesamten Besitzstand gebracht hat, ziemlich brutal und schwört ihm auch danach noch ewige Rache, bis in die ›Hölle‹ hinein, womit die Frage nach einer Rückerstattung des Erbes und damit auch die nach einer von Traditionen unbelasteten Zukunft einer neuen Generation aufgehoben und insgesamt viel eher wieder die Frage nach der biologischen *generatio,* der Genealogie sowie dem angeblich natürlichen Geschlechtscharakter (hier: von Natur aus gegebene Bosheit) intoniert werden.

Damit entspricht auch dieser Text trotz all seiner (Post-)Modernität einer für die Literatur um 1800 insgesamt charakteristischen Tendenz. Nicht die Ablösung einer alten Generation mit ihren weitreichenden Traditionen durch eine fortschrittsorientierte jugendliche Generation scheint auf dem literarischen Programm ganz oben zu stehen, sondern es ist vielmehr die Debatte um die biologische *generatio,* die Zeugung, die Blutsverwandtschaft und ihrer Erkennungszeichen sowie die vermeintlich ›natürliche‹ Generationenabfolge, die die Gemüter beschäftigt und die in dieser Zeit – auch wissenschaftshistorisch besehen – durch vielfältige Zerreissproben gekennzeichnet ist. Es geht hier somit auch um die wechselseitige Durchdringung von Kultur und Natur, deren komplexes Zusammenspiel sich nicht zuletzt hinter dem ebenso bedeutungsschwangeren wie vieldeutigen Begriff ›Generation‹ verbirgt.

Tim Müller

MARIONETTENTHEATER/ MENSCHENTHEATER
Kleists Ethik souveränen Handelns

Wenn du nicht kannst, nicht willst – seis! Weine nicht.
Ich bleibe bei dir. Was nicht möglich ist,
Nicht ist, in deiner Kräfte Kreis nicht liegt,
Was du nicht leisten kannst: die Götter hüten,
Daß ich es von dir fordre!

Penthesilea, Vs. 1271–1275

Was die Amazone Penthesilea in vorangestelltem Motto nicht vermag, und was die Freundin Prothoe ihr als einzige erlässt, ist die Erfüllung ihrer Herrscherpflicht. Kleists Penthesilea agiert als Königin und vertritt damit als Einzelne das Gesetz, das die Gemeinschaft, das Volk der »Amazonen oder Busenlosen« (Vs. 1989),[1] bis hin zur physischen Beschaffenheit bedingt. Penthesilea, die sich, wie alle Amazonen, der Amputation ihrer rechten Brust unterziehen muss, verkörpert als Königin konzentriert das, was alle anderen sein sollen. Problematisch wird es, sobald sie diese Verpflichtung zur Abbildung und sichtbaren Bestätigung von Amazonen-Sein und Amazonengesetz verwirft, indem sie anders handelt, als es ihr Status erfordert. Ihre Leidenschaft zu Achilles ist ihr qua Amazonengesetz verboten. Die körperliche Überwindung des männlichen Gegners, die das Gesetz fordert, ist Penthesilea nicht möglich. In einem zügellosen Gefühlsexzess schließlich ermordet sie den Begehrten und stellt sich damit außerhalb aller Normen des Amazonen-Seins.

Indem Penthesilea an exponierter Stelle für das Gesetz steht, ist sie diesem wie alle anderen verpflichtet. Die Spannung zwischen dem Sollen und ihrem Können bzw. Nicht-Können ist nicht nur mit ihrer Stellung als Königin verbunden, sondern weist auch grundlegend auf das Gebot richtigen Handelns als Kategorie hin, vor welcher der Einzelne verortet wird. Die von den Amazonen verlangte Einhaltung der Königinnenpflicht beinhaltet nämlich die Forderung nach der individuellen Selbstbeherrschung Penthesileas. Sie soll entgegen ihrem Gefühl, ihrem Begehren nach Achilles handeln und damit ihr Wollen überwinden (oder unterdrücken). Das Nicht-Können, das die Amazonen einklagen, meint in diesem Sinn Penthesileas Unfähigkeit zur Handlungskontrolle, zur Beherrschung und Regulie-

---

[1] Kleists ›Penthesilea‹ wird mit Vers-Angabe im Fließtext zitiert nach SW⁹ I.

rung ihres Handelns im Zeichen von Gesetz und daraus abgeleiteter Amazonen-existenz. In Relation zu diesem Sollen wird Penthesileas Handeln für die anderen zu einem Vergehen, ihre Existenzweise damit illegitim, sie selbst wird zur »Unse-lige[n]« (Vs. 1231) erklärt. Die positive Deutung dieses vermeintlichen Handlungs-defizits, die Prothoe gibt, deutet einen abweichenden Souveränitätsbegriff an, der uns zu beschäftigen haben wird.

Meine These ist, dass sich Kleists Anthropologie über die europäische Souverä-nitätsidee erschließen lässt, in der anthropologische und politische Komponenten zusammenfließen. Dabei interessiert Kleist sich sowohl für die Idee von Souverä-nität als Kategorie menschlicher (Selbst-)Reflexion als auch für die Techniken der Legitimation und Machtausübung von Ordnungen, die Souveränität für sich bean-spruchen. Im Mittelpunkt steht dabei immer der Mensch in den Möglichkeiten und Grenzen des Seins und Handelns.

Wesentliche Anstöße zu seiner Anthropologie erhält Kleist durch Ideen von Immanuel Kant, bei dem es um Menschenverortung, Handlungspflicht und Men-schenführung geht. Schon in seinen frühen Briefen reagiert Kleist hierauf höchst irritiert.[2] In seiner Auseinandersetzung mit Kant beginnt er, ein alternatives Mo-dell vom Menschen zu entwickeln, das die Herrschafts- und Herrscheridee als grundlegende Kategorie der (Selbst-)Verortung des Menschen reflektiert und kritisch wendet. Dieses Modell, das Kleist immer wieder durchspielt, versuche ich an einigen Schlaglichtern aus seinem Werk aufzeigen, wobei ich mich hier auf sein Drama ›Penthesilea‹ (1808) und die Abhandlung ›Über das Marionettentheater‹ (1810) konzentriere.

Um den Horizont meiner Verortung Kleists klarzumachen, gilt es zunächst, das Menschenmodell Kants als prominentes Beispiel für das abendländische Souverä-nitätsverständnis um 1800 zu skizzieren.

Für Renaissance und Neuzeit ist die Frage nach der Eigenmacht des Menschen nicht zuletzt vor dem Hintergrund der europäischen Ordnungskrisen zu sehen. Der westliche Mensch lebt in Staaten zusammen, in Herrschaftssystemen, die in Europa vor allem absolutistisch sind. Staatliche Willkür, krasse soziale Hierarchi-sierung, Kriege der Staaten untereinander, Religions- und Bürgerkriege – die Wirk-lichkeit steht in grellem Gegensatz zu den Qualitätsmaßstäben von Freiheit und Vernunft, die an den Menschen gelegt werden. Bezüglich seiner gesellschaftlichen und politischen Wirklichkeit muss gefragt werden, warum und in welchem Maße der Mensch einer Anleitung bedarf. Zentral in diesem Kontext wird die Frage nach der Herrschaft. Insofern die Herrschaft, die der Mensch kraft seiner Ver-nunft über sich selbst ausübt (zur Vermeidung widernatürlichen Handelns), als (noch) nicht hinreichend erkannt wird, meint das die Herrschaft, die über ihn ausgeübt wird.[3]

---

[2] Die unsystematische, assoziative Kant-Rezeption in den Briefen Kleists untersuche ich eingehend in meiner Dissertationsarbeit ›Grenzen und Potenziale souveränen Handelns im Werk Heinrich von Kleists‹. Dort versuche ich u.a., die Entstehung wesentlicher Grund-muster von Kleists Anthropologie aus seiner Kantlektüre heraus nachzuweisen.

[3] Den ideengeschichtlichen Horizont des europäischen Souveränitätsbegriffs, der von Jean Bodin 1576 als ›suverenitas‹ eingeführt wird, beziehe ich in meiner Arbeit auf die an-

Hier setzt nun Immanuel Kant an. Das schon in der Renaissance bei Nikolaus von Kues begegnende Thema der allmählichen Verwirklichung des Menschengeschlechts[4] legt auch er seinem eigenen Menschenbild zugrunde. In seiner Schrift ›Idee zu einer allgemeinen Geschichte in weltbürgerlicher Absicht‹ (1784) definiert er den Menschen aus der Qualität seiner Freiheit heraus, die für ihn zugleich Naturgegebenheit und Bestimmung bedeutet, aber als solche erst im voranschreitenden Entwicklungsprozess und auf die gesamte Menschheit bezogen erkennbar wird:

> Was man sich auch in metaphysischer Absicht für einen Begriff von der *Freiheit des Willens* machen mag: so sind doch die *Erscheinungen* desselben, die menschlichen Handlungen, eben so wohl als jede andere Naturgegebenheit, nach allgemeinen Naturgesetzen bestimmt. Die Geschichte, welche sich mit der Erzählung dieser Erscheinungen beschäftigt, so tief auch deren Ursachen verborgen sein mögen, läßt dennoch von sich hoffen: daß, wenn sie das Spiel der Freiheit des menschlichen Willens im *großen* betrachtet, sie einen regelmäßigen Gang derselben entdecken könne; und daß auf die Art, was an einzelnen Subjekten verwickelt und regellos in die Augen fällt, an der ganzen Gattung doch als eine stetig fortgehende obgleich langsame Entwicklung der ursprünglichen Anlagen derselben werde erkannt werden können.[5]

Dieses Modell verbindet Kant mit einer politischen Fragestellung, nämlich der Frage nach den Gegebenheiten, unter denen sich die menschliche Anlage zur Freiheit entwickeln kann, die das Wesen des Menschen, seine ureigene Natur, ausmacht. Doch sein Befund lautet: der Mensch ist in seinem Entwicklungsprozess noch nicht soweit, er befindet sich in einem Status, in dem er noch der Anleitung zur Freiheit bedarf. Für Kant ist der Mensch zur Freiheit verpflichtet, kann dieser

---

thropologische Aufgabenstellung der Souveränitätstheorie. Zum Komplex ›Bodin und Souveränität‹ vgl. den Artikel ›Souveränität‹ von Helmut Quaritsch. In: Historisches Wörterbuch der Philosophie, hg. von Joachim Ritter, Karlfried Gründer und Gottfried Gabriel, Bd. 9, Basel 1995, Sp. 1104–1109. Entscheidende Passagen bei Bodin finden sich in Jean Bodin, Sechs Bücher über den Staat, übersetzt und mit Anmerkungen versehen von Bernd Wimmer, eingeleitet und hg. von Peter C. Mayer-Tasch, München 1981, S. 98, 100, 101f., 205, 210, 213.

4 Vgl. Nikolaus von Kues, De coniecturis, Pars secunda, Capitulum XIV, De homine, hg. von Ernst Hoffmann, Paul Wilpert und Karl Bormann, Hamburg 2002, S. 169f.: »Da die Einheit der menschlichen Natur auf menschliche Weise eingeschränkt ist, faltet es offensichtlich alles entsprechend dieser ihrer Arteinschränkung ein. Die Kraft ihrer Einheit umfaßt nämlich alles und schließt es so in die Grenzen ihres Bereiches ein, daß nichts von allem ihrer Möglichkeit entflieht. So mutmaßt sie, daß sie alles entweder mit den Sinnen oder mit der Vernunft oder mit dem Verstand erreichen kann, und indem sie diese Fähigkeiten in ihrer Einheit eingefaltet erblickt, setzt sie voraus, daß sie zu allem auf menschliche Weise kommen kann. Der Mensch ist nämlich Gott, allerdings nicht schlechthin, da er ja Mensch ist; er ist also ein menschlicher Gott. Der Mensch ist auch die Welt, allerdings nicht auf eingeschränkte Weise alles, da er eben Mensch ist; der Mensch ist also Mikrokosmos oder eine menschliche Welt. Der Bereich der menschlichen Natur umfaßt in seiner menschlichen Möglichkeit Gott und das Weltall. Der Mensch kann also ein menschlicher Gott sein.«

5 Immanuel Kant, Werke in 12 Bänden, hg. von Wilhelm Weischedel, Frankfurt a.M. 1977, Bd. XI, S. 33.

Pflicht aber (noch) nicht voll gerecht werden. Er muss erzogen werden.[6] Damit trifft bei Kant Anthropologie und Politik zusammen: Der Mensch braucht in seinem noch unfertigen Zustand einen Herrscher, der ihn seiner eigentlichen Bestimmung zuführt, schärfer formuliert: der ihn zur Freiheit zwingt. Doch dieser Herrscher ist wieder nur – ein Mensch:

> *Dieses Problem ist zugleich das schwerste, und das, welches von der Menschengattung am spätesten aufgelöst wird.* Die Schwierigkeit, welche auch die bloße Idee dieser Aufgabe schon vor Augen legt, ist diese: der Mensch ist ein Tier, das, wenn es unter andern seiner Gattung lebt, *einen Herrn nötig hat.* [...] Wo nimmt er aber diesen Herrn her? Nirgend anders als aus der Menschengattung. Aber dieser ist eben so wohl ein Tier, das einen Herrn nötig hat.[7]

Mit seiner Zusammenlegung von Menschennatur und Herrschermodell akzentuiert Kant als anthropologische Aufgabenstellung, was zugleich Gegenstand der europäischen Idee der Souveränität ist und seit Mitte des 16. Jahrhunderts in verschiedenen Entwürfen verhandelt wird[8] – die Frage nach der Legitimität des Herrschers. Für Kant steht fest, dass die Aufgabe der Freiheit bezüglich des physischen Menschen in der Sinnenwelt »die schwerste unter allen [ist]«; denn: »[I]hre vollkommene Auflösung ist unmöglich: aus so krummem Holze, als woraus der Mensch gemacht ist, kann nichts ganz Gerades gezimmert werden. Nur die Annäherung zu dieser Idee ist uns von der Natur auferlegt.«[9] Paradoxerweise muss der Mensch geführt werden, damit er seine Natur (die Bestimmung zur Freiheit) verwirklichen kann. Schlüssel für diese postulierte (Selbst-)Verwirklichung des Menschengeschlechts ist für Kant sein kategorischer Imperativ als universale Handlungsanweisung: »[H]andle nur nach derjenigen Maxime, durch die du zugleich wollen kannst, daß sie ein allgemeines Gesetz werde.«[10] Eine solche Handlungsausrichtung muss alle Motive, die im Eigenen, Individuellen gründen, ausschalten. Dies ist die Forderung, die Kant letztlich an den Menschen stellt: imperativisches und damit zugleich moralisches Handeln: »Alle Imperativen werden durch ein Sollen ausgedruckt«.[11]

Angeregt ist meine Spurensuche durch die zeitgenössische Kantrezeption Judith Butlers. Indem Butler Kants Handlungs- und Seinsansprüche als eine Form

---

[6] In diesem Sinn versteht Kant den Staat als notwendige Bedingung zur Freiheit, wie er im ›Achten Satz‹ der genannten Schrift formuliert: »Man kann die Geschichte der Menschengattung im großen als die Vollziehung eines verborgenen Plans der Natur ansehen, um eine innerlich- und, zu diesem Zwecke, auch äußerlich-vollkommene Staatsverfassung zu Stande zu bringen, als den einzigen Zustand, in welchem sie alle ihre Anlagen in der Menschheit völlig entwickeln kann«; Kant, Werke (wie Anm. 5), Bd. XI, S. 45 (im Original kursiv).

[7] Kant, Werke (wie Anm. 5), Bd. XI, S. 40.

[8] Hier sind etwa die prominenten Modelle von Hobbes und Rousseau zu nennen.

[9] Kant, Werke (wie Anm. 5), Bd. XI, S. 41.

[10] Kant, Werke (wie Anm. 5), Bd. VII, S. 51 (im Original kursiv).

[11] Kant, Werke (wie Anm. 5), Bd. VII, S. 42.

>ethischer Gewalt‹ kritisiert,[12] bringt sie den Begriff der Souveränität ins Spiel, und zwar negativ gewertet. Souveränität, normalerweise als Überlegenheit, Übermacht, Herrschaft verstanden, wird hier abgewertet und als Hindernis verstanden, als Form von Unfreiheit und Unterwerfung.

Butler differenziert Kants Frage »Was soll ich tun?«, indem sie das Sollen an sich als Maßstab begreift, der die Möglichkeiten und Grenzen des ›Ichs‹ festlegt: »Wenn ich, wie ich das tue und tun muß, die Frage stelle: ›Was soll ich tun?‹, dann muß zunächst einmal ein ›Ich‹ entstanden sein, das sich zum Gegenstand seines eigenen Denkens nehmen kann.«[13] Auf diese Entstehung eines ›Ichs‹ aus bestimmten Bedingungen heraus (kulturelle, gesellschaftliche, soziale etc.), die schließlich die Selbstreflexion dieses ›Ichs‹ bestimmen, zielt Butler ab.

Mit Adorno teilt sie den Anspruch, »sich einer Dimension des ethischen Lebens zu nähern […], die sich nicht auf Vorschriften reduzieren läßt«.[14] In diesem Sinn stellt Butler das Individuum ins Zentrum ihrer Betrachtungen, und zwar als problematisches Wesen, das durch Felder der Blindheit gezeichnet ist. Ein solches Feld bezeichnet für sie das Phänomen, dass der Einzelne »in gewissem Maße […] sich immer durch seine gesellschaftlichen Entstehungsbedingungen enteignet [ist]«.[15] Damit kann der Mensch auch nicht über die Bedingungen verfügen, die ihn zu dem gemacht haben, der er ist. Solche Normen und Maßstäbe, die das ›Ich‹ bilden, finden sich für Butler etwa in »einer sozialen Welt, in der ganz bestimmte Arten von Optionen möglich sind und andere nicht«.[16] Dieses ›Ich‹ jenseits aller vorgefertigten Bedingungen will Butler wieder ins Recht setzen.

Butler zielt mit ihrer Kritik ›ethischer Gewalt‹ auf das Handlungsmodell Kants ab, das mit der Konzentration auf das ›Sollen‹ des Imperativs impliziert, dass der Mensch auch handeln kann, wie er soll. Da für Butler der Mensch nur sehr bedingt Herr seiner Selbst ist, verwirft sie eine solche Verortung von Souveränität, wie Kant sie gibt: »Man [muß] nicht souverän sein, um moralisch zu handeln; vielmehr muß man seine Souveränität einbüßen, um menschlich zu werden.«[17] Butlers Verfahren, mit der Kritik an Kants Modell vom Menschen auf die Notwendigkeit einer alternativen Anthropologie hinzuweisen, öffnet den Blick auf Kleists anthropologisches Programm.

Kommen wir noch einmal auf das ›Penthesilea‹-Zitat zurück, mit dem ich meine Überlegungen eröffnet habe. Es ist die Figur der Prothoe, die den Machtbereich des Amazonengesetzes durchbricht. Was Penthesilea nicht vermag – ›nicht kann, nicht will‹ –, gesetzmäßig zu handeln, zeichnet sie zugleich aus: Dies ist Prothoes Interpretation. Was Penthesilea nicht erfüllen kann, ist zweierlei. Zum einen kommt sie den von außen an sie gehenden Handlungspflichten nicht nach, die sie zugleich im Wortsinn verkörpert. Zum anderen ist es ihr, geprägt durch den vom

---

[12] So lautet der Titel von Butlers Schrift, auf die ich mich hier beziehe: Judith Butler, Kritik der ethischen Gewalt, aus dem Englischen von Reiner Ansén, Frankfurt a.M. 2003.

[13] Butler, Kritik (wie Anm. 12), S. 8.

[14] Butler, Kritik (wie Anm. 12), S. 7.

[15] Butler, Kritik (wie Anm. 12), S. 20.

[16] Butler, Kritik (wie Anm. 12), S. 8.

[17] Butler, Kritik (wie Anm. 12), S. 11.

Gesetz geschaffenen Handlungshorizont als Amazone, unmöglich, ihre Neigung zu Achilles auszuleben, nicht nur, weil ihr solches verboten ist, sondern darüber hinaus, weil sie über keine alternativen Handlungsmodelle verfügt, wie in diesem Fall »die sanftere [Kunst] der Frauen«, die ihr nicht »vergönnt« (Vs. 1888) ist. Prothoe lässt das Amazonenreich hinter sich, indem sie Penthesilea gerade in ihrem anderen, abweichenden Handeln akzeptiert, darin, dass sie nicht handelt, wie sie handeln soll. Dafür, dass Prothoe eine Perspektive außerhalb der Amazonenordnung einnehmen kann, die allen anderen Amazonen (einschließlich Penthesilea) unmöglich ist, steht auch, dass sie sich in ihrer Akzeptanz des Nicht-Könnens Penthesileas auf »die Götter« (vgl. Vs. 1274) beruft – solche nämlich können nur andere Götter als diejenigen der Amazonen sein. Prothoe bestätigt Penthesilea sowohl in deren Weigerung, der Königinnenpflicht nachzukommen und ihren Status damit aufzugeben, als auch in ihrem Zusammenbruch individueller Handlungssouveränität, dem illegitimen Begehren Achills. Individuelle Handlungskontrolle, die die Amazone nicht leisten kann, ist schlechtes Handeln nur vor dem Gesetz; vor dem Hintergrund alternativer Handlungsbegriffe, so legt Prothoes Anrufung der anderen, nicht benannten Götter nahe, ist ein solches Handeln überhaupt nicht zu verurteilen, somit auch nicht falsch oder defizitär.

Für die anderen Amazonenfürstinnen und die Oberpriesterin muss Prothoes Wertung unverständlich bleiben:

> DIE OBERPRIESTERIN. Wie, du Unsel'ge? Du bestärkst sie noch?
> MEROE. Unmöglich wärs ihr, zu entfliehn?
> DIE OBERPRIESTERIN.   Unmöglich,
>   Da nichts von außen sie, kein Schicksal, hält,
>   Nichts als ihr töricht Herz – (Vs. 1278–1281).

Diese Verurteilung von Penthesileas Verhalten als Schwäche wendet Prothoe um:

>   Das ist ihr Schicksal!
>   Dir scheinen Eisenbanden unzerreißbar,
>   Nicht wahr? Nun sieh: sie bräche sie vielleicht,
>   Und das Gefühl doch nicht, das du verspottest.
>   Was in ihr walten mag, das weiß nur sie,
>   Und jeder Busen ist, der fühlt, ein Rätsel. (Vs. 1281–1286)

Das »töricht Herz« bezeichnet den illegitimen Ort des Gefühls, das Penthesilea verboten ist und mit dem sie »die Grenzen überschwärm[t]« (Vs. 1668). Auch wenn Prothoe immer wieder vor der exzessiven Maßlosigkeit, dem entregulierten Gefühlshaushalt ihrer Freundin erschrickt,[18] so bleibt sie in ihrem grundsätzlichen Urteil konsistent. Gegenüber der Oberpriesterin stellt sie das Handlungspotenzial Penthesileas gerade in Verbindung mit dem Motiv ihres Gefühls als überlegen heraus. Damit erklärt sie Penthesilea selbst zum Maßstab des Handlungsurteils. Dass Penthesilea ihre Neigung nicht beherrschen kann, ist für sie Zeichen von Stärke und Überlegenheit deswegen, weil dieses Gefühl Teil von Penthesilea selbst

---

18 Vgl. Vs. 1665: »Freud ist und Schmerz dir, seh ich, gleich verderblich, / Und gleich zum Wahnsinn reißt dich beides hin.«

ist. Mit dem Rätsel, das Penthesilea darstellt, verweist Prothoe auf einen Bereich, den das Amazonengesetz nicht abdecken, aber auch nicht vollständig ausgrenzen kann. Penthesilea steht, so wie sie bislang in ihrem Körper das Sein der Gemeinschaft verkörpert hat, nun in ebensolchem Maße für ein Sein, das es laut Gesetz nicht geben darf. Ihre Souveränität besteht darin, dass sie in ihrer Hingabe an die Leidenschaft, die sie als Eigenes entdeckt, nicht gegen sich selbst handelt, nicht unterdrückt, was von allen anderen bis auf die Freundin als falsches Handeln verworfen wird. Penthesileas Biographie, die den Amazonen in ihren Brüchen zwischen der ›Lieblichen‹ und der ›Entsetzlichen‹ so unverständlich erscheint, erhält einen neuen Sinn in der von Prothoe vollzogenen Einsicht, dass der einzelne Mensch nicht vollständig durch seine Herkunft und Umgebung erfasst werden kann.

Trotz Raserei, Wahnsinn, Widersprüchlichkeit, im finalen Eichengleichnis, das Prothoe gibt, erscheint Penthesilea ihrer Beschaffenheit nach als gesund.

> Sie sank, weil sie zu stolz und kräftig blühte!
> Die abgestorbne Eiche steht im Sturm,
> Doch die gesunde stürzt er schmetternd nieder,
> Weil er in ihre Krone greifen kann. (Vs. 3040–3043)

Penthesileas katastrophisches Scheitern kann in diesem Sinn ihre Überlegenheit nicht verdecken: die Anstrengung, Handlungsorientierung unter Aufhebung der äußeren Parameter von richtig/falsch aus sich selbst zu gewinnen, sich selbst als Eigenes jenseits aller von außen gesetzten Normen zu entdecken und zumindest in Ansätzen zu verwirklichen. Dieses gebrochene Moment verschlüsselt Kleist in der absurd anmutenden Selbsttötung der Amazonenkönigin, die sich schließlich in den Tod spricht:

> Denn jetzt steig ich in meinen Busen nieder,
> Gleich einem Schacht, und grabe, kalt wie Erz,
> Mir ein vernichtendes Gefühl hervor.
> Dies Erz, dies läutr' ich in der Glut des Jammers
> Hart mir zu Stahl; tränk es mit Gift sodann,
> Heißätzendem, der Reue, durch und durch;
> Trag es der Hoffnung ewgem Amboß zu,
> Und schärf und spitz es mir zu einem Dolch;
> Und diesem Dolch jetzt reich ich meine Brust:
> So! So! So! So! Und wieder! – Nun ists gut.
>
> *Sie fällt und stirbt.* (Vs. 3025–3034)

Den Dolch, mit dem Penthesilea den ihr aufgezwungenen Körper tötet, fertigt sie sich selbst an, als einen Dolch aus Sprache. Diese Herauslösung aus dem Gesetz ist zugleich die Überwindung von »der ersten Mütter Wort«, das in den Mythen über die Entstehung des Amazonenreichs das Sein der Amazonen »entschied«, und dem gegenüber die Amazonen »verstummen« (Vs. 1909f.). In diesem Sinn ist Penthesileas Ankündigung vor ihrem Tod durchaus wörtlich zu nehmen: »Ich will dir sagen, Prothoe, / Ich sage vom Gesetz der Fraun mich los, / Und folge diesem Jüngling hier.« (Vs. 3011–3013) Irritierend bleibt, dass Penthesilea ihre eigene Sprache scheinbar erst im ultimativen Verstummen findet, im Tod.

In seiner späten Betrachtung ›Über das Marionettentheater‹ (1810) greift Kleist sein Menschenbild noch einmal philosophisch auf. In diesem Text werden zwei Ideale gesetzt, die dem Menschen unerreichbar sind: der seelen- und bewusstseinslose ›Gliedermann‹ auf der einen und Gott als unendliches Bewusstsein auf der anderen Seite. An den Bewegungen der Marionetten liest der Tänzer Herr C. eine Anmut und Grazie der Bewegung ab, die dem Menschen, wie er anführt, aufgrund des störenden Bewusstseins unerreichbar ist. Die Ironie seiner Betrachtung liegt darin, dass der Mensch sein Ideal, in diesem Fall in der Kunstform des Tanzes, letztlich nur über einen Bereich realisieren kann, der ihm nicht zugehört. Ausschlaggebend ist, dass der Mensch seine Vollendung in der mechanischen Puppe findet. Die menschlichen Eigenschaften der Empfindung und der Seele sind zwar unerlässlich, um aus der Marionette den idealen Tänzer zu machen, beides aber wird irritierenderweise in die Puppe hineinverlegt und in dieser noch potenziert:

> Er erwiderte, daß wenn ein Geschäft, von seiner mechanischen Seite, leicht sei, daraus noch nicht folge, daß es ganz ohne Empfindung betrieben werden könne.
> Die Linie, die der Schwerpunkt zu beschreiben hat, wäre zwar sehr einfach, und, wie er glaube, in den meisten Fällen, gerad. […]
> Dagegen wäre diese Linie wieder, von einer andern Seite, etwas sehr Geheimnisvolles. Denn sie wäre nichts anders, als der *Weg der Seele des Tänzers;* und er zweifle, daß sie anders gefunden werden könne, als dadurch, daß sich der Maschinist in den Schwerpunkt der Marionette versetzt, d. h. mit anderen Worten, *tanzt.* (SW⁹ II, 340)

Diese kryptische Passage führt Herr C. auf paradoxe Weise fort. Zum einen behauptet er, dass die Vollendung über die Marionette erst erreicht werden würde, wenn »ihr Tanz gänzlich ins Reich mechanischer Kräfte hinüber[spielt]« (SW⁹ II, 340). Zum anderen weist er sich selbst in diesem Fall als ihr Konstrukteur aus. Dies heißt, dass Herr C. nur über die künstliche Verlängerung der Marionette den perfekten Tanz ausführen kann, der in seinen Worten sonst keinem Menschen alleine möglich ist:

> Er lächelte, und sagte, er getraue sich zu behaupten, daß wenn ihm ein Mechanikus, nach den Forderungen, die er an ihn zu machen dächte, eine Marionette bauen wollte, er vermittels derselben einen Tanz darstellen würde, den weder er, noch irgend ein anderer geschickter Tänzer seiner Zeit, Vestris selbst nicht ausgenommen, zu erreichen imstande wäre. (SW⁹ II, 340f.)

Herrn C.s Behauptung suggeriert überdies, dass er in der Lage ist, zu erkennen und zu beweisen, dass es sich bei einem solchen Marionettentanz dann auch tatsächlich um den idealen, den über-menschlichen Tanz handeln würde.

Bemerkenswert ist die Spannung zwischen Mensch und Ideal. Einerseits behauptet C., dass der Mensch die herbeigesehnten Ideale seines Handelns nicht erreichen kann, gerade weil er sie bewusst reflektiert und umzusetzen versucht. Damit kann sich der Mensch nur im Nicht-Menschlichen verwirklichen, zunächst in der Puppe, die Grazie über Mechanik und Zufall erreicht.[19] Andererseits tritt C.

---

19 Vgl. SW⁹ II, 339: »Jede Bewegung, sagte er, hätte einen Schwerpunkt; es wäre genug, diesen, in dem Innern der Figur, zu regieren; die Glieder, welche nichts als Pendel wären, folgten, ohne irgend ein Zutun, auf eine mechanische Weise von selbst. Er setzte hinzu,

als Konstrukteur nicht nur einer solchen Puppe, sondern mit seiner Rede überhaupt als Konstrukteur der Idee des Ideals auf, dessen Erreichung er dem Menschen abspricht. Der Wahrheitsgehalt seiner Behauptungen bleibt letztlich unbe-
wiesen.

Bei näherer Betrachtung des Textes ergibt sich, dass es hier nicht nur um Ma-
rionettenführung, sondern auch um Menschenführung geht. Der Titel gibt die
ersten Hinweise. Das Bild der an Fäden geführten Marionette steht allgemein für
einen Zustand der Unfreiheit, des Kontrollverlustes. Das Theater selbst, hier nicht
als Kunstform, sondern im Umfeld jahrmarktähnlicher Attraktionen angesiedelt,[20]
mag als Ort gelten, an dem Geschichten aufgeführt, Illusionen vorgegaukelt werden. Vor diesem Hintergrund situiert C. sein Modell, in dem der Mensch sich dort
vollendet, wo er nicht mehr Mensch ist, in der Marionette bzw. in Gott:

> Er versetzte, daß es dem Menschen schlechthin unmöglich wäre, den Gliedermann
> darin [im Ideal der anmutigen Bewegung] auch nur zu erreichen. Nur ein Gott könne
> sich, auf diesem Felde, mit der Materie messen; und hier sei der Punkt, wo die beiden
> Enden der ringförmigen Welt in einander griffen. (SW[9] II, 342f.)

Zwischen diesen beiden Polen, die sich zu einer harmonischen Synthese ergänzen,
steht der Mensch im Zeichen eines Ideals, das er nicht sein kann, das von C. aber,
am Beispiel des Tanzes als Vollendung, hervorgehoben wird. Der Erzähler nimmt
den Faden mit einer Anekdote auf, in der er berichtet, »welche Unordnungen, in
der natürlichen Grazie des Menschen, das Bewußtsein anrichtet« (SW[9] II, 343).
Darin geht es um einen Jüngling, der unbeabsichtigt die Pose einer antiken Statue
einnimmt. Es ist bezeichnend, dass das Ideal der Grazie wiederum an einem
künstlichen Gebilde festgemacht wird, am Abbild eines Menschen, nicht am
Menschen selbst. Auch die anderen, teils ins Groteske reichenden Anekdoten, die
sich beide Gesprächspartner erzählen, weisen ähnliche Anordnungen auf. Ein
beinamputierter Tänzer, der sich gerade aufgrund seiner Prothese anmutig bewegt
und damit ausweist, daß ein beschädigter Körper eher das leisten kann, was vom
natürlichen gefordert wird,[21] ein angeketteter fechtender Bär, der seinem menschli-

---

daß diese Bewegung sehr einfach wäre; [...] daß oft, auf eine bloß zufällige Weise erschüttert, das Ganze schon in eine Art von rhythmische Bewegung käme, die dem Tanz ähnlich
wäre.«

[20] So zeigt sich der Erzähler Herrn C. gegenüber irritiert, »welcher Aufmerksamkeit er
diese, für den Haufen erfundene, Spielart einer schönen Kunst würdige« (SW[9] II, 340).

[21] László F. Földényi bietet mit Bezug auf Platons ›Symposium‹ die interessante Interpretation eines homoerotischen Machtspiels zwischen dem Erzähler und Herrn C.s Anekdote über den beinamputierten Tänzer steht für Földényi nicht zuletzt dafür, »daß ein ver-
stümmelter Körper in bestimmten Fällen zu mehr fähig ist als ein ganzer Körper« (László F.
Földényi, Die Inszenierung des Erotischen. Heinrich von Kleist, ›Über das Marionettentheater‹, übersetzt von Akos Doma. In: KJb 2001, S. 135–147, hier S. 143). Die Bevorzugung des beschädigten oder verstümmelten Körpers lässt in diesem Zusammenhang eine
weitere Deutung zu. Vor dem Hintergrund des christlichen Primats der zweigeschlecht-
lichen Liebe steht die von diesem Ideal abweichende homosexuelle Liebe für die Unnatur
des Menschen, in diesem Sinn für eine Verstümmelung seines im Zeichen der Fortpflanzung stehenden körperlichen Auftrags der Sexualität.

chen Herausforderer in der Kunst des Fintierens überlegen ist und jedes Täuschungsmanöver von vornherein als solches erkennt.

Der Mensch misst sich in diesen Beispielen an Idealen, die außerhalb seiner selbst, seiner natürlichen Beschaffenheit liegen und die deshalb nur unvollkommen von ihm erfüllt werden können. Hierbei stellt sich die Frage, woher diese Ideale, die hier im Zeichen der anmutigen Bewegung stehen (worunter auch das Fechten als eine Art des Tanzes fällt), ihre Wirklichkeit, ihren Wert gewinnen. Wie das Beispiel des Marionettenführers nahelegt, lässt sich Anmut als Ausdruck von Seele und Empfindung (Gefühl) begreifen, als Form der Vollendung des Menschen, die dieser aber nicht erreichen kann. Warum aber sollte der Mensch sein, was er nicht sein kann, er, der weder Gliedermann noch Gott ist?

Das Tragische am menschlichen Bewusstsein, wie C. herausstellt, ist das selbstreflektorische Bewusstsein, nach dem der Mensch sich selbst in Hinblick auf ein Äußeres, ein zu erreichendes Idealbild begreift. Indem der Erzähler in seiner Anekdote dem Jüngling lobend eine Ähnlichkeit mit besagter antiker Statue bescheinigt und dessen Erscheinung damit einen höheren Wert zuspricht, beginnt dessen Scheitern, sein zu wollen, was er nicht ist, aber nun seiner Auffassung nach (da er die ironischen Provokationen seines Gegenübers nicht durchschaut) wohl besser sein sollte.[22]

C. führt das Wesen des Menschen auf eine Schadhaftigkeit, ein Defizit zurück, dessen Ursprung er im Sündenfall sieht, für ihn die »erste Periode aller menschlichen Bildung« (SW[9] II, 343). Wir erinnern uns an den illegitimen Machtanspruch der ersten Menschen, zu sein »wie Gott« und zu »wissen, was gut und böse ist«.[23] Bewusstsein in diesem Kontext meint die Anstrengung, sich selbst in Bezug zu äußeren (Handlungs-)Maßstäben zu setzen, die man erkennen und beurteilen zu können glaubt, und sich aus dieser normativen Umgebung im Gegenzug abzuleiten. Meiner Meinung nach ist es diese mythisch beglaubigte Ausgangssituation menschlichen Selbstbegriffs und Selbstbegreifens, auf die der Text hier rekurriert. Dementsprechend lässt sich C.s Bewusstseinskritik so übersetzten: Der Mensch hindert sich selbst durch die Grundhaltung, sich immer in Bezug auf Maßstäbe zu

---

[22] Auch Gerhard Neumann deutet das ›Marionettentheater‹ als anthropologischen Versuch Kleists. Den Sündenfall wertet er hierbei als Modell für den »aus dem Verbot [geborenen] Blick des Menschen auf sich selbst«. Im Zuge der von vornherein beschädigten körperlichen Selbstreflexion des Menschen, die Neumann neben dessen sprachlicher Verfasstheit als Teil von Kleists Anthropologie herausstellt, betont er die Diskrepanz zwischen idealem Körpervorbild und tatsächlichem Naturkörper: »Dazwischen aber, zwischen Gott und Tier, so Kleist, steht der Mensch. Nur *sein* Blick ist durch den Sündenfall gebrochen. Das ist es, was der Knabe zu Bewußtsein bringt, der im Spiegel seinen graziösen Körper gewahrt und ineins damit seinen Schwerpunkt schwanken sieht, dessen schwindenden Zauber wahrnimmt, weil Kulturkörper (das Ideal der griechischen Statue) und Naturkörper (der dem Bad entstiegene anmutsvolle Jüngling) sich dissoziieren, weil sie dem betrachtenden Auge den gemeinsamen perspektivischen Fluchtpunkt nicht mehr gewähren« (Gerhard Neumann, Das Stocken der Sprache und das Straucheln des Körpers. Umrisse von Kleists kultureller Anthropologie. In: Heinrich von Kleist. Rechtsfall – Kriegsfall – Sündenfall, hg. von Gerhard Neumann, Freiburg i.Br. 1994, S. 13–30, hier S. 19).

[23] 1 Mose 3,5.

setzen, an deren Erfüllung oder Nichterfüllung er den eigenen Wert misst. Diese Maßstäbe aber sind mitunter mit seiner Natur, mit seinen Möglichkeiten nicht vereinbar; sie übersteigen ihn selbst. Das Ziel ist dann ein unerfüllbares Ideal, auf das hin der Mensch sich reflektiert, nämlich auf seine Vollendung als etwas, das er nicht ist bzw. nicht sein kann. Solche Ideen sind die Universalien des abendländischen Menschenbegriffs, die sich, wie wir gesehen haben, in den Ideen von Menschheitsfortschritt, Freiheit, Gott zeigen. Das ironische Gegenstück ist dann Kleists Gliedermann, der zeigt, was der Mensch macht: nämlich sich an selbstgefertigten Fäden künstlich geschaffener Ansprüche zu führen, und zwar in dem Glauben, sich damit einem höheren Zustand anzunähern. C. spricht von der Möglichkeit einer alternativen Bewegung, einer Rückeroberung des Paradieses, um diesen Grundfehler des Menschen auszugleichen:

> Solche Mißgriffe, setzte er abbrechend hinzu, sind unvermeidlich, seitdem wir von dem Baum der Erkenntnis gegessen haben. Doch das Paradies ist verriegelt und der Cherub hinter uns; wir müssen die Reise um die Welt machen, und sehen, ob es vielleicht von hinten irgendwo wieder offen ist. (SW[9] II, 342)

Vor dem Hintergrund von Kleists anthropologischer Souveränitätskritik im ›Marionettentheater‹ ist noch einmal auf die zeitgenössische Souveränitätsrevision Judith Butlers zu verweisen. Zu erinnern ist, dass Butler die Grundfrage von Kants Handlungsethik – ›Was soll ich tun?‹ – zurückbezieht auf die Entstehung des ›Ichs‹, das für sie durch die Matrix der Normen und Gesetze gebildet wird, die ihm vorausgehen: »Das ›Ich‹ hat gar keine Geschichte von sich selbst, die nicht zugleich Geschichte seiner Beziehung – oder seiner Beziehungen – zu bestimmten Normen ist.«[24] Damit schaltet Butler die Frage nach dem ›Ich‹ der nach dem ›Sollen‹ vor und stellt das anthropologische Modell vom Menschen als Geschöpf, nüchtern gesprochen als Produkt von Umständen, die es nicht geschaffen hat, kritisch in den Mittelpunkt ihrer Betrachtungen. Butler kritisiert damit auch den westlichen Freiheitsbegriff, auf den sich die demokratischen Gemeinschaften berufen. Das Provokante ihrer Argumentation liegt darin, dass der Einzelne, in welcher Gemeinschaft auch immer, und sei sie noch so liberal organisiert, niemals frei sein kann. Die Frage nach dem richtigen Handeln, nach wie vor Grundlage unseres nicht nur moralischen und kulturellen, sondern auch kapitalistischen Selbstverständnisses, verdeckt ihrer Meinung nach, dass uns der gesamte Horizont unserer Handlungsmöglichkeiten, den diese Frage anzusprechen scheint, überhaupt nicht zur Verfügung steht. Der Mensch kann nicht frei sein, insofern die Bedingungen seiner Geburt außerhalb seines Einflussbereichs liegen. Damit ist auch das Wissen über uns selbst eingeschränkt, ist laut Butler »in gewissem Maße […] das ›Ich‹ sich immer durch seine gesellschaftlichen Entstehungsbedingungen enteignet.«[25] Wir können niemals genau wissen, wie wir zu dem geworden sind, was wir sind, wir wissen (zunächst) nicht, was wir alles unter anderen Bedingungen sein könnten. Was wir aber nicht wissen, ist für uns nicht-existent, ist kein Teil unserer Wirklichkeit.

---

[24] Butler, Kritik (wie Anm. 12), S. 20.
[25] Butler, Kritik (wie Anm. 12), S. 20.

Die diversen Selbstbildnisse, Definitionen und Menschenbilder sind wiederum nur Schöpfungen des Menschen und müssen daher bis zu einem gewissen Grad immer künstlich, willkürlich, konstruiert bleiben. Gefährlich sind sie, weil sie sich, wollen sie sich verwirklichen, mit einem Wahrheitsanspruch versehen müssen, der zugleich eine Machtäußerung darstellt. In diesem Sinn wird, wie wir gesehen haben, die nach außen gerichtete Frage ›Was soll ich tun?‹ uns von Kant als entscheidende Frage vorgesprochen. Kant suggeriert im Universalitätsanspruch seiner Ethik, dass das ›Sollen‹ tatsächlich eine Grundkategorie des Menschen und seiner Bestimmung darstellt.

Die Natur, das Wesen des Menschen aber macht diesen zu einer solchen Ausrichtung an Idealen seiner selbst und seines Handelns nicht geeignet. Der Mensch, so meint Butler, erfährt mehr über sich, wenn er sich selbst als das Wesen erkennt, das in seinem Wissen über sich selbst eingeschränkt ist und damit auch nur bedingt Herr seiner selbst, Herr seines Handelns ist, dessen Motive, Wirkungen, Ziele er nur in einem beschränkten Rahmen bewusst wissen oder beeinflussen kann. Diese Diskrepanz diskutiert Butler, indem sie das in ihrem Verständnis inkohärent organisierte Individuum den Forderungen von »Rationalitätsformen«[26] wie Kausalität und logischer Stringenz gegenüberstellt, nach denen der Einzelne in heutigen (westlichen) Gemeinschaften sich selbst und sein Handeln deutlich machen und begründen muss. In diesem Zusammenhang spricht Butler davon, dass, gemäß einem solchen Subjektverständnis, der Einzelne sich selbst erzählen und dieser Form selbstreflexiver Selbsterkenntnis entsprechende Narrationsformen zugrunde legen muss.[27]

Die Bedeutung, die autobiographische Herleitungen / Genealogien und fremderzählte Biographie bei Kleist einnehmen, lässt sich an der ›Penthesilea‹ diskutieren. Im 15. Auftritt, dem Zwiegespräch zwischen Achilles und Penthesilea, stellt der Heeresführer das Gesetz der Amazonen und damit die Legitimität ihres Seins als »unnatürlich« in Frage: »Und woher quillt, von wannen ein Gesetz, / Unweiblich, du vergibst mir, unnatürlich, / Dem übrigen Geschlecht der Menschen fremd?« (Vs. 1902–1904)

Penthesilea soll ihre Natur begründen und lokalisiert zunächst die Entstehung des Gesetzes in einer außerzeitlichen, übersinnlichen und unzugänglichen Sphäre, die sie mit der Mutterinstanz verbindet:

> Fern aus der Urne alles Heiligen,
> O Jüngling: von der Zeiten Gipfeln nieder,
> Den unbetretnen, die der Himmel ewig
> In Wolkenduft geheimnisvoll verhüllt.
> Der ersten Mütter Wort entschied es also,
> Und dem verstummen wir, Neridensohn,
> Wie deiner ersten Väter Worten du. (Vs. 1905–1911)

Penthesilea schaltet ihrem Bericht über den konkreten Schöpfungsakt durch die erste Amazone Tanais, die mit der Ermordung des feindlichen Äthiopierkönigs

---

[26] Butler, Kritik (wie Anm. 12), S. 132.
[27] Vgl. Butler, Kritik (wie Anm. 12), S. 23f., 76.

Vexoris und ihrer eigenhändigen Brustamputation den Amazonenstatt initiiert,[28] somit eine Art Genesis vor, die das Gesetz der Mütterworte (das demjenigen der Väterworte entgegensteht) aus den spezifischen zeitlich-kausalen Kontexten, dem Überfall der Äthiopier auf den »Stamm der Skythen« (Vs. 1915), aus dem später die Amazonen hervorgehen, auf eine überzeitliche Ebene (»von der Zeiten Gipfeln nieder«) hebt und somit einen Schöpfungsmythos evoziert, der das Gesetz als Urgrund des Amazonen-Seins ausweist. Nach dieser Erzählung Penthesileas hat das Amazonengesetz schon von Anbeginn aller Dinge Gültigkeit bzw. stammt es aus einem außersinnlichen Bereich (von den Sterblichen ›unbetreten‹), welcher der Zeit offenbar nicht unterworfen, nämlich »ewig« ist, mithin als göttlicher Raum der Schöpfung (der Amazonen) gedacht werden muss. Diese Verkoppelung des Amazonengesetzes (als Bedingung des Amazonen-Seins) mit dem Gedanken einer zugrunde liegenden ewigen, also göttlichen Schöpfungsinstanz weist das Gesetz selbst als einen Naturzustand aus.[29] In der matriarchalischen Ordnung der Amazonengemeinschaft wird den Müttern diese Schöpfungsmacht zugeschrieben, und zwar den »ersten Mütter[n]«, deren »Wort« das Amazonen-Sein »entschied.«

Damit wird überdeckt, dass der Körper der Amazonen-Frauen kein natürlicher Körper, sondern ein durch einen Willkürakt, nämlich die Selbstverstümmelung der ersten Königin Tanais, die sich die rechte Brust abreißt, herbeigeführter Zustand ist. Die Amazonenmütter sind eben nicht die eigentlichen ersten Mütter, sondern haben diese vielmehr abgelöst, indem sie in die körperliche und seelische Natur[30] der Frauen eingreifen und diese durch Liebesverbot, Männerausschluss und Brustamputation entscheidend verändern. Indem der einzelne Stiftungsakt der Tanais in den Plural der »ersten Mütter« übergeht und diese zudem als überzeitliche Schöpfungsmächte beschrieben werden, wird das Amazonen-Sein als ein ursprünglicher, naturgegebener Zustand vermittelt und damit der (noch im »Stamm der Skythen« existente) naturgegebene weibliche Körper als Teil des geschlechtlichen Miteinanders ausgeblendet, das mit der Schöpfung der Amazonenexistenz innerhalb der Gemeinschaft illegitim geworden ist: »Der Mann, des Auge diesen Staat erschaut, / Der soll das Auge gleich auf ewig schließen.« (Vs. 1963f.) Die »Urne alles Heiligen« als Ursprung suggeriert zudem die nichthinterfragbare Gültigkeit des Gesetzes, das im Namen des Unantastbaren (Heiligen), des Urgrundes der Schöpfergöttinnen (der »ersten Mütter«), das Sein der Amazonen als Möglichkeit erst hervorbringt. Gleichzeitig weist Penthesileas Erzählung auch auf die überlegene

---

[28] Vgl. Vs. 1953–1990.

[29] In seiner Einordnung des Sündenfalls als Vor-Fall bei Kleist versteht auch Urs Strässle die Gründungsgeschichte des Amazonenstaats als den Penthesilea bestimmenden Anfangsmythos (vgl. Urs Strässle, Heinrich von Kleist. Die keilförmige Vernunft, Würzburg 2002, S. 141).

[30] Der Text legt nahe, dass die zweigeschlechtliche Ordnung im Skythenstamm, die bis zum Überfall durch die Äthiopier als natürliche Ordnung des Menschen verstanden worden ist, als durchaus harmonischer Zustand (»frei«) zu denken ist: »Wo jetzt das Volk der Amazonen herrschet, / Da lebte sonst, den Göttern untertan, / Ein Stamm der Skythen, frei und kriegerisch, / Jedwedem andern Volk der Erde gleich.« (Vs. 1913–1916)

Macht der Mütterworte hin; den Mütterworten gegenüber »verstummen« die Amazonen, weil sie aus diesen hervorgegangen sind.

Penthesilea begründet die von Achilles geforderte Legitimation ihrer Natur also auf zweifache Weise, mit zwei Erzählungen, die sich eigentlich widersprechen. Sie schildert einerseits in der Beschreibung des gewalttätigen Schöpfungsaktes der Tanais das Amazonengesetz und damit das von Tanais vorexerzierte Amazonentum als einen Willkürakt, andererseits überschreibt sie diese Bedingtheit des Amazonengesetzes dadurch, dass sie dessen Ursprung als natürliche Gegebenheit begründet. Mit dem Verweis auf die überzeitlich-ewige Instanz der Müttergötter wird die natürliche (physische) Beschaffenheit der Frauen, die sie ja noch als Skythen waren, gelöscht, obwohl sie als Abwesendes, Anderes noch in der Erzählung erhalten bleibt.

Nun kann Penthesilea in ihrer Erzählung der Begründung des Amazonenstaates ja ihrerseits nur auf die Überlieferung zurückgreifen, also nur erzählen, was sie offensichtlich als Amazone gelernt hat, was ihr wiederum über die Entstehung der Amazonen erzählt worden ist. Diese Passagen lässt sie ja auch unkommentiert, verwendet sie aber als Rahmen für die Erzählung ihrer eigenen Herkunft. Penthesilea erzählt sich selbst als Ergebnis der ersten Mütterworte, die sowohl ihr Handeln als auch ihren Körper formen. Die beiden Momente sowohl der (fingierten) Genesis als auch des gewalttätigen Schöpfungsaktes der Tanais stehen letztlich unaufgelöst nebeneinander. Da der abwesende, natürlich gegebene weibliche Körper und die damit konnotierte harmonische Geschlechterverbindung der Skythen als Teil der Erzählung erhalten bleibt,[31] muss sich die Amazonennorm immer wieder als einzig legitime rechtfertigen, was in erster Linie durch den Universalitätsanspruch geschieht, den die Schöpfungsgeschichte der Amazonen behauptet.

Penthesilea vermag sich Achilles gegenüber in ihrem für ihn fremden Sein also nur über die ihr angelernte mythologische Begründung des Amazonenstaats zu erklären, die das Amazonen-Sein als Naturzustand ausweist. Doch diesen genealogischen Überzug durchbricht Penthesilea dann mit ihrer Weigerung, so zu handeln, wie sie als Königin handeln soll. Indem Penthesilea die Position als Königin verweigert, die ihr, der Tochter Otreres, kraft Erbfolge zufällt, lässt sich Penthesileas Existenz nicht mehr eindeutig-kausal von ihrer Geburt ableiten (»O die gebar Otrere nicht!«; Vs. 2681). Die im Vergessen ihrer Herrscherpflicht rasende Penthesilea, die Achilles, der ihr qua Gesetz nicht zufällt, schließlich niedermetzelt, wird den anderen unerklärbar. Das Irrationale, unkontrollierbare Element ihres Handelns tritt in ihrer Entregulierung der eigenen Leidenschaft hervor, die gleichzeitig Schlüssel ist zur Entdeckung des Eigenen als Handlungsraum jenseits des Gesetzes.

Kleist schreibt sich in die für die abendländische Kultur wesentliche Fragestellung nach dem Menschen ein, indem er die Macht der Bedingungen des Menschen als Teil desselben reflektiert und fragt, inwiefern und wo der Mensch als solcher

---

[31] Da die Brustamputation der Amazonen ja erst im geschlechtsreifen Alter erfolgen kann, bleibt der ausgeblendete andere (verbotene) Körper auch als eigene Erfahrung erhalten.

dahinter noch erkennbar ist bzw. sich selbst erkennen kann. Auch wenn Judith Butler sich nicht auf Kleist bezieht, so weist ihr zeitgenössisches Menschenbild analoge Züge auf. Dass sich die Problematisierungen Kleists auch im Umfeld wesentlich liberalerer Gesellschaftsformen unverändert zeigen, liegt in der Natur seines von mir aufgezeigten Menschenbilds. Judith Butler ist Zeugin für die Grundsätzlichkeit von Kleists Souveränitätskritik. Nicht die konkreten gesellschaftlich-sozialen Faktoren einer bestimmten Gemeinschaft, sei sie eher liberal oder repressiv,[32] bestimmen den Menschen, es ist vielmehr die Idee der Souveränität selbst als Mittel der (Selbst-)Verortung des Menschen, die diesen in seinen Potenzialen beschneidet.

Der gute Mensch ist der souverän handelnde, der in seinem richtigen Handeln siegreiche Mensch – diese Einschätzung verabschiedet Kleist. Ein solcher Maßstab ist aber offensichtlich nach wie vor Grundlage eines Selbstverständnisses, das uns nicht nur übergezogen, sondern von uns selbst akzeptiert und gewollt ist. Diese (Selbst-)Verortung durchdringt uns in unserer Frage nach uns selbst und unserem Handeln, wir nehmen mit ihr nicht nur die Forderung, sondern auch die Art und Weise an, nach der wir uns in unseren Möglichkeiten begreifen, darstellen, verwirklichen.

Es lässt sich dagegen sagen, dass Kleist mit seinem ›Marionettentheater‹ eine Alternative in Aussicht stellt, eine bessere Menschheit, die das verlorene Paradies wieder ›von hinten‹ betritt. Was diese Alternative sein könnte, verschweigt der Text. Einige Hinweise darauf habe ich an den diskutierten Fallbeispielen bereits angedeutet. In Prothoes Akzeptanz der Nicht-Souveränität Penthesileas, in der Hinwendung überhaupt von Kleists Figuren zu Bereichen ihrer selbst, durch die sie den äußeren Vorgaben widersprechen und mit Strafe und Ausschluss rechnen müssen, zeigt sich ein positiver Gehalt von Machtabgabe, von Machtverzicht, der dem Konstrukt der Souveränitätsidee entgegensteht. Für Judith Butler wird der Mensch gerade da zum Menschen, wo er sich vom Gebot der Souveränität löst. Das Potenzial des Menschen liegt darin, anders zu werden und damit aufzugeben, was er bisher gewesen ist. Diese Dynamik kann sowohl nach außen wirken – als Kritik der bestehenden Verhältnisse, welche die Möglichkeit einer alternativen Ordnung aufzeigt –, als auch grundsätzlich ein anderes Menschenbild andeuten, nach dem der Mensch sich nicht mehr auf Modelle und Ideale bezieht, die er nur bedingt erfüllen kann und die sich, gerade durch ihren künstlichen Charakter und ihre Undurchführbarkeit, immer wieder als Machtverhältnisse äußern, die auslöschen, was anders ist:

> Diese neuen Arten der Subjektivität entstehen, wo ein bestimmtes Selbst in seiner Verständlichkeit und Anerkennbarkeit bei dem Versuch aufs Spiel gesetzt wird, die nach wie vor unmenschlichen Arten des ›Menschseins‹ offenzulegen und zu erklären. Das geschieht, wenn wir an die Grenzen der epistemologischen Horizonte stoßen und uns klarmachen, daß die Frage nicht einfach lautet, ob ich dich erkennen kann oder erkennen werde, sondern vielmehr, ob ›du‹ für das Schema des Menschlichen, in dem

---

[32] Wobei hier das totalitäre Regime, die Diktatur, auszunehmen ist, in der die Idee der Freiheit einen unmittelbar und existentiell erfahrbaren Wert darstellt.

ich mich bewege, in Frage kommst. Ethik erfordert, daß wir uns eben dort aufs Spiel setzen, in diesen Momenten des Unwissens, wo das, was uns bedingt und uns vorausliegt, voneinander abweicht, wo in unserer Bereitschaft, anders zu werden, als dieses Subjekt zugrunde zu gehen, unsere Chance liegt, menschlich zu werden, ein Werden, dessen Notwendigkeit kein Ende kennt.[33]

Eine solche mit dem Risiko, der Krise, letztlich auch dem Tod verbundene Dynamik verschlüsselt Kleist im Selbsttod Penthesileas. Wo der Mensch radikal anders wird, riskiert er immer seine Auslöschung. Die fließenden Formen, die Penthesilea sich metaphorisch in ihrem Sprachdolch herbeispricht, der vom kalten Erz »ein[es] vernichtende[n] Gefühl[s]« zum in der »Glut des Jammers« (Vs. 3027f.) umgeschmolzenen harten Stahl Aggregatzustand und Form wechselt,[34] stehen für die menschliche Fähigkeit, sich den starren Gesetzen festschreibender Handlungsmodelle und universaler, mitunter gewalttätiger Definitionen entziehen zu können, als anders, mitunter unlogisch und widersprüchlich handelndes Wesen deren Wahrheit widerlegen zu können.

Wer als eigene, abweichende Existenz zum Störfaktor und damit als anerkannter Teil seiner Gemeinschaft ausgelöscht, unsichtbar gemacht werden soll, wie etwa Penthesilea durch die Oberpriesterin, kann für alternative Ordnungssysteme plötzlich sichtbar werden oder diese sichtbar machen – wir erinnern uns an die den Amazonen unbekannten Götter, die Prothoe im Motto dieser Abhandlung anruft.

Verstörend bleibt, dass hinsichtlich Penthesilea und Kleist selbst[35] als Alternative die Nachtodwelt erscheint. Kleist zeichnet kein eindeutig progressives Bild des Menschen, er verabschiedet den Trost des Entwicklungs- und Fortschrittsgedankens, der sich selbst als Notwendigkeit formuliert. Damit rückt er den einzelnen Menschen, dessen Empfindungs- und Erfahrungswelt als Kosmos in den Mittelpunkt, der Bedeutung und Sinn an sich selbst zu suchen und zu erfüllen versucht, aber immer auch – und notwendigerweise – Teil der äußeren Welt, seiner Gemeinschaft ist, von Faktoren beeinflusst, die ihm eine Kontrolle seines Handelns in nur geringem Maß gestatten: sei es seine Gefühlswelt, sei es die funktionale Umgebung von Machtverhältnissen, wie sie sich im Konstrukt der Souveränitätsidee äußern.[36]

---

[33] Butler, Kritik (wie Anm. 12), S. 143f.

[34] Vgl. Vs. 3025–3034.

[35] So in einem seiner letzten Briefe vom November 1811: »[D]ie Wahrheit ist, daß mir auf Erden nicht zu helfen war.« (An Ulrike von Kleist; SW[9] II, 887)

[36] Die Einschränkung menschlicher Handlungskontrolle äußert sich bei Kleist auch in Phänomenen wie Inkohärenz und Sinnlosigkeit, die er etwa am Eingriff des Zufalls oder der Naturkatastrophe aufzeigt. Hierauf kann ich an dieser Stelle nicht weiter eingehen. Vgl. hierzu Strässle, Vernunft (wie Anm. 29), S. 154f.; László F. Földényi, Heinrich von Kleist. Im Netz der Wörter, übersetzt von Akos Doma, München 1999, S. 531ff. Paradigmatisch für Kleists immer wiederkehrenden Hinweis auf die Hinfälligkeit einer kausal-teleologischen Bestimmung des Menschen, wie er in der Aufklärung als vernünftiges Wesen an die Spitze der Schöpfung gerückt wird, ist sein Erleben eines Unfalls, der ihn zur Einsicht in eine disharmonische Ordnung führt, in der »an einem Eselsgeschrei […] ein Menschenleben [hängt]« (an Karoline von Schlieben, 18. Juli 1801; SW[9] II, 666; vgl. Brief an Wilhelmine von Zenge, 21. Juli 1801; SW[9] II, 669).

Unter Hineinnahme der Fehlhandlung, der Bereiche von Machtlosigkeit und Kontrollverlust, der Gefühlswelt mitsamt ihren Aspekten von Maßlosigkeit und Abgründigkeit, der Macht der Verweigerung gegenüber dem Bestehenden als Widerspruch, nicht zuletzt der Fähigkeit zu verzeihen, anzuerkennen, was anders ist, wird eine Vermehrung und Potenzierung von Handlungsmöglichkeiten sichtbar.

Die Möglichkeit der Krise und des Scheiterns verliert an Bedrohlichkeit, wenn der Prüfstein der Souveränität hinterfragt wird und damit an Macht verliert. Die Konzentration auf das Eigene als das von den allgemein akzeptierten Werten und Handlungsnormen Abweichende bedeutet immer auch eine Gefährdung der Gemeinschaft, die doch das Anerkennungsbedürfnis des Einzelnen wieder auffangen, mitunter befriedigen kann – die Sehnsucht nach einem akzeptablen allgemeinen Sinn- und Orientierungsangebot, ja auch der Wunsch, ein solches mitbestimmen zu können, bleibt gerade für den Außenseiter und Macht- bzw. Souveränitätskritiker Kleist ein wesentliches Anliegen. Doch kreative Dynamik ergibt sich erst in der Bereitschaft, die Sicherheiten aufzugeben, die sich mit der uns im genannten Sinn ›angeborenen‹ Existenz verbinden. Die Sicht weitet sich auf das, was vorher unbekannt, nicht-existent gewesen ist und das uns, im Gegenzug, als andere, neue Individuen wiederum Existenz geben kann – die unbekannten Götter Prothoes können nicht nur für die Utopie alternativer Staatssysteme, Gemeinschaften, Wissenschaften oder Künste stehen, sondern, auf den einzelnen Menschen bezogen, die Macht bedeuten, Handlungsgrundlagen und Handlungsziele in Bereichen zu entwickeln, die allgemein als illegitim, als falsch, als unmöglich gelten. Hier sind wir dann wieder beim individuellen und menschheitlichen Fortschrittsgedanken angelangt, diesmal aber als (Anti-)Ideal verstanden, das sich vom Diktat des Richtig-Sein-Müssens, von der Forderung richtigen Handelns und den damit verbundenen Wertmaßstäben des überlegenen, guten und siegreichen Menschen verabschiedet hat. Dies mag ein Beispiel dafür sein, wie Kleists Reise um die Welt aussehen könnte.

REZENSIONEN

Wilhelm Amann

IM WETTKAMPF MIT KLEIST[1]

Der Typus der wissenschaftlichen Biographie, dem Jens Biskys Kleist-Buch zweifelsohne zuzurechnen ist, hat in den Literaturwissenschaften in den letzten Jahren erheblichen Aufschwung genommen. Aus einem Bündel an Gründen ist die Stimmung im Fach dem in der Hochphase poststrukturalistischer Theoriemodelle wenig geschätzten Genre günstig. Das Schlagwort von der ›Rückkehr des Autors‹ hat hier ebenso geholfen wie Kontroversen um die Zukunft des Fachs ›zwischen Rephilologisierung und Kulturwissenschaften‹, für die ja gerade die Biographik ein allseits kompromissfähiges Angebot bereithält. Im Zuge der Umstrukturierung des Lehrbetriebs an den Universitäten ist der Trend zur Rekanonisierung und zur Vermittlung gesicherten Grundlagenwissens unübersehbar, von dem auch die Biographie profitiert hat. Von allen Formen der ›Sekundärliteratur‹ übersteigt schließlich die wissenschaftliche Biographie noch am ehesten die Grenzen der internen Spezialdiskurse und vermag nach außen den Eindruck zu erwecken, dass die Literaturwissenschaften auch solides Handwerk beherrschen.

Doch es gibt auch Vorbehalte. In einem jüngst erschienenen ›Handbuch Biographie‹ wird ein deutliches Missverhältnis zwischen Theorie und Praxis des biographischen Schreibens konstatiert. Moniert wird, dass sich auch wissenschaftlich anspruchsvolle Biographien nach wie vor an konventionellen Mustern der chronologischen Darstellung orientieren. Um wissenschaftlichen Anforderungen Genüge zu leisten, müssten sie dagegen mindestens ihren Konstruktionscharakter präsent halten. Gerade dort, wo ein ›Lebenslauf‹ nur in Bruchstücken überliefert ist, werden »›offene‹ Formen der Lebensbeschreibung« gefordert, Experimente mit Ordnungs- und Gliederungskriterien sind erwünscht.[2]

Zu den wenigen im ›Handbuch‹ genannten Beispielen dieser ›neuen‹ wissenschaftlichen Biographik gehört László Földényis ›Heinrich von Kleist. Im Netz der Wörter‹ (1999), eine innovative, wenn auch nicht unumstrittene Studie, die von Anthony Stephens in seiner Rezension noch gar nicht mit der Textsorte ›Biogra-

---

[1] Über: Jens Bisky: Kleist. Eine Biographie. Berlin: Rowohlt 2007, 532 S.

[2] Anita Runge, Wissenschaftliche Biographik. In: Handbuch Biographie. Methoden, Traditionen, Theorien, hg. von Christian Klein, Stuttgart und Weimar 2009, S. 113–121, hier S. 119. Vgl. auch Peter-André Alt, Mode ohne Methode? Überlegungen zu einer Theorie der literaturwissenschaftlichen Biographik. In: Grundlagen der Biographik. Theorie und Praxis des biographischen Schreibens, hg. von Christian Klein, Stuttgart und Weimar 2002, S. 21–39.

phie‹ in Verbindung gebracht worden ist.[3] Überhaupt taugt Földényis Avantgardismus nur sehr bedingt als Messlatte für die biographische Praxis. Um Kleist zu bemühen: Nach wie vor schwankt die Biographie »wie eine Amphibie zwischen zwei Gattungen« (DKV IV, 253), sie lebt geradezu von einer Reihe von Gegensätzen, zu denen nicht zuletzt auch die Rücksichtnahme auf höchst divergente Leserkreise gehört.

In seinem knappen Einleitungskapitel unter dem Titel »Wahnsinn der Freiheit« hat Bisky implizit die methodische Ausrichtung seiner Biographie skizziert, und man kann den ersten Satz durchaus als eine Replik auf Földényi lesen: »Heinrich von Kleist, der als der große Einsame unter den deutschen Klassikern gilt, war selten allein.« (S. 7) Gerade weil Kleist sich nach Földényi »nicht für die Rolle des Helden einer Monographie«[4] eignet, erneuerte er unversehens das spätestens seit Thomas Mann so wirkungsmächtige Bild des »aus aller Hergebrachtheit und Ordnung« (NR 500d) fallenden Unzeitgemäßen. Stattdessen kündigt Bisky eine Annäherung über das soziale, kulturelle und politische Umfeld an. An die Stelle eines Wörternetzes soll das gesellschaftliche Beziehungsgeflecht rücken. Gegen die Tendenz zur neuerlichen Verflüchtigung seiner Person plädiert Bisky deutlich für eine Historisierung, für die es im Feld der biographischen Kleist-Forschung natürlich gute Gründe gibt. Wer aufgrund der sattsam bekannten »miserable[n] Quellenlage« und des amputierten Briefwechsels nicht in die Spekulationen eines »Seelendrama[s]« verfallen will, muss Umwege über andere Dokumente suchen. Bisky will daher, wie es in einer dann doch leicht missverständlichen, pauschalen Formulierung heißt, »den Dichter in seiner Zeit erscheinen […] lassen« (S. 9). Es geht ihm dabei nicht um eine Rückführung ins Sozialgeschichtliche, sondern um eine Konfrontation von Individualität und Struktur, um das Porträt eines Nonkonformisten und »unbürgerlichsten Schriftsteller[s] seiner Zeit« am Beginn des bürgerlichen Zeitalters.

Anspruch auf Vollständigkeit ist damit nicht verbunden, die Vorstellung vom abgerundeten ›Lebensgang‹ weist Bisky von vornherein ab. Dennoch stellt sich die Frage nach der Kohärenz der Darstellung. Bisky strukturiert sie nach einem Muster, das, so weit ersichtlich, erstmals Hans Dieter Zimmermann in seiner in vielem überholten Kleist-Monographie vorgeschlagen hatte und später dann z.B. von Peter Staengle in seinem Porträt oder von Klaus Müller-Salget in seinem Abriss modifiziert worden ist.[5] Demnach lässt sich die auf den ersten Blick so diskontinuierlich erscheinende Lebensgeschichte Kleists in eine Reihe in sich relativ gut abgrenzbarer Zyklen von Aufbruch und selbst erzwungenem oder aufgezwungenem Abbruch einteilen, von Planung, Umsetzungsversuch, Scheitern, Krisenerfahrung, Neuorientierung etc. Für Kleist erscheinen solche Sequenzentia-

---

[3] Vgl. Runge, Wissenschaftliche Biographik (wie Anm. 2), S. 121; Anthony Stephens, Kleist ohne Grenzen. In: KJb 2002, S. 189–195.

[4] László Földényi, Heinrich von Kleist. Im Netz der Wörter, München 1999, S. 11.

[5] Hans Dieter Zimmermann, Kleist, die Liebe und der Tod, Frankfurt a.M. 1989, S. 89ff.; Peter Staengle, Heinrich von Kleist, München 1998, Heilbronn 2006; Klaus Müller-Salget, Heinrich von Kleist, Stuttgart 2002.

lisierungen auch deshalb plausibel, weil die Umbrüche meist mit Ortswechseln verbunden sind.

Bisky geht von sieben Phasen aus, die in entsprechenden sieben etwa gleich umfangreichen Großkapiteln vorgestellt werden. Dazu gehören – grob stichwortartig – die Jugendjahre bis zum Abbruch des Studiums (1777–1800), die Würzburg-Reise bis zum Ende des ersten Paris-Besuchs (1800–1801), das Schweiz-Projekt bis zur selbstmörderischen Aktion an der französischen Kanalküste (1801–1803), die Rückkehr nach Berlin und die Königsberger Zeit bis zur Entlassung aus der Kriegsgefangenschaft (1804–1807).

Während das letzte Kapitel zum Berliner Aufenthalt (1810–1811) nach diesem Muster die vergebliche Suche nach einem Anknüpfungspunkt für einen neuen Zyklus zum Gegenstand hat, weicht die Darstellung in den zwei davor liegenden Kapiteln davon ab. Kapitel fünf umfasst den Zeitraum 1807–1808, von der Ankunft in Dresden, Ende August 1807, und dem Beginn des ›Phöbus‹-Projekts bis etwa zur Publikation der Buchausgabe der ›Penthesilea‹. Kapitel sechs reicht von 1808–1810, also von der letzten ›Phöbus‹-Phase bis hinein in das erste Quartal der ›Berliner Abendblätter‹.

Die Inkonsequenzen, die auch gegenüber den Kapiteleinteilungen in den erwähnten Monographien von Staengle und Müller-Salget ins Auge fallen, gehen offenbar auf den Umstand zurück, dass Bisky dem Bild Kleists im Kontext des sich formierenden nationalen Widerstandes gegen Napoleon mehr Gewicht verleihen will. Während andere Darstellungen die Dresdner Zeit und den Prager Aufenthalt in einem Kapitel abhandeln, stellt Bisky den Schlachtfeldbesuch mit Dahlmann ins Zentrum des mit »Soldat der Zeit« betitelten Kapitels sechs, in dem u.a. auch die ›Herrmannsschlacht‹ sowie politische Schriften und die Lyrik vorgestellt werden. Gliederungskriterien sind hier nicht mehr Phasen der ›inneren Biographie‹, sondern offenbar äußere Daten: Genannt wird jedenfalls der spanische Aufstand gegen Napoleon im Sommer 1808 als Fanal der Erhebung (S. 353) zur einen Seite und zur anderen Seite eine im intellektuellen Zentrum Berlins sich im Verlauf des Jahres 1810 vollziehende Wendung vom Kosmopolitismus zum »patriotischen Gesinnungsterror« (S. 389). Insbesondere diese letzte Klammer bekommt allein mit dem Verweis auf die ›Christlich-Deutsche Tischgesellschaft‹ und deren Statuten nicht genügend Halt. Man müsste daraufhin bezogen schon detaillierter beschreiben, wie und warum Kleist, der mit seinem Propagandastück ja seinen Teil zu der Entwicklung beigetragen hat, in der intellektuellen Szene der Stadt ein »fremder Gast« (S. 391) geblieben war. Überdies ist die Annahme einer verschärften nationalistischen Wende kaum als Folie für die Episoden des ersten Quartals der ›Berliner Abendblätter‹ geeignet, mit dem das Kapitel endet.

Das Bild des in die politischen Händel der Zeit verstrickten Kleist hatte Bisky allerdings vorher überzeugender für die Königsberger Zeit entworfen. Mit Nachdruck weist er auf die Bedeutung dieser anderthalb Jahre für das intellektuellen Fundament Kleists hin: »Von dem, was er dort erwarb, zehrte er bis 1811.« (S. 238) Bisky nimmt ein facettenreiches Porträt des Lehrers Christian Jakob Kraus zum Ausgangspunkt eines Aufrisses der literarischen und vor allem der politischen Entwicklung. In Kraus' Vorlesungen konnte Kleist die »Hebammenkunst der

Gedanken« (DKV III, 540) studieren, wie er sie dann in seinem wahrscheinlich auch in dieser Zeit entstandenen berühmten Essay ›Über die allmähige Verfertigung der Gedanken beim Reden‹ erläutert hat. Bisky vermeidet eindeutige Antworten auf die naheliegende Frage, welche Wirkung die im Königsberger Umkreis vorherrschenden liberalen Vorstellungen auf Kleist gehabt haben könnte, und verweist auf die Schwierigkeiten der säuberlichen Trennung nach konservativem und modernisierungsfreudigem Lager. Die Intention liegt vielmehr darin, für die Politisierung sowie für die Franzosenfeindlichkeit Kleists mehr das Jahr 1805 und nicht wie üblich die Ereignisse von 1806 in den Fokus zu rücken. Ausführlich würdigt Bisky hier die weitsichtige »politische Analyse« im Brief an Rühle vom Dezember 1805 (S. 261ff.).

Schon der formale Aufbau der Biographie zeigt, dass es Bisky innerhalb des bereits existierenden Diskussionszusammenhangs der Kleist-Biographik eher um Akzentverschiebungen vor allem im Arrangement des vorhandenen Materials geht. Dies betrifft auch die Darstellung innerhalb einzelner Lebensphasen. So wird für die Studienzeit der Einfluss der Popularphilosophie von Christian Ernst Wünsch hervorgehoben, was durchaus auf der Linie neuerer Spezialstudien liegt.[6] Von vornherein verschafft Bisky sich damit ein Gegengewicht zur hinreichend erörterten ›Kant-Krise‹ (S. 108ff.) Die Formel verleitet zur Unterstellung eines individuellen Bildungsgangs, der nahtlos mit einer großen ideen- und philosophiegeschichtlichen Entwicklungslinie von der Popular- zur Transzendentalphilosophie konform geht.

Dem gegenüber stellt Bisky Kleist in den Kontext einer populären Kant-Rezeption, die abseits akademischer Auseinandersetzungen à la Schiller verläuft und sich mit literarischen Mustern einer Ich-Krise verbindet, wie sie in Tiecks ›William Lovell‹ vorgefunden werden. In den Briefen an Wilhelmine v. Zenge und an die Schwester Ulrike dienen die Kantischen Motive der Objektivierung eines bis dahin nur unzureichend erfassten Zustandes des Selbstzweifels.

In die Reihe der Akzentverschiebungen gehört auch, dass das Verhältnis zu Wilhelmine v. Zenge aus der Sicht der gemeinsamen ›Wallenstein‹-Lektüre und der Imagination als Max und Thekla beleuchtet wird. (S. 89ff.) Kleists Tendenzen zur Selbstinszenierung werden so an einem Beispiel anschaulich. Überhaupt ist das philologische Problem, dass es sich, wie bei der Schiller-Lektüre, um nachweisbare oder, im Fall von Tieck, um mutmaßliche Lektüreerfahrungen handelt, eher zweitrangig. Anregend ist Bisky vor allem dort, wo er vom Vorrecht des biographischen Genres zum ungesicherten Ausloten eines kulturellen Umfelds Gebrauch macht, ohne dass dabei die biographische Konstruktion überstrapaziert wird.

Bekannte Fallgruben der Kleist-Biographik werden einigermaßen sicher überstiegen, wie sich in den letzten Jahren diesbezüglich überhaupt ein gelassener Mut zur Lücke eingestellt hat. Die Hypothesen zur sogenannten ›Würzburger Reise‹, die ja eigentlich nach Wien gehen sollte, werden genannt und abgewogen, nach wie vor bleibt der Zweck der Reise unklar. Der Ertrag liegt nach Bisky allenfalls

---

[6] So z.B. bei Justus Fetscher, Verzeichnungen. Kleists ›Amphitryon‹ und seine Umschrift bei Goethe und Hofmannsthal, Weimar und Wien 1998, S. 93–134.

darin, dass Kleist schon auf der Reise mit der Anlage seines ›Ideenmagazins‹ begonnen zu haben scheint, zu dem auch die gerade in diesem Zeitraum umfangreichen erzählenden und beschreibenden Briefe gehören. Dabei habe er sein Interesse für das ›schriftstellerische Fach‹ entdeckt und die Abwehr gegen ein Amt entwickelt, das sicher schon vor der Reise im Gespräch gewesen war.

Was den mutmaßlichen konspirativen Aufenthalt des nach eigenem Bekunden bis ins Frühjahr 1804 bei Wedekind in Mainz bettlägerigen Kleist in Paris betrifft, folgt Bisky umstandslos den Angaben des in Paris weilenden Carl Bertuch, der in seinem Reisetagebuch für die Zeit zwischen Februar und Mai 1804 mehrmals den Namen Kleist notiert hatte. Nähere Vermutungen über den Grund dieser Rückkehr in die mit negativen Erfahrungen behaftete Metropole werden nicht angestellt, »sicher aber ist, dass Kleist in den Kreisen der deutschen Paris-Besucher verkehrte, während Bonaparte die Errichtung des Kaiserreichs betrieb« (S. 214). Die Episode fügt sich gut in die Linie des Bildes vom politischen Kleist, um das sich Bisky besonders bemüht. Gänzlich unerwähnt bleiben allerdings in der Darstellung wie auch leider in den Anmerkungen die in der Forschung – auch in Helmut Sembdners ›Lebensspuren‹ – immer wieder erhobenen Vorbehalte gegenüber der Identität des bei Bertuch genannten Kleist, die im übrigen nach Erscheinen von Biskys Buch noch einmal bekräftigt worden sind.[7]

Pointierter hinsichtlich einer anderen offen gebliebenen Frage in Kleists Leben ist da der Satz: »Nach Wilhelmine v. Zenge und Ernst v. Pfuel gab es, soweit bekannt, kein Liebesverhältnis mehr in Kleists Leben.« (S. 315) Bisky zitiert den bedeutungsträchtigen Brief an Pfuel vom 7.1.1805 in voller Länge, und macht ihn im Anschluss an die Studie von Heinrich Detering über ›Das offenen Geheimnis‹ zum Ausgangspunkt einer aufschlussreichen Erörterung über die Möglichkeit der Rede über ›Männerliebe‹ im 18. und frühen 19. Jahrhundert (S. 224ff.). Der Ausdruck fällt so bei Bisky nicht, wäre aber doch angebracht gewesen. Mit guten Gründen wendet sich Bisky gegen die Rückprojektion des modernen Begriffs der Homosexualität, der nicht zu den Gegebenheiten passt, unter denen Kleist sein Gefühlsleben zu artikulieren versucht. Die auffällige Reserve gegenüber einer deutlichen Stellungnahme hat aber nicht nur mit den historischen Bedingungen bzw. den diskursiven Formationen zu tun, innerhalb derer über Männerliebe zu sprechen möglich gewesen war – positiv am ehesten noch im Freundschafts- oder im Antikenkult. Dahinter stehen offensichtlich auch Befürchtungen, die »Spuren einer verdrehten und verkehrten Ordnung der Geschlechter« in den Werken könnten dereinst erneut »biographisch hochgerechnet« werden (S. 227). Bisky möchte keinen fragwürdigen Deutungen Vorschub leisten, die hinter Erkenntnisse zurückfallen wie die der Gender-Forschung über Geschlechterkonstruktionen.

Stattdessen führt Bisky Kleists Liebesverhältnis zu Pfuel auf ein Verhaltensmuster zurück, das über die einzelnen Lebensphasen hinweg mit einer gewissen Konstanz wiederkehrt. Gerade im Verhältnis zu Pfuel ist Kleists ›agonaler Geist‹ am Werk. Die maßlose Erhöhung des Geliebten Pfuel zur griechischen Idealfigur geht

---

[7] Vgl. Klaus Müller-Salget, Kleist im Frühjahr 1804. Eine Aufklärung. In: KJb 2008/09, S. 251–253.

auf die »Begierde des Wettkampfs« (Kleist an Pfuel, 7.1.1805; DKV IV, 335) zurück, die hier an die Stelle der Rollenverteilung nach dem Geschlecht getreten ist.

Mit seiner Generalthese, wonach Kleist den »Kampf auf Dauer« (S. 93) gestellt habe, konkretisiert Bisky das Bild des Nonkonformisten. Die Ursprünge von Kleists Agonalität sieht Bisky zwar im standestypischen adligen Bedürfnis nach Auszeichnung, zum Ausdruck kommt sie aber eigentlich erst als Schutz gegen bürgerliche Desillusionierungen, die eben auch im Verhältnis zu Wilhelmine von Zenge drohen. Bisky führt im Verlauf seiner Darstellung einer Vielzahl solcher agonalen Situationen in Kleists Lebensgeschichte auf, vom Dichterwettstreit mit Zschokke und Wieland, über den mit dem ›Phöbus‹-Projekt installierten ›Wettlauf‹ mit Goethe, bis hin zur Auseinandersetzung mit Hardenberg im Jahr 1811. Schließlich lassen sich über das Prinzip der Agonalität Leben und Werke einigermaßen zwanglos und ohne eindimensionale Herleitungen aufeinander ablichten. Das Prinzip der Rivalität und des Wettkampfs trägt ganze Dramen wie ›Penthesilea‹ oder den ›Prinz Friedrich von Homburg‹ oder ist zumindest als Motiv, auch in den Essays, beständig präsent.

Fachwissenschaftlich ist das Agonalitätskonzept als Grundlage von Kleists ›offener Ästhetik‹, seines ›militanten Begriffs von Literatur‹ oder als biographisches Individuationsprinzip seit längerem in der Diskussion.[8] Es wird von Bisky mit guten Gründen als eines der wenigen kontinuierlichen Momente in den diskontinuierlichen Bewegungen des Lebensganzen herausgestellt, zumal damit auch ein Schlaglicht auf die innere Disposition des Biographierten möglich wird, ohne dabei gleich in Psychologismen zu geraten. Man hätte sich nur gewünscht, dass dieser axiomatische Grundsatz für Kleists Leben und Werk an der einen oder anderen Stelle noch etwas deutlicher aus- und weitergeführt worden wäre, aber vermutlich hätte dabei die Biographie als ›amphibische Gattung‹ gelitten. So wäre etwa zu überlegen, ob dem *furor teutonicus*, den Kleist in Dresden mit der ›Herrmannsschlacht‹, den politischen Schriften und der Lyrik an den Tag legt, nicht auch eine Ausdehnung dieses Verhaltensmusters zugrunde liegt. Agonales Verhalten prägt nicht mehr nur die persönlichen Interaktion oder die Erscheinung auf dem literarischen Feld. Offenbar ist zu Kleists Zeiten der von den Humanisten eingeleitete Transformationsprozess von einer ständischen zu einer nationalen Agonalität so weit fortgeschritten, dass Kleist in der nationalen Feindschaft seine

---

8 Im Anschluss an Katharina Mommsen, Kleists Kampf mit Goethe, Frankfurt a.M. 1979, die zuerst auf das »agonale Messen der Kräfte« (S. 13) aufmerksam gemacht hat, siehe zu Kleists »agonale[r], offene[r] Ästhetik« Ernst Osterkamp, Das Geschäft der Vereinigung. Über den Zusammenhang von bildender Kunst und Poesie im Phöbus. In: KJb 1990, S. 51–70, hier S. 54; zum »militanten Begriff von Literatur« bei Kleist Werner Frick, »Ein echter Vorfechter für die Nachwelt«. Kleists agonale Modernität – im Spiegel der Antike. In: KJb 1995, S-44–96, hier S. 48; zur Agonalität als Individiationsprinzip Günter Blamberger, Agonalität und Theatralität. Kleist Gedankenfigur des Duells im Kontext der europäischen Moralistik. In: KJb 1999, S. 25–40, bes. S. 25–29.

Lebenseinstellung geradezu universalisieren konnte.[9] Mit Blick auf dramatische Figuren wie den Prinzen von Homburg könnte man darüber womöglich auch eine Deutungsperspektive zu dessen bedingungsloser Unterordnung unter das ›heilige Gesetz des Krieges‹ gewinnen, die ja auch deshalb so schwer hinnehmbar ist, weil dieses ›Gesetz‹ das Gesetz des Dramas selbst ist und nirgendwo mehr hinterfragt wird.

Jede Kleist-Monographie steht vor der Frage, wie sie die biographischen Trias von Leben, Werk und Gesellschaft in ein angemessenes Verhältnis zueinander bringen kann. Dabei stellt das Werk eine Vermittlungsinstanz zwischen dem Individuellen und Allgemeinen dar und bedarf von daher einer besonderen Würdigung. In der Kleist-Biographik besteht das Problem nicht nur darin, in welcher Form ein Zugang zu dem immerhin überschaubaren, aber in sich komplexen Œuvre ermöglicht werden kann; ein Problem, für das Földényi eine radikale Lösung vorgeschlagen hatte. Eher traditionell ausgerichtete Darstellungen müssen überdies dem Umstand Rechnung tragen, dass die Werke Kleists bis auf wenigen Ausnahmen sich auf einen Zeitraum innerhalb der letzten Lebensjahre ballen und die notwendigen strukturierten Ausführungen zu den einzelnen Werken quer zur Chronologie der laufenden Ereignisse stehen. Nicht zuletzt aufgrund des zentral gesetzten Agonalitätskonzepts gelingen Bisky für Kleists Dramen und die wichtigsten Essays jeweils knappe und präzise Porträtskizzen, die sich ohne große Friktionen der weiteren Lebensbeschreibung anpassen. Es irritiert allerdings sehr, dass außer den früh erstpublizierten Novellen, dem ›Erdbeben in Chili‹ (S. 274ff.), der ›Marquise von O....‹ (S. 340ff.) und dem ›Michael Kohlhaas‹ (S. 439ff.), keine weiteren Erzählungen einer Erörterung für würdig gehalten worden sind. Das erstaunt umso mehr, als Bisky mit dem »Wahnsinn der Freiheit« eine Formulierung aus der ›Verlobung in St. Domingo‹ zur Überschrift seines Einleitungskapitels gewählt hat. Die Texte werden nur summarisch anlässlich der Publikation des zweiten Bandes der ›Erzählungen‹ aufgelistet. (S. 453) Ungewollt restauriert Bisky auf diese Weise das direkt nach Kleists Tod von Clemens Brentano installierte Bild vom genialen, aber ruhmlos gebliebenen Bühnendichter, der sich am Ende seines Lebens des schnöden Mammons wegen in die Prosaschreiberei gezwungen sah.

Ein letzter detailkritischer Punkt betrifft Biskys Resümee zur Struktur und Erscheinungsform der ›Berliner Abendblätter‹, das er mit einer Spitze – so weit ersichtlich der einzigen im Buch – gegen die Forschung schließt: »Wer den ›Abendblättern‹ eine Poetik unterstellt […], darf sich zumindest nicht wundern, wie schnell sie eingingen« (S. 428). Darüber wundert sich auch niemand, umso mehr kann man aber die Konsequenz der subversiven Publikationsstrategie Kleists bewundern und dann zeigen, wie durch die »Verschleifung von Literatur und Gebrauchstext« und durch das multiperspektivische Textangebot die Suche nach

---

[9] Anregend hierzu: Caspar Hirschi, Wettkampf der Nationen. Konstruktionen einer deutschen Ehrgemeinschaft an der Wende vom Mittelalter zur Neuzeit, Göttingen 2005, bes. Kap. 4.1: Das agonale Prinzip, S 258–301.

einer »Logik des Massenmediums« in Gang kommt.[10] Es wundert eher, wieso Bisky an dieser Stelle von der großen Linie seiner Lebensbeschreibung und der so treffenden Charakterisierung Kleists als eines »Hasardeur[s], der alles auf eine Karte setzt« (S. 8), abweicht und ihn am Ende seines kurzen Lebens eher nüchtern an den Realien eines Redakteuralltags messen will.

Ob hier nicht doch die Erfahrungen des praktizierenden Journalisten mit dem Format der Tageszeitung durchschlagen? Auf einer anderen Ebene haben diese jedenfalls positiv auf den Text gewirkt. Bisky weiß, wie man der trockenen Germanisten-Prosa Widerstand leistet. Stilistisch gehört sein Buch zu den gelungensten Kleist-Monographien, mit ihm wird das in zahllosen Werkexegesen zum Verschwinden gebrachte Bild der Person wieder lesbar und ins rechte Licht gestellt. Dieser Gewinn überwiegt die hier vorgebrachten Kritikpunkte bei weitem.

---

[10] Vgl. den Forschungsüberblick von Sibylle Peters, Artikel ›Berliner Abendblätter‹. In: Kleist-Handbuch. Leben – Werk – Wirkung, hg. von Ingo Breuer, Stuttgart und Weimar 2009, S. 166–172, hier S. 171.

Helmut Koopmann

EIN DICHTER, DEN DIE ZEIT NICHT TRAGEN KONNTE[1]

Thomas Mann war vieles an Kleist »doch recht entsetzlich« (NR 500a), aber auch Eichendorff erkannte schon, dass Kleist die »fremde, dämonische Gewalt nicht bändigen konnte oder wollte, die bald unverhohlen, bald heimlichleise, und dann nur um so grauenvoller, fast durch alle seine Dichtungen geht«,[2] und Goethe hatte in Kleists ›Amphitryon‹ »das seltsamste Zeichen der Zeit« gesehen, »ein bedeutendes, aber unerfreuliches Meteor eines neuen Literatur-Himmels« (LS 182a). Es hatte nichts genutzt, dass Kleist sich ihm »auf den Knieen meines Herzens« (DKV IV, 407) hatte nähern wollen. Drei Stimmen unter vielen: *le pauvre Henri Kleist.* Allen gemeinsam: dass Kleist sich eigentlich jedem Zugriff entzog, am Ende unbegreiflich blieb. Er hatte freilich das Seinige dazu getan. »Ich sitze, wie an einem Abgrund« (DKV IV, 355), so Kleist aus Königsberg. Er hatte schon der Braut Wilhelmine von Zenge am 10. Oktober 1801 gestanden: »Es mag wahr sein, daß ich so eine Art von verunglücktem Genie bin« (DKV IV, 273). Es war nicht nur die »Dissonanz der Dinge« (DKV IV, 301), wie Kleist an Zschokke aus Aarau schrieb; die wahre Dissonanz war in ihm selbst.

Nicht verwunderlich, dass diese enigmatische Natur immer wieder Biographen gereizt hat. »Vielleicht die großartigste Verkörperung der deutschen Eigenbrödelei, nicht durch Absicht und Gesinnung, sondern von Natur«, schrieb Friedrich Gundolf in seiner Kleistbiographie 1922. Ein »friedloser, unbefriedigter Geist«, »dieser einsamste deutsche Dichter«; und Gundolf verstieg sich sogar zu der Behauptung, dass Kleist »durch eine unüberwindbare, transzendentale Sprödigkeit« ein Fremdling geblieben sei, »ungelöst, unerlöst«, und eine »geschichtliche Aufgabe« und eine »eigene Weltstunde« habe er auch nicht gefunden. Man liest Gundolfs rauschhafte Charakteristik heute mit einiger Beklemmung, und spätere Jahrzehnte haben anderes geliefert: Günter Blöcker hat Kleist »das absolute Ich« genannt, Hans Mayer wiederum sah Kleist im Zusammenhang mit seinem »geschichtlichen Augenblick«, und für Joachim Maass war er gar »die Fackel Preußens«. Die Zahl der Einzelstudien zu Kleist ist nahezu uferlos – ein Rätsel ist er

---

[1] Über: Gerhard Schulz: Kleist. Eine Biographie. München: Beck 2007, 607 S.

[2] Joseph von Eichendorff, Sämtliche Werke. Historisch-kritische Ausgabe, begründet von Wilhelm Kosch und August Sauer, hg.von Hermann Kunisch und Helmut Koopmann, Bd. IX, Regensburg 1970, S. 429.

geblieben, auch da, wo er von den Dekonstruktivisten in Anspruch genommen wurde und von jenen, die *gender studies* treiben.

Die Kleist-Biographie von Gerhard Schulz nun setzt ein neues Maß für unser Verständnis von Kleist: Sie leuchtet sein Leben bis in jene verborgenen Winkel hinein aus, die anderen verborgen geblieben sind. Nicht, als ob alle Rätsel nun restlos gelöst wären, ein Rest bleibt, und Gerhard Schulz weiß, dass man nur schweigen kann, wo nichts zu sagen ist. Aber was er zu jenem anderen sagt, zu den Lebensstationen und zu den Werken, ist, *conclusio qua praefatio*, von einzigartiger Qualität. Modischer Schnickschnack prallt an diesem Buch ab. Man muss kein Prophet sein, um zu sagen: Dieses Buch wird Bestand haben – es ist das Beste, was seit langem über Kleist gesagt worden ist.

Gerhard Schulz hat eine Biographie schreiben wollen, aber diese Biographie enthält auch Einblicke in das Werk, die ihresgleichen suchen: geschrieben aus souveräner Kenntnis nicht nur des Kleistschen Œuvre und seines Lebens, nicht weniger aus dem Wissen um die Zeit, in der Kleist gelebt hat. Das Buch ist die Frucht einer lebenslangen Beschäftigung mit der deutschen Literatur zwischen 1789 und 1830; Schulz' ›Geschichte der deutschen Literatur zwischen Französischer Revolution und Restauration‹[3] ist eine der großen Leistungen der deutschen Literaturgeschichtsschreibung, und so durfte der Leser von vornherein erwarten, dass nicht nur Kleist, sondern dass auch seine Zeit, das Netz seiner persönlichen Beziehungen, selbst wenn sie in den meisten Fällen schwierig nachzuzeichnen waren, dass die literarische Landschaft jener Zeit ebenso sichtbar wird wie die politischen Verhältnisse. Die Kleist-Biographie erfüllt diese Erwartungen perfekt.

»Ein schwieriger Mensch«, ist das erste Kapitel überschrieben – das könnte eine Floskel sein, aber es ist ein initiatorischer Versuch, sich dem »unglücklich organisirten« Kleist, wie Krug ihn nannte, anzunähern, diesem ›Genie‹, bei dem schon Wieland etwas ›Geheimnisvolles‹ spürte, das wie ein Irrlicht durch seine Zeit hindurchgegeistert ist. Die Aura um Kleist: in diesem Buch wird sie sichtbar, mit wenigen Strichen, die aber sein Porträt besser zeichnen als langatmige (und meist auch langweilige) Wirkungsgeschichten. Früh schon gab es bei Kleist Zweifel an seinen sprachlichen Ausdrucksmöglichkeiten, früh schon ein Krisenbewusstsein, das sich immer wieder in den Vordergrund schob und ihn zeitweise lähmte, zeitweise zu ungeahnter, ungeheuerlicher Produktivität brachte. Woran hat er gelitten? An der »Welt preußisch-militärischer Zucht und Ordnung«, an der »Verständnislosigkeit seiner Mitmenschen überhaupt« (S. 20), an seiner eigenen »Unklugheit« (S. 21)? Nun, wenn er ein weiser und lebenskluger Kleist gewesen wäre, dann wäre er schon nicht mehr Kleist gewesen, meint Schulz: und viele Kapitel folgen diesem rätselhaften Menschen, auf einer Spur, die er vor allem in den Briefen gelegt hat, aber auch in dem, was sich, oft ganz unabhängig vom Leben, in seinem Werk zu erkennen gab.

Kleist war in bewegte Zeiten hineingeboren worden, Schulz zeichnet sie sorgfältig nach, nicht nur, was das Politische angeht, sondern auch den ›Wandel des Denkens und Fühlens‹ seines Zeitalters: in dem Galvanismus und Magnetismus

---

[3] München 1983 und 1989.

Mode wurden, aber auch der Weltschmerz an die Seelentüren anklopfte, für die es kein sicherndes Netz durch Theologie oder Philosophie mehr gab.

Schulz ist ein zurückhaltender, behutsamer Biograph – und er beherzigt seinen Satz: »Biographien geben zumeist den Eindruck von Konsequenz und Schlüssigkeit eines Lebens, von einem kausalen Zusammenhang zwischen Ursachen und Folgen, wie er aber in Wirklichkeit so nie existiert haben mag« (S. 34). Bei Kleist kann von Konsequenz und Schlüssigkeit keine Rede sein, zumal das, was er Freunden und anderen in seinen Briefen mitgeteilt hat, nicht immer klar zwischen Information oder Desinformation, »Mitteilung oder Mystifikation« (S. 36) unterscheiden lässt. Erkennbar autobiographisch ist sein literarisches Werk kaum; allen vorschnellen Versuchen, Literatur und Biographie direkt aufeinander zu beziehen, schiebt Schulz mit Recht schon auf den ersten Seiten seines Buches einen Riegel vor. Dieser von Unbegreiflichkeiten hin- und hergeworfene Kleist, er schrieb aber auch den Satz: »Alles, was eine Gestalt hat, ist meine Sache« (DKV IV, 413). Und das, was an ihm Gestalt geworden ist, sein Werk eben, ist Grund, sich überhaupt mit ihm zu beschäftigen – wegen seiner Werke, so schreibt Schulz, befassen wir uns mit ihm, »mit seinem Werden, Denken, Arbeiten, seinem Verhältnis zu anderen, seiner Zeit, seiner Glückssuche und seinen Leiden in ihr, seiner Biographie also« (S. 39). Im Hintergrund: die Zeit, seine Familie, die Familiengeschichte. Der früh elternlos Gewordene (der Vater starb, als er zehn Jahre alt war, die Mutter, als er fünfzehn war) geriet in die Soldatenlaufbahn, wie es für einen Kleist fast selbstverständlich war, und Kleist konnte wie Goethe von sich und manchen seiner Zeitgenossen sagen: »ihr seid dabei gewesen«, dabei in einer neuen Zeit, die mehr Kriegs- als Friedensjahre kannte. Einen Begleiter hatte Kleist aber auch schon früh: den Gedanken an den Selbstmord. Der mag in einem juvenilen Entwicklungszustand durchaus häufiger als in anderen Lebensepochen begegnen, und ›Werther‹ war ja auch Kleists Jahren noch nahe. Der Suizid war im Übrigen ein wenig Modethema: Ludwig Achim von Arnim schrieb einen Aufsatz ›Ueber den Selbstmord‹; Selbstmord war in der Jugendzeit Kleists, so Schulz, zu einem »Zeitphänomen geworden, in der Wirklichkeit wie im Spiegel der Literatur« (S. 68). Aber hintergründig läuft das Thema bei Kleist weiter durch sein ganzes Leben hindurch, und nicht selten bedroht es ihn unmittelbar.

Beim Militär hielt es Kleist nicht lange, der »Seconde-Lieutenant« wurde zum Privatier (S. 85). Und er, der Gefährdete, hatte Lebenspläne, schrieb über das ›Glück‹, strebte nach Unabhängigkeit, wollte einem ›Lebensplan‹ folgen. Schwester Ulrike war zunächst Empfängerin dieser Absichten, ahnte aber wohl auch, dass es um den Lebensplan nicht so sehr zuverlässig bestellt war (S. 93). Die Frankfurter Jahre: Studienjahre, das Umfeld: von Schulz mit sicherer Hand nachgezeichnet. Aber wir erfahren auch viel über die Sozialverhältnisse dieser Zeit, über die Beziehungen zum anderen Geschlecht, den Kinderreichtum und seine Folgen, über den eigentümlichen Erziehungswillen bei Kleist, der sich als ›Denkübungen‹ in Briefen an seine Braut Wilhelmine von Zenge äußerte – die nicht wenig unter den rigorosen Lehrmeistereien Kleists gelitten haben dürfte. Der Glückssucher war auf einem falschen Pfad, er war verwundbar, kam von den Widersprüchlichkeiten in sich nicht los, aber er konnte sich an der Sprache berauschen, und dort lebte diese merkwürdige Beziehung zu einer jungen Frau. Aber da war mehr: Briefe sind, so zeigt Schulz überzeugend, die ersten erzählerischen Leistungen des jungen Heinrich von Kleist.

Briefe waren auch nötig, denn Kleist ging auf Reisen. Über die Würzburger Reise ist unendlich viel gerätselt worden, und Schulz hat die diversen Ansichten in einem glanzvollen Kapitel, »Enigma-Variationen« überschrieben, nach einer langen Einleitung dargestellt und geprüft: vier Variationen über ein Thema und einer Fuge, *Andante moderato*. Der Leser lächelt. Aber das Geheimnis der Reise bleibt letztlich auch bei Schulz Geheimnis, und damit sollte allen weiteren Spekulationen ein für allemal ein Riegel vorgeschoben sein.

Der selig-unselige Brautstand: ein Kapitel für sich. Kleist wird bei Schulz zum »Fernschreiber der Liebe« (wer wusste schon, dass das Wort von Kleist stammt, vgl. DKV IV, 161?), der Umgetriebene schreibt vom November 1800 bis zum Mai 1802 einundzwanzig Briefe, die an die Stelle der Beziehung selbst treten: Zeugnisse eines unglücklichen Menschen. Die aus seiner Phantasie geborene Wirklichkeit, so Schulz, war nicht mit der realen zu versöhnen, obwohl sie nicht im Widerspruch zu ihr stand, »sondern vielmehr deren Konflikte und Möglichkeiten nur deutlicher und stärker hervorhob oder weiterdachte« (S. 189). Nur eine Konstante gab es in seinem Leben: die Schriftstellerei. Und dabei blieb er. Er versuchte sich in Berlin zu ›etablieren‹, als er am 1. November 1800 dort wieder ankam, und seinem Herkommen und seinem familiären Rang nach hätte es möglich sein müssen. Aber er wusste nur zu gut: »Ich passe mich nicht unter die Menschen, es ist eine traurige Wahrheit, aber eine Wahrheit« (DKV IV, 198). Täuschungen, Enttäuschungen, Verunsicherungen. Suizidgedanken flackern immer wieder in ihm auf.

Manches freilich entlarvt Schulz mit Recht als chimärisch: so die sogenannte ›Kant-Krise‹. Sie hat viele Federn in Bewegung gesetzt, und man hat sich schließlich sogar zur Behauptung hinreißen lassen, dass sich in der Begegnung mit Kant »nichts Geringeres als die Geburtsstunde des Dichters Kleist aus dem Geiste Kants« ereignet habe (S. 206). Das Inkommensurable in Kleists Leben und Werk hätte eigentlich von vornherein eines Besseren belehren sollen. Von der Kant-Legende bleibt nun nicht mehr viel übrig. Denn es ist ja nicht einmal sicher, woher Kleist seine Kant-Kenntnisse hatte, auch wenn außer Frage steht, dass er »Gedanken Kants wahrgenommen und von Aspekten seiner Philosophie beeindruckt und beeinflußt wurde« (S. 207f.). Aber eine Kant-Krise, so Schulz, »hat Kleist nicht durchgemacht, krisenhaft war sein ganzes Leben bisher verlaufen und verlief auch weiterhin bis an sein Lebensende« (S. 209). Und schon gar nicht habe sich die Geburt des Dichters aus der Begegnung mit Kant ereignet. Nur zu sehr kann man Schulz zustimmen, wenn er sagt: »So einfach und offensichtlich pflegen komplexe kreative Prozesse nicht zu verlaufen, und am wenigsten die Heinrich von Kleists« (S. 209).

Das Ungewisse, die Ungewissheiten bleiben, auch Kleists Reisen sind Reisen ins Ungewisse, so die von Dresden nach Paris. Was bot Paris? Eine kleine, sehr schöne Lektion bei Schulz über das Zentrum der modernen Macht – und die Wissenschaftler in ihnen (S. 215). Kleist verachtete Paris, verdammte es, sah wohl auch nicht das Entstehen der bürgerlichen Gesellschaft, der Geldwirtschaft, wie sie in Frankreich aufgekommen waren. Kleists Empfängerinnen seiner Briefe aus Paris waren Frauen, Caroline von Schlieben und Adolphine von Werdeck, doch Briefe gingen auch an die neunzehnjährige Louise von Zenge, kürzere an die Braut. Warum die Briefe an Frauen, die ihm durchaus nicht so nahestanden, dass sie einer umfangreichen Korrespondenz hätten gewürdigt werden müssen? Ein langer Brief an Adolphine von Werdeck, so Schulz, entpuppt sich als nichts anderes denn als ein Produkt jenes ›Ideenmagazins‹, wie er das auch von seinen Briefen aus Würzburg der Braut gesagt hatte, und die Briefe, ebenfalls Produkte eines »Archivs von Bildern, Beobachtungen, Gedanken und Urteilen«, also ein Arsenal, aus dem vor allem eines sprach: »eine immense Lust am sprachlichen Gestalten« (S. 222). Da fand »so eine Art von verunglücktem Genie«, wie er sich selbst beschrieb, sein Feld. Ein anderes Feld suchte er jenseits der europäischen Metropole: in der Schweiz.

Kleist, ein Schweizer Bauer. Glücklich wurde er auch da nicht. Sein Stimmungsbarometer zeigte er in einem Brief an die Schwester Ulrike: »Betrachte mein Herz wie einen Kranken« (DKV IV, 293). Auf einer Insel in der Aare wollte er siedeln. Das Sterbenwollen aber siedelte mit. Er habe, so schreibt er in seinem letzten Brief an die Braut, »keinen andern Wunsch als bald zu sterben« (DKV IV, 309). Aber aus der Schweiz brachte er nach Weimar, wo er Wieland besuchte, schon Teile eines Dramas über Robert Guiskard mit, in Weimar bzw. in Oßmannstedt kam auch der Plan vom ›Zerbrochnen Krug‹ dazu, und in Bern erschien ›Die Familie Schroffenstein‹, »das Werk seiner Schweizer Tage«: die, so meint Schulz, »Ouvertüre zu seinem späteren Werk«. Da ist, man muss ihm zustimmen, keine gesellschaftliche und erst recht keine metaphysische Ordnung, da gibt es nur ein irrendes Handeln, das ins Unheil treibt – wie auch viele Gestalten Kleists.

Kleist in Weimar – Schulz hat in seinen Bemerkungen zu jener Zeit um und kurz nach 1800 nebenbei ein kleines fesselndes Stück Literatur- und Kulturgeschichte geschrieben. Wieland, der auch schon den jungen Schiller ins Herz geschlossen hatte, öffnete sich für Kleist, aber der blieb nicht, schrieb: »muß über kurz oder lang wieder fort; mein seltsames Schicksal!« (DKV IV, 312) »Ortlos«, so hat Schulz ein Kapitel seines Buches überschrieben. Noch einmal, zusammen mit Pfuel, eine Reise, die ihn vielleicht sogar bis nach Mailand führte, und zu enthusiastischen Briefen. Kleist irrlichtert weiter: nach Paris, und seine Verzweiflung bringt ihn sogar dazu, beim Ersten Konsul für den Feldzug nach England anzuheuern: ›Guiskard‹ wird von ihm verbrannt (wieviel es davon gegeben hatte und wieviel verbrannt worden ist, werden wir nie wissen). Ein Brief an die Schwester enthält die Botschaft: »und nun ist es aus« (DKV IV 321). Aber Kleist war endgültig zum Dichter geworden: Das war im Juni 1804.

Bei aller Lust Kleists am Verfertigen von Literatur: Schulz hat die katastrophalen Züge bei Kleist scharf herausgeleuchtet, seinen Gram, über den er nicht Herr werden konnte und der ihn schreiben ließ: »Ich sitze, wie an einem Abgrund, [...] das Gemüth immer starr über die Tiefe geneigt, in welcher die Hoffnung meines Lebens untergegangen ist« (DKV IV, 355). Aber: er schreibt, schreibt, was seine Charakteristiken angeht, seine »erzählte Bildergalerie« weiter, und schreiben: das war, so Schulz, »das eigentliche Geschäft seines Lebens« (S. 289). Auch wenn es für die Genese von Kleists Werk nur wenige und unsichere Zeugnisse gibt: seine literarische Bilanz konnte sich sehen lassen. ›Der zerbrochne Krug‹ war fertig, ›Penthesilea‹ unter der Feder, ›Amphitryon‹ war geschrieben, und Rühle bekam irgendwann Ende 1806 das Manuskript von ›Jeronimo und Josephe‹, dem späteren ›Erdbeben in Chili‹. Spiegelte sich gerade in dieser Erzählung vielleicht sogar Kleists persönliches Wunschdenken? Aber Schulz hat allen derartigen Spekulationen ein Ende bereitet mit dem nur zu richtigen Hinweis, dass Verbindungen zwischen Kleists alltäglichen Erfahrungen und seinem literarischen Werk gemeinhin nur zu nichtssagenden Bezügen führen – seine Dichtung kam aus anderen Quellen. Kleists Bilder hatte nicht das eigene Leben, sondern hatte die Kunst anzubieten (S. 297).

1807 noch einmal Frankreich, Kleist in Berlin von französischen Besatzern verhaftet, abtransportiert und ins Gefängnis geworfen. Petitionen brachten ihm schließlich wieder die Freiheit, und in Dresden wollte er sie nutzen. Was Dresden ihm bot – Schulz hat es in eindrucksvoller Kürze beschrieben. In Dresden zeigte sich auch jener andere Kleist, der kein Klausner und kein Anachoret war. Seine »Realitätslust, auch seine Freude an Geselligkeit, sein Interesse an Menschen, seine Leidenschaft in Zuneigung und Abneigung« (S. 337) – sie gehören, so Schulz, auch »zu den Fundamenten dieses Werkes«. Mit seiner ›Penthesilea‹ suchte er sich Goethe zu nähern, aber Goethe war diese Vereinigung von Antike und Moderne höchst suspekt, erschien ihm eher als eine »Contorsion«, aus der »keine neue Art von Organisation« entstehe. (S. 348). Klassik und Romantik, der Kampf zwischen ihnen: darüber kann man einige exzellente Seiten in diesem Buch lesen. Und eine glänzende Analyse der ›Penthesilea‹, die aus der biographischen Perspektive einen neuen Blick auf dieses Werk erlaubt. Überhaupt sind die ›Interpretationen‹, wenn man denn diese so klugen Deutungen der Dramen und der Erzählungen mit dem Allerweltswort bezeichnen will, vom Besten, was es darüber gibt. Viele Bemerkungen, die neugierig machen, wäre man es nicht schon: über das Lachen bei Kleist, das auch dort aufbricht, wo man es am allerwenigsten erwarten würde, über den »intellektuellen Kleist« (S. 375), über die raffinierten Täuschungen, die er immer wieder nutzt (S. 376), über die neugesehene Antike, die anders war als die Goethes, »eine leidenschaftlichere, ja dämonischere Antike« auch als die Winckelmanns (S. 379). Das ›Käthchen‹ als »Kehrseite der *Penthesilea*«: Schulz zeigt auch hier die unüberbrückbare Kluft zwischen Biographie und Kunstwerk auf, im Kunstwerk aber die Nähe von Komödie und Tragödie (S. 390). Höchst lesenswerte Seiten auch über den Geschmackswandel um 1800, den »Übergang vom Klassizistischen zum Romantisch-Christlichen« (S. 399), bei Caspar David Friedrich zu studieren.

1809 dann noch einmal Kriegsgeschehen, Kleists Reise nach Süden, dunkel und geheimnisumwittert wie jene nach Würzburg. Kleist ist auch in seinen letzten Jahren ein Schriftsteller, »den die Zeit nicht tragen kann« (S. 408). Sein Ausweg: die politische Publizistik (S. 413). Scheitern sollte er auch da. Glänzende Seiten bei Schulz ebenfalls über die ›Herrmannsschlacht‹, über Kleists eigenes Lachen, auch wenn es »recht entsetzlich« war. »Nichts bei Kleist ist einfach« – auf diesen einfachen Satz hat Schulz es gebracht, aber wie das zu verstehen sei, zeigt dieses so eindrucksvolle Buch.

Noch einmal Berlin, in das Kleist Anfang Februar 1810 zurückkehrt – kein Optimist, sondern ein Einsamer, zutiefst Besorgter. Die Einsamkeit konnte allerdings nach außen hin durchaus gesellig sein – auch wenn Ulrike nicht kam, Achim von Arnim war da, Wilhelm Grimm, Brentano, natürlich Adam Müller und andere – wer etwas über die reiche Literatur- und Kulturgeschichte jener Zeit und jenes Ortes erfahren will, der ist gut beraten, die wenigen Seiten bei Schulz darüber nachzulesen (S. 452ff.). Aber für Kleist war das auch die Zeit eines neuen Wirklichkeitsverlustes (S. 459). Die ›Abendblätter‹ kamen – und gingen, rascher als es Kleist gut tat. Die ›Abendblätter‹, ein frühes ›Abend-Sensationsblatt‹, waren mehr, auch in ihnen spiegelte sich Kleists Suche nach ›Wahrheit‹, Kleists Lebensthema. Am Schluss des Buches ein kurzes Fazit:

> Was Kleist zu erzählen hat, sind Geschichten, die letztlich aus ihm selbst kommen; das ist das ebenso Bedeutende wie Beunruhigende in ihnen. Sie führen aus dem scheinbar historisch Verbürgten und dem scheinbar in festen geographischen Koordinaten Angelegten in seelische Unterwelten, wo Leiden und Leidenschaften, Macht, Gewalt, Gier, Angst, Verzweiflung, Irrsinn, Unheimliches, ja Ungeheures herrschen (S. 488).

Ja, so ist es wohl.

Über Kleists Tod sagt Schulz das Nötige, es ist zureichend wie alles in diesem Buch. Kleist war am Ende auf Erden wohl wirklich nicht zu helfen, doch aus dieser Not heraus entstanden einzigartige Werke. »Kleist selbst interpretiert nicht«, ist am Schluss dieses so reichen und eindrucksvollen Buches zu lesen (S. 489). Dafür deutet Schulz, vorsichtig, überzeugend, gerecht, abwägend, und der Leser wird vielleicht sogar jene Spur von Altersweisheit entdecken, die wohl nötig ist, um zu verstehen, warum so vieles an Kleists Leben und Werk unverständlich, unbegreiflich bleibt.

Die Biographie ist dem Andenken an Richard Samuel gewidmet, der Schulz vor vielen Jahren angeleitet und in Kleist eingeführt hatte. Am Ende dieses Werks, das weit mehr ist als eine Biographie, nämlich zugleich ein aus intimer Kenntnis der Zeit und der in ihr Lebenden geschriebenes Buch über eine der wichtigsten Perioden der deutschen Literatur, findet sich der Satz: »Kleist ist nie langweilig« (S. 479). Das möchte der Rezensent gerne auch auf diese Biographie übertragen wissen. Es gibt darin keine einzige langweilige Seite, man wird beim Lesen geradezu hineingesogen in die Schilderung eines Lebens und eines Lebenswerkes, die theoretisches Brimborium und modische Exegese-Kapriolen nicht nötig hat. Es ist, das sei noch hinzugefügt, vom Beck-Verlag hervorragend ausgestattet. Seinen Reichtum kann nur ermessen, wer es liest – und wer damit angefangen hat, wird nicht enden können bis zum Schluss. Karl August Varnhagen nannte die ›Penthesilea‹ beim Wiederlesen »ein Meisterwerk«. Ein solches ist auch diese Biographie über Kleist.

Joachim Pfeiffer

INDIVIDUALITÄT UND SELBSTBEWUSSTSEIN BEI HEINRICH VON KLEIST[1]

Der Kleist-Biographie von Herbert Kraft begegnet man zunächst mit einer gewissen Skepsis: schmalformatig, im Titel traditionell ›Leben und Werk‹ ankündigend, beginnt sie ohne Vorwort, stürzt den Leser mit dem ersten Kapitel unvermittelt in die Familienverhältnisse Heinrich von Kleists. Auf dem Umschlag befindet sich eine gewöhnungsbedürftige Kleist-Collage. Aber wenn man zu lesen beginnt, wird man schnell eines Anderen belehrt: In 52 Kapiteln, die fein ausgearbeiteten Miniaturen gleichen, wird man durch Kleists Leben und Werk geführt, in einer äußerst knappen, manchmal fast lakonischen Sprache, die einem die Wechselfälle, die dramatischen Höhepunkte und Abstürze dieses Lebens eher undramatisch, aber spannend und anschaulich vor Augen führt. Was man längst zu kennen meint, erscheint in einem anderen Licht. Belege und Textquellen, die auf eine große Belesenheit schließen lassen, verändern die Perspektiven, unter denen wir bisher auf Kleists Werke blickten.

Um ein Beispiel zu nennen: Dass Kleist Schwierigkeiten mit seiner Ausbildung zum Staatsdiener hatte, war bekannt; aber nun wird deutlich, wie sehr dem Auszubildenden in Königsberg (er hält sich dort 1805/06 auf) das Referieren, die ›Relationsmethode‹ zum Problem wird, also das präzise, knappe Zusammenfassen von Rechtsproblemen vor preußischen Kollegialbehörden. Er verzweifelt so sehr daran, dass er zeitweise das Bett nicht mehr verlässt und die Prüfung, die am Ende des Ausbildungsjahres fällig ist, nie ablegt. Plötzlich stellt man sich vor, wie sehr die Anleitung zum überlegten, bedächtigen Referieren dem atemlosen Kleistschen Sprachfluss zuwiderläuft. Kraft widmet dieser Methode ein ganzes Kapitel (»Über die Relation«), und er zitiert zur Veranschaulichung aus den ›Annalen der Gesetzgebung und Rechtsgelehrsamkeit in den Preußischen Staaten‹ von 1805:

> In Zivil-Sachen lassen sich die wirklich erheblichen Thatsachen meistentheils auf wenige Hauptumstände zurückführen, und in diesen kommt sehr oft der Fall vor, wo der eilende Referent nach dem ersten flüchtigen Lesen der Acten sich sogleich zu Abfassung der Relation niedersetzt, mit dem Vorsatze, das zweite ausführlichere Lesen mit der Anfertigung des Actenauszuges zu verbinden; alsdann wird freylich der Referent nicht selten Thatumstände ausführlich niederschreiben, die er weggelassen haben

---

[1] Über: Herbert Kraft: Kleist. Leben und Werk. Münster: Aschendorff 2007, 271 S.

würde, wenn er das, was er nachher in den Acten fand, gleich anfangs bemerkt hätte (S. 83f.).

Paradoxerweise ist die Berichtstechnik der Relationsmethode, so sehr sie zu Kleists Sprachkaskaden im Widerspruch steht, zugleich in seinen Erzählungen wiederzu-erkennen (vgl. S. 85).

Gerade die Passagen, die Kleists Arbeit bei dem ›Oberfinanzrat‹ von Stein zum Altenstein beschreiben, machen begreiflich, dass Kleists Lehrzeit in der Finanzbe-hörde von Anfang an zum Scheitern verurteilt war: Altenstein lässt ihn ›Reskripte‹ (Bescheide, amtliche Verfügungen) abfassen, beteiligt ihn an der Verwaltungsre-form und schickt ihn dann zur ›kameralistischen Ausbildung‹ an die Kriegs- und Domänenkammer nach Königsberg, wo alle Steuer-, Polizei-, Militär- und Finanz-sachen verwaltet werden. Man stelle sich Kleist als Finanzverwalter vor, der Tag für Tag Akten wälzt und nach bestimmten Methoden juristische Tatbestände zusammenfasst und knapp referiert: Es verwundert nicht, dass diese Lebensphase in einer Art Zusammenbruch endet.

Bei Kraft werden diese Lebensumstände mit Anschaulichkeit und Detailreich-tum beschrieben. Eine der großen Qualitäten seiner Biographie besteht in der Fähigkeit, das Leben Kleists lebendig, fast plastisch vor Augen zu führen – manchmal bildet sich eine Art biographischer Film im Kopf des Lesers. Die Präzision der Beschreibung evoziert visuelle Vorstellungen:

> Ulrike ist jetzt da. Kleist sitzt an seinem Geschäftstisch über den Acten und erforscht, in einer verwickelten Streitsache, den Gesichtspunkt, aus welchem sie wohl zu beur-teilen sein mögte, damit er die Relation abfassen kann […]. Anschließend übt er, Vortrag zu halten, die Relation aus dem Inhalt der Akten darzustellen (S. 84).

Auch Kleists Wohnsituation in Königsberg gewinnt bei der Lektüre an Gestalt:

> Aus dem Gewirr der krummen Gassen und engen Stiegen führt die Löbenichtsche Langgasse, die Hauptstraße des Löbenichts, in Richtung Schloß. Kleist wohnt Löbenichtsche Langgasse 81. Dienstsitz der obersten Landesbehörden Ostpreußens einschließlich der Kriegs- und Domänenkammer ist das alte Hochmeisterschloß mit dem Turm als dem Wahrzeichen Königsbergs. Bis zu seinem Amt hat Kleist nur ein paar Hundert Meter zu gehen (S. 72).

Eine filmgemäße Beschreibung liefert Kraft auch von Kleists ›Lehrtätigkeit‹ wäh-rend der ersten drei Semester seines Studiums in Frankfurt (Oder), wo der frisch-gebackene Student seinen Schwestern und einigen jungen Damen aus der Nach-barschaft Vorlesungen über Kulturgeschichte hält; da er selbst Professor werden will, hat er sich »eigens ein Katheder anfertigen lassen«. Wenn die Damen unauf-merksam sind, bricht er seine Vorlesungen ab (S. 23).

Doch die Biographie erschöpft sich keineswegs im Anekdotischen. Die nur lose verknüpften Einzelkapitel werden durch ein Grundthema zusammengehalten, um das Kleists Denken (so Kraft) permanent kreist: das der Selbstbestimmung. Der Selbstzweck des Menschen ist für ihn – im Licht der Subjektphilosophie Kants und Fichtes – die Vollendung des Selbstbewusstseins. Die ›Theorie des Selbstbewusstseins‹ wird so als geheimer Mittelpunkt, als Gravitationszentrum des Kleistschen Werks verstanden.

Bei der viel diskutierten Frage, welches Werk Kleists ›Kant-Krise‹ ausgelöst habe, geht Kraft von Fichtes ›Die Bestimmung des Menschen‹ aus – eine Ansicht, die 1919 schon Ernst Cassirer vertreten hatte. Aus der ›Kant-Krise‹ wird bei Kraft kurzerhand eine ›Fichte-Krise‹ (S. 38). Es gibt sicher gute Gründe für diese These, aber auch für die Option ›Kant‹: Immerhin war Kleist schon früh von Kantianern umgeben (z.B. Heinrich Zschokke in Frankfurt/Oder, vgl. S. 48), und mit den Begriffen der Kantischen Philosophie zeigt er sich von 1800 an vertraut. Warum sollte man den Zweifel an ›objektiver‹ Wahrheitserkenntnis nicht auf einen ober-flächlich verstandenen Kant (der ja eigentlich das Feld *gesicherter* Erkenntnis abste-cken will) zurückführen? Von Interesse ist im Übrigen, dass Kraft selbst auf den grundlegenden Einfluss Kants hinweist, wenn er die These Ernst Blochs zu seiner eigenen macht: Kleists Sprache gehe »mit all den Zurücknahmen, Kommata, Einschränkungen, mit all dieser schnöden Genauigkeit, wodurch etwas festge-schraubt wird an Ort und Stelle, mit all der chute des mots, dem Fall der Worte, dem Rhythmus« auf Kant zurück (S. 74). Wenn sich Kants Sprache auf Kleist bis in dessen Sprachstruktur hinein ausgewirkt hat, muss sich Kleist sehr intensiv mit Texten des Philosophen aus Königsberg beschäftigt haben.

Aber zurück zum Grundthema der ›Selbstbestimmung‹. Schon von der Würz-burger Reise an, so postuliert Kraft, wird die Idee des »Ich als reiner, substanzloser Faktizität« (S. 30) zu einer Art Obsession für Kleist und zu einem permanenten Schreibanlass. Die Suche nach Selbstbestimmung liege auch der geheimnisvollen Würzburger Reise zugrunde, gewissermaßen als Hintergrundsfolie aller anderen möglichen Reiseziele – die zahlreichen Spekulationen hierüber fasst Kraft in einer einzigen Fußnote zusammen (vgl. S. 231) und zeigt knapp, aber präzise ihre Unzu-länglichkeiten auf.

Die Biographie kehrt immer wieder zu Grundfragen der Subjektphilosophie (vor allem in Fichtes Version) zurück und versucht das Kreisen der Werke Kleists um dieses Gravitationszentrum deutlich zu machen. Alle wichtigen Texte werden mit diesem Grundanliegen Kleists in Verbindung gebracht – in einer einseitigen, aber inspirierenden Weise. Den Dramen kommt hier ein größeres Gewicht zu als den Erzählungen. Der subjektphilosophische Hintergrund des ›Amphitryon‹ leuchtet unmittelbar ein und wurde in der Forschung ausgiebig diskutiert. In der ›Penthesilea‹ konstatiert der Verfasser eine »Ausrottung der Subjektivität«, auf die die Selbstauslöschung fast notwendig folge (S. 117). Käthchen nimmt »den frem-den Willen zum Maßstab des eigenen Handelns« (S. 151) und verzichtet auf jede Selbstbestimmung: Ihr Ideal bleibt die »Nachfolge› (in fast religiösem Sinn), die u.a. bedeutet: »einem führer oder vorbilde folgen« (S. 155). Hier stutzt man, wird doch mit diesem Zitat eine historische Führergestalt evoziert, die mit dem Grafen Wetter vom Strahl wenig gemein hat. Bei einem Blick in die Fußnote, die dem Zitat zugeordnet ist, wird einem dann klar, dass die zitierte Textstelle aus dem Grimmschen Wörterbuch stammt. So erweist sich die Assoziation des Lesers als falsch, und doch bleibt ein gedanklicher Anstoß zurück, der einen noch weiter über das Machtgehabe des Grafen ins Grübeln geraten lässt. Es ist nicht das ge-ringste Verdienst von Krafts Biographie, solche Widerhaken zu setzen, an denen man hängen bleibt und von denen Gedankenimpulse ausgehen.

Das ›Marionettentheater‹ versteht Kraft als ironische Abhandlung und als Kontrafaktur zu Schillers ›Anmut und Würde‹. Kraft verweist auf die Marionette als ›Maschine‹ (vom ›Maschinisten‹ abgeleitet), die bei ihm überraschenderweise die Assoziation der ›mechanischen Beine‹ der Kriegsamputierten wachruft. Solche Assoziationen nehmen, man muss es gestehen, der Marionette jeden Zauber. Aber genau solche Lektürewirkungen will der Verfasser heraufbeschwören, denn: »Die Maschine ist das Gegenteil des Ichs, und die im Text erzählten Episoden sind Bilder der Unidentität« (S. 182).

Auch die Analyse des ›Prinzen von Homburg‹ konzentriert sich auf die Fragen von Individualität und Selbstbewusstsein (die dem Prinzen gründlich ausgetrieben werden). In seinem ›Umerziehungsprogramm‹ gelangt der Kurfürst mit Homburg schließlich an sein Ziel: Aufgabe des eigenen Willens und Identifikation mit dem Herrscherwillen: »Solche Untertanen wünscht sich der Herrscher: die nicht einfach tun, was er will, die es auch noch selber wollen« (S. 146). Die Knappheit der Argumentation führt hier notgedrungen zu Verkürzungen und mangelnden Differenzierungen – ein generelles Problem dieser mitunter fast aphoristischen Gedankengänge. So muss hier auch die Verknüpfung der Subordinationsfrage mit dem Vater-Sohn-Konflikt und der zentralen Rolle Natalies (die sich völlig ungestraft gegen das Gehorsamsgebot des Kurfürsten auflehnen darf) ausgeblendet bleiben. Doch Kraft will keine kohärenten Interpretationen liefern, er will die Texte schlaglichtartig beleuchten und dem Leser Gedankensplitter vorsetzen, die ihn zum Weiterdenken anregen sollen.

Verkürzungen muss man dabei in Kauf nehmen. Dies gilt auch für die dunklen Seiten des Kleistschen Werks, für die politischen Texte und vaterländischen Gesänge, z.B. für die Ode ›Germania an ihre Kinder‹ (interessanterweise eine Formvariante zu Schillers ›An die Freude‹, S. 135) oder ›An Franz den Ersten‹. Kraft zeigt auf, dass hier kein lyrisches Ich mehr spricht, kein abstraktes Ich entsteht, »das, reflektiert, zum Selbstbewusstsein würde« (S. 138). Die Dominanz des Politischen führt somit zur Aufgabe des Kleistschen Grundanliegens, des Strebens nach Selbstbewusstsein – und damit auch zur Aufgabe von Humanität. Einmal freilich habe Kleist doch ein *humanes* Deutschland beschrieben, gegründet auf eine Gemeinschaft der Freien und Gleichen, die den ›Geist der Herrschsucht‹ überwunden hätten, nämlich in seinem Aufsatz ›Was gilt es in diesem Kriege?‹ Das stimmt einerseits, andererseits auch wieder nicht. Denn am Ende wird in Kleists Text die Gemeinschaft der Deutschen so glorifiziert, dass jede Individualität auf dem Altar der Gemeinschaft geopfert wird: Niemand darf als Individuum den Untergang der Gemeinschaft überleben. Sie soll »nur mit Blut, vor dem die Sonne erdunkelt, zu Grabe gebracht werden« (DKV III, 479). Das ist ein recht blutrünstiges Gemälde, fern jedes Humanums, ein Kollektiv-Phantasma, in dem jede Individualität zu Grabe getragen wird.

Aber man verzeiht dem Buch solche Differenzierungsmängel, da es als Biographie nicht den Anspruch hat, das Gesamtwerk erschöpfend zu deuten (auch wenn es sich zur Hälfte mit Kleists Texten auseinandersetzt). Gerade in seiner Knappheit bietet das Buch eine Fülle von Anregungen, gestützt auf Dokumente, Zitate, historische Verortungen, die Altbekanntes aus neuer Perspektive erstehen lassen.

So viele Werkbezüge erwartet man nicht in einer Biographie, und noch weniger so viele Anregungen und perspektivischen Verschiebungen auf so engem Raum. Kleist hätte seine Freude daran gehabt, dass hier die Gelehrtheit in die Fußnoten gepackt wird und die Kreativität sich im Haupttext entfalten kann.

SIGLENVERZEICHNIS

BA   Berliner Abendblätter, hg. von Heinrich von Kleist, Berlin 1810f. – Verschiedene Reprint-Ausgaben. – Zitiert mit Angabe des Blatts bzw. der Nummer für das 1. bzw. 2. Quartal.

BKA   Heinrich von Kleist, (Berliner, ab 1992:) Brandenburger Kleist-Ausgabe. Kritische Edition sämtlicher Texte nach Wortlaut, Orthographie, Zeichensetzung aller erhaltenen Handschriften und Drucke hg. von Roland Reuß und Peter Staengle, Basel und Frankfurt a.M. 1988–2010. – Zitiert mit Abteilung (röm. Ziffer)/Band (arab. Ziffer) und Seitenzahl.

DKV   Heinrich von Kleist, Sämtliche Werke und Briefe, 4 Bände, hg. von Ilse-Marie Barth, Klaus Müller-Salget, Stefan Ormanns und Hinrich C. Seeba, Frankfurt a.M. 1987–1997. – Zitiert mit Band (röm. Ziffer) und Seitenzahl.

KJb   Kleist-Jahrbuch, hg. im Auftrag des Vorstands der Heinrich-von-Kleist-Gesellschaft, Erscheinungsort 1980–1989 Berlin, seit 1990 Stuttgart. Zitiert mit Jahr und Seitenzahl.

LS   Heinrich von Kleists Lebensspuren. Dokumente und Berichte der Zeitgenossen, hg. von Helmut Sembdner, Bremen 1957 und öfter. Erweiterte Neuausgabe Frankfurt a.M. 1977; zuletzt 7., erweiterte Auflage, München 1996. – Zitiert mit Angabe der Dokumentennummer.

MA   Heinrich von Kleist, Sämtliche Werke und Briefe, Münchner Ausgabe, 3 Bände, auf der Grundlage der Brandenburger Ausgabe hg. von Roland Reuß und Peter Staengle, München 2010. – Zitiert mit Band (röm. Ziffer) und Seitenzahl.

NR   Heinrich von Kleists Nachruhm, hg. von Helmut Sembdner, Bremen 1967 und öfter; zuletzt erweiterte Neuausgabe, München 1996. – Zitiert mit Angabe der Dokumentennummer.

SW   Heinrich von Kleist, Sämtliche Werke und Briefe, 2 Bände, hg. von Helmut Sembdner, München 1952 und öfter. – Zitiert mit hochgestellter Auflagenzahl, Band (röm. Ziffer) und Seitenzahl.

VERZEICHNIS DER MITARBEITERINNEN UND MITARBEITER

SIMON AEBERHARD, Universität Basel, Deutsches Seminar, Nadelberg 4, CH-4051 Basel, Schweiz

DR. WILHELM AMANN, Université du Luxembourg, Faculté des Lettres, des Sciences Humaines, des Arts et des Sciences de l'Education, Route de Diekirch, L-7220 Walferdange, Luxemburg

PROF. DR. BENJAMIN BIEBUYCK, Universität Gent, Institut für deutsche Sprache und Literatur, Blandijnberg 2, 9000 Gent, Belgien

PROF. DR. GÜNTER BLAMBERGER, Universität zu Köln, Institut für deutsche Sprache und Literatur I, Albertus-Magnus-Platz, 50931 Köln

DR. INGO BREUER, Universität zu Köln, Institut für deutsche Sprache und Literatur I, Albertus-Magnus-Platz, 50931 Köln

JEFFREY CHAMPLIN, New York University, Department of German, 19 University Place, 3rd Floor, New York, NY 10003, USA

HELENA ELSHOUT, Universität Gent, Institut für deutsche Sprache und Literatur, Blandijnberg 2, 9000 Gent, Belgien

PÉTER ESTERHÁZY, c/o Berlin Verlag, Greifswalder Straße 207, 10405 Berlin

SEBASTIAN GOTH, Universität zu Köln, Institut für deutsche Sprache und Literatur I, Albertus-Magnus-Platz, 50931 Köln

PROF. DR. CHRISTINE KANZ, Universität Gent, Institut für deutsche Sprache und Literatur, Blandijnberg 2, 9000 Gent, Belgien

PROF. DR. KAI KÖHLER, Hankuk University of Foreign Studies, Main Building 323, Department of German, 270 Imun-dong, Dongdaemun-gu, Seoul, Korea

PROF. DR. HELMUT KOOPMANN, Universität Augsburg, Philologisch-Historische Fakultät: Germanistik, Universitätsstraße 10, 86159 Augsburg

PROF. DR. GUNTHER MARTENS, Universität Gent, Institut für deutsche Sprache und Literatur, Blandijnberg 2, 9000 Gent, Belgien

TIM MÜLLER, Heyne Verlag, Bayerstraße 71–73, 80335 München

PROF. DR. KLAUS MÜLLER-SALGET, Universität Innsbruck, Institut für Germanistik, Innrain 52, 6020 Innsbruck, Österreich

DR. GERHARD OBERLIN, Montessori Zürichsee GmbH, Forchstrasse 370, CH-8008 Zürich, Schweiz

PROF. DR. JOACHIM PFEIFFER, Pädagogische Hochschule Freiburg, Institut für deutsche Sprache und Literatur, Kunzenweg 21, 79117 Freiburg

DR. MARTIN ROUSSEL, Universität zu Köln, Institut für deutsche Sprache und Literatur I, Albertus-Magnus-Platz, 50931 Köln

ANNA-LENA SCHOLZ, Solmsstraße 54, 10961 Berlin

TOMAS SOMMADOSSI, Ludwig-Maximilians-Universität München, Institut für deutsche Philologie, Schellingstraße 3, 80799 München

DR. ARNOLD STADLER, c/o S. Fischer Verlag, Hedderichstraße 114, 60596 Frankfurt a.M.

PD DR. MARCUS TWELLMANN, Universität Konstanz, Fach D 173, Exzellenzcluster ›Kulturelle Grundlagen von Integration‹, 78457 Konstanz

HEINRICH-VON-KLEIST-GESELLSCHAFT

Die Heinrich-von-Kleist-Gesellschaft ist eine internationale literarisch-wissenschaftliche Vereinigung. Ihre Aufgabe besteht, wie in Paragraph 2 ihrer Satzung festgelegt, darin, »das Werk und Leben Kleists durch wissenschaftliche Tagungen und Veröffentlichungen zu erschließen und die in der Gegenwart fortwirkenden Einflüsse seiner Dichtung durch künstlerische, insbesondere literarische Veranstaltungen für eine breitere Öffentlichkeit zu fördern«.

Die Gesellschaft verfolgt ausschließlich und unmittelbar kulturelle und wissenschaftliche Zwecke im Sinne der steuerrechtlichen Bestimmungen über Gemeinnützigkeit. Vom Finanzamt für Körperschaften in Berlin wird sie seit dem 11.07.1980 als gemeinnützig anerkannt. Spenden und Beiträge sind somit steuerlich abzugsfähig.

Die Mitgliedschaft wird erworben durch Anmeldung beim Vorstand, Zahlung des ersten Jahresbeitrages und Bestätigung des Beitrittes durch den Schatzmeister. Beitrittserklärungen können an eine der unten genannten Anschriften gerichtet werden. Der Jahresbeitrag beträgt zur Zeit € 40,- (auch für korporative Mitglieder); Studenten und Schüler zahlen € 20,-.

Die Mitglieder erhalten die jährlichen Veröffentlichungen der Gesellschaft – in der Regel das Jahrbuch – kostenlos.

Präsident: Prof. Dr. Günter Blamberger, Universität zu Köln, Institut für deutsche Sprache und Literatur I, Albertus-Magnus-Platz, 50931 Köln, Deutschland.

Stellvertreterin: Prof. Dr. Gabriele Brandstetter, Freie Universität Berlin, Institut für Theaterwissenschaft, Grunewaldstr. 35, 12165 Berlin, Deutschland.

Schatzmeister: Prof. Dr. Klaus Müller-Salget, Universität Innsbruck, Institut für Germanistik, Innrain 52, 6020 Innsbruck, Österreich.

Bankkonto: Heinrich-von-Kleist-Gesellschaft, Deutsche Bank Berlin, Konto Nr. 0342022 (BLZ 100 700 24).

Homepage: *www.heinrich-von-kleist-gesellschaft.de*
             www.heinrich-von-kleist.org/ kleist-gesellschaft/